应用型高等教育"十四五"规划教材

Management

管理学

黄 炜 ◎ 著

上海财经大学出版社
上海学术·经济学出版中心

图书在版编目(CIP)数据

管理学 / 黄炜著. -- 上海：上海财经大学出版社, 2025.7. -- (应用型高等教育"十四五"规划教材).
ISBN 978-7-5642-4631-0

Ⅰ.C93

中国国家版本馆 CIP 数据核字第 20250U448H 号

□ 策　划　台啸天
□ 责任编辑　台啸天
□ 封面设计　贺加贝
□ 联系信箱　404485100@qq.com

管　理　学

黄　炜　著

上海财经大学出版社出版发行
(上海市中山北一路369号　邮编200083)
网　址：http://www.sufep.com
电子邮箱：webmaster@sufep.com
全国新华书店经销
上海新文印刷厂有限公司印刷装订
2025年7月第1版　2025年7月第1次印刷

787mm×1092mm　1/16　15.75 印张　393千字
定价：46.00元

前　言

目前市面上的管理原理书籍多为大而全的书籍（尤其是国外的此类书），把企业管理的方方面面、角角落落都涉及一下，面对这些大而全且侧重理论阐述的书籍，多数读者会产生畏难、抵触情绪。国内的类似书籍则往往是大而不全——一部管理学教材收纳营销管理、质量管理、企业战略管理、生产运营管理、企业文化……于是每一章就像一块压缩饼干。

针对此情况，本书作者旨在为读者提供基础的管理理论与分析，并将之与人们的工作、生活实践紧密结合；精简掉需要全面学习管理原理的读者才研读的章节。

本书作者致力于提供深入浅出的讲解，用生动、浅显的语言和贴切的实例阐释管理理论。除基本的理论框架及其论述，作者以精雕细琢的精神，力求使写入本书的内容都是富有感染力和趣味性的，使本书成为一本精致、实用的管理（以企业管理为主）教材，主题简洁明确、写作思路清晰、能够吸引读者并激发他们的兴趣。

在原理论述方面，本书具有大多数管理学教材的功能；在实践方面，本书以具体、翔实、生动、全面的论述为读者提供工作、生活、学习中的行动指南和解决问题的对策。

一、案例特色

本书中案例众多（有的一章就有 20 多个专题案例）均是作者精心编写或独立撰写的具有代表性的短案例，也有少量中等篇幅的案例。本书不用长案例，这样读者能够较容易地归纳出这些案例印证的管理原理、思想和方法。这些案例也与上下文紧密相关，并非只为增强可读性、趣味性而出现。本书在案例方面还有一个特色，即在一些主案例后设置案例比较，读者从比较中将获得更多启发。

本书尽量避免选取不恰当的案例。

此外，关于案例，作者阅读其他教材时还有一些体会与建议。

第一，尽量不要杜撰公司的案例，这给读者的感觉不真实。真实的案例除了帮助读者理解管理原理，还向读者提供了额外的历史知识、商业典故等。这也要求作者大量阅读、借鉴、考证，补充、完善案例内容，包括相关背景知识，更重要的是确保案例内容的错误尽可能地少出现，尤其是常识错误。

第二，尽量不要使用没有名气的小公司的案例，除非它们的做法很有特色、经营效果非常好，否则说服力比较弱。

第三，案例（以及寓言、故事等）不能琐碎、无代表性、冗长、与上下文中的论述无甚关联。

第四，案例的篇幅占比不能过大，案例主要起佐证作用，为读者提供感性认识。

二、本书其他重要特色

（一）本书采用短段落形式，方便读者阅读、理解并能快速抓住段落重点

本书很好地做到了前后呼应并保持风格统一。好文章是改出来的，好书也是慢慢改出来的，教材更应如此。20世纪三四十年代，严雪亭、蒋月泉等评弹大师对自己的弹词作品《杨乃武》《玉蜻蜓》等也是长期孜孜不倦、大量学习、广泛求教、精雕细琢，然后他们的精品佳作方能超越前辈、长兴不衰。本书撰写正是秉承这一精神。

（二）内容选择体现客观性与辩证思想

写教材应该有中国特色，不必囿于西方经管教材的一般结构与理论。对我国的管理思想、经验与理论，无论古代的还是现代的、江湖之远的还是庙堂之高的、个人的还是政党的，都应充满热情地积极讨论，对其中好的内容，更应发扬光大。热情地讨论中国的事情、中国的理论，有助于树立四个自信，构建中国的话语权，并通过对比揭示西方世界的缺陷。读完本书，读者将在党史、新民主主义革命史、新中国史的若干方面获得深入的、新的认识。本书的这一写作风格正符合思政教育要求和教材撰写要求，并且是自然而然地行文，而非硬凑的思政内容。

但作者仍以公司管理为主要研究对象，并较多地融合了历史经验和教训，以达到以古鉴今的效果，同时也较多地与机关事业单位管理、国内外政治、治国、国际交往领域有机结合。作者用诸多史实和历史故事佐证本书中的管理原理，因此读完本书，许多读者也将得到一个额外的收获——了解许多以前不知道但又很重要的历史。

作者很注意紧扣当前国内外政治经济大势、国际交往、社会环境等，分析其中的管理问题，挖掘它们反映的管理原理，帮读者打开视野。

作者致力于把一些重要的中西方哲学原理、心理学原理、经济学原理、政治学原理等其他学科的原理和知识，甚至包括理论物理学家们的思想，以及作者的工作经验、人生阅历、感悟体会等有机融合到此书中，力求为读者带来更丰富的体验。例如，作者在多处用辩证思想[①]及相关案例论述同一事物的对立面，或者用不同甚至相反的视角分析同一事物。

本书中一些专题分析和关于工作实践、生活、学习的论述，也是为读者提供做人做事的借鉴，有些内容涉及商业伦理和社交礼仪、跨国文化、商务谈判等。

古代的著作常常包含大量管理思想的瑰宝，作者也深入挖掘了一部分这样的瑰宝，把它们融入本书，例如"知行合一"、中国四大名著中的管理思想，分析它们或者借助它们指导分析管理问题。

---

① 论述语言失之于片面、绝对、极端是诸多文献中的常见病，须养成克服它们的好习惯。一个简单的方法是，慎用"最""都""全部"等绝对性强的词。当然，养成这方面好的写作习惯、使用客观公正的语言，更需要深入全面的思考、广泛的学习。

(三)体现关键在有效运用的思想和"行"的理念

本书在后记中提到,很多道理人们都知道,但却不能自觉地遵守它们。假如一位老师也许讲授过多年的管理课程或者商务沟通课程、市场营销课程等,可是在人际交往或管理下属的过程中却犯一些低级错误(例如与人交谈时不知道保持恰当的空间与感情距离),这说明他没有吃透管理学中的相关原理,并把它们化作自己的指导思想。还有,人们因为感性因素压过理性因素而不能遵守明知甚至熟知的规律与原理。例如"说出去的话如泼出去的水""世上没有后悔药""应该向前看",等等,对这些道理大多数人是熟知的,但一些人为何仍会浪费太多的时间纠结于犯过的错误呢?主要就是感性因素压过了理性因素。

因此作者基于亲身体会与深刻感悟(有的是挫折经历与失败教训,放在章节开始作导语或放在章节末尾作为结合人生思考的小结),努力把精选的论述主题或教学内容写深、讲透、讲活,例如第7章、第11章、第12章展现的风貌。使用大量的案例与事实论证或论述管理原理也是本书的特色。这样可以帮助读者把这些重要的管理原理深深印在脑海里,并时常记得遵照它们。

教材不能止步于介绍知识。满卷知识点的教材就像洒满一地的贝壳,很可能激发不出人们的兴趣。教材应能帮助读者更系统、更深入地认识某一领域或主题,把逻辑关系讲清,尤其注意论述实践内容。这就像把散落于地上的贝壳串成项链或做成各种工艺品,即使许多贝壳本身是普通的品种,它们被做成工艺品后也能获得人们的青睐。

教材应有一定的专著风格,这主要不是指论述教材作者的个人思想,而是要像专著那样系统且有层次地论述观点,阐述事实和依据。

换一个角度思考。在写教材过程中,教材的许多章、节甚至小节如能独立成章(文章之章,非章节之章)、自成体系,那就更完美了——不仅向读者介绍知识,更向读者提供思想和经验。章、节、小节的标题也可跳出知识介绍型的风格,例如,可点明发现的现实问题、新问题,点明解决问题的思路、策略与措施。将来还可提炼。本书已有不少内容被提炼、完善后获得发表,例如5.3.2小节、7.6.1小节、12.2节。把做学问、写论文、申请和完成研究课题与教学和持续完善自己已写的教材(也就是写后续版本)紧密结合起来,它们能相互促进、相互成就,一举多得。

要知行合一,但太多的教材过度集中于"知",而且主要是罗列知识,并非理论分析。一个重要原因是这样的写法比较容易,所以常常出现教师让研究生代劳的情况。在很多情况中,"行"更重要,读者更希望看到关于实践的论述、介绍,包括实践的理论。作者应勇于知难而上,把更多的注意力和精力放到关于实践的撰写工作中。我们看了太多的集中于"知"的教材,从学生时期一直到工作,当我们自己成为教材作者时很容易落入前述窠臼,应扭转到偏向"行"的一面。

不要一味热衷于介绍知识、概念和论述原理,应常想一想:在"行"方面写些什么有价值的内容呢?拟订一部分章、节、小节标题和正文里的小标题时,思考一下:可否把习惯性想到的带有"知"的特点的标题改成带有"行"的特点的标题？从而在这些标题下更系统、深入地论述实践内容。撰写正文时思考一下：可否把一部分原有的、计划的写"知"的角度换成写"行"的角度？借助这些策略、通过这些实践，写出来的教材就带有浓浓的"行"的味道，并且有更大概率吸引更多读者的眼睛。

作者还摒弃空泛的理论说教风格，使理论论述贴近读者的学习、工作和生活实际，例如，大量地、深入地探讨读者在工作和生活中很可能碰到的问题，以及管理理论和方法在这些问题上的应用。如此，让读者体会到管理理论的可贵与实用，使他们理解管理理论的普遍适用性，并帮助和促使读者在生活、工作、学习中自觉用好管理理论。

（四）充分围绕实践需要撰写

一本书中，往往只有那些干货，那些有创新的、新奇的、实实在在的、贴近读者生活与工作的内容才会使读者有感触、有共鸣，从而带给读者启迪与价值。本书确实达到了这样的效果，由于很多内容，包括理论论述和案例等，都是本书作者的思考与研究，也是作者独立撰写的，所以它是一本与众不同的管理学教材。

本书适合哪些读者？由于本书跳出了知识介绍的束缚，论述了诸多工作、做学问、生活、学习中的许多实际事务和问题及其处理思路、对策、具体措施乃至整体解决方案，因此本书也适合各种组织的管理人员、研究人员阅读，本科生、研究生自然也是本书的目标对象。以日常生活中普通人身份出现的读者同样也是本书的目标对象，因为本书也注重把管理原理、思路、策略、方法和措施等与日常生活紧密结合，启发读者积极主动地、经常性地把前者用到生活中。

本书内容常以专题分析面貌出现，作者注重为实际问题提供系统解决思路，也注重分析许多人身边的问题。作者在写作过程中也时时转换角色，设身处地考虑上述读者的需求和心理，以及他们可能的困惑，深入研究和精心撰写他们真正想阅读的内容，并在不同章节各有侧重——更着力于解决某一类或几类读者的问题，提供思路和信息、给予提示和启发、解释疑惑之处。这些都体现了实践性。

（六）内容结构安排特色

作者在结构安排方面扬弃了现有诸多书籍的做法。在阐述管理的基本概念、思想、原理和方法（偏重理论内容）后，即把重点转向实践部分。第5章和第6章阐述组织结构与管理——这是企业的运营之本；第7章阐述决策，决策之后则计划并实施，所以作者把后者放在第8章，并把控制也放到第8章——计划与实施需要控制保障，它们是不可分的。管理（者）与领导（者）既紧密联系，又相互区别，所以把它们安排在第9章和第10章一起讲解，以便读者集中体会上述关系。

如果说组织管理、计划、实施、控制以及其他一般性的管理更多地属于常规、程序性管理，那么领导、沟通和激励则更多的是人文管理，带有更多的艺术性、创造性和个性色彩。因此在第10章"领导"之后，即在第11章和第12章论述沟通与激励，把人文管理性质的内容放在本书的最后一部分论述。

  有效的、富有个性化色彩的激励措施需要有效沟通的基础，领导者和管理者需要了解被激励对象的当前需求、关键需求，需要进行有效沟通，为激励做好调研工作，所以本书先论述沟通后论述激励。

  书中装饰插图部分来自百度搜索提供的图片，作者对这些图片的作者和提供者表示衷心的感谢！由于作者的学识有限，书中难免会有瑕疵，敬请读者批评指正，作者邮箱：huang-wei0630@163.com。

黄　炜

2025 年春

于上海工程技术大学管理学院

本书配套授课录音网址

目 录

第1章 导论 /1
1.1 管理的概念 /1
1.2 管理者须把工作重点放在其管理职能上 /3
1.3 管理者须具备的技能 /5
1.4 管理学的方法论与研究方法 /6

第2章 管理思想 /8
2.1 中国传统管理思想的要点 /8
2.2 西方传统管理思想 /11
 2.2.1 西方早期管理思想 /11
 2.2.2 科学管理理论的产生和发展 /12
2.3 西方现代管理思想中的几个学派 /13
 2.3.1 行为科学学派 /13
 2.3.2 管理科学学派 /19
 2.3.3 决策理论学派 /19

第3章 管理的基本原理 /21
3.1 管理原理的主要特征及其学习、研究意义 /21
3.2 系统原理 /22
 3.2.1 系统的特征 /23
 3.2.2 系统原理的要点 /23
3.3 人本原理 /26
 3.3.1 人本原理的主要观点 /26
 3.3.2 进一步的论述 /29
3.4 责任原理 /32
3.5 效益原理 /34

第 4 章 管理的基本方法 / 36
4.1 管理的法律方法 / 36
4.2 管理的行政方法 / 37
4.3 管理的经济方法 / 39

第 5 章 组织结构 / 43
5.1 组织设计 / 43
5.1.1 组织的两种基本结构形态 / 44
5.1.2 组织设计 / 48
5.2 企业组织结构的基本种类 / 50
5.2.1 直线职能制 / 50
5.2.2 多事业部制 / 51
5.2.3 控股公司—子公司型 / 53
5.2.4 多事业部制结构和直线职能制结构的演变 / 55
5.3 其他组织结构 / 59
5.3.1 虚拟组织与网络组织 / 59
5.3.2 海尔的微商、创业平台与战略经营体 / 62
5.3.3 韩都衣舍的"小组制＋服务平台" / 66

第 6 章 组织管理 /
6.1 有效组织在建设与发展中的巨大作用 / 68
6.2 组织管理中的权力 / 69
6.3 集权与分权 / 71
6.3.1 确定集权与分权的因素 / 72
6.3.2 集权对组织的影响 / 73
6.3.3 分权途径 / 73
6.3.4 以古鉴今谈分权与授权 / 76
6.4 正式组织与非正式组织 / 78
6.5 直线管理人员与参谋 / 81
6.6 委员会 / 81

第 7 章 决策 / 83
7.1 关于决策的不同分类方法 / 84

7.2 决策的特点 / 86
7.3 决策理论 / 87
7.4 影响决策的六个因素 / 88
7.5 决策原则 / 94
7.6 决策过程 / 95
 7.6.1 识别机会或诊断问题 / 95
 7.6.2 决策的其余步骤 / 99
7.7 决策方法 / 104
 7.7.1 集体决策方法 / 104
 7.7.2 关于经营方向的决策方法 / 105
 7.7.3 关于经营方案的决策方法 / 107
7.8 决策者的理性限制及应对 / 109

第8章 制订计划、实施计划及其控制 / 112

8.1 制订计划 / 112
8.2 实施计划 / 115
 8.2.1 目标管理法 / 115
 8.2.2 滚动计划法 / 118
8.3 有效控制实施计划的过程 / 120
 8.3.1 有效控制的三个案例 / 120
 8.3.2 欠缺控制的五个案例 / 122
 8.3.3 控制的其他四个方面内容 / 125
 8.3.4 面对实施计划或战略中挫折的正确态度 / 132
 8.3.5 以古鉴今：军纪控制给予我们的启迪 / 132

第9章 关于管理人员的人力资源管理 / 135

9.1 选聘管理人员 / 136
 9.1.1 对外招聘管理人员 / 136
 9.1.2 在内部提拔管理人员 / 140
 9.1.3 招聘中认可"好马也吃回头草" / 142
 9.1.4 选聘管理人员的标准 / 143
9.2 考评管理人员 / 147
 9.2.1 考评内容 / 147

9.2.2 考评要求与考评程序 / 148
9.2.3 常用的考核方法 / 149
9.3 培养管理人员 / 151
9.3.1 培养管理人员和其他员工的意义 / 151
9.3.2 两个重要的培养方法：轮岗和设置助理 / 151
9.3.3 考察、培养高层接班人 / 154
9.4 关于彼得现象的思考 / 156

第10章 领导 / 158

10.1 领导与管理的区别和联系 / 159
10.2 领导者的作用 / 160
10.3 领导特质理论 / 162
10.3.1 相关理论与规律 / 162
10.3.2 领导特质系列案例 / 163
10.4 领导方式的类型 / 167
10.4.1 专权型领导 / 167
10.4.2 民主型领导 / 167
10.4.3 放任型领导 / 167
10.4.4 服务型领导 / 167
10.5 管理方格理论 / 168
10.6 领导的其他方面 / 170

第11章 沟通与冲突管理 / 174

11.1 沟通类别 / 176
11.1.1 按沟通功能划分 / 176
11.1.2 按沟通方法划分 / 176
11.1.3 按组织形式划分 / 176
11.1.4 按沟通方向划分 / 176
11.1.5 按是否有反馈划分 / 176
11.2 沟通模式 / 179
11.2.1 轮形网络 / 179
11.2.2 链形网络 / 179
11.2.3 环形网络 / 180

11.2.4　全通道网络　/ 180
11.3　非正式沟通　/ 181
　　11.3.1　非正式沟通的特点　/ 181
　　11.3.2　非正式沟通的模式　/ 181
11.4　沟通障碍及其克服方法　/ 183
　　11.4.1　造成沟通障碍的个人因素　/ 183
　　11.4.2　造成沟通障碍的人际因素　/ 184
　　11.4.3　造成沟通障碍的结构因素　/ 187
　　11.4.4　造成沟通障碍的技术因素　/ 188
　　11.4.5　如何克服沟通障碍　/ 193
11.5　金鱼缸法则　/ 196
11.6　冲突管理　/ 196
　　11.6.1　引起冲突的差异　/ 197
　　11.6.2　正确认识冲突　/ 197
　　11.6.3　处理冲突的6种策略或方法　/ 198

第12章　激励　/ 206

12.1　激励理论及应用　/ 206
　　12.1.1　期望理论　/ 206
　　12.1.2　公平理论　/ 207
　　12.1.3　强化理论　/ 209
12.2　九种激励方法及应用　/ 211
　　12.2.1　工作激励　/ 211
　　12.2.2　带薪休假和享有一定的自由　/ 212
　　12.2.3　金钱激励　/ 215
　　12.2.4　认可与奖励　/ 217
　　12.2.5　为员工提供发展和晋升的机会　/ 219
　　12.2.6　员工持股激励　/ 221
　　12.2.7　批评激励　/ 223
　　12.2.8　使员工直面问题或过错　/ 224
　　12.2.9　战略前景激励　/ 226
12.3　设计、优化激励与考核制度　/ 228
　　12.3.1　英国商船运输囚犯到澳大利亚的故事及启迪　/ 228

12.3.2 美国空军与降落伞厂的故事及启迪 / 230

参考文献 / 232

后记 / 233

第1章 导 论

1.1 管理的概念

管理是为了有效地实现组织目标,由管理者利用相关知识、技术和方法对组织活动进行决策、组织、领导和控制并不断创新的过程。亨利·法约尔指出:管理是包括计划、组织、指挥、协调和控制职能等要素的活动过程。小詹姆斯·唐纳利指出:管理就是协调人际关系,激发人的积极性,以达到共同目标的一种活动。此概念体现了人本原理。

知识链接

在企业里,管理和经营是不同的概念。管理主要面向企业内部的人、财、物等,聚焦于成本、质量、效率等;经营主要面向环境变化、商业模式等,聚焦于市场策略、价格策略、创新等。经营涉及的对象,其不确定性更强,培养经营人才应教授开放思维,加强他们的学习能力、应变能力、判断和选择能力、资源整合能力。随着技术进步、员工素质提高和人工智能普及,提高效率和质量更容易实现,因此对许多企业而言,管理问题不再是主要矛盾,如何应对外界变化的经营事务变得更加重要。不过管理仍是企业家的看家本领。

(1)管理既是科学又是艺术

指导管理实践活动的、有条理的管理知识,可以被称为一门科学——从泰勒的科学管理开始,即标志着管理已作为一门科学存在。说管理是一门科学,是因为它强调按一定的管理原理行事,提倡使用恰当的科学技术;说它又是一门艺术,是因为它告诉人们,在遵循相同的基本原理的基础上,可以有不同的表现、不同的风格和不同的创新。

例如,管理理论中的人才战略就告诉我们,须尊重人才、招揽人才、用好人才。虽然使用该战略采用的基本原理基本上是相同的,但实施的方法却可以各不相同。例如,中国自古就有尊重人才的传统,但招揽的方式却各有千秋。战国时期的燕昭王筑台师郭隗,令天下震动,结果为燕国招揽了许多人才,如乐毅(又写作越邑)、邹衍、剧辛等从他国慕名而来的人才,终致燕国富强。东汉末年的霸主们招揽人才、对待人才的方式也不一样:孙权江东设招贤馆①,后又破格提拔年轻都督;刘备三顾茅庐请诸葛亮出山;曹操不以貌取人,初次见到庞统即倾心相待(而庞统在江东和新野的初期却分别被孙权和刘备怠慢过);等等。

管理的艺术性提倡对管理理论运用的灵活性和对管理方法选择的技巧性,要求管理人员随机应变,富有创新力。管理学不仅是纯粹的自然科学,还具有人文科学的性质。如果把管理的科学性理解为一套固定公式和通用的模式,是狭隘的、有害的。

延伸阅读1-1

管理的科学性与艺术性是互补的。管理的科学性是基础,如果不掌握管理理论和方法,就谈不上灵活运用,结果往往凭经验、靠运气解决问题,参见3.1节后半部分的论述。不注重管理的科学性而只强调管理的艺术性,这种艺术性可能表现为随意性。反之,不重视管理的艺术性,则管理科学将可能变成僵化的教条。马克思主义中国化和毛泽东思想的形成则是实事求是、灵活运用有关政治和社会理论的典范。

科学用真理说服、引领人,而艺术用情感打动甚至震撼人。领导者(例如公司老板、总经理、校长)更须强调其工作的艺术性,而管理者(例如项目经理、首席运营官、首席财务官,上述两组职务在领导者还是管理者属性方面有交叉)可以着重于管理的科学性。

单项选择题

企业管理的主体是(　　)。②

A. 企业广大员工　　　　　　　　B. 企业的高层领导
C. 企业的基础管理者　　　　　　D. 企业全体管理者

(2)管理的双重属性:自然属性与社会属性

管理的双重性是《资本论》中的观点。管理的自然属性指:管理也是生产力;其自然属性与社会化大生产相关,与社会制度、意识形态无关。因此,对在资本主义国家形成、发展的企业管理、经济管理、社会管理方法,社会主义国家也可借鉴、运用。生产力是人们开展生产活动的能力,而意识形态则是观念、观点、概念、思想、价值观等要素的总和。

管理的社会属性是指管理是为统治阶级、生产资料所有者(当今须拓展此点,还包括智力资本所有者、劳动者及其他利益相关者)服务的。管理的社会属性与生产关系、社会制度相关,体现生产关系的特点。生产关系是人们在物质资料生产过程中结成的社会关系,又称经济关系。

延伸阅读1-2

总体而言,西方资本主义国家在管理方面偏重管理的自然属性,尽管其后现代管理理念也兼顾企业文化建设、培养团队协作意识,但是仍然偏重物质激励,精神激励不足,绩效主义严重(微软即显著例子)。形成对比的是,日本、中国的管理理念就比较均衡,非常重视人文精神,美国企业在20世纪七八十年代曾掀起学习日本企业文化建设的浪潮。

---

① 据说刘邦屈居汉中时就设过招贤馆。
② 答案:D。

(3)管理者可能需要扮演的角色

经理角色学派的代表学者亨利·明茨伯格(他也属于战略管理的结构学派)认为:管理者需要扮演人际角色、信息角色和决策角色,这三类又可被细分成10种角色。人际角色产生于管理者的正式权力的基础,如代表人角色(法人代表)。信息角色,即在不同的人之间沟通信息,为不同的人传递信息。决策角色——管理者应具备洞察力,能识别问题与机会,判断趋势,处理信息,作出决策,并分配资源以保证决策方案的实施。

1.2 管理者须把工作重点放在其管理职能上

管理职能主要表现在五个方面。

第一,计划。制定目标,确定为达到目标需采取的行动(见图1—1)。

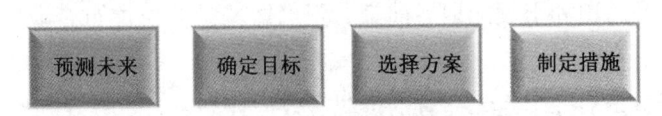

预测未来　确定目标　选择方案　制定措施

图1—1　计划过程

相关概念:计划与决策密不可分。在计划过程中需要决策,决策是计划和修订计划的前提;计划是为决策服务的,是实施决策的工具和保证。计划与决策的区别:决策是关于活动方向、内容以及方式的选择;对组织而言,计划则是组织内不同部门和成员在一定时期内从事活动的具体内容和要求。规划、计划与战略的关系:它们都是筹划未来,从管理职能的角度看,都可归入计划范畴;战略是规划和计划的灵魂,规划和计划必须体现既定战略。

第二,组织。根据工作需求与特点设计岗位,用制度规定成员的职责和相互关系(见图1—2)。

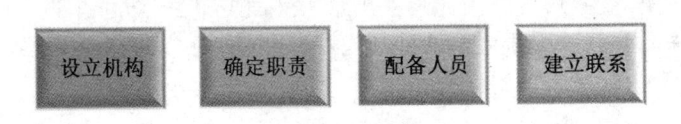

设立机构　确定职责　配备人员　建立联系

图1—2　组织流程

第三,领导。激励、带领成员达到组织的目标(见图1—3)。可以把领导职能理解成法约尔提出的指挥、协调的综合职能。

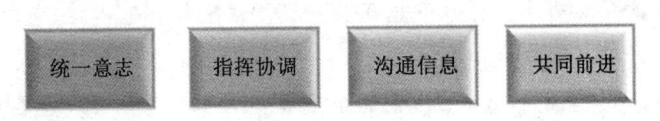

统一意志　指挥协调　沟通信息　共同前进

图1—3　领导功能

第四,控制。纠正执行计划过程中的偏差,使执行过程符合目标(见图1—4)。发现偏差的方法是,用(设定的)标准值,衡量(度量绩效后获得的)指标值。

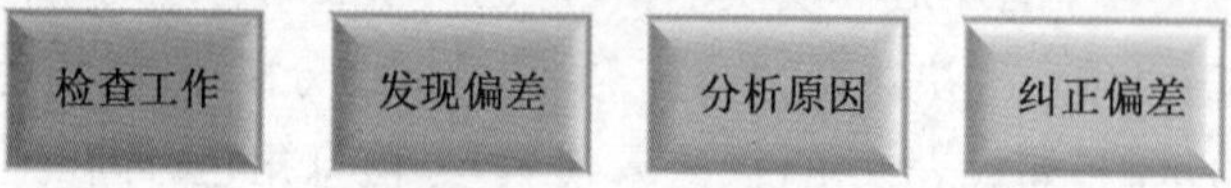

```
检查工作 → 发现偏差 → 分析原因 → 纠正偏差
```

图1-4 控制过程

第五,创新。突破旧的规范。创新是保证系统活动顺利进行的原动力。在当今社会,创新是企业生存与发展之道。不过,不少学者并不把创新作为管理职能的构成部分。创新之于管理是非常重要的,甚至是不可分的,对中国的发展而言尤其如此。

从1949年以后开始补第一、二次工业革命的课,到20世纪末差不多与西方发达国家同时开始第三次工业革命,再到当前引领第四次工业革命,不管是国家宏观层面的调控、引领,还是企事业单位微观层面的经营管理,都需要持续的创新,走出有中国特色的社会主义道路,否则怎有赶超的光辉历史和引领的灿烂前景。张瑞敏就是一位注重企业管理创新的优秀企业家。

组织整体管理就是对一个组织拥有的资源有效地计划、组织、领导和控制,以实现组织目标的过程。管理者须明了自己需执行的管理职能,而不是把很多精力仍投入具体的作业类工作中。从基层被提拔起来的一些新管理者容易犯这方面的错误,忘记了自己的管理者身份。

案例1-1 "几不"承诺开启大学校长管理专业化时代

2011年,湖南大学新任校长赵跃宇面对3 000多名师生,做出"两不"承诺:担任校长期间不申报新课题,不新带研究生。

2012年,北京师范大学董奇教授接任校长,在就职演讲中做出"四不"承诺:在任期内不申报新课题,不招新研究生,不申报任何教学科研奖,个人不主动申报院士,把精力百分之百用于管理学校。同年,刚刚履新的北京外国语大学校长韩震教授公开承诺:任职期间不再做原来专业方面的学术研究,而是用全部精力做名副其实的校长;不再申请原有学科的课题,而是集中精力细心谋划北京外国语大学的发展战略;不再承担任何专业课程,不再谋求与教学相关的个人荣誉,而是努力为老师们服务。[1]

案例分析

这三位校长的承诺表明了他们作为大学校长回归管理者的本位角色。这也是对普遍存在的一种不良现象的纠正与反思。太多的教授担任部门或学校的重要行政职务后,仍不断申请课题。无论是申请课题还是中标后完成课题,都需要他们投入大量精力,这显然会影响他们做行政工作的质量。既然承担行政管理工作,就意味着奉献与牺牲,包括牺牲自己热爱的学术研究——起码需在很大程度上牺牲之。

换一个角度看,大学里的行政干部,尤其是重要岗位的行政干部,还要申请许多课题,带很多研究生,请问:他们真的能兼顾二者吗?

---

[1] 戴淑芬,贾振全,李晓辉. 管理学原理[M]. 北京:高等教育出版社,2018.

国内不止上述三位校长值得点赞,还有不少大学老师也做得挺好,例如,复旦大学的一些院长,上海交通大学的一些优秀教授,他们都挺实事求是,不想把两方面的好处都占了,只愿意踏踏实实做好一方面的工作。相对于普遍存在的反面情况,他们显得很有个性。

管理学鼻祖法约尔也在这方面树立了一个好榜样。1888年,法约尔开始担任科芒堡德总经理,他一头扎进管理事务,很少写作了,很大程度上放弃了学术兴趣,也不接受任何与科芒堡德公司无关的名誉职务,以免分散应该用于本职工作的精力。要知道,他以前可是一位获得过国家勋章的工程师和卓有成就的地质学家,研究和写作曾是他的重要工作,作出这样的放弃和牺牲是非常难能可贵的。

1.3 管理者须具备的技能

管理者一般需要具备三种基本技能,即概念和决策技能、人际关系技能和技术技能。概念和决策技能指纵观全局、认清为什么要做某事的能力,(企业管理者应)能洞察企业与环境相互影响和相互作用的关系,还包括发现问题和趋势的能力。人际关系技能指,成功地与他人打交道并与他人沟通的能力,理解、激励他人并与他人共事的能力。技术技能指,使用某一专业领域内有关的程序(指步骤、流程等)、技术、知识和方法完成组织任务的能力。在技术技能方面,不需要管理者一定是精通某一领域技能的专家,但需要管理者了解并初步掌握与其管理的专业相关的基本技能。

例如,国际商业机器公司(IBM)卓越的前总裁郭士纳并非计算机专业人士,任正非也自认不是通信技术的专业人士,马云也不是互联网技术专家,但他们不仅能管理与经营好各自的公司,而且还能对各自公司的业务乃至所在行业提出卓越不凡的、超前的经营理念。郭士纳强调为客户提供综合解决方案,任正非强调基础研究、关键部件研发与危机管理,马云超前开展电子商务,等等。

实践经验

当今商业环境中,很多管理者,包括高级管理者,都是专家型管理者,例如教授级高工、业内公认的专家。所以不能一味效仿郭士纳、任正非与马云,这些全球知名的成功企业家毕竟是有特别天赋的,不是一般管理者能有效模仿的。在招聘非执行董事、监事方面也要注意这一点。

另外需要注意的一点是,发明、创新者,例如科学家、技术专家,凭借自己的成果自己创业,虽然也有不少成功例子,但其间的艰辛也非同寻常。毕竟隔行如隔山,技术类人才直接转到管理、经营工作,难度非常大,走的弯路也更多,并且可能耗费更多时间、资源。因此这类发明、创新者可考虑聘请职业经理,或者与投资者共同创业。愿意共享(创新成果),舍得把一些利益分给合作者,一般更有利于事业的发展,比自己"闷声发大财"的效果更好。自己失掉的只是一些利益,但不必太在意。

对不同层级管理者的技能,有不同的要求(例如在技能占比方面),如图1—5所示。

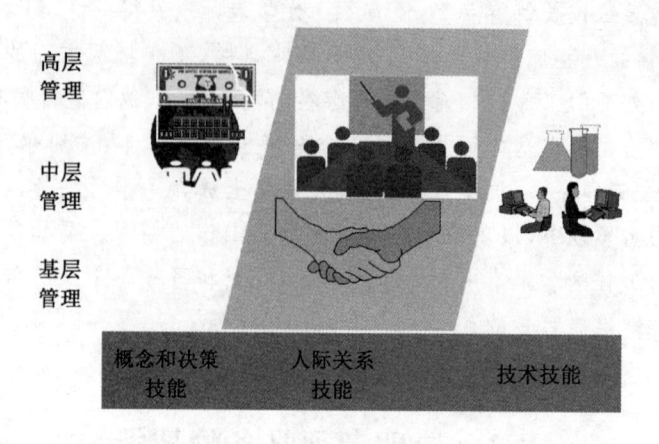

图 1-5　不同层级管理者的不同技能大致应占的比例

思考题

某研究所的一位管理人员说,他的主要职责是给软件开发人员分派具体工作任务并指挥和监督开发人员完成任务。由此推断,这位管理人员属于该研究所什么层级的管理人员?[①]

单项选择题

小林负责管理两条日产万件产品的无人全自动流水线,他可以被认为是（　　）。[②]

A. 高层管理者　　　　　　　　　B. 中层管理者
C. 基层管理者　　　　　　　　　D. 操作者

1.4　管理学的方法论与研究方法

管理学研究者以在各种管理工作中普遍适用的原理和方法为研究对象。

(1)管理学的方法论

作为一门综合科学,管理学以组织和协调人类活动为研究对象。而社会科学与自然科学的诸多学科也都从不同视角和层面研究和解释了人类的协调活动,因此这些学科的研究成果就成为管理学的知识来源。这些学科包括社会学、心理学、行为科学、人类学、政治学、经济学、数学、统计学、信息学、工业工程学和计算机科学等学科,因此,管理学的方法论具有显著的多学科性。

哲学是有关世界本原和人类智慧的科学,为管理学提供了世界观基础和批判精神动力。管理哲学是关于管理的世界观和方法论,是关于管理的主、客体之间矛盾运动规律的科学,它还关注组织与环境的关系等问题。主体是实践活动和认识活动的承担者;客体是主体的实践

[①] 答案:这位管理人员是基层管理人员。
[②] 答案:D

活动和认识活动指向的对象①。以前,员工也被作为管理客体,现在更多地被视作管理主体。

之所以说管理主、客体之间的矛盾,是因为管理客体(设备、业务、企业状态、工人等)常常不按管理主体希望的方式运行、行动或发展,出现了管理主体不希望看到的状态,即产生了矛盾。并且,这些矛盾发展变化着,即运动着。所以管理主体需要掌握这些运动的规律,并采用正确的管理方法和措施解决这些矛盾,纠正这些偏差。管理哲学反思管理本质,处于管理学的元理论层面。

社会学强调社会结构对人类活动的影响,丰富了管理学的组织理论、领导理论、劳资关系理论等。在某些领域、某些方面,在一定程度上,借助数学手段可使管理研究更精确。系统科学使人们运用科学手段认识管理的复杂性成为现实。

(2)管理学的研究方法

归纳法。从典型事物入手,通过观察大量事实,掌握其特点及其相互联系,分析管理活动的因果关系,找出事物发展的一般规律。由于管理活动十分复杂,影响因素繁多,每个因素对管理活动的影响很难被分离出来,采用归纳方法研究可以使问题由繁变简、由难变易。

试验法。设计出某种条件,观察试验结果,再寻找规律。

演绎法。在归纳的基础上找到一般规律,加以简化后(得到的是一种简化了的事实,但合乎逻辑),建立模型,用模型解释、说明问题②。归纳法与演绎法常被结合运用。

实证研究(即归纳法)一般指,研究者亲自观察研究对象、收集资料,为提出理论假设或检验理论假设而展开的研究。实证研究具有鲜明的直接经验的特征。它是通过对研究对象进行大量的观察、实验和调查(问卷调查、社会调查等),获取客观材料,从个别到一般,归纳出事物的本质属性和发展规律的一种研究方法。研究者在管理科学、社会科学领域普遍使用此方法。

---

① 在语法领域,注意客体在一些情景中不能作为主语。例如,论文和著作中经常出现的"本书研究了……""本文认为……"是不恰当的,不要被不合理的写作规定束缚,在这些情景中就应该写"作者研究了……"等语句。研究的客观性不需要靠不合理的写作规范和文字游戏(例如不出现"我",甚至不出现"作者"字样)粉饰。类似这样的错误,把客体用作主语的情况还有很多。

② 爱因斯坦指出:"适用于科学幼年时代的以归纳为主的方法,正在让位给探索性的演绎法"。人工智能领域的专家系统与机器学习、神经网络之间的关系与上述关系类似。直觉和演绎思维方法是对推理逻辑思维方法的突破。

第 2 章 管理思想

2.1 中国传统管理思想的要点

中国的传统管理思想及理论框架基本上形成于先秦至汉代这一时期,主要体现在先秦到汉代的诸子百家思想中,如儒家、道家、法家、兵家、墨家、商家思想。中国传统的管理思想,分为宏观管理层面的治国学和微观管理层面的治生学,作为管理的指导思想和原则,它们可被概括为以下一些要点。

第一,顺道。道是治国的道理,也是客观规律(例如企业须遵循市场规律)。在顺道方面,古代的黄老学说强调顺其自然,无为而治。哲学家卡尔·荣格(1875~1961)为英文版《易经》写序说道:"谈到世界人类的唯一智慧宝典,首推中国的易经。在科学方面,我们得到的定律常常是短命的或被后来的事实推翻,唯独中国易经亘古长新,延续 6 000[①] 多年,依然具有价值,而与最新的原子物理学有颇多相同的地方。"

不过,即使在极其重视学习经典的中国古代,仍有很多身居高位者未能遵循经典中的教诲而身败名裂,这应成为当代人的警示(现代人也知道很多道理,但谁能做到时时遵循、严格遵循呢?)。例如易经讲"飞龙在天"这一爻辞时,就警示那些大人物,位越高,越危险,应居安思危。可是很多人做不到,高官们贪赃枉法,帝王们追求享乐,以为辛辛苦苦获得的高位就是供他们享受特权的。最终的结局很惨。五代时后唐的大将、宰相郭崇韬恃权恃功骄纵,目中无人,不重视团结同僚,也不知祸从口出,得罪了很多小人,被皇后和太子魏王合谋袭杀。他之后的安重诲也犯了类似错误,可用易经的亢龙有悔爻辞解释。李存勖身为晋王、沙陀兵统帅,打仗时总是冲锋在前,不怕吃苦;称帝(后唐皇帝)、灭后梁后,立刻像换了个人,骄奢淫逸,忘记前朝唐朝的衰亡教训,大量重用太监、伶人和小人,动辄授予高官,赏罚极其不公、不明,失去军心,轻信谗言,滥杀功臣,昏庸无道。最后,不仅多镇背叛他,身边的人也众叛亲离,御林军都造他的反,仅三年即身死族灭。历史中极其类似的例子太多太多,悲剧、惨剧一遍又一遍重演,几乎使用同一脚本,人们却仍不吸取教训。

第二,重人。民惟邦本(以民为本),本固邦宁;重人心向背,重人才归离。《孟子·离娄

[①] 中国学者认为易经有 7 000 多年的历史。

上》云:"得天下有道:得其民,斯得天下矣。得其民有道:得其心,斯得民矣。"在新民主主义革命中,中国共产党不正是本着这样的道理得天下的吗?兵家重视将领选任和人事管理,法家提倡贤能并举。韩非子说:"闻古之善用人者,必循天顺人而明赏罚。循天,则用力寡而功立(事半功倍);顺人(顺人性,参见12.3节),则刑罚省而令行;明赏罚,则伯夷、盗跖[zhí]不乱……"

第三,人和。处理好组织内外部的人际关系。古训:天时不如地利,地利不如人和;家和万事兴。古今中外,大小人物的很多事都毁于或起因于欠缺人和、未处理好人和之事而导致失败。

第四,守信。言必信,信必果。这句话早在《史记》的"游侠列传"中就已出现。说话要有诚信,对于答应别人的事,必须做到。反之,对难以做到的事勿轻诺。

拓展内容

习惯性卸责说辞

在待人接物中,与轻诺对应的一个坏习惯是卸责,常见于现实生活中。别人请求帮忙,有的人答应帮忙之时常常会说这样一类话:"我尽量,不过……做不好/最后帮不了你,可别怨我。"这样的回话会给对方不好的感觉——可能让对方泄气,感觉你也难以帮助他们成功;有可能感觉你在找托词,不会尽力帮他们。既然答应帮别人,就不必先说卸责的话,这类话不但不能塑造你完美的形象,反而给对方留下不好的印象。尽力帮忙就是,将来如果真因为客观条件限制,实在帮不了,再向对方解释、道歉。那时再说类似这样的话,基本上就不算卸责,对方也不会怨你,不会有不好的印象。再说,很可能没有太大的障碍(你能答应帮忙,说明还是有一定把握的),你最后能成功帮助别人呢,何必说这些卸责的话呢?不是多此一举吗?

人不能过于在意面子,不能时时都想着自己的面子,这会让我们产生不当言行,超前卸责之言就是一例。

第五,利器。工欲善其事,必先利其器,①做事要有好的工具。不要铺张浪费,但在工具、资源方面应舍得投资。拥有"利器",学习、工作效率将可能大大提高,生活质量也会大大提高,可节省时间和精力,更有可能获得成功。老子、庄子还告诫说:国之利器,不可以示人(见《道德经》和《庄子》)——国家的强大武器(例如治国方略、重大决策、镇国之宝、军事机密)不可以被(轻易)拿出来夸示于人。

拓展内容

现代人则往往反其道而行之,各国常向对手"大秀肌肉",展示自己的尖端武器,以起震慑

---

① 史书《三辅决录》讲:夫工欲善其事,必先利其器,用张芝笔、左伯纸及臣墨。后半句讲的是东汉市面上的品牌。

作用,避免与对手轻易开战、直接开战(慎战思想),从而避免给自身带来重大损害。另外,当前国际社会要求各国的国策有一定的透明度,所以不少国家会公开自己的一些国策,①以取信于国际社会,取信于友邦和(潜在)战略合作者。

在古代也有上述思路,《墨子·公输》就记载了墨子去楚国劝说楚王勿伐宋,为楚王效力的公输般认为他新设计的攻城器械能攻下宋国。墨子就和他来了个简易的"沙盘"对决,结果公输般输了。楚王最终放弃攻宋。公输般后来放弃伐宋报仇的心愿,可能也是受墨翟"兼爱,非攻"思想的影响,在民间做了一位能工巧匠,就是后人称颂的木匠祖师鲁班。

另外,在中国和西方的远古时代,打仗往往有贵族范儿(典型代表是宋襄公和孔子的学生子路②),也就是双方各派猛将厮杀,或者就是领军的将军捉对厮杀,败者之军基本上选择溃逃,相对而言,双方的伤亡都小一些。《三国演义》就有大量的这种场面的描写,《说岳全传》(南宋时代)亦如此(再往后这样的描写就不常见了),西方的《特洛伊》(古希腊时代)电影也是这样描绘的。也可以从上述角度理解"千军易得一将难求"的含义。不过到了近古时期,更多地出现了残酷的集体厮杀的场面,敌对双方更追求排兵布阵和杀伤力强的弓弩、长枪、大刀、铁锤甚至火器等武器,强调集体作战能力而非勇将的战力。显然,远古时代的战争相对更仁慈、道德一些。

第六,求实。实事求是,凡事量力而行。"大跃进""浮夸风""放卫星"就是不求实;邓小平同志在改革开放进程中大力提倡实事求是。

第七,对策。研究规律,讲究策略。中国古代兵家重视战略(上兵伐谋,其次伐交)、组织管理和信息管理(例如谍报工作)。"兵者,国之大事,死生之地,存亡之道,不可不察也……"

不过即使在古代,也有不少将帅不重视阵前对策、撤军策略,把打仗看作儿戏一般,导致惨败。例如,东晋时期就有不少这样的战例——苻坚的淝水之战惨败、慕容宝的参合陂之战惨败等;五代时,朱温的大军围攻晋王的潞州时期,在大雾天疏于防范,清晨睡得正香时,怎料晋王李存勖就是选这样的时刻奇袭,朱温的这支军队几乎全军覆没。③反之,如果朱温的大将能预判李存勖的偷袭,设下埋伏,就能打一个漂亮的反击——原来没有决战的机会,现在李存勖送上机会了。

第八,节俭。我国理财和治生历来提倡开源节流,勤俭建国,勤俭持家。孔子主张节用而爱人,使民以时。墨子说:其财用节(例如后代汉文帝的排场节俭),其自养俭(例如雍正的饮食节俭),民富国治。墨翟还反对儒之"又厚葬久丧,重为棺椁[guǒ],多为衣衾",认为这浪费财富和精力。丢掉艰苦奋斗的作风,处处摆阔气、讲排场,骄奢淫逸,不仅增加了经营成本,更严重的后果是削弱了人的奋斗精神。

---

① 例如,2015 年 3 月,十二届全国人大三次会议提出中国制造 2025 战略和"互联网+"策略;美国公布工业互联网战略和美国优先国策;还有德国的工业 4.0 战略。

② 前者是楚军未渡完泓水、未排好阵不打他们(见《左传》),据说后者是冠不正不打仗,不过也因此成了受害者。

③ 打仗不只是行军,更不是睡好觉、吃好饭,常常别人不卸甲、马不卸鞍,历史中那些惨败的军队常常就是因为视战争如儿戏。美国为何能赢得中途岛之战?重要原因之一是他们准备极其充分——各种警戒、侦察,日军几乎是单向"透明"的。知己知彼,自然容易赢。参见 8.3.4 小节最后的反例。

第九，法治。法家的代表人物有管仲、吴起、商鞅、韩非子等。①

这些管理思想不仅影响着当代中国人，成为中国人在管理方面研究、实践、创新的灵感源泉，对其他亚洲国家也有深远影响。例如日本（中国明朝的王守仁和王夫之的思想对日本的影响就很大）、新加坡、韩国用中国儒家文化塑造现代企业文化，形成了与西方管理方式截然不同的特色，有人称之为新儒学派，20世纪80年代美国还掀起了学习日本构建企业文化的热潮。

2.2 西方传统管理思想

西方的古典管理理论时期是19世纪末到20世纪30年代。

2.2.1 西方早期管理思想

西方早期管理思想以亚当·斯密的代表作《国富论》为标志。他的三个主要观点是：劳动是国民财富的源泉；劳动分工可以提高劳动生产率；工人的工资越低，雇主的利润越高，工资越高，利润越低。

实践经验

亚当·斯密的主要观点包含分工，作者用日常工作与生活中的经验，论述分工提高效率的效果。工作中，因为熟能生巧，人们会找到一些事半功倍的窍门，但这需要多次实践才能得到。碰到可能只做一回的工作，而且工作量很大，怎样才能提高效率？假如，这一工作需要几个步骤才能完成，那么有可能的话，就不要把第一步工作（例如制作一些零部件，搜集一些写作素材，开展文献研究）全部做完才做第二步，而是在第一步先完成一部分工作量，接着在第二步再完成一部分工作量，接着第三步……在做第二步工作的时候，可能会发现第一步的工作方法需要改进，以减少第二步不必要的工作（量），并得到更高的工作质量；做第三步工作时，又有可能发现第二步、第一步的工作方法需要改进……如此，就把一个"一次性"的工作分解成可以重复实践的工作，因而就能在重复实践中熟能生巧。

把类似的思想与方法用于分工制度，不要让员工一直做同一项工作，而是用轮岗、合理调动等办法，让员工了解别的岗位的难处、别的岗位的需求，了解生产或业务的整体过程。这样做也让员工们以自身的体验，理解同事们以及他自己希望从某个岗位（例如人事管理岗位、财务管理岗位、后勤服务岗位）得到的服务。以后，当他被轮换到这个岗位上，他就更可能会提醒自己，努力为同事提供这样的服务。并且许多员工也可能自觉在自己目前的岗位上改善工作方法与态度，做得更好，为下一道工序的岗位提供便利。这样，组织就提高了工作效率。

延伸阅读2-1

---

① 英语中有这样两个短语：Rule of law 和 Rule by law。前者可被翻译成法治，法律是至高无上的，政府也不能凌驾其上。后者可被译成依法施治（此时 rule 被用作动词，通过法律、借助法律治理），法律是统治者的工具。

分工思想与应用获得发展有当时的客观需求,也有当时的客观限制,当今在一些领域又有相反的思路,即整合。技术进步了,工作环境改变了,工具和辅助条件大大强化、提升了,过去的客观限制消失或减弱了,需求也发生了变化,所以有些工作需要减少分工特性,由较少的人完成,以实现较强的整体性、提高效率、提高质量。一个非常突出的例子是上海洋山深水港四期自动化码头——俗称"无人"码头,它是全球最大的单体自动化码头。

2.2.2 科学管理理论的产生和发展

科学管理理论对管理学理论和管理实践的影响是深远的,它冲破了几百年沿袭下来的传统的落后的经验管理方法,将科学引进了管理领域。直到今天,科学管理的许多思想和做法仍被人们参照采用。

(1) 泰勒的科学管理理论

美国管理学家泰勒于1911年发表著作《科学管理原理》,此事件一般被看作管理走向科学的起点,因而泰勒被尊为"科学管理之父"。提高劳动生产率是泰勒创立科学管理理论的基本出发点。泰勒思想的追随者吉尔布雷斯夫妇的砌砖动作研究,使砌每块砖的动作从18个被压缩到5个,砌砖效率提高3~6倍。此方法是泰勒思想的典型体现,剔除多余动作,改变劳动工具,以提高劳动效率。泰勒一开始把自己的方法称作任务分析或任务管理,后被称作科学管理,再后来,类似的、相关的方法在美国、英国和日本被称作工业工程。

① 科学管理理论的要点

科学管理的中心问题是提高劳动生产率;科学管理的根本目的是用科学的方法提高现场生产效率;为提高劳动生产率,必须配备一流的工人,培训一流的工人是企业的责任;应要求工人掌握标准化操作方法,在标准化的作业环境里工作;实行有差别的计件工资制;工人和雇主都必须来一次"心理革命",由相互对抗变为相互信任;把计划职能与执行职能分开,变根据经验工作为根据科学管理方法工作;实行职能工长制;在管理、控制方面实行例外原则。

上级管理人员保留对例外事项[①]的决策和监督权,将一般的日常事务授权给下级管理人员处理——但是直到如今,仍有不少管理人员不能较好地使用这一原则,导致上下级的低效工作和不融洽的关系。

② 对泰勒科学管理理论的评价

泰勒科学管理理论是管理的创新,也为管理实践开辟了新局面;推动采用科学的管理方法和操作程序,集中于解决企业内部工作效率问题(工人操作问题),使生产效率提高了两三倍;推动了生产发展,适应了资本主义在这个时期的发展需要;促进管理职能与执行职能分离,企业里开始有一些人专门从事管理工作,这就使管理理论的创立和发展有了实践基础;泰

---

① 例外事项较难处理,需要管理人员对管理对象有更深入的认识,需要管理人员有更多的管理经验、更高超的管理艺术、更强的组织协调能力(如调度资源的能力、协调多个部门的能力),以及较强的管理创新能力等。

勒把工人看作"经济人",不利于充分调动工人的积极性。①

虽然"经济人"假设有偏颇之处,但不能认为关于"经济人"的观点就一定不正确。即使在当今社会,即使受过高等教育、身处高位者中的某些人表现出的贪婪就是"经济人"的特点。不过,最终使这些"经济人"特性显著的人偏离正轨、铤而走险的,是他们对预期非法利益与惩戒风险的不当权衡。而这种权衡的结果在很大程度上又取决于公司治理制度的完善与否。

泰勒的科学管理理论一方面对其他管理思想和方法产生积极影响,另一方面被各行各业(包括军队)采用并产生巨大作用。可以说,它对20世纪经济、社会的巨大进步有很大的推动作用。

(2)法约尔的组织管理理论

法约尔的著作是《工业管理与一般原理》。法约尔提出了管理的5项职能,即计划、组织、指挥、协调和控制,并提出了管理的14条原则,即劳动分工、权利与责任统一、遵守纪律维护纪律、统一指挥、统一领导、个人利益服从集体利益、人员的报酬须公平、适当集权与分权、等级原则、遵循秩序、公平原则、保持员工的稳定、发挥主动性和团结原则。法约尔把管理职能与其他职能分开,区分了经营和管理的概念。经营活动包括技术活动、商业活动、财务活动、安全活动和会计活动等,也包括管理活动;管理活动包括履行前述5项职能。

经营者(例如董事长、总经理)更重视组织运营的结果,管理者(例如人力资源总监、车间主任)往往聚焦于组织运营的过程;经营者往往把更多精力投入组织与外部环境的多维度交互中,管理者往往把更多精力投入组织内部运作中;管理应服务于经营(目标)。

2.3 西方现代管理思想中的几个学派

继科学管理理论、管理理论与实践繁荣发展,形成了学派林立、百家争鸣的局面。孔茨提出:出现了管理的"理论丛林"。下面介绍其中的三个学派。

2.3.1 行为科学学派

行为科学的发展从人群关系理论开始,而人群关系理论的提出又基于霍桑试验。1933年,梅奥在其著作中为霍桑试验作的结论包括:工人是"社会人",有社会心理方面的需要,并不只单纯追求金钱和物质;满足工人的社交欲望,提高工人士气,是提高生产效率的关

---

① 在不同时期,研究者和管理者对企业员工的不同认识:"受雇人"——企业主把工人看作是会说话的工具,严格管制;"经济人"——工人们都是唯利是图的;"社会人"——进步的理念,认为工人在工作场合有社交需要;更进步的理念是"管理人"——工人或雇员有双重身份,既是被管理者也是管理者,强调自我管理。

键(这是关于员工满意度①的较早论述);除了正式组织,企业中还存在非正式组织,而这又进一步证实了企业是一个社会系统,会受工人的社会心理因素影响,非正式组织对企业既可能有消极影响也可能有积极影响。梅奥总结的这些结论使人们对组织里的人有了全新的认识,致力于人的因素研究的行为科学家不断涌现。

从中外古代的生产、管理实践,到霍桑试验,到中外当今的生产、管理实践,它们都说明,以人为本、加强人的民主及其他力量的权利,例如先进技术的"权利",而不只关注资本、股份的"民主"和权利,不只重视生产资料,才能有效提高生产效率,促进企业和其他类型组织的发展。

行为科学学派的重要理论如下。

(1)马斯洛的需要层次理论②

马斯洛的需要层次理论有五层需要,如图2—1所示。

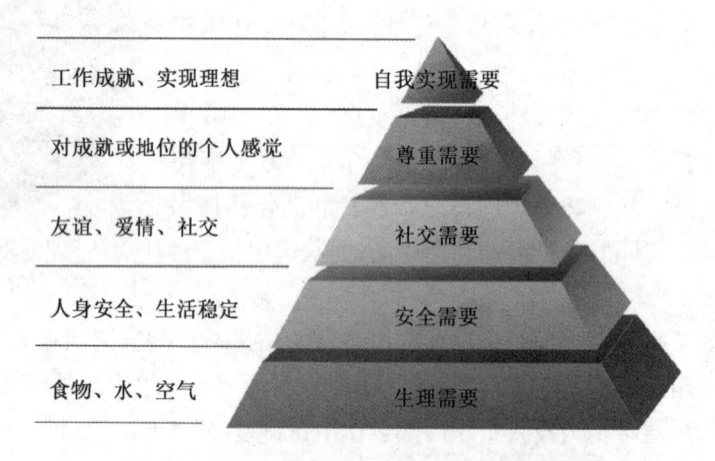

图2—1 马斯洛需要层次理论中的五层需要

①马斯洛需要层次理论简介与批判

马斯洛需要层次理论的两个基本观点:需要只有在未得到满足时,才会激发人的动机;只有在低层次的需要得到满足后,较高层次的需要才会出现。

第二个观点并不总是正确的,在不少情况中是错误的结论。例如,李公朴和闻一多为了民族团结,为了避免内战,为了大众的幸福,不惜冒着被特务暗杀的风险,继续发表演讲,抗议蒋介石政权阴谋发动内战。这就是放弃第二层需要的例子。西汉武帝朝的霍去病为了民族发展,为了国家的长治久安,表达了"匈奴未灭,何以家为"的志向,这是放弃第三层需要(爱情、归属需要)的例子。第一个观点也不够准确,因为需要得到满足后仍有可能继续激发人的动机以维持该需要继续得到满足。

---

① 市场营销理论认为:员工的忠诚度取决于员工对公司的满意度→员工忠诚度的提高能促进员工工作效率的提高→顾客获得的高价值源于企业员工的高效率→顾客满意度由顾客获得的价值大小决定→顾客的忠诚度由顾客的满意度决定。参见3.4节。
② 它首先是心理学领域的研究成果;在管理学领域使用此理论及本小节的其他理论,是对心理学理论的应用。

②对马斯洛需要层次理论进一步分析与批判

甚至可以说马斯洛需要层次理论的整体不够准确、完整,起码,他的五层定义或描述不够准确或完整。例如,以天下为己任的仁人志士、英雄豪杰、革命先驱们,可以为了民族、大众或某个群体的利益,完全放弃这五层需要,也就是与个人相关的需要。古今中外,多少仁人志士为了民族和大众的利益甘愿默默无闻地做事甚至默默无闻地牺牲生命,不需要同时代与后代的人知道和记得他们。

案例 2—1　元好问牺牲自己个人的顶层需要

金末的元好问(写"问世间情为何物,直教人生死相许"词句的金朝文坛宗师)是一个非常有风骨的人,为了个人名节(属于理想、自我实现一层的需求)与恩师赵秉文的声誉,宁可放弃初中进士后的官职(属于成就、地位、尊重需要一层的需求)。要知道,他的功名、科考之路非常坎坷、惨淡,历经16年,直至32岁才中进士,但他仍选择放弃。此点与前面第①项论述的思路相同。

然而,到忽必烈灭金之际及之后,元好问为了保住中原文脉(金朝的文人),不惜牺牲个人名誉,与蒙古高层(例如耶律楚材)乃至忽必烈本人接触、商谈,甚至到了在外人看来是讨好的程度,例如亲赴大都,给忽必烈送上"儒教大宗师"的称号。他牺牲了自己的需要,例如尊重需要、自我实现的需要、文人看重的名节这些高层需要,但成功保全了中原文脉的发展。牺牲自我,保全大局,功莫大焉!他自己仍坚持不在元朝廷为官,而是选择隐居。这从侧面表明他并未真正失掉气节。

作者尽管花了较多笔墨批判马斯洛的需要层次理论,但是绝不否认其理论价值与应用价值,作者的批评只是弥补其缺陷,帮助读者更清晰、正确、理性地认识该理论,在用它指导实践时少犯错误。而且马斯洛需求理论为此后提出其他激励理论奠定了基础,因此它本身就成了最著名、最经典的激励理论。

延伸阅读2-2

在生活中,既要勇敢地追求新目标,也要懂得珍惜已拥有的,做一个快乐的人,避免好高骛远和不切实际,尤其应避免因虚荣心带来的负面影响。

③运用马斯洛需要层次理论

满足不同层次的需要:管理者须清楚员工当前的需要层次,针对不同的需要层次采用不同的激励方法。对高级需要,须在心理方面使人得到满足;对低级需要,须在外部环境、物质条件方面使人得到满足。

满足不同人的需要:不同的人有不同的需要,管理者须了解激励对象,针对激励对象的不同需要,采取激励措施。对中高层管理者更要注意采用恰当的激励,注意他们需求层次的变化并采取应对措施,否则可能使他们感到玻璃天花板的存在,结果离职率增高。应想尽办法留住优秀的人才,给他们位子、财富、机会和信任,使他们为组织发挥更大的能量。

案例 2—2　华为公司的激励

华为公司提出长期艰苦奋斗的口号——主要针对高管。因为高管的收入已经很高了,从人性角度看,收入持续激励的边际效用递减;物质激励到一定程度后,人们的需要就会转向重视休闲、生活质量、家庭。人性如此,企业却不能这样。企业的高管如果都这样的话,就没人奋斗了,那么企业要不了几年就会垮掉。高管不奋斗怎么办?拿着股票退休,让出位置来,让奋斗者上去。这个竞争和淘汰是很残酷的,不这么做根本不行,否则企业就没有希望。① 华为的全员持股管理规定还包括:员工绩效降低或职级降低,须退出所持(部分)股份(虚拟股)。

案例比较　2019年开年大会,京东宣布减员措施

虽然此宣布与2018年5月第二届世界智能大会中,刘强东说"永远不会开除②任何一个兄弟"对照,就是自打耳光,但这也是京东的无奈之举。因为京东高管们认为,公司内混日子的人越来越多,不能拼搏、业绩差、人力资源性价比低,所以必须淘汰一些员工或协商解决这些问题,例如降职降薪。末位10%副总裁级别的高管也将被淘汰。

在营销工作中应用需要层次理论,能抓住消费者由浅入深、由低级到高级的需求,传递客户价值。下面的小故事反映了这一道理。

一个炎热的夏天,一群武士打猎后经过一座寺庙,他们口渴难当,便进寺讨水喝。看寺的小和尚向每人递上满满一大碗冷水,武士们一饮而尽,觉得真痛快,还想再喝。小和尚又向每人递上半碗水,而且有些微热。武士们喝完后仍旧觉得很痛快,还想喝。小和尚给每人端来一只小茶盏,斟满了热腾腾的香茶。武士们品得很开心。

三碗不同的水,针对的是武士们不同时刻的饮用需要。③

理论比较

美国耶鲁大学的克雷顿·奥尔德弗对马斯洛的需求层次理论作了一定的修改,并将马斯洛的五个需求层次整合成三个:生存(Existence)、关系(Relatedness)、成长(Growth),简称ERG理论。

ERG理论没有严格的等级,生存需求没有获得完全满足时,员工可以追求关系需求和成长需求,三种需求同时起作用。当更高层次需求未获得满足时,人们可能转向低层次需求。当某种需求获得满足时,需求强烈程度可能不减弱,甚至变得更加强烈,参见前面第①项最后一段。ERG理论打破了马斯洛需求层次的不可逆性。

(2)双因素理论

赫茨伯格指出,影响人的行为的因素有两类。

①保健因素——与工作环境有关,是保证完成工作的基本条件,例如与上司和同事的关系、工资、工作安全、工作条件、社会地位、公司政策及监督。如果保健因素的情况不佳,员工可能辞职,所以说,保健因素是基本条件。

例如,油漆车间里对人有害的物质很集中;又脏又吵;车间里,冬天的温度到零下,夏天到四十多摄氏度;工人的报酬又不算多。这样的保健因素就比较差。在工人多次要求改善工作条件、提高工资待遇后,管理者仍然不回应、不重视,将导致工人的流失率较高,这对提高生产效率和产品质量都很不利。2017年春节过后,一些快递公司的部分员工未返岗,导致一些快

---

① 黄卫伟. 华为如何让18万优秀人才"累、爱并快乐地奋斗"[OL]. 2017-3-3.
② 不少人似乎不知道开除与解聘的差别,动辄说"开除",不少文章亦如此写,其实看语境,应该用解聘。
③ 赵轶. 管理学基础[M]. 北京:清华大学出版社,2015.

递站点的货物堆积，迟迟发不出去。因为这部分员工转行到饮食外卖平台企业送货去了，转行的主要原因是前者的工作压力大，报酬也只比后者的稍高一点。

当保健因素的情况较好时，员工的工作效率不一定就很高或者说不一定就提高。这是因为员工可能认为，大家都享受到这些，并不只是给自己的奖励。这一道理就是，不满意的对立面不一定是满意，而可能是"没有不满意"或者说消除了不满意，这一现象在一定程度上打破了亚里士多德的矛盾原理。而且员工即使满意了（某些利益得到保障了），也不一定受到激励，也就是说，保健因素往往不直接起激励作用。

但是把一个工人从工作条件差的部门调到另一个工作条件好的部门，他的工作积极性和绩效很可能有明显的提高，起码在起初的一段时间里会这样。也可以从另一个角度理解这一现象，也就是对不同的员工而言，保健因素和激励因素的定义和划分是不一样的，对工程师、会计师、律师等而言是保健因素，然而这之中有的因素对建筑工人、车间工人等而言则是激励因素。

②激励因素——以工作为中心，关于工作本身的因素，能激励员工提高绩效。例如，工作方面的成就感、工作本身的性质（例如工作有趣，澳大利亚大堡礁护岛员的工作就是一个很有趣的工作）、个人发展的可能性大、受到重视、晋升、责任（感）等。[①]

联系前面第(1)部分马斯洛需要层次理论，可把这两个理论的关系理解为：马斯洛需要层次理论的前三个层次的需要属于保健因素，后两个高层次需要属于激励因素。马斯洛需要层次理论聚焦于人的需求和动机，双因素理论聚焦于满足人们需求的因素，从这个角度看，两个理论是互补的。

(3) X、Y 理论

X、Y 理论由道格拉斯·麦格雷戈（Douglas M. McGregor, 1906～1964）提出。

①X 理论指出：人的本性是懒惰的，大多数人好逸恶劳（即经济人、性本恶假设），仅用奖励不足以使人勤奋工作，必须严格管理，强制工作。要采用胡萝卜加大棒的方法，例如用金钱使员工服从和效力。多数人没有雄心大志，愿意受别人指导，不愿担负责任。该理论更适用于低端劳动者、不富裕的群体，更适用于工作机会相对较少的国家和地区，例如在印度（人口多，经济不够发达，工作机会相对较少）使用比在美国更有效，但也会造成员工的创造性和奉献精神降低。

②Y 理论指出：大多数人是勤劳的，在好的工作环境（例如谷歌、微软公司的"五星级"工作环境）里人们愿意努力工作，承担责任。应创造好的环境，使员工的智慧、能力得到充分发挥。

(4) 超 Y 理论

超 Y 理论由洛尔施（Lorsch）和莫尔斯（Morse）提出，指的是不同的员工、不同的工作对

---

① 与保健因素的影响结果不一样，员工在激励因素方面没有获得满足，一般不会不满意。

管理方式的要求不同,管理者应根据不同的情况采取不同的管理方式。

在企业里,有的人希望有正规的组织与规章条例(大企业一般都有这些)要求自己的工作,而不愿参与问题的决策、承担责任。这种人欢迎其上司以"X理论"指导管理工作(指上司的管理工作)。而有的人却需要更多的自治责任和发挥个人创造力的空间(小企业或初创企业里常常有这样的空间),这种人则欢迎以"Y理论"为指导的管理方式。

(5) Z理论

Z理论由威廉·大内(William Ouchi)提出,另一种说法是,麦格雷戈在去世前把组织和个人义务融合在一起提出Z理论,然后大内接过Z理论战旗。Z理论包括以下主要观点。

① 企业管理者与工人的利益是一致的,两者的积极性可融为一体(泰勒也持与此相同的观点)。

② 企业对工人的雇用应该是长期的(日本、中国企业的传统)。

③ 鼓励工人参与管理。

④ 实行个人负责制。例如,海尔实行"人单合一"制度,每个员工须对自己的订单负责,每个员工就是一个"经营单元"。海尔又推出开放创业平台(商业生态圈),海尔员工以及海尔集团外(全球范围)的人员衍生成为小微企业,在这些平台上创业,为海尔带来商机和创意。

⑤ 上下级关系须融洽。

⑥ 全面培训职工。泰勒的科学管理理论中也有类似观点。

⑦ 相对缓慢的评价与稳步提拔。"路遥知马力,日久见人心"就说明了这个道理。提拔太快不但可能给企业造成损失,也可能伤害员工。

员工还未经历较多的磨炼和学习,还未经历过渡职位的锻炼,就被提拔到较高职位,这时巨大的压力、新环境、新任务和新要求很可能使他们无所适从,进而犯错误,甚至做出重大错误决策,给企业造成重大损失。这也会使该员工一下子丧失信心,失去进取精神,在这种情况中,快速提拔他的高层管理者可能就毁掉了一个可塑之才。

故事　韩世忠生擒方腊却未获两镇节度使的官职

北宋政府征方腊时,徽宗说,谁擒得方腊,就赐两镇节度使。战斗中,低级军官韩世忠有勇有谋,带着两千人打了方腊一个伏击,方腊溃败而逃,带着军队躲藏到了老家清溪县。此地有许多溶洞可以躲藏,宋军一时找不到方腊。最后,在别人都不敢进一步行动时,韩世忠奋不顾身,孤身进入方腊藏身的山洞。韩世忠格杀几十名敌人,生擒方腊(不是《水浒传》里的"武松独臂擒方腊")。然而,韩世忠的功劳却被大将辛兴宗抢走、冒领了。尽管后来有人把实情告诉了皇帝,最终,皇帝也没有册封韩世忠为两镇节度使,而是赐予了一个稍低的官位。

故事分析

虽然徽宗言而无信很不公平,但换一个角度思考,韩世忠当时只是一位年轻的将领,将衔也不高,如果真让他做两镇节度使,他能管好吗?部下会服他吗?所以说,使韩世忠逐渐获得提拔,对他来说不是坏事。他的一生还是挺顺遂的,很受继任皇帝高宗器重与信任。

实际上,皇帝在征方腊前许下的这个赏赐本身就有问题,他没有考虑到,方腊有可能被一位初生牛犊不怕虎的年轻低级军官擒得。如果把这个赏赐改成连升两级或者连升三级,就不会出现上述尴尬情况了。因此,管理者在激励员工时,要注意避免激励或奖赏过度。

还有一个典故,据说欧阳修本来可以被点状元的,但最后只得到第十四名。前辈晏殊透露:是因为欧阳修锋芒毕露,主考官们想挫一挫欧阳修的锐气,有利于他今后的成长。实际上,欧阳修确实成长为宋朝文坛一代宗师——文章好、学问大、人品好、为官也好,并且还提携了苏轼、曾巩、张载等许多晚辈。

相对缓慢的评价与稳步提拔可能让许多人不适应,不过做人应沉得住气,不应计较一时得失,应善于等待。

⑧控制机制要含蓄。几乎没有人愿意被监视和严密控制,检测手段要正规。

2.3.2 管理科学学派

管理科学学派重视把最新的科技成果应用到管理工作中,是科学管理理论的发展。但管理科学理论的研究范围已远超泰勒时代的范围,涵盖了整个组织的所有活动;管理科学采用的现代技术与方法也是泰勒时代的情形无法比拟的。

管理科学学派的观点包括:以最少投入取得最大产出;管理就是设计和运用数学模型与程序的系统;人是"理性人"(类似"经济人"概念),会根据利益刺激作出不同的努力。该学派较少考虑人的其他行为动机,如人的社会性特点。

行为科学理论用自然科学方法解决管理中人的问题;管理科学理论则用自然科学方法(主要是定量统计方法)解决生产与业务问题。管理科学学派注重经济技术研究,不太注重社会心理研究,往往忽略了人的因素。

在实践中,管理科学方法主要被用于企业决策,在决策时以充分的事实为依据,采用逻辑思考方法,计算和分析大量的数据和资料,遵循系统的程序和方法。在企业管理中采用管理科学方法,有助于减少主观决策的风险。[①]

2.3.3 决策理论学派

决策理论学派的代表人物是西蒙,他认为管理就是决策。决策分两种:程序性决策——对常见的、熟知的事务,按常规和既定原则决策;非程序性决策——由有经验、有能力的管理者作出。

现代企业管理思想的发展趋势

本章上述内容是比较成熟、经典的管理思想,当前的管理学研究者与企业管理者在前人的基础上正继续发展管理思想。现代企业管理思想发展的趋势是战略化、知识化(例如学习型组织)、虚拟化(例如虚拟企业)、人性化、网络化及全球化。通过考察40家国际长寿公司,Arie de Geus 在其所著的《长寿公司》一书中得出结论,成功的公司是能有效学习的公司。虚

---

① 赵丽芬,刘小元. 管理理论与实务[M]. 北京:清华大学出版社,2017.

拟化经营思路契合了互联网思维;人性化思想契合"知本化"现实,当前人才、创意有时候比资本更珍贵;持有开放的思想,融入全球发展,小到个人、企业,大到国家、民族,才能不断进步。

后现代管理思想关注被科学管理边缘化甚至压制的弱势群体,淡化管理者与被管理者的界限,关注消除规则、制度与程序对人的自主性的奴役,摆脱自上而下的创新模式的束缚,鼓励员工自主创新,在创新过程中自我管理,批判科学管理的分而治之的理念,主张整体思维和合作理念,鼓励去中心化。[①]

当前比较热门的管理思想是"互联网+"管理思想。该思想强调产品定制化、组织扁平化、员工创业化(例如海尔的全球创业平台)和投资社会化(我国的混合所有制改革符合这一趋势),也强调跨界融合和创新驱动。基于大数据的管理也是经营管理者需要重视、运用和完善的方法,它还不成熟,所以每位应用者更有发展、创新的空间,它也需要应用者采用新思维适应之,正如互联网经营需要互联网思维那样。

[①] 王凤彬,李东. 管理学(第6版)[M]. 北京:中国人民大学出版社,2021.

第3章 管理的基本原理

管理的基本原理很多,本章论述其中的四条:系统原理、人本原理、责任原理和效益原理。

3.1 管理原理的主要特征及其学习、研究意义

(1)管理原理的主要特征表现在以下四个方面

①客观性。管理原理反映管理的客观规律。人们违背某个原理后不一定被某个组织惩罚,但会被客观规律惩罚,如经营亏损、客户离去、市场份额降低、企业破产。

而原则是人们根据自己对客观规律的认识制定的行为准则,有一定的人为因素。谁违背了某条原则,就可能被制定该原则的群体惩罚。原则和规定是人制定的,原理和规律是客观存在的。但是原则和原理的界限也不是泾渭分明的。有一些原理和规律,例如经济原理、经济规律、企业经营原理和规律,背后也有许多人为的痕迹,甚至是无数人为规定和原则综合形成某些原理和规律。这种情形在人类社会领域乃至动物群体中并不鲜见。

②普适性及概括性或抽象性。许多管理原理被普遍认可,已被大量管理实践证明。虽然管理原理或理论具有普遍意义,但又不是绝对的(正确),对不同的情形可以采用不同的指导理论。

③稳定性或可重复性。在一段时间内是相对稳定的。

④系统性。指管理工作须遵循系统原理、人本原理、责任原理和效益原理,即四条重要的管理基本原理。管理是在系统内部以人为本,通过确定责任达到一定的效益。

(2)学习、研究管理原理的意义

①掌握管理原理有助于加强管理工作的科学性,避免盲目性。这些原理是前人的宝贵经验或惨痛教训,是前人的系统总结,是已被大量管理实践证明了的普遍规律。我们很好地遵循它们就能避免重蹈覆辙,避免付出惨痛代价。

②学习、研究管理原理有助于掌握管理的基本规律。虽然人们自己在实践中常常也能想出解决问题的办法,乃至总结出解决问题的规律,但由于个人的能力是有限的,上述办法和规律可能带有片面性与局限性,在别的场景中使用它们可能导致失败。

而众人(包括专家们)经历长期实践,提炼、完善的普遍管理原理,能帮助人们在许多情况中采取正确的措施。也许这些普遍原理比较抽象,不像上段提到的规律与方法那样具体,但只要把握并遵循这些普遍原理的内涵与实质,就会减少走弯路的可能性。规律与原理越有一

般性与普遍适用性,它们也就越抽象,这也是常理。

③掌握管理原理有助于迅速找到解决管理问题的途径和手段,也能提高工作效率、决策效率,能快速应对复杂、多变、紧急的环境和事务。荀子在《劝学》中说:"吾尝终日而思矣,不如须臾之所学也。"如果能切实掌握诸多管理原理,将来碰到管理问题时就能事半功倍地解决问题,而不是时时、处处都需要靠我们自己的思考、智慧和努力以获得解决问题的科学方法。我们要学会站在巨人的肩膀上,并记住"学而不思则罔,思而不学则殆"。

不过,应注意不能把原理、规律过度泛化,也不能轻易讲某些事的发生是必然的,否则就不够客观。研究社会发展的问题时,尤其需注意此点。许多原理、规律并不能拿来就用,它们需要修正,需要适应新的应用环境。即使伟人与圣人创造的思想、发现的规律也非放之四海而皆准,因为他们不可能为各种情形、为后世都想得很周全。这些思想与规律也需要后人扬弃与发展。对此,毛泽东和邓小平是理解得非常深刻(例如对马列主义的理解)的两位领袖,并且在实践中也做得非常好,所以才有毛泽东思想与邓小平理论这些光芒夺目的成果。

对西方管理思想和原理乃至各种范式、模式、流程和应用软件,国内管理者同样应注意此点,可作为借鉴,不能照抄,他们的原理在中国或者在东方世界不见得是颠扑不破的,不要迷信。

在宏观层面、国家治理、社会发展层面,中国做得出乎世人意料的好,没有被西方理论和话语束缚,而是走出了一条有中国特色的现代化发展道路。中国的实践不但不比西方国家的差,实际上在许多方面已超越它们。这为其他发展中国家树立了一个很好的榜样。实际上,西方发达国家的现代化道路并不适合发展中国家,例如前者通过殖民、掠夺和战争获得工业化发展的巨额资本,这样的发展道路显然不适合发展中国家。在微观层面,例如公司管理方面,我们同样要有自己的理解、创新和实践,要真正适合公司的实际经营情况,不能被西方理论牵着鼻子走。

延伸阅读3-1

3.2 系统原理

西方世界的系统一词来源于古希腊语,是由部分构成整体的意思。系统是由若干相互联系、相互作用的要素,以一定的结构形式组成,在一定的环境中具有特定功能的有机整体。贝塔朗菲于1932年创立了系统论思想。《文言传·乾文言》①把人、天地、日月、四时与鬼神视作同属一个有机整体,同遵一个宇宙秩序,受相同法则支配。当今,东方文化的系统论思想再度照亮全球科学与哲学的天空。

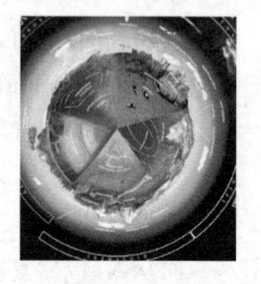

① 《文言传》是《易传》的一部分。《易传》是孔子(公元前551~前479年)在晚年时编纂的,后经其多代弟子共同完善,至西汉中后期汉成帝(公元前32年~前2年)时期定稿。

3.2.1 系统的特征

系统论告诉人们，集合性（整体性）、层次性（等级结构性）、关联性、动态平衡性以及时序性等是所有系统共同的基本特征。

(1) 集合性。系统由若干要素组成。贝塔朗菲认为：系统中各要素不是孤立地存在着，每个要素在系统中都处于一定位置，起特定的作用。各要素相互关联，构成了一个不可分割的整体。要素是整体中的要素，如果把要素从系统整体中剥离，它将失去要素的作用。

(2) 层次性。系统在结构或功能方面的等级秩序。层次具有多样性，可按物质的质量、能量、运动状态、空间尺度、时间顺序及组织化程度等多种标准划分。一个系统的不同层次具有不同的性质和特征，既有共同规律（例如分形特征，中微观层面有与宏观层面类似的规律），又各有特殊规律。

(3) 相关性。系统的各组成要素是相关的。处理事务时，既要考虑轻重缓急之分，又要兼顾多项事务，考虑到事务的关联性和系统的整体性。有时候，看上去是小事的却会影响大局，历史中有许多教训。在生活、工作、学习中，不要把一件事看得太重要（甚至太势利），才能把别的事也看得重要，才能耐心、和善、公平地对待别人，对待各种事。

不但自己不能过于忽视"小事"，安排下属负责"小事"时，也应考虑人员安排是否合适，例如不能像《三国演义》里的袁绍那样派酒鬼淳于琼守乌巢粮仓。不过，林肯选用了一位酒鬼将军反倒逆转打赢了内战——林肯也是在北方军连连失利且无将可用时作的无奈之举。

要勇于并行做几件事，因为机会不等人，时间不等人。并行做事时，不要过于忽略小事，因为大小事都是我们需要做好的事，它们是紧密关联的。20 世纪初，沪上巨贾虞洽卿创办肥皂厂时又忙于开办轮船公司，后者显然比前者的投资更大、更重要，虞洽卿花在肥皂厂的精力就少了些。后来，肥皂厂失火，外商落井下石，一系列事情导致虞洽卿与他人合办的四明银行差点倒闭。

暂停手头的大事，花一点时间把临时发生的小事做好，可能能避免较大损失，可能获得较多收益。不要被"小事"的表面之"小"障住眼，它们不一定真的小。

3.2.2 系统原理的要点

系统原理又包括以下原理。

(1) 整体原理。局部须服从整体；系统的功能大于其各部分功能之和（亚里士多德曾提出此观点），因为有协同效应，还有量变引起质变。在学术研究方面，中国学者向西方国家学者学习，更重视问题导向，着力于点或侧面研究，但我们也不能抛弃中国人擅长的整体思维，更不能唯西方学术标准的马首是瞻。

在国内建设与国际交往、斗争中要有全局观，要看到长远利益，要有战略定力，不因一事一利束缚而斤斤计较、莽撞冲动。别国动辄挑衅他国，那是它们无知、愚蠢；我国是五千年文明古国的泱泱大国，怎能跟它们一般见识、学它们的样子？不被逼到无退路，核心利益、实质利益未被侵犯，都不应用军事手段解决。

从系统、整体角度，应对霸权主义挑衅，我国不能在它们为我国设好的轨道里抗争，而要打开思路。寇可往，我亦可往，可以以彼之道还施彼身；你打你的，我打我的；围魏救赵；擒贼先擒王……祖先和革命前辈的斗争智慧与战略，都可以用于当今的国际斗争。

另外，中国唯有苦练内功，专注于发展，增强实力，增强综合国力，包括国防能力，增强国际影响力，方能震慑觊觎者、敌对者，使它们再不敢轻举妄动和挑衅。当前，中国已经部分实现这样的目的，虽然仍有少数挑衅者，但更多的已不敢再向中国挑衅，而是愿意与中国和平相处。成大事者争百年，不争一息。未来，中国一定能更大程度地实现这一目的。[①]

(2) 动态原理。运动是系统的生命。流水不腐，户枢不蠹。房子长期无人居住容易败落；家具长期无人使用，容易腐坏；电器长期无人使用，容易报废。

(3) 开放原理。对外开放也是系统的生命，任何有机系统都是耗散结构系统，系统与外界不断交流物质、能量和信息，才能维持其生命。并且只有当系统从外部获得的能量大于系统内部消耗散失的能量时，系统才能不断发展壮大。[②]

系统的另一个特征是其不断熵增的过程，使该系统远离原来的平衡，陷入无序与混乱，直至灭亡。

比利时物理学家普利高津于1969年提出耗散结构论。耗散结构理论以远离平衡的开放系统为研究对象，研究系统与其外界交换物质和能量，进而形成和维持稳定化了的体系结构。耗散结构理论把热力学第二定律[③]与达尔文进化论统一在更广泛、更普遍的理论中。

把耗散结构理论用于组织管理、社会治理等领域，就是要坚持改革开放，积极从外部吸取正能量，降低本系统不断增加的熵，使本系统恢复活力。

开放的反面是封闭。"闭关锁国"政策早在明朝朱元璋时期就被使用。清王朝在其强盛时以天朝自居，不愿与外部世界充分交流，表现在愿意出口茶、丝、瓷器等，对输入技术、贸易合作无兴趣，甚至把西方舰船技术和军火技术等斥为奇技淫巧，更不会虚心地"师夷长技"（林则徐语，夷指西方国家）了。所以此处"闭关锁国"的讲法不准确，或者说不怎么符合明清两朝的情况，只是一定程度上的闭关锁国，也是人们的一种习惯讲法，本书作者借用之。在清朝末期，"闭关锁国"更多的是朝廷一厢情愿的政策与措施。

明清两朝的做法与汉、唐一些朝代的做法正好相反。唐朝之所以成为当时的世界文化中心之一，东罗马、天竺（今印度）、日本等国都派来遣唐使，正是源于唐王朝的开放态度，外国人甚至可以在朝廷做官（元朝亦如此）。

当清朝衰落时，其统治者害怕列强的侵略，于是采取闭关锁国的策略；另一方面，他们害

[①] 在《天龙八部》第49章开头，太皇太后高氏在临终前也劝告赵煦，不要惦记着跟辽国开战，应采用不战而屈人之兵的战略。宋朝本就比辽国富足，只要保持政通人和，在边境防范住辽国入侵，就能长治久安。可以坐等辽国国内生变，例如之前的楚王之乱就使辽国元气受伤，将来就能征服辽国。这与晋朝老将羊祜退吴国陆抗的稳定型战略是相似的。

[②] 陆雄文. 管理学大辞典[M]. 上海：上海辞书出版社，2013.

[③] 克劳修斯表述为：热量可以自发地从温度高的物体传递到温度低的物体，但不可以自发地从温度低的物体传递到温度高的物体。

怕人民从外部获得反清王朝的思想和方法,因而也要采用闭关锁国的策略。[①] 这种策略就如同鸵鸟遇到危险时,把头藏到沙里一样蠢。实际上,他们闭不了也锁不了,因为大清国的"关"与"门"已被列强的坚船利炮轰开,直至民国的大部分时期皆如此。[②] 历史上,其他一些国家也使用过闭关锁国政策。

不从外部吸取营养,不向外部学习,国家和民族就容易陷入僵化,就会落后,特别是军事落后就要挨打。正因如此,邓小平同志主政后的中国把改革开放定为基本国策。基于此国策,十几亿人口、积贫积弱的中国在短短三四十年的时间里,解决了温饱问题,于2020年年底全面消除贫困,基本实现小康,并朝着世界强国地位快步迈进。

我国现在是全球化的坚定支持者,办进博会、服贸会和消博会等进口平台,进一步改善国内投资环境,积极参与合作国家的建设,加大对外投资,带动落后国家一起发展,"一带一路"倡议/战略,倡导人类命运共同体……我国是一个非常开放的大系统,多年来,在经济、政治、文化、气候和环境等方面,都是全球发展的火车头。

即使我国现在已是大国、强国,即使我国如果将来能成为第一强国,我们仍需要保持谦虚的态度,学习他国的优点,吸取他国的教训,仍需持公平公正的理念和真诚的善意,与其他国家友好交往,互帮互助,共同成就。这样才能降低我们这个大系统的熵,避免无序、低效、混乱和各种恶的东西,保持我们这个大系统的动态平衡和健康发展。

当前,与我国形成鲜明对比的是美国等西方国家,资本高度集中、种族歧视、阶级对立、假民主、金钱民主、分赃政治及霸权主义等正撕裂着这些国家,也就是剧烈的熵增过程。然而,他们不但不能改革开放,反而在全球大打贸易战、科技战、金融战,并不只是与我国打,与其他国家以及他们相互之间也打。他们的政策和行动恰如中国晚清和晚明朝廷时一样,面对困境反而更保守、更闭关锁国。

他们这样做肯定救不了自己的国家。所以一些左翼人士提出不同的主张。

不过,封闭也并非总是坏事,例如,我国金融系统一定程度的封闭,正是有效抵御20世纪90年代末亚洲金融危机和2008年国际金融危机的重要因素。在有的情景中,"闭关疗伤"是复兴的必需过渡阶段,晚清朝廷则是想闭关而不得。而抗日战争、解放战争、抗美援朝战争的连续胜利则给予新中国一段较长时间的、很好的"闭关疗伤"的机会。

(4) 环境适应原理。物竞天择,适者生存。系统须适应环境才能生存。企业为适应内外环境的变化,需具备灵活性,采用合适的企业战略,有效竞争。

(5) 综合原理。可以把复杂的系统分解为简单的单元以便解决问题,[③]也可以把简单的

---

① 对外侮,不能采取有效的强国策、抵抗侵略、保境安民;对内忧,顽固地不肯立宪(慈禧当政末期)、不愿顺应民心、完善自我、与时俱进。却仍要骑在人民头上作威作福,自然会被人民唾弃、推翻。古今中外,历史规律基本上如此,例如奥斯曼帝国、伊朗帝国(巴列维王朝)等国末代王朝的命运大抵如此。

② 一些税收权也由列强掌握,还有外国军队的驻军权。例如,英美的军舰甚至可以在中国内河巡游,直至渡江战役前,出于自卫,解放军才开炮把它们轰走,华侨因此备受鼓舞,积极回国。日本更是在东北、华北驻扎大量军队,否则在其全面侵华战争初期,也不可能给中国造成那么大的损失。

③ 学生碰到复杂的、难度很大的数学、物理题时,可以考虑能否把它们分解成几个较小的问题分别解决,再综合得到想要的最终答案。而这些小问题的难度明显降低了。注意分解时仍关注系统性、整体性。

单元组合为新的系统。综合也是一种创造。例如,苏联米格－25战斗机的许多零部件的性能都不如美国的,但由于其整体设计优良,零部件搭配科学,充分发挥了各个部件的性能,因而该款战斗机的整体性能反而强于美国同款战斗机的。钱学森教授回国后领导研发导弹的初期,困难很大,例如,国内的基础制造业基础太薄弱,在苏联撤走专家后更是雪上加霜,研发工作陷入困境。钱学森的夫人歌唱家蒋英说,回国后唱歌剧要用中文唱,受此启发,钱学森想到,要适应中国现有的情况,不要追求各个部件的优异性,而是尽量争取导弹整体的良好性能。基于这样的指导思想,研发工作获得突破和进展。

在我们的生活和工作中,有一个很多人更熟悉的例子。配合苹果公司的操作系统与应用软件,苹果电脑硬件才能发挥其特性,因为苹果的应用软件与操作系统是专为苹果硬件定制的。有的人喜欢苹果电脑的设计(有时尚、奢华等特点),但不熟悉苹果软件,或者考虑到其文件格式与主流文件格式不兼容,于是把新购苹果电脑里的软件全部清除,改装视窗操作系统及其兼容应用软件,其实就大大削弱了苹果硬件功能的发挥。这有点叶公好龙的意味。

3.3 人本原理

为什么须重视人本原理?因为员工、群众、广大人民是建设、发展的主体。以人为本,关心爱护职工、群众,照顾他们的利益,发挥他们的积极性,为他们创造进步的空间,他们也能爆发出巨大的能量、创造性和极高的效率。从解放战争到中华人民共和国成立初期的建设,再到改革开放后的大建设、大发展,执行领袖的超凡、伟大战略的群众带来一个个超速发展的巨大惊喜。例如解放战争提前两年左右结束,解放初期的建设亦如此,具体到个案,例如从原子弹到氢弹的突破,我国只用了短短两年多的时间,是国际上用时最短的成功创举,那是在西方国家对我国完全封锁的情况中取得的战绩,没有任何外援。

中国改革开放后的发展更是创造了历史奇迹和世界奇迹!在四十年的时间里完成了三次工业革命的进程并进入第四次工业革命的第一梯队。在赶超美国的过程中,我国各方面指标值的迅速蹿升也令世人咋舌,不要说外国人万万没想到我国发展得如此神速,连我们自己也没想到。这一伟大的、举世无双的成就正是伟大的中国人民以远大的理想、艰苦的工作、惊人的毅力、不屈的意志、必胜的信念、卓绝的聪明才智、无私的牺牲精神、不甘居人后的志气、强烈的民族自豪感和责任感以及血与泪的代价实现的。

3.3.1 人本原理的主要观点

(1)职工是企业的主体。老一辈革命家告诉我们:历史是人民创造的;人民群众的创造力是无穷的。新民主主义革命中,毛泽东等革命家认识到,人民是改造社会、改造国家的主体。这一认识突破了前人的精英改造社会的认识。革命先辈的忠告对那些骄傲自负的公司高管们是一个警示:公司的绩效并非都是他们一手创造的,没有普通职工与中基层干部的支持和奋斗,高管们的战略规划只能是天上的月亮,可望而不可即。

北欧航空公司认为,如果他们一年承运 1 000 万名旅客,每位旅客平均接触北欧航空的 5 位员工,那么,这 5 000 万次的接触时刻是该公司的关键时刻,决定了其未来命运,而非少数关键人物决定其未来。

(2) 有效管理的关键是职工的参与。中国共产党的实践经验是:不管千难万难,只要充分发动群众,把群众的智慧与力量集中起来、发挥出来,就不难。员工们通过观察、思考,常常有一些如何更好地发展单位的好主意,管理者应重视这个宝贵资源。各项制度从群众中来,再到群众中去,才能被有效执行。

海底捞餐饮公司基于家庭式的企业文化,决策时往往不是管理者独断,而是上下级人员一起讨论,然后综合整理,得出有效方案。例如,海底捞公司修改日常管理制度时就这样做,使作出的决策符合大多数员工的利益。这是决策被有效执行的保障。即使像通用电气这样巨无霸的大公司,其前首席执行官韦尔奇也重视发动员工、群策群力,深入基层,并从他们那里获得许多创意。对涉及重大问题的决策,英特尔也实行"民主集中制",先在基层征询意见,表决通过后坚决执行。日本精密机械株式会社让员工轮流当"一日社长",开展该制度的第一年就节约 500 多万美元成本。

战略管理、企业文化建设等也需要员工参与。许多管理者自认为创建了很好的企业文化,有很好的企业氛围,不过他们有没有放下身段,诚恳地请各部门、各层级的员工谈一谈,他们是否认可当前的企业文化? 或者用匿名调研的方法进行。现实中,这种请教与调研很少。组织文化不是被简单地创建出来的,更重要的是,需要广大员工认可、遵循、传承与发扬光大。

(3) 现代管理的核心是使人性得到完美发展。组织成员的人性得到完美发展后,组织也能获得较好的发展。党的十九大报告提出:"必须坚持以人民为中心的发展思想,不断促进人的全面发展"。印度学者卡普尔认为:1950 年,印中在一个差不多的起点发展,现在两者在经济、科技、军事方面的差距很大,一个重要原因是中国政府对人民发展的重视,体现在教育、基本医疗等方面。[1] 新加坡的迅速发展又何尝不是如此,李光耀领导的政府在国民教育方面很舍得投入。

阿里巴巴集团认为,公司的成长主要取决于两方面的成长,即员工的成长和客户的成长。海尔集团总裁张瑞敏认为,如果一个员工的思想不通,派十个人都管不住他;思想通了,不用管他,他都会努力工作。经营者、管理者无法完全控制员工如何工作,以及以何种程度发挥员工的能力。这些最终需落实到员工自身的认识、渴求、规划等方面,然后再体现到他们的言行方面。

当今,职场应更多地成为一种体验,而不仅仅是工作、养家的平台。美国的 Airbnb(爱彼迎)已经把人力资源部(过去,许多公司把人事部改为人力资源部已是一种进步)改成员工体验中心了,给员工更多层次、更丰富的感受。星巴克也很重视与员工的关系,例如,星巴克总部被命名为星巴克支持中心——说明总部的职能是提供信息和支持,而不是对基层店铺发号

---

[1] 中国的成就也是打仗打出来的,推翻三座大山,搞土地革命、解放妇女,如果没有无数场革命战争,中国取得的伟大成就靠向国内资产阶级统治者、官僚统治者和西方列强乞求是求不来的,也非改良能换来的。之后的抗美援朝战争、对越自卫反击战同样是新中国建设成果与发展前途的有力保障。

施令。这一趋势非常适合知识水平更高、自主性和独立性更强、成就事业的意愿也更强烈的新生代员工,其中很多员工在经济方面本来就没有压力,他们更多地关注实现人生价值。

海底捞餐饮公司的总裁张勇认为,仅让员工严格遵守流程和制度,等于只雇用了他们的双手;不能忽视员工最有价值的地方——大脑。当员工用心的时候,他们的创造力最强。怎样才能让员工用心呢?张勇认为,必须把员工当作家里人。

海底捞上海某分店的一位服务员看到顾客把鹌鹑蛋上面的萝卜丝夹到碗里吃,她推断,这位顾客一定喜欢吃萝卜。于是让厨师准备了一盘萝卜丝,加好调料后免费送给顾客。顾客非常惊喜,后来成为海底捞的常客。

(4)管理是为人服务的,管理制度必须符合人性。为人服务中的人,其外延很广,除了顾客等对象(包括其他利益相关者),也包括本公司的员工。国企党建工作的一个重要方面就是为员工服务,体现党的为民思想。在国有公司中,经理和董事们更关注业务、市场、客户、资金、物资和生产等,而党组织更关注员工。日用化工品行业的新秀广州立白集团研究其竞争对手宝洁和联合利华,认为他们始终关注消费者与员工,对人的尊重和关怀,让这两个老品牌历久弥新。

案例 3—1 重建日本航空株式会社非常成功的日本企业家稻盛和夫和他的同事们,在重建初期曾遇到一件令人纠结的事:要不要从三个国际航空公司联盟组织中最小的一个"寰宇一家",转到提供优厚条件的、更大的一个联盟组织?稻盛和夫提醒、督促他的同事们不能只在经济方面考虑得失,还要从道义方面考虑是好还是坏。转会将给"寰宇一家"联盟造成重大损失,抛弃一直与日航合作的没有过失的伙伴公司们,并使乘客失去原联盟中的优惠——要考虑他们的立场和心情。他们商议再三,决定恪守做人的道理,不转会①。

在企事业单位乃至政府部门设置内部意见箱,也是管理者为员工提供更好服务的有效手段。虚心接受员工们的意见,及时解决问题,努力为员工创建舒心的工作环境,努力维持员工们愉悦的心情,有利于提高整个组织的效率,提升组织的绩效。

某机构的一位主要行政干部犯了严重错误,被上级纪委审查,可能是上级要求,也可能是该机构自身想表现自查自纠的姿态,在那几个月里,天天把意见箱放在办公楼大堂里。可过了那一阵风头后又回到以往的状态,意见箱不见踪影,只是成为重要日子才出现的装饰品。不管是常态中重要日子的装饰品,还是那一阵风头里天天露面的装饰品,管理部门从未公布处理从意见箱里收集的意见的结果,更没有公布意见箱管理、后续意见处理的规则和流程。完全是白箱操作的风格。这样的情况是否在很多组织里都出现呢?

②据说某年阿里巴巴计划为怀孕的员工提供有防辐射功能的孕妇服。主管部门辛辛苦苦起草了申领制度和管理办法请马云审核,马云很快就淘汰了这一草案。马云解释道:"申请、审批、押金,一大堆流程,看起来完美无缺,可是方向错了。管理制度一定要符合人性。"他接着说:"不要任何审批,员工只要申明怀孕,就可以直接去库房领取。"主管问:"有人冒领怎么办?"马云回答:"第一,要相信员工不会冒领;第二,如果冒领,三个月后什么都看出来了。"

---

① (日)稻盛和夫 著.心:稻盛和夫的一生嘱托[M].曹寓刚,曹岫云 译.北京:人民邮电出版社,2020.

于是该部门将制度简化为申明怀孕后直接领取,只要签字即可。阿里巴巴颁布这样的简化制度后,从未发生过这位主管担心的冒领事件。

3.3.2 进一步的论述

案例 3—2 亲身体验,完善服务

"滴滴打车"的创始人程维一直乘专车(即共享汽车)上班,以便体验服务;他还要求其公司的管理人员也定期乘专车以及亲自驾驶专车为顾客服务,为的是不脱离客户,不脱离服务提供者的身份与实践。

在滴滴内部有一条硬性规定,中层以上的管理者每月体验产品 30 次以上。[①] 所有的产品经理、运营经理都要抽出时间当客服,倾听客户的声音。程维甚至要求所有产品、运营和技术人员每月至少一天、至少 10 小时以上全职开专车,这样才能拿到全额工资。一个公司想靠服务制胜,首先须了解客户的需求和不满,以不断改正。[②]

案例 3—3 海底捞为员工提供家政服务(亲情管理)

海底捞餐饮公司规定区域管理者每月必须在员工宿舍生活三天,体验员工的衣食住行是否舒适,以便及时改善。该公司为员工雇了专门的家政服务人员,这项福利的成本不高,效用却很显著。辛苦一天的员工深夜回到宿舍时,不必再为洗衣服、床单等发愁,有利于他们第二天工作时有一份好心情。

案例分析

上述家政服务也让员工享受到被别人服务的感觉,感受到公司对自己的重视和自己的价值,有利于他们以平和、平等的心态,而非自卑、压抑的心态为顾客服务。作者也曾在一家技术服务型的公司工作过,总是为客户提供服务的感觉确实不大好。海底捞的上述贴心做法让员工感受到"我为人人、人人为我"的道理,而社会现实也的确如此。例如,一个经常接受别的公司服务的律师事务所,几乎天天也在为别的公司、其他单位和个人服务。

在这方面,那些大律师们与海底捞服务员的感觉是一样的。如果大律师们总是在为别人服务,却很少享受到别人向他们提供的服务,那么,即使收入很高的他们,工作感受与人生体验也不会好,并觉得自己的社会地位不高。

针对上述案例,假设一个相反的情况。例如一家三星甚至四星级酒店,其员工更衣室乱七八糟,地板肮脏不堪;员工卫生间没有肥皂或洗手液,马桶座圈丢失,房门破损;员工工作区墙壁的涂料和灰泥严重剥落;员工食堂的伙食差,餐具变形、不洁,食堂灯光暗淡。再进一步设想,服务员把美味可口的食物送到豪华的套房后,只能回到肮脏的房间里,是一种什么样的心情。他们能把工作做好吗?能为客人提供更超值的服务吗?上述假设的情况反映的是公司里很差的保健因素。

[①] 也就是平均每天乘坐一次以上的共享汽车。这意味着,这些管理者开私家车或公车(滴滴公司也许自备的公车本就很少)的机会大大减少。这也确实是滴滴公司的管理者乃至普通员工应该努力的方向——如果他们都不怎么乘共享汽车,其提供的服务的优越性体现在哪里呢? 又怎能指望客户认可他们的服务呢?

[②] 程维,柳青,等. 滴滴·分享经济改变中国[M]. 北京:人民邮电出版社,2016.

丽思卡尔顿酒店的座右铭是：我们以绅士、淑女的态度为绅士、淑女们忠诚服务。在丽思卡尔顿，员工和顾客都值得尊敬，它的座右铭已表明此点（温馨、诚挚、大气而自信），一旦客人言行粗鲁，丽思会首先保护自己的员工，把顾客拒之门外。顺丰的快递小哥被人打了，顺丰集团总裁王卫立即严正申明要追究打人者的法律责任，同时表示会照顾好小哥，请网友们放心。这样做也是非常正确且有温度的。

保护员工也不能过度，像家长护短那样就不合适了。2017年8月，某餐饮公司的两个门店出现严重卫生违规事件，把簸箕和抹布放在洗碗机里清洗，用顾客就餐用的漏勺掏阴沟……这已突破道德底线了，这样的员工能保护吗？公司的高层管理者们却在公关通报中过度揽责，也许这只是公关技巧，只是为稳定那两个门店的人心以减少公司损失。不过作者觉得这样做不妥，有些是非不分。分权自然也应分责，那两个门店的管理者和相关员工不应承担责任吗？显然应开除并追究其给公司造成重大损失的责任。还有一些宾馆里的清洁工用客房毛巾擦马桶，这种屡见不鲜的情况（被拍照、曝光的只是冰山一角）同样应严肃处理。

像海底捞、顺丰快递等公司和丽思卡尔顿酒店那样，让员工体会到老板和高管在精神方面重视他们，在物质方面不亏待他们，然后，他们还有什么理由不好好工作呢？

海底捞公司还有一个做法是逢年过节向员工的父母汇慰问款，不过这个做法不高明，因为这笔钱是从每位员工的工资里扣除的。上海凯威纤维有限公司的做法则更高明、真诚——每年办暑托班，把外地员工的孩子从他们的家乡接来，让半年未见面的父母和孩子团聚。暑托班的成本不低，小孩子们也不易管理，更何况还有安全问题需要考虑，所以没有几家公司能像凯威公司这样做。该公司的老板每天都为员工提供各种甜点、茶水等福利。一家制造型企业，其员工多为农民工，其老板能像大公司、欧美公司的老板那样做，确实难能可贵。关于凯威公司的信息来自作者的学生的暑假产学合作报告。

海底捞也有类似可圈可点的做法，例如，出资千万在四川省简阳市建了一所寄宿学校，让员工的留守孩子免费上学；设专项基金，每年拨100万元，用于治疗员工及其直系亲属的重大疾病。

《孙子兵法》说："视卒如婴儿，故可与之赴深溪；视卒如爱子，故可与之俱死。"战国时的孙膑、吴起两位大将做到了。

没有爱护就没有拥护，关心下属、以人为本是企业管理的重要因素之一。管理者需换位思考：要求员工忠诚时，我爱护他们了吗？要求员工敬业时，我关心他们了吗？要求员工展现高绩效时，我培养、指导他们了吗？员工犯错时，我思考过他们犯错的深层原因了吗（例如是否与公司文化、与管理人员的言行态度有关）？给予他们帮助了吗？

自1971年开始运营的美国西南航空公司从未解雇过员工。他们认为，没什么比裁员更能扼杀公司文化了，他们的不裁员政策是美国航空业前所未有的，已成为他们的巨大力量。海底捞因新冠疫情影响关闭了约300家门店，却坚持不裁员。

案例3—4　智邦公司以人为本的管理实践

互联网上流传过谷歌公司五星级宾馆般的办公环境，其员工能享受豪华服务，令无数白领艳羡。中国台湾科技企业智邦公司，虽然没有谷歌公司那样豪华的办公环境，但在以人为本的管理理念方面也很有特色，在实践方面也颇下功夫。

为了让员工对公司有家的感觉，智邦公司积极鼓励员工与同事结婚。这样，员工的心比较安定，员工夫妻双方都了解公司文化，夫妻双方相互也比较了解、容易体谅，对工作及家庭生活皆有益处。同为智邦员工结为夫妻的，双方皆可获 3 000 元加薪。为了让员工安心工作，智邦公司内设托儿所，员工还可用办公桌上的电脑看到托儿所内孩子上课、游戏的情形。

智邦老板杜仪民嗜好古典音乐，一到下午，整个智邦公司的大楼沉浸在悠扬的古典音乐中。智邦大楼的装修古色古香，充满艺术气息。走廊墙上挂着员工的书画作品，仿佛画廊、美术馆一样，连公司的网络硬件产品都像艺术品一样展示（援引豆丁网中《智邦公司的组织文化》一文）。

案例分析

持类似的管理思想，日本企业倡导家文化，希望员工以公司为家，日立公司甚至为员工设立内部婚姻介绍所。相反，很多公司却不成文甚至明文禁止公司内的恋爱，这种棒打鸳鸯的做法既没有法律依据，也不合情理。谷歌允许员工相互捐赠带薪休假机会，组织"带父母来上班"的活动。作者就职过的德资公司普茨迈斯特每年都组织家庭日，例如在附近的辰山植物园举办家庭日活动。

案例 3—5　国际商业机器公司尊重员工的企业文化

从底层摸爬滚打上来的国际商业机器公司老板老沃森明确规定了这一观点：每一位管理者都应该把自己看作下属的助手，而不是以老板自居。一个公认的看法是：老沃森率先在美国企业界创立尊重员工的文化，并使之成为国际商业机器公司的基因。

1935 年，老沃森宣布，男女员工同工同酬，这比有同样规定的美国《民权法》早了 30 年。1953 年，第二代领导小沃森在美国南部诸州设立厂房受阻——南方种族歧视比较严重。他在报纸上表明自己的态度：要不要这些就业机会是你们的事，但国际商业机器公司绝不容忍任何基于不同种族、肤色或信仰的歧视。

该公司尊重员工的文化给自己带来了不可估量的回报。全球有成千上万不同种族、不同肤色、不同信仰的精英在该公司奉献智慧和心血，他们为在这里工作而自豪。[①]

具备老沃森的上述观点，老板和管理者们就能认识到，使改变发生的真正力量是他们的下属，是广大员工。管理者才会经常谦虚、真诚地对他们的下属说："我理解你告诉我的以及你想做的。你是主管，你只要告诉我，我能帮你做什么。"以人为本是世界一流企业的文化中的共性，但也不是绝对的，例如通用电气的大裁员显然是污点。

把管理是为人服务的这一观点扩展到社会领域、国家治理领域，就是民本主义、关心民生——民为邦本，本固邦宁，民生为大。[②] 例如，我国强调农村土地承包权的长期性就遵循了这些道理。尽管我国实行土地国有制，但保持土地承包关系稳定并长久不变，农民的土地承包期延期再延期，对农民到城镇落户，不以要求其放弃承包土地和宅基地为条件（见《2019 年

---

① 方雨，秦茜，王依文. 百年 IBM 启示录：一切都可以改变，除了信仰[J]. IT 经理世界，2011-7-8.
② 《孟子·尽心下》还说：民为重，社稷其次，君为轻。

中央一号文件》第五部分第(二)子部分,黄奇帆主政重庆时就开始执行此政策),等等。还有我国卓越的扶贫政策与实施(例如精准扶贫),效果显著而快速,闻名于国际社会,被联合国称为伟大的创举。

中国文化是典型的以人为本的文化,西方传统文化则是金钱至上、宗教至上;以人为本就更能包容,海纳百川,消化、吸收、发展其他文化,宗教至上则容易产生排斥心态,一神论、一元化就是表现。

我国各层次、各部门在这些方面为国际社会树立了一个典范,并把这种经济发展理念、施政理念传播到广泛的国际合作中。我国真正以人民为中心、为人民服务、为人民谋福利,比一些西方资本主义国家经常空谈民主还有普选等形式化民主更接地气、更具有实质意义。

西方资本主义国家也常常喊以人为本的口号,实际上他们以金钱为本,资本才是决定力量,大财团、大资本家才是那些国家的真正主人。例如他们的公司治理体制就充分体现了这一点,我国在改革过程中,尤其在建设现代公司体制过程中,常常过度照搬了他们的思想和做法,这是需要克服和完善的。应根据我们的社会制度和国情,根据我们以人为本的传统文化,打破资本的垄断力量,摆正资本的合理位置,决不能有资本至上的思想。

3.4 责任原理

责任原理,即明确每个人的职责。明确职责的前提是分工,只有分工明确,职责才能明确。有责任感是员工的美德,负责任的员工是组织的宝贵财富。董明珠认为,一个好的领导者,必须具有强烈的责任感。我想的第一件事就是不被乌纱帽(注:格力是国企)左右,如果你(指上级)认为我做得太过分了(指太讲原则了),把我免掉……但如果给我做(注:做这个领导者),我一定要坚持原则。

寓言一则

很多人想蹚过一条湍急的河,都未成功,最后还被冲走了。终于,有一个人成功了。别人问他如何做到的,他说,背上一块大石稳住身体就能慢慢蹚过。在他之前,人们显然都把大石视为负担而非获得成功的机会,所以不知道利用它。在责任方面也有类似的道理,请负起责任。

案例 3-6 明朝时的海瑞为官刚正不阿,直言敢谏,为民造福,不惜得罪地方士绅,即使被罢官甚至下狱也不改初衷,并且因为不能为民做事而主动辞官。因为坚持原则,海瑞对提拔任用他的前内阁首辅徐阶之子多占民田之事也一查到底,并要求徐阶把非法多占的财产都吐出来,而不是念旧恩、徇私情。海瑞的脑子里没有这些私心杂念,只有原则与法律,因此连皇帝也敢大胆批评。他自己更不徇私舞弊、贪赃枉法,明朝官吏的俸禄相对其他朝代少得多,因此不谋私利的海瑞一直两袖清风,家里比较穷,死后还要靠同僚凑钱为他办丧事。

一个组织乃至社会发生了事故,产生了损失,究其原因,往往是一些低级错误造成的,而不是因为欠缺高超的管理技巧或技术难题未解决。是什么导致这些低级错误在古今中外那么多组织里反复发生？最重要的一个原因就是相关成员缺乏必要的责任感。他们就像吃大锅饭的人那样想：工厂不是我的工厂，生产队的地不是我家的地，所以我犯不着劳心劳力、多问多做。就是这样一种事不关己高高挂起的心态、懒散放任的心态，导致这些人应该思考的问题、应该多想一层的事情、应该负起的责任也被忽略了。于是该问的话没有问，该核实的情况没有核实，该传达的消息没有传达，该做的事没有做，该关心的人没有关心……于是，低级错误出现了，事故发生了，损失也产生了。

案例 3—7 "过河就拆桥"

2019 年 11 月 21 日，上海人民广播电台"清晨新闻"的"听众热线"栏目报道的一则新闻可谓社会中常见问题的典型。上海西南某区，一施工队在重新装修三座人行天桥。有市民打电话质疑：桥附近不是有通告说，因即将开挖河道，要拆除这三座桥吗？你们怎么还在装修？施工队回答"路归路，桥归桥"，继续装修。

这三座桥装修完后两个多月，其中的两座于 2019 年 10 月就被拆除了。记者采访天桥装修管理部门（该区交通委），问道：河道开挖立项在前（言下之意即要拆桥），你们为何还要装修？交通委办公室的人说：我们是两家单位，我们（指交通委）就像业主，要在家里装修；（贴拆桥通知的）水务部门就像负责房屋动迁的一样。记者说：你们是一家单位（言下之意，你们都是区政府下辖的单位）。

（谁会明知道马上要拆迁，还花钱装修？除非他指望通过临时装修获得更多拆迁补偿。可是上述的两家单位是该区区政府下辖的管理部门，不是居民，难道行政管理部门也想从上级政府那里多捞一些拆迁补偿吗？抑或是该部门早已与装修公司谈妥生意，所以明知即将要拆除这三座桥，还要让装修公司完成装修业务，后者才能拿到装修款。）

更奇怪的是，负责装修天桥与开挖河道的都是该区城投公司这一家国有公司（上述两个责任单位或主管单位都是国家单位），难道还有理由推托是部门之间没协调好吗？记者采访该公司时，接待者说：我们只管做（事），做不做这些决策是由主管部门决定，我们是企业。

简评：在整个事件中，能看到的是政府财政资金被白白浪费、社会资源被白白消耗的荒唐事，看不到的是相关管理部门的半点责任心和职业操守。

职位设计、权力委授须合理，责、权、利须相当。奖惩须分明、公正、及时。如果不及时，人们甚至包括当事人可能会搞不清奖惩的事由，则奖惩的效果就不好。

许多人在研究：如何设计更完美有效的董事会制度和监事会制度，以及其他各种管理制度。但是再完美的规章制度，再先进的技术手段，如果碰到"猪一样的队友"——缺乏责任心的员工，一切都白费。反之，充分建立起责任心，哪怕不那么完美的规章制度也能发挥神奇的效用。例如，皇权制度当然不能与社会主义制度同日而语，然而古代那些以天下为己任的仁人志士，甚至在社会风气极端败坏的情况中，也能发挥他们的巨大作用，对社会产生积极影响。如明朝的海青天、况青天（况钟）、杨涟、左光斗等，还有宋朝的包青天、陈青天（陈希亮），以及讲先天下之忧而忧的范仲淹，等等。

责任是如此重要，以至可产生很广泛、很大的替代作用。

管理者制定诸多规定，往往是为了解决责任问题，更准确地说，是不负责任的问题。公司治理制度即如此，主要是为了减少"内部人控制"问题、克服经理损害委托人或投资者利益的弊端。这些规定和方法多如牛毛，但有时仍不管用，因为被管理的对象仍未负起责任。而如果用思想政治工作或其他方法使大多数员工的责任感大大加强，那么，上述规定和方法中的许多就不么重要了。日本企业家稻盛和夫也有一个类似观点，与技术和经营战略等相比，人心才是最根本的。

上述观点并非乌托邦，现实社会中也有少量这样的实例。一些管理学教材介绍了美国和日本的个别企业就是这样的情况。作者摘录这些难能可贵的公司的一些特点：不打卡点卯，没有上下职级（俱乐部型管理风格）。还有一些知名企业，如谷歌、明尼苏达矿业制造（3M）等公司，在员工管理方面也相当宽松，员工有很大的自主权、决策权，非常自由却又高效。我国也有这样的凤毛麟角的公司，例如德胜（苏州）洋楼公司，一家活动木房制造公司（美资公司）的管理制度在某些方面（例如费用报销方面）就相当宽松。上述这些公司还有一些共同点：经营高效，效益很好。这说明他们的管理理念是可行并且正确的。

要发挥负责任的美德的功效，还需要员工具备较高的素养，尤其是较强的逻辑思维能力。思维应该是清晰的，搞得清前因后果；思路是开阔的，具有一定的发散思维能力甚至逆向思维能力。只有具备较强的逻辑思维能力，员工在大多数情况中就能判断哪些事是重要的，对它们不可偷懒、忽视。如果大多数员工有较强的逻辑思维能力，再配合一颗负责任的心，管理的许多条条框框都不再重要。进而管理工作大大减少，管理成本大大降低，经营效率则大大提高。

3.5 效益原理

在企业管理中，效益原理指通过加强管理，以尽量少的劳动消耗和资金、资源，生产出尽可能多的、符合社会需要的产品，或提供社会需要的服务，不断提高企业的经济效益和社会效益。关于效益原理，有以下三个重要术语：效果，指投入（的资金、人力等）经过转换而产出的有用成果，转换指生产、加工、组合等；效率，指人们在单位时间内取得的效果的数量；效益，指有效产出与其相应投入的比例。对任何组织的管理都是为了获得某种效益，包括社会效益、经济效益。如果说效果和效率更多地与传统的以生产、产品或推销为中心的管理观点（或分别称生产观念、产品观念和推销观念）相关的话，效益则更多地与以市场或客户为中心的管理观点相关。

效益评价类型

①首长评价。权威性强，全局性强，影响大，但可能不够细致具体。

②群众评价。较公正、客观——因为是集体评价、大量意见的反映；需要较多时间和费用——如果是大规模调研的话；可能缺乏全局性。

③专家评价。技术性强、细致、快捷。

④市场评价。成熟、规范的市场的评价往往是公正客观的，但可能滞后，木已成舟。

效益追求

管理是为了追求高效益，须确立管理活动的效益观。管理效益必然要通过经济效益和看得见的社会效益体现。正确的主体管理思想相当重要，它能引导人们做正确的事，而不是像三鹿集团那样，只追求本公司的经济效益，突破商业道德的底线，结果祸害社会，也导致自身倒闭。全局效益高于局部效益，我们应追求长期、稳定的高效益。

思政教育

与效益密切相关的概念是利益，两者含义相近，前者偏定量概念，后者偏定性概念。西方资本主义国家的企业及相关研究者们正处于由单纯追求投资者利益（例如只强调资本"民主"，甚至对我国的现代公司体制建设带来负面影响）向追求多方利益的观念转变过程中，这是一个改良过程。而我国企业及相关研究者和政府从一开始追求的就是协调多方利益或者说多方利益相关者共赢的局面，包括投资者利益、员工（含经营管理者）利益、供应商利益、顾客利益、社会利益或国家利益。政治民主与经济民主的统一是社会主义国家一以贯之的民主思想，也是其优势所在。

第4章 管理的基本方法

管理方法是人们在管理活动中为实现管理目标、保证管理活动顺利进行而采取的工作方式。管理原理往往须通过管理方法才能在管理实践中发挥作用。管理实践的发展促进了管理学研究的深化。管理方法分类如图4-1所示。

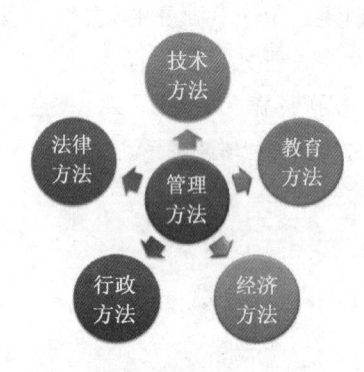

图4-1 管理方法分类

4.1 管理的法律方法

运用法律规范和具有法律规范性质的各项行为规则管理。法律规范不仅包括立法机构制定的法律,还包括各种组织、团体(如行业协会)制定的类似法律性质的行为规范。法律方法比其他管理方法具有更强的权威性和强制性。

在企业管理中,人们使用法律方法时主要依据经济法规。与企业管理密切相关的法律、法规有《公司法》《劳动法》《会计法》《交易法》《破产法》《反垄断法》《环境保护法》等。

(1)法律方法的特点

第一,严肃性,不因人而异。[①]

第二,规范性,用严格的语言阐明一定的含义。

第三,强制性,通过国家机器(警察、军队)和司法机构执行。

---

① 经济方法就比较灵活,可因人而异。在组织里,工资、奖金的分配可能须配合以工资保密制度,然后可较方便地实施灵活的分配方法。

(2)法律方法的作用

法律方法可以保证必要的管理秩序;调节管理因素之间的关系,如董事会和总经理的关系、股东和企业的关系、雇主和员工的关系、债权人和债务人的关系;将管理活动纳入规范化、制度化轨道。

(3)正确运用法律方法

遵守法律是企业管理的基础和前提,企业应避免与法律、法规相悖而造成不必要的损失。

案例 4—1　李书福的曲折经营之路

浙江省吉利集团的董事长李书福,一开始创业时做的是冰箱零配件生产和销售业务,并且做得挺好,但由于该企业未进入当时轻工业部生产电冰箱的定点企业名单,故属于违规经营。李书福不得不放弃已经发展得较好的冰箱零配件业务,转而投向汽车业务。他当初的损失是不小的。将企业转型,生产和销售汽车并不是一件想做就能做的事。李书福为了避免重蹈覆辙,先并购了一家摩托车生产企业,解决了生产资质方面的问题,然后再逐步进入汽车生产行业。

案例 4—2　作者曾就职的一家外企,因为没有工程机械整车销售许可证(因此不能在国内销售),也采用了类似李书福的方法,即并购一家汽车修理改装厂,从而获得此许可证。在这以前,它只好曲线经营。如果有客户购买该公司的设备,该公司的出口部门办好相关出口手续,形式上是销往海外(这是允许的,因为它有保税加工业务资质),但实际上只是办理好出上海海关的手续后,把设备装船,到附近的公海上转一个小圈子,又兜回上海港口。客户办好进口免税手续,然后该设备入关,被运到客户处。形式上是从国外进口,实际上是出口转内销。这样就可以在国内销售了,只是这么做增加了许多成本(如运输成本、出关进关成本、客户办理进口免税的周折和成本),后来我国国内政策收紧,内销愈加困难。不过,不管这家外企采用上述的哪种方法,它还是确保了自己的经营行为在中国的法律许可范围。

虽然法律方法是管理工作中的基础方法,但不能期望用法律方法解决所有问题,应该综合使用法律方法和管理的其他方法。

4.2　管理的行政方法

行政方法指依靠行政组织的权威,运用命令、规定、指示与条例等行政手段,按行政系统和层次,以权威和服从为前提,直接指挥下属工作的管理方法。行政方法的实质是通过行政组织中的职务和职位管理。

(1)行政方法的特点

①权威性。权威性本身不难理解,但值得注意的是,它与行政职务或职位并非必然或永久绑定的。管理者如果采取的管理风格有严重问题,就可能失去管理职位赋予他们的权威。例如,乔布斯一度由于脾气暴躁、独断专行(也由于他当时追求极致产品的经营思路不被同事们认可,不适应市场,并产生了损失)失去管理权威,失去领导职务,被迫离开他与朋友合作创建的苹果公司。还有一个例子是,根据英国海军的真实故事拍摄的电影《叛舰喋血记》中,那位残暴的舰长被集体反抗的官军赶下军舰,让他及其几位铁杆追随者乘救生艇自生自灭。1905 年,俄国的波将金战舰反叛事件也是类似的情况。美国海军的一位女舰长也因粗暴、专横失去士兵的拥护,最终丢了军职。所以管理者也须用品德、才干和业绩巩固、加强其权威。

②具体性。行政方法相对于法律方法而言更具体;采用法律方法多表现为用较宏观、概括、抽象的条文管理。

③强制性。行政方法要求成员服从组织目标,由行政措施保证执行。

④无偿性。用行政方法管理,上级组织调动使用下级组织的人、财、物,可以不遵循等价交换原则,而根据行政管理需要进行。此点不仅可以解释微观层面的管理规则和现象,例如公司内部的管理和资源调度,也可以解释宏观层面的管理规则,例如党的十六大报告提出的:我国国有资产管理体制是"国家所有,分级行使出资人职责",而不是各地方行政区分级所有。我国的国资管理体制使国家在需要时能全盘优化配置资源,乃至实现举国体制的优势。

行政方法在原则上可以是无偿的,在实际操作时应有所照顾。例如,公司管理者应考虑不定期向提供竞争情报的销售人员赠送礼品或给予奖励,对这些销售人员的额外工作和额外付出表示赞赏,由于他们提供了有价值的市场信息而向他们表示感谢。否则他们可能失去做好此项工作(通过行政管理体系分派的工作)的积极性,从而采取敷衍了事的态度。不少管理者认识不到此点,或者说并不认可此点,因而只有无偿任务的分派,而无相应的奖励。

调用(子)企业或机构的资源时也应该这样。例如,政府提倡在国有企业体系中共享资源,就应当对积极分享资源的(子)企业给予奖励,以增强它们提供共享资源的积极性。对行政事业单位的积极共享行动也应当有所奖励。前一段提到的"分级行使出资人职责"制度,也是对地方政府有效管理国有资产的积极性的鼓励。

(2)行政方法的作用

行政方法是较简单的手段,又是最基本的手段,是实施其他管理方法的基本保障。其他管理方法常常需要借助行政方法实现,使用行政方法便于处理特殊问题,用于贯彻上级意图最有效。

(3)正确认识与运用行政方法

①加强服务。管理者须努力为下属创造良好的工作环境和工作氛围,给予充分的支持,提供有效的指导和帮助,变指挥者为"教练"或者变"家长"为"班长"。对此,沃尔玛创始人山姆·沃尔顿、国际商业机器公司创始人老沃森等知名企业家早已有了深刻认识。当前在海尔集团,管理者最重要的任务不是下达指标,而是按照自主经营体中一线员工的需求,帮助整合资源。星巴克在上海某门店的店长过于强势,更强调以命令方式管理,结果被伙伴(星巴克称员工为合伙人,不只是叫叫而已,他们甚至为兼职员工提供股票期权)投诉,这正反映了星巴

克非常重视员工的感受。

在当今"平台+合伙人"的创业潮流中,原来的老板、管理者们(指具有这些身份的人)要树立内部服务意识,为原来的员工提供好的服务,例如创建有效的内部创业环境;在许多公司,雇佣关系将渐渐淡化。在政治体制中须建设服务型政府,例如履行下述服务职能:促进市场功能的发挥,介入市场失灵的领域,提供公共产品和服务。不过也不能削弱政府的权威性和控制职能。

知识链接

(我国)社会正迎来新一代不那么差钱、更强调自我、敢"裸辞"的员工。他们的牵绊更少,他们更看重组织氛围和企业文化,希望企业去威权化,真正平等并尊重人才,重视职业荣誉和工作本身的意义及乐趣。他们中的知识型员工要求企业做到放权、让利、给名和施爱的统一。[1]

② 管理者的领导水平直接影响行政方法的管理效果。

③ 把行政方法和管理的其他方法特别是经济方法有机结合起来。

4.3 管理的经济方法

(1) 经济方法的内容和实质

管理的经济方法是指按照客观经济规律的要求,运用经济手段管理。与行政方法不同的是,经济方法不用强制手段,而是运用经济杠杆和价值工具,处理国家、组织、个人之间的关系。例如信贷政策中的信贷条件、额度就是一种经济杠杆,可调节需求方的购买力,进而调节供需状况。经济方法是利用人们对经济利益的追求而采取的物质刺激方法,劳动者的劳动兴趣取决于其利益可能实现的程度。图4-2列举了常用的经济方法。这些方法中,有的是市场与政府用来管理企业的,即企业外部的管理;有的是企业管理者用来管理员工的,即企业内部的管理。

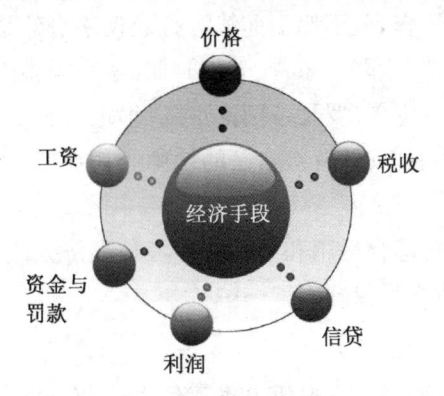

图4-2 常用的经济方法

---

[1] 丛龙峰. 2015年人力资源管理十大新趋势[R]. 和君咨询,2015-2-9.

(2) 正确运用经济方法

避免片面使用经济刺激方法,须结合经济方法与教育方法,否则易产生拜金主义。信奉拜金主义的人,会为了个人利益或部门利益采取一些不恰当的对策和行动,不顾企业的整体利益和长远发展,或者为了本公司的利益,不顾社会大众的根本利益。

例如,一些销售部门鼓吹大打价格战;为了实现个人的销售目标,超出公司的限额,给予客户大额回扣;同一个企业的销售人员之间的互相拆台行为;处于竞争中的企业在互联网上相互恶意攻击并把客户绑在它们的战车上,损害客户的利益(例如"3Q大战"),竞争企业的员工在促销场地大打出手;一些高层管理者为了更多的分红而实施或者默许下属实施非常冒险甚至违规违法的经营行为——典型的例子是英国具有百年历史的巴林银行(已倒闭)、中航油新加坡公司、国储局的违规经营大案,还有美国雷曼兄弟公司的冒进经营导致其倒闭并成为2008年国际金融危机的祸源之一。

根据华尔街传奇股票经纪人乔丹·贝尔福特的自传拍摄的同名电影《华尔街之狼》中,主人公常常用歇斯底里的煽动言辞鼓励其员工拼命向客户推销各种股票,包括垃圾股,"要把股票塞满客户的嘴",说他们坑蒙拐骗一点也不为过。而其员工的佣金比例高达50%——巨大的利益刺激。客户的钱就是这样被迅速转移到贝尔福特和他的员工口袋里的,一时间,几乎每个员工都成了富翁。

上述反面例子是遵守法纪和道德良知的公司及其员工应绝对避免的。谈一谈古代的例子。岳飞既有办法为岳家军找到给养来源,确保兵将有较好的待遇,又更重视军纪培养、严格训练、不伤百姓,岳家军方能成为彪炳史册的常胜军。

我国五代时期,忠诚、信义淡薄,文官武将朝秦暮楚,士兵也常常不效忠于皇帝和将帅。帝王和将帅不能从根子上解决此问题,往往只想到拼命凑钱财发给士兵,希望他们为自己卖命。结果士兵们变成"骄兵",不是常打胜仗的骄兵,而是被娇惯坏了的"骄兵"。每逢打仗,总跟将领讨价还价,给的赏赐不多,就不愿上前线。打起仗来自然也非勇武之士,遇到强敌,不是一哄而散做逃兵就是"爽快"投降。东晋、五代时期,还有很多士兵领了大额赏钱后直接逃走,根本不想去打仗的例子。电影《罗马帝国沦亡录》里也有类似的情节,北方军兵将拿了暴君康莫德斯的大量贿赂金币后,立即背叛自己的统帅利比亚斯,不愿攻打罗马、伸张正义,任由自己的统帅身陷死地。

使用经济方法,也要注意综合运用和不断完善各种经济方法。防止激励成本快速增加,防止使激励因素因雨露均沾变为保健因素……

思考题

某饮品公司的李总经理感到客服部的工作不够主动,影响了全公司的业绩,于是采取了给客服部员工讲客服工作的重要性和多发奖金的措施,客服部的工作却还是老样子。李总经理继而任命了新的客服部经理,使客服部出现了新局面。

李总经理先后采用的管理方法是什么?①

前三章论述了管理思想、原理和方法,需要注意的是,即使比较正确的理论背后也需要正确伦理和有效实践支撑,否则正确的理论也难以发挥其效用。作者用一段历史论述之。

案例 4—3　刘牢之的权力梦碎于伦理欠缺和行动顺序错误

刘牢之是东晋朝威名远扬的北府军的灵魂人物之一,但他却走了一条错误的路。他的上司王恭第二次起兵反朝廷实际掌权者司马道子,刘牢之临阵背叛,出卖了王恭,王恭被杀,刘牢之获得帅权。他投靠司马道子和司马元显父子后,很快又拥兵自重,不听调遣并背弃后者,阵前与起兵反司马元显的桓玄联手或者说投降了桓玄,导致司马父子被杀。桓玄独掌朝政后,未与刘牢之分享权力,反而狠狠涮了他一把,刘牢之又要造反打桓玄。他三次反叛确实都有理由,并且也有一点正当性,但也容易让别人联想到东汉末年的"三姓家奴"吕布,所以刘牢之的下属们对其意见很大。也就是在伦理道德方面,刘牢之要反桓玄,不太站得住脚。

在实践方面,刘牢之不懂顺序的重要性。在东晋那个动荡的年代,有野心、想手握大权甚至当皇帝似乎也无可厚非,但他没认识到桓玄的实力比司马元显的强大,否则桓玄就不会攻打东晋首都了。所以刘牢之应借朝廷的名义和司马家的力量,先平灭桓玄的军队——刘牢之应该有这个实力,成功的可能性还是有的。然后作为平叛的大功臣,他可以在朝廷获得更大权力,再徐图独揽朝政乃至皇帝之位。桓玄和后来的刘裕正是按这样的顺序获得成功,登上帝位。刘牢之却被自己的远房舅舅何穆(也是桓玄的部下)忽悠和劝降成功,放弃上述恰当策略和顺序,投靠桓玄,岂不知这样做同样有何穆说的兔死狗烹的风险,并且是更大的风险。

一个人可以有几个目标,不一定非要取舍,只要按正确的顺序实施,根据条件和时局逐个实现,最后有可能实现多个目标。顺序正确,鱼与熊掌或可兼得;顺序错误,鸡飞蛋打一场空。

刘牢之却正好弄反了这个顺序,初次打败桓玄后就不再追击,反而放任桓玄攻打建康,他在旁边看热闹。老奸巨猾的桓玄把持朝廷后还能有刘牢之的好吗?——桓玄及其谋士卞范之知道刘牢之坐山观虎斗的意图。所以刘牢之没有推翻桓玄的机会,无法实现自己预定的目标。

还有,刘牢之的下属们几乎都不同意造反,更觉得跟着此时已外强中干的他不会有好结果。结果众叛亲离,像刘裕(后来的刘宋朝皇帝)、何无忌(刘牢之的外甥)这些得力干将都离

---

① 答案:分别是教育方法、经济方法和行政方法。
如果是两个班组的情况,管理者还可以为他们相互树立假想敌,以激发他们的求胜心。例如,一位经理在用其他方法难以激励员工的工作效率后,在白班工人下班时,把该班组当天的工作成绩,例如 6 个单位,用粉笔写在车间大门上,数字 6 大又醒目。夜班工人前来上班,一看这个数字就知道它意味着什么。第二天早晨,夜班工人下班时,车间门上的 6 已被擦除,换成了醒目的 7。夜班工人还向前来视察的经理炫耀:"上夜班的比白班的做得更好,是吧?!"公布成果或目标能强化结构张力,形成增强回路,激励员工缩小差距。

他而去。① 最后，心理极度脆弱的他落得个自缢身亡，还要被桓玄毁尸。从权力的高峰摔落谷底，这个过程反映了刘牢之对枪杆子里面出政权这个理论认识的浅薄。有军事才能却欠缺政治谋略的他对自身认识不足，又不能把握、顺应那个动荡变幻的时代，真不应该超出自己的能力和条件，奢望那顶级权力。

历史中又何止刘牢之，太多的枭雄包括近代的蒋介石，他们都懂枪杆子里面出政权的道理，但依据此理论实现自己的"理想"时欠缺正确的伦理。国民党阵营为何有那么多优秀人物离蒋而去并坚决反蒋？就是因为他太过自私，一直在玩阴谋诡计（包括对自己人），甚至总是在搞暗杀（与他的领袖身份实在不相称），只想着个人的权力、大家族的利益、大地主和大资本家的利益，只想专政，并且倒行逆施，疯狂迫害共产党人和民主进步人士。有良心的人岂会与之同流合污？蒋介石虽然是中国近代军阀中把武力玩得最有水平的人，但也就到此而已，历史不让他获得最后的成功。

延伸阅读4-1

还有南北朝、五代十国时期那么多枭雄最终几乎都没有好下场，其家族也惨遭株连，不也正是他们的恶行、恶念种下的因吗？

---

① 离他而去的大部分将领也没有好结果，最终被桓玄杀害。集团分崩离析，失去集团保护，这些曾叱咤风云的将领也成了桓玄砧板上的鱼肉。他们不会想到，仅仅离开刘牢之并不会使桓玄起恻隐、赦免之心。

第 5 章　组织结构

管理思想、原理和方法都需要人实践之,在组织中则需要恰当的组织结构支持。组织结构的形成既基于组织的历史渊源,也是为了适应和执行组织的战略规划,所以在有的情况中需要根据组织新战略变革组织结构。本章涉及社会学的理论与知识。古代中国的法家也讲求组织和领导的理论、方法,而不是只与法律、刑罚相关。

5.1　组织设计

组织设计的实质是对组织人员(包括普通员工和管理人员)的工作进行横向和纵向的分工。横向分工指在部门内分工,或在同级的部门间分工;纵向分工指在组织内的不同层级间分工。当前,人与机器(包括机器人、人工智能)的分工、人机分工界面、人机完成工作的份额,越来越受关注。而管理工作分工的必要性缘于管理者的有效管理幅度是有限的。

案例 5-1　艾森豪威尔刚刚担任哥伦比亚大学校长时,各部门领导接踵来访。当他得知这样的部门领导有 63 位时,对着副校长两手举过头顶,高喊道:"我当盟军统帅时只接见三位将领,想不到我当一个大学校长,竟要接见 63 位负责人。他们谈的,我不大懂,(我)又说不到点子上,对学校实在没有好处。"

管理幅度是管理人员可以直接且有效指挥的下属人数,所以说统领过千军万马的艾森豪威尔是诚实的、谦虚的。管理幅度决定了组织中的管理层次,继而决定了组织结构的基本形态。管理幅度的概念是普遍存在的,不仅存在于企业中,也存在于国家管理中。

公元 3 世纪末,罗马皇帝戴克里先把帝国划分成 101 个省,分归 13 个区领导,这 13 个区又分属四大区领导。他兼任一个大区的领导,授权三个下属管辖另三个大区("四帝共治")。在那个年代管辖大部分欧洲加北非的国土、5 000 万人口,实在难为罗马皇帝了,所以按有效管理幅度划分管理层级和区域是很有必要的。

组织规模、管理幅度与管理层次的关系是:一般而言,组织规模越大,则管理层次越多;在组织规模一定时,管理层数与幅度成反比。

5.1.1 组织的两种基本结构形态

(1)扁平结构形态

扁平结构的特点是管理幅度宽,层次少。其优点有:信息传递速度快、失真少,高层管理人员可以尽快发现信息反映的问题,及时纠偏;上级难以管得过多过死,有利于发挥下属的积极性,也符合现代人独立自主意识强的特点。其缺点是协调工作量大,管理人员难以详尽地指导和监督下属。

扁平化组织结构一般要求组织领导的能力比较强,但也不可一概而论——如果采用无为而治的思想,让下属充分发挥主动性、潜力与创造力,领导做好服务、引导工作,也不一定需要领导的能力特别强,例如专业能力特别强。

当代组织机构变革的一大趋势是组织结构扁平化(分销渠道结构也有扁平化趋势)。[①]福特公司大幅度裁减管理人员,让工人负起责任——实现管理扁平化的一个基础,如此,一个基层管理人员或一线管理人员可有效管理更多工人。

案例5—2 几例扁平结构形态的公司

意大利国民劳动银行(BNL)具有百年历史,位居全球100家大银行之列,却只有总行和分行两个管理层级,分行也只是业务处理中心或金融服务中心。法国兴业银行成立于1864年,总行设在巴黎,在1986年法国私有化浪潮中由国有银行私有化,是欧元区第五大银行,只有总行、大区行、分行三个层级——主要是为了兼顾法国的行政区划。

图5—1是扁平结构的一个图例。

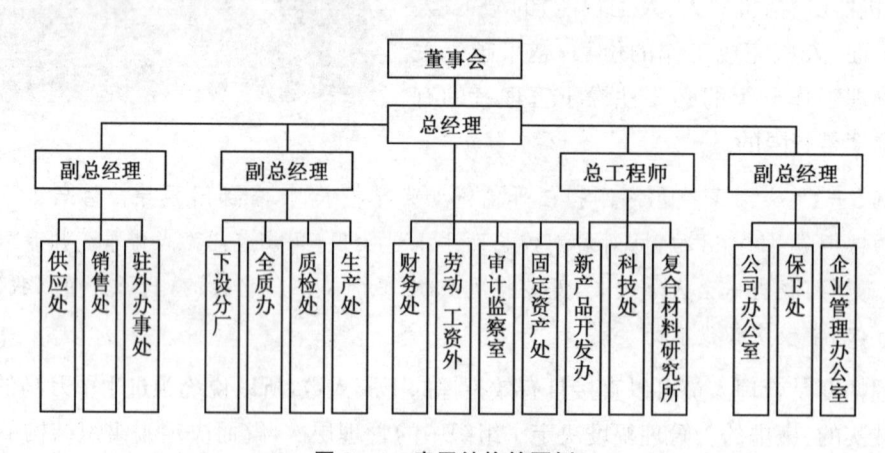

图5—1 扁平结构的图例

[①] 互联网等技术的发展是促成因素之一,当代员工与管理人员的工作心理变化、工作能力提升也是促成因素,第四次工业革命、自动化程度提升也会促进这一趋势。

通用电气[①]集团前总裁韦尔奇把通用电气的员工数由 40 多万减少到 27 万,管理层级从 12 层压缩到 5 层,大大提高了该公司的运营效率和对市场的反应灵敏度。有学者认为,即使 10 万人的大公司,其管理层级也不应超过 6 层。两相对照表明,通用电气的扁平化程度是挺高的。

不过韦尔奇为拯救通用电气而采用的大规模裁员体现了美英等国资本主义体制的资本至上的消极面。动辄大规模裁员是美国经营管理者的常用武器,但是企业经营不善的最主要责任者难道不是董事和高级经理们吗?为何总是把恶果转移到广大普通员工身上?即使一些高级经理被解聘,他们仍然能按合同拿到巨额赔偿,例如 21 世纪初惠普公司的那位女首席执行官,还有 2008 年国际金融危机期间欧美地区一些大金融公司被解职的高管获得的补偿。公平何在?相对而言,通用电气的做法还是值得肯定的。

在谷歌公司,最普通的员工距总裁级别的管理者不超过三级。美国元公司(Facebook)用合适的员工规模支持扁平化管理。作为世界 500 强公司,元公司只雇用了约 4 000 名员工,但这样的规模能有效支持扁平化管理结构,让员工充分行使权力。元公司的 Matt Cohler 说:"我们给员工提供的创新环境越差,我们落后得就越快。"

宽带薪酬制度(起始于 20 世纪 80 年代末 90 年代初)可与扁平化组织架构配合。尽管员工的职级未变,但可在同一薪酬宽带里根据其能力变化调整薪酬,这会引导员工重视培养自己的能力(包括更愿意接受轮岗安排),有利于建设学习型组织。

(2)锥形结构形态

图 5-2 是锥形结构的一个图例。

锥形结构的特点是管理幅度窄,层次多。其优点是上司可详细指导下属。其缺点包括:因为层次多,信息传递速度慢,失真也厉害;下属可能难以发挥积极性——上级可能管得过多、过死;还往往使管理复杂化。使管理复杂化的原因有:较多层级;应适当使用无为而治思想时仍强力控制;越级控制,甚至对中层经理已处理好的事(并非事关全局的重大战略事项,例如像微软 20 世纪末的互联网应用开发项目的选择那样,参见案例 5-6),高层经理再度过问。

层级过多会使企业的反应迟钝,包括对客户的抱怨感同身受的程度衰减。一线员工,例如销售人员、售后服务人员,对客户的抱怨感受最强烈,往往也更有意愿为客户解决问题。可是他们申报有关售前、售中、售后事项后,在审批过程中,上级管理人员对客户困境的感受就不那么强烈了。另外,有时候,上级管理者与客户的感情可能也没有一线人员与客户的感情深。能看到问题的员工没有决策权,有决策权的人却看不到问题。这些会妨碍快速、顺利解决客户问题。所以海底捞等公司授予一线服务员较大的临机处理权。

案例(反例)5-3 集研发、生产、销售于一身的富士康,其生产基地有几十万人。普通员工都有五六个层级,而管理人员竟然有 14 个层级,包括线长、组长、课长、专理、副理、经理、协

---

① 1892 年,老摩根(约翰·皮尔庞特·摩根,John Pierpont Morgan)出资,把爱迪生通用电气公司与汤姆森-豪斯登国际电气公司等三家公司合并成通用电气公司。至今通用电气公司仍受摩根财团控制。

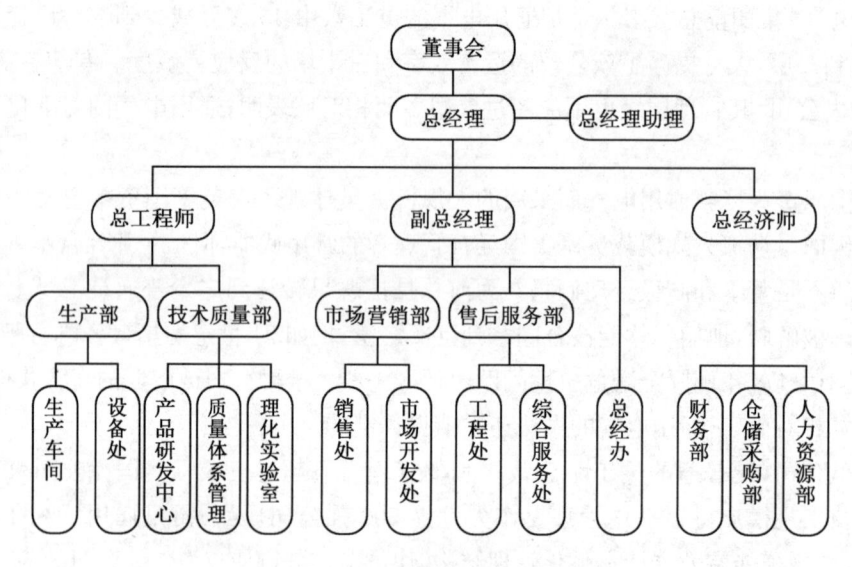

图 5—2　锥形结构的图例

理、副总经理、总经理等。实际上上述每个阶层都可以进一步细分,例如经理细分为经理和资深经理。使用这么庞大的管理队伍和繁多环节,为的是保证代工的生产过程不出一丁点儿差错,为的是提升富士康的品牌形象和信誉。[①]

过去,传统企业的多层级并不稀奇,例如通用汽车公司的层级曾达28层,后减至19层,丰田也曾达20多层,后减至11层。然而当前,富士康的层级如此繁多,却又能运行良好并具有较强的国际竞争力,不得不说,它颠覆了现代人关于公司层级的观念——倾向于扁平化的、灵活的组织架构。小米公司也由创业初期的典型扁平化结构(包括部门架构和职权设置)逐渐转为一般的层级架构,背后的思想依据是,过度扁平化并非成熟公司尤其大公司的特性。

而在国家行政管理体系中,这样繁多的层级并不稀奇,并且大多数国家的情况均如此,而且也需要这样多的层级,即使时至今日。不过许多国家的政府也重视精兵简政,像企业那样压缩管理层级。例如上海先后把南市区、卢湾区并入黄浦区,把闸北区并入静安区,把南汇区并入浦东新区,都有这样的目的。

(3)影响管理幅度的因素

第一,所处的管理层次。层次低,幅度可宽一些。因为层级低时(例如车间级),管理者及其下属的工作多属日常事务、例行事务,比较容易管。管理层级高时,管理者需要决策的事更多,工作难度大,因而可用于指导、协调下属的时间和精力就少,其管理幅度往往小于中、低层管理人员的。

第二,上级或下级的能力。能力强,幅度可宽一些。

第三,工作条件。有助手,通信条件好,幅度可宽一些。

第四,计划的完善程度。计划明确详尽,幅度可宽一些。

---

① 赵轶. 新编市场营销[M]. 北京:机械工业出版社,2017.

第五,工作环境。稳定,变化小,幅度可宽一些。

第六,其他影响因素。下属员工的空间分布(包括微观层面的车间内分布等或宏观的地域分布)散,难管理,则应使管理幅度小一些;下属工作的相似性弱,因而管理这些下属的工作量大,难度大,可使管理幅度小一些。

案例 5—4 假设一家公司有 4 096 个一线业务员,如果该公司的管理幅度均为 4,则需要 6 个管理层级、1 365 个管理人员。如果管理幅度均为 8,则只需要 4 个管理层级、585 个管理人员(见图 5—3)。

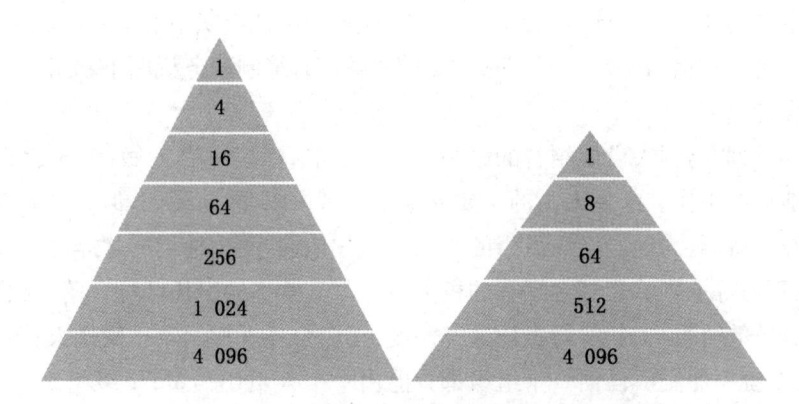

图 5—3 管理幅度、管理层级与管理人员数案例

(4)关于管得过多、过死的问题

某些干部把下属管得过多、过死,可能源于这些干部自身的能力和水平不高,于是热衷于管束下属,并且常常管些鸡毛蒜皮的事。

案例 5—5 鸡毛蒜皮之事

某事业单位采用团队组织形式,每个团队都有一种津贴,津贴的报销有一定的时限。虽然其他团队负责人也会提醒成员注意报销的时间节点,但不会老是盯着这件事提醒别人。有一个团队的负责人却会盯着此事,一直催团队成员赶快报销。诸如此类的事还有,打电话提醒同事把单位发的节日礼品拿回去,他经常做。说得好听一点,他很热心、很负责;说得不好听,碰到这样的管理者,烦也要被他烦死了。

我们应当避免成为这样的管理者。管理者自己就有很多重要的工作,一般而言,有能力、有水平的管理者不会把宝贵精力花在下属的这些鸡毛蒜皮的事上。高效管理者首先是高效管理自己的时间的人。他们管理下属时一般也是抓大放小,例如上述的那位团队负责人应更多地关注部门成员的绩效、进步等,而不是在"芝麻"方面花太多精力,更不要做让部门成员讨厌(把部门成员管得过多、过死,自然成为部门成员讨厌的人——下属总是盼望着他们出差)甚至轻视的管理者。杰克·韦尔奇把他刚担任通用电气首席执行官(总裁)之时的 130 名副总裁缩减至仅 13 名,并说"管得少就是管得好"。

思考题

某工程机械厂有员工 1 000 人,其管理层次为厂级,车间、科级,班组长级。该厂设厂长 1

人,车间主任5人,职能科长5人,班组长40人;各级管理层次均不设副职。该厂长的管理幅度是多少人?①

某灯泡厂有员工600人,管理人员中有厂长1人,副厂长4人,车间主任、职能科长等12人。按常规,该厂长的管理幅度是多大?②

5.1.2 组织设计

(1)组织设计的任务和原则

①组织设计的任务是设计清晰的组织结构,规划和设计组织中各部门的职能和职权。组织设计的任务可被概括为三个方面,即提供组织结构图,编制职务说明书和组织手册。

②组织设计原则

第一,因事设职与因人设职结合的原则。因事设职,使事事有人做;因人设职,使有能力的人做适合他们的工作。配备人员的主要原则是因事设职/因岗设人,但对优秀的人才、难得的人才可特殊对待,可为他们设立专门的职位以留住他们,发挥他们的才能。

第二,权责对等原则。管理者拥有的权力应当与其承担的责任匹配。落实权责对等原则除了应建立有效的监督机制、实行责任追究制度,还应合理授权以及正确选人、用人。

第三,命令统一原则。任何一个组织都只能由一个人负(总)责;下级组织只能接受一个上级的命令;下级只能向直接上级请示工作,不得越级,但可以越级上诉;上级不得越级指挥下级,但可以越级检查。春秋初期,管仲请齐桓公只要管好管仲他这位相国,国家大事就交给管仲;战国初期,田子方劝谏魏文侯不要管乐队这些鸡毛蒜皮的事,如果对乐队不满意,只要找乐官就可以。但在矩阵式组织结构中,一个下级组织须接受两个上级(横向的项目负责人和纵向的部门负责人)的命令。注意,不能把命令统一原则作为急于为企业深思熟虑的借口,见案例5—6。

案例5-6 鲍尔默机械地遵循命令统一原则

1998年,微软收购了LinkExchange广告公司,该广告公司有一项业务keyword,实际上算是谷歌搜索引擎工作模式的前身。然而整个LinkExchange公司却被微软关闭了,理由是其商业模式不可行。尽管LinkExchange的经理曾与时任微软首席执行官的鲍尔默交涉,并告诉他,微软正在犯一个错误,鲍尔默却说,他希望通过分权管理解决,自己不会推翻低他三个等级的经理们作出的决定③。

实际上微软关闭了自己进入在线广告业务的第一个机会之门。对一些潜在的机会,高层管理者应该三思。如果真的是有潜力的机会,可以以公司战略决策的形式,从高层往低层推行,并不违反命令统一原则,也未越级指挥。

组织设计原则还包括目标一致原则、分工与协作原则、灵活原则和保持有效管理幅度。

---

① 答案:10
② 答案:4
③ 修菊华,理阳阳. 市场营销理论与实务[M]. 北京:清华大学出版社,2017.

单项选择题

益天公司的陈总十分强调下级服从上级,公司里凡职务高的人都可以对比自己职务低的人下指令,职务低的人都必须执行。益天公司因此风气很好,但工作效率却总是不高。有人认为,益天公司违背了管理的原则,你认为最有可能违背的是(　　)。①

A. 权责对等原则　　　　　　　B. 统一指挥原则
C. 工作创新原则　　　　　　　D. 因事设职原则

(2)组织结构与组织设计的影响因素

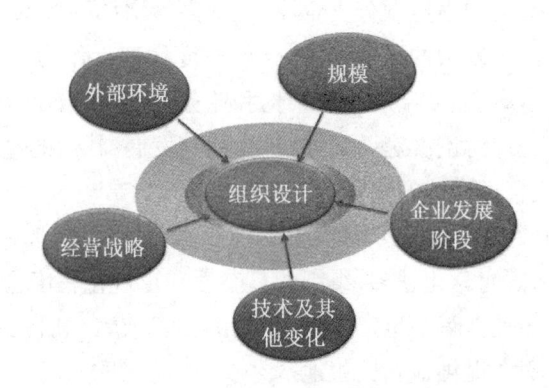

图 5-4　组织设计的影响因素

①两个层次的外部环境

一般环境或称宏观环境。一般环境对企业的日常经营没有直接影响,但对企业的任务环境产生影响。一般环境包括政治法律环境、经济环境、社会文化环境、技术环境和自然环境,常用 PEST 分析架构分析之。

任务环境或称产业环境、微观环境。任务环境是企业运营环境,是对企业实现其目标有直接影响的那些外部因素,包括供应商、分销商、顾客、竞争者及其他利益相关者。

对处于不同环境中的组织,设计其组织架构时应有针对性。例如面对不断变化和不确定性很强的环境,就为企业设计更灵活的、便于调整的组织结构。

②组织结构必须服从组织选择的战略需要,比较大地调整战略后,也需要调整组织架构,以便有效地开展相关业务活动,支持实施调整后的战略。

③企业发展阶段

作者用组织发展的五阶段理论阐述企业发展阶段因素。美国学者托马斯·坎农(Thomas Cannon)指出,组织发展的不同阶段有不同的组织结构形式,即有不同的组织设计。

第一,创业阶段,组织结构不正规。

第二,职能阶段,组织结构被建立在职能专业化基础上。

第三,分权阶段,在企业内建立分支企业,即成立总公司或母公司下辖的分公司或子公司。

---

① 答案:B。

分公司是与总公司对应的概念。分公司的特征包括：没有独立财产，其占有、使用的财产是总公司财产的一部分，被列入总公司的资产负债表中；不独立承担民事责任；没有董事会。设立分公司无需遵照公司设立程序，在办理简单的登记和营业手续后即可成立分公司。

子公司是与母公司对应的法律概念。子公司具有独立的法人资格，可独立承担民事责任。子公司受母公司实际控制（分公司当然更受总公司控制），实际控制指母公司对子公司的一切重大事项拥有决定权，其中尤其重要的是能够决定子公司董事会的组成，母公司可以任命子公司的多名董事，因为前者往往是后者的唯一股东。

第四，参谋激增阶段，为加强控制分支企业，总部高管增加许多参谋助手。

第五，再集权阶段，面对复杂的局面，公司高层再度集权。作为一家超大型的跨国公司，瑞士雀巢公司的总部面对庞大、复杂的企业架构和业务组合，采取集权式管理，公司的重大决策都由总部的几位高级经理讨论决定。又如，华为在其发展、壮大的过程中也经历了集权、分权、再集权的组织结构或管理模式的变化。

④组织结构与设计受组织规模影响。一般而言，组织规模越大，分工越细，条例制度越多，在组织架构的纵向和横向分化越多，组织的复杂性和正规化程度也就越高。

⑤组织结构与设计还受组织的生产条件、采用的技术或者当时的技术条件/技术水平影响。例如是否靠近生产资料提供地和销售地，影响企业的采购、物流和营销部门的设置。采用大批量生产或者少量生产或者大规模定制的技术，企业的组织架构也就不同。通信、协调的技术水平高了，组织就可以更扁平化；自动化管理、大数据、人工智能等技术的水平提高，组织可以更精简高效，可以实施更多的外包业务。

小结

非新创企业须定期审视自身的组织架构，裁撤低效的甚至多余岗位。就像不再起作用的站在炮架旁边的士兵——以前负责拉住受炮声惊吓的马，后来都用汽车牵引炮架，士兵已无马可拉。还有不再起作用的"站在草坪中的士兵"——以前为叶卡捷琳娜女皇看护雪莲花，而女皇早已作古，雪莲花也不复存在。

分析现有组织架构的来龙去脉，有的岗位可能只是当初的权宜岗位，甚至只是公司内权力博弈、妥协的岗位（例如因人设岗），当时的背景已消失，还需要保留这些岗位吗？为适应新的战略，组织架构常常需要大的变革，而上述小变革或者微调在日常经营中就需要做。可把这一工作与流程再造、人力资源管理改革等结合起来。

分工的重要性不仅体现在中层、基层员工中，对高层员工同样重要。历史中很多英雄人物能共患难却不能同富贵，一旦形势安定下来就开始争权夺利直至相互攻伐。明朝太子朱高炽的三位老师杨士奇、杨荣、杨溥在紧张危险的环境中能齐心协力帮助朱高炽，朱高炽及其子朱瞻基先后登基后（前者登基十个月后薨），作为台阁重臣的"三杨"仍能和谐相处、各司其职。一个重要原因就是他们的分工非常明确，能做到"三个和尚有水吃"。

5.2 企业组织结构的基本种类

企业的组织结构是管理者为实现企业目标,划分员工的职务范围、责任、权利等方面而形成的结构体系,实质是全体员工的分工协作关系。

5.2.1 直线职能制

直线职能制(Unity Form)指按职能划分部门,在各层级设置相应的职能部门,适用于中小型企业。

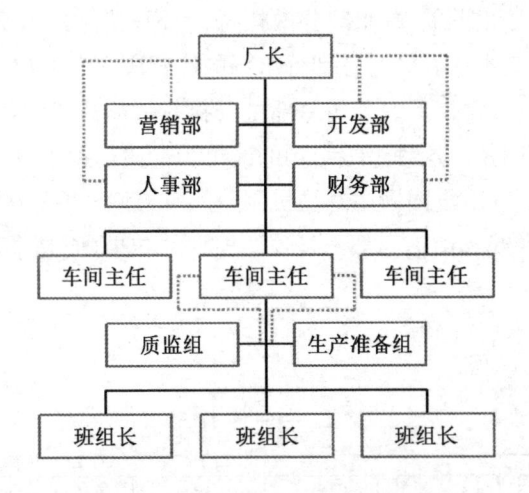

图 5—5 直线职能制组织结构示例

只有各级行政负责人有指挥下属和下达命令的权力;职能机构(例如图 5—5 中的质监组)只作为参谋发挥作用,对下级机构只有业务指导权力。虚线表示反馈链。

直线职能制组织结构的优点包括:分工严密,职责明确;对组织实行专业分工(而后产生各部门),工作效率高;既保证组织的统一指挥(高层管理者分管各部门),又加强了专业化管理。

直线职能制组织结构的不足包括:高层管理者易陷于日常事务;高度集权,不利于发挥中层的积极性;各部门易产生本位思想,高层管理者难以协调各部门;中层管理者总是被局限于其部门的业务和专业范围,这不利于培养具有全面能力的人才,也不利于培养企业未来掌舵人的候选人。

5.2.2 多事业部制

多事业部制(Multi-Divisional Form)指按业务或地域划分部门,对各部门实行分权管理,自计盈亏,独立核算,但不能自负盈亏,只能由总公司对其统负盈亏。如果某个部门的债务巨大的话(超过其占用的资产),其债务清偿责任将扩展到整个公司的资产范围——体现了授权不授责,公司仍需承担责任。

事业部不具有法人地位,没有独立的资产(像分公司一样,这也是事业部不能自负盈亏的原因之一),只能以总公司的名义并受总公司的委托开展经营活动。与分公司相比,其独立性、地位更弱。多事业部制结构主要被用于规模大、技术复杂、产品种类多和所在市场变化较快的企业。企业管不过来,难以一一应对,因而让各事业部对日常事务自行决策、执行,授予它们权力独立、快速、有效应对业务问题。

(1)事业部制的产生背景与事业部的特点

1921年,为了解决产品多样化、产品设计、信息传递和协调各部门决策的问题,通用汽车公司副总裁斯隆(Sloan)提出事业部制。他把该公司按产品分成雪佛兰、别克等21个事业部,它们分属四位副总裁领导。公司总部集中制定方针、政策、总体战略,控制财务,决定重要项目的事项,决定重要人事任命;事业部分散执行、管理,其他具体事务也由各事业部负责。让各事业部的管理人员基本享有针对各细分市场的经营决策自主权,激励他们发挥积极性和创造性,总部不再插手其日常事务。公司总部主要执行战略决策、计划协调、监督等职能,并负责研发、资金、法律等问题。这种组织结构的改革为通用创造了竞争优势。

当前的一个案例是,腾讯集团采用赛马机制,在部门业务事项方面,"谁主管,谁提出,谁负责"。QQ空间、QQ游戏和微信等都不是顶层规划的结果,而是来自基层业务单元的独立运作。

(2)多事业部制组织结构图例

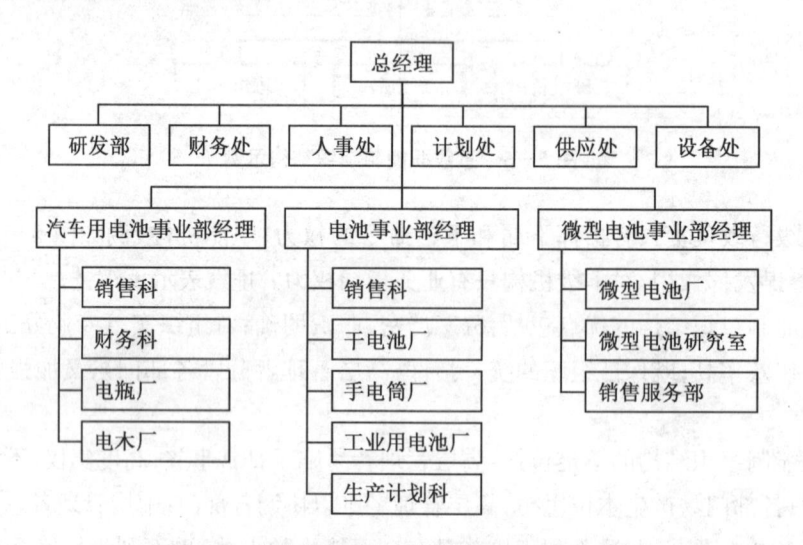

图5-6 事业部制组织结构的例子(按产品划分)

图5-6显示:多种经营的专业化管理和公司总部的集中统一领导相结合;总部和事业部的责、权、利的划分比较明确(此例中,总经理的管理幅度较大)。

图5-7显示:各事业部的下属部门重复设置,与总部的下属职能部门也重复设置了。尽管有些部门的重复存在是必需的,但其中必定有资源浪费的情况。图5-6中的情况也类似。

(3)多事业部制组织结构的优点

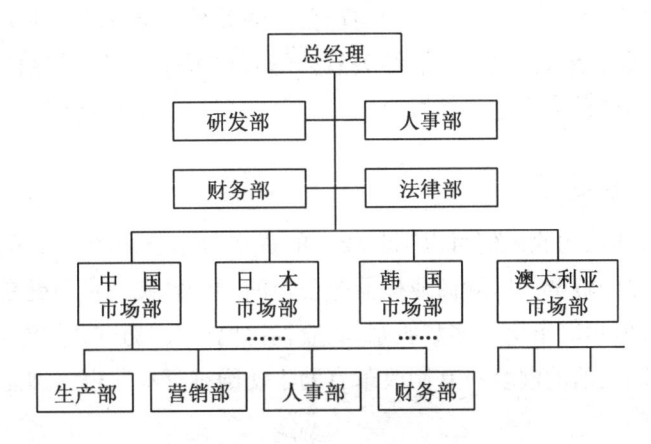

图 5—7 事业部制组织结构的例子(按地区划分)

①多元化与专业化结合。公司(的各事业部)生产不同的产品或提供不同的服务,或者开展不同的项目,但在每个事业部内,其成员专注于生产某一种产品,或集中提供某一种服务。

②有利于高层管理者摆脱日常事务,专心于战略规划和决策,有利于发挥部门的积极性。

③有利于培养具有全面能力的管理人才。一个事业部类似一个企业,各事业部相对自主、独立地开展经营活动,所以有利于培养具有全面能力的管理人才。

④有利于分清各业务或区域对企业的贡献。

⑤事业部制对大公司的并购战略而言是一个有利的组织结构——把被并购公司或新业务与已有事业部并行安排即可。

⑥增强组织适应环境的能力。

(4)多事业部制组织结构的缺点

①易产生本位主义,导致事业部之间的协调不够好,或者说不容易协调各事业部。

②可能造成管理机构重叠和管理费用增加。图 5—6 和 5—7 已显示此点。总部与各事业部的一些部门或岗位重叠,各事业部的一些部门或岗位被重复设置。可以说,采用事业部制是使用大量的甚至冗余的资源,从而实现较好的业绩。更严重的是,各事业部相互渗透到对方的业务和市场(它们是独立核算的,利益驱动使然),在事业部层面整体上的重复设置。产生内部竞争,大量消耗资源,恰如松下公司的诸多事业部的情况。

随着欧洲公司的多元化进展,事业部制也从美国传到欧洲。20 世纪 90 年代早期,英国 90%的大工业公司采用了事业部制,法国和德国三分之二以上的企业也是如此(Mayer, Whittington,1999)。

5.2.3 控股公司—子公司型

控股公司型(Holding Company Form)比事业部制更彻底、更大程度地分权,子公司自负盈亏；子公司具有独立的法人地位；子公司与母公司的关系不是行政隶属关系（分公司与总公司的关系是行政隶属关系），而是资本联结关系。母公司可通过资本控制权影响子公司的经营、管理，包括子公司的董事人选。控股公司－子公司型组织结构适用于大型集团公司和跨国公司。

控股公司的优点如下。

第一，具有控股地位的股东们可以用其较少的资本运作公司的较多资产，集约形成规模经济与范围经济需要的资金。国际商业机器等公司的（财团）大股东们更是以四两拨千斤（其绝对股权比例很小，但相对于绝大多数股东，其股权比例很大）的方式控制和运作国际商业机器公司的资本。我国当前的混合所有制改革有助于使国有资本获得这种能力，使其对国民经济有更大的影响力。

第二，子公司作为独立的法人实体，具有较高的自主性和经营积极性。

第三，控股、参股股东较易退出某产业——通过出售股票。而独资企业的股东往往需以出售企业的方式退出某产业，这种退出比前者复杂、难度大。另一方面，如果对其他公司采用参股或控股方式，新股东也较易进入这些公司所在产业，否则要新建企业或并购其他企业——一般而言，难度大，成本高。

已故原外交学院院长、驻法国大使吴建民建议：我国企业在实施国际化战略时应多采用参股方式，这样做的风险小，成本低，易实现；与东道国的企业有钱一起赚，有风险共承担；且不容易引起东道国的猜疑和抵制。也即要买进，不要买断，与东道国企业共进退。

第四，子公司彼此独立，分散集团公司的经营风险。

控股公司形式的缺点如下。

第一，容易导致官僚化的管理模式。

第二，由于控股公司（指投资别的公司、控制别的公司的公司）与各子公司都是独立的，因此需要各自申报纳税，存在双重纳税的可能。

案例5－7　中国第一汽车（以下简称一汽）集团公司对子公司的服务和监管

当子公司处于正常状态时，一汽母公司提供支持和服务；异常时，母公司进行指导和控制。一汽集团公司坚持管资源、管功能、管流程、管机制、管素质以及管信息；使业务流程科学合理、运作顺畅，剔除不增值流程；实现无偿、充分、准确、及时提供与交流公司内部信息（需要相应公司文化的促进和支持）。既可监控生产、销售过程，使之透明化，又可减少介入，提高子公司的微观运营效率。强化公司治理，确保子公司的决策和经营符合集团公司的意志。

(1)子公司的董事长均由母公司的总经理或副总经理担任，董事由母公司职能部门的相关干部担任。这使子公司所有重大事项的决策和有关信息都能通过董事长或董事反馈到集团公司，从而在体制上使子公司的决策信息透明化，保证子公司的重大决策受控，避免集团公司缺乏知情权和控制权。

(2)坚持对全资子公司的重大决策实施"先内后外"的管理方式。"先内（集团高管内部）"指子公司作重大决策时首先按内部程序进行，即由子公司将重大事项的议案报集团公司的派出董事，并同时报集团公司的相关职能部门；再由集团公司的相关职能部门将议案报集团经营管理委员会审议,重大事项需经集团公司总经理办公会通过。

"后外"指重大事项经集团公司总经理办公会通过后,再在子公司董事会接受表决。这实现了集团公司对子公司的监控和管理。这一管理方式与把国企党委讨论作为董事会决策的前置程序的做法有相通之处。

(3)确保子公司决策与集团公司决策的时点一致。以往为了争资源,有的子公司借拼抢市场时机为名,其董事会重大事项的表决时点经常超前于集团公司的,造成自行决策的既定事实,致使集团公司的意志不能及时体现在子公司的决策中,其决策甚至破坏了集团的总体战略规划。

所以一汽集团规定:子公司春季董事会的时间一定要在集团公司的五年滚动规划的审批时点后,其会议内容要紧紧围绕集团的规划展开;子公司秋季董事会的时间一定要在集团公司的年度投资会之后,其会议内容要紧紧围绕集团的预算展开。

案例 5—8　谷歌的重组

2015年8月,谷歌宣布公司将重组,以字母表(Alphabet)为母公司,谷歌成为其最大的全资子公司,原谷歌公司的其他事业部逐步独立成为字母表公司的各子公司。重组后,新谷歌回归最初的定位,呈现明晰的产品线:安卓、搜索、你的部落、应用、地图和广告等,还是"原来的配方和熟悉的味道"。而此前,谷歌眼镜和无人驾驶汽车等产品使谷歌品牌定位不清晰。

公司大了后,易倾向于安安稳稳重复相同的事,仅做些渐进的改变,创新不足,谷歌和微软就有此情况,上述重组就是为了扭转这种倾向。谷歌的这种重组也可减少高管们因判断不一样而产生的内耗——各事业部独立成为子公司,其高管们不再相互牵制。新业务或其他子公司能成功自然是好事,失败的话,也不会过多影响拥有核心业务的新谷歌(保留的这块金字招牌)。

专题分析　集团公司管控

集团公司常见问题有:在重大问题方面,总部对子公司无管控实权;欠缺激励机制,因而总部欠缺为子公司服务的动力;财务权力分散,欠缺监督;支出失控,亏损增加;会计信息失真,假账严重;投资泛滥,损失严重;在子公司间调动资源困难,不能优化配置资源;资源配置重复浪费,欠缺规模经济效应。

集团总部加强管控子公司的方式如下。

(1)加强战略管控。子公司的战略需经总部审批,子公司经营战略在整体上应支持集团战略。

(2)加强财务管控,加强资金集中调度,加强财务指标考核。对特定业务,例如主营业务,审核经营计划,加强运营管控,多开展现场管理。

(3)加强人力资源管理,加强选派子公司高管的权力,对子公司的人力资源管理制度和薪酬、考核制度加强审核。

(4)加强企业文化管控。

5.2.4　多事业部制结构和直线职能制结构的演变

(1) 超事业部

在总公司和事业部间增设一个管理层次,对相关性较高的几个事业部统一管理。这个层次即超事业部层次,该层次中有若干个超事业部,一个超事业部管理几个相关性较高的事业部。

这一组织结构是美国通用电气公司前董事长兼首席执行官雷吉·琼斯(Reginald Jones,1972～1981年在任,独具慧眼选中韦尔奇做其接班人)创建的。此结构减轻了其最高领导机构的日常工作,又增强了企业的灵活性。在这一新组织结构中,Jones和两位副董事长组成最高领导机构的执行局,专管长期战略计划,负责和政府打交道,以及研究税制等问题。5个超事业部(或称执行部)以及其他国际公司,分别由两位副董事长领导(管业务);财务、人事、法律这三个参谋部门由董事长领导(虽非业务部门,却也是关键部门和权力部门)。

(2) 模拟事业部制

在企业内部模拟事业部制的独立核算。适用于某些规模很大,不宜采用直线职能制结构(该结构适用于中小企业),但其生产连续性很强,又不能采用真正的多事业部制结构(采用该结构将隔断生产流程的连续性)的企业,如钢铁(见插图宝钢车间)、化工、水泥和造纸等企业。模拟独立核算的意义是增强部门的责任感,并能更有效地考核这些部门,提高这些部门的生产效率和效益。

(3) 矩阵结构

①矩阵结构是在直线职能制结构的基础上结合横向管理的组织结构。矩阵结构中的员工既受某职能部门的管理者领导,又受某项目小组或团队的管理者领导。职能部门进行纵向管理,矩阵结构中的员工与职能部门有行政隶属关系,因为他们来自某职能部门;项目小组进行横向管理,矩阵结构中的员工与某项目小组有项目合作关系——他们参与了某项目。

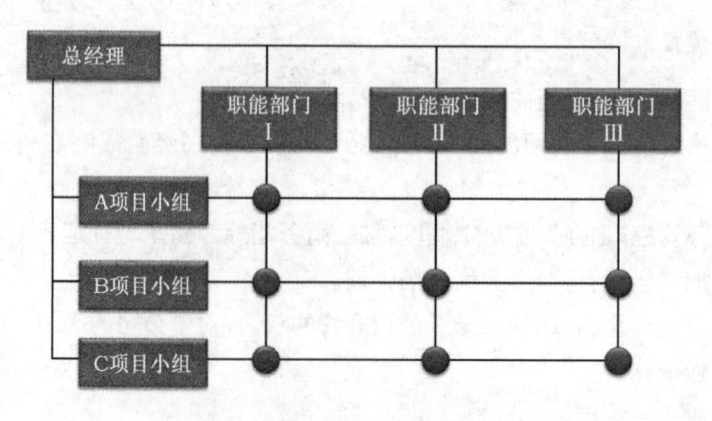

图5-8　矩阵型组织结构示例

瑞典和瑞士的合资公司 ABB 集团的组织架构具有显著的矩阵特点，其旗下公司的员工既受所在公司的管理体系管理，也受所属业务的管理体系管理。例如受所在公司的经理管理，经理往往是东道国公民；又受总部的某个全球经理管理，因为他们共同隶属于某项业务或某个子集团——运输集团、发电集团等。两条指挥链上的经理有良好的协调与合作，仍然能保证统一命令，取得较好的经营管理效果。两条指挥链既能确保在不同方向（某国国内或某业务集团内）的统一管理，使某个业务单元（子公司）具有较好的适应性，又能使各子公司或事业部在不同的维度（某东道国内的若干子公司间的共享，或者某业务集团领域内不同国外子公司间的共享）共享技术和经验教训，建立有效的学习机制。

关于矩阵结构中员工工资、奖金的分配方案，可以采取如下方式：职能部门发放基础工资及少量的绩效工资；项目团队发放主要的绩效工资与奖金。

②道康宁（Dow Corning）公司和国际商业机器公司还是具有立体矩阵结构形式的公司。多维立体型组织结构由美国道康宁化学工业公司于 1967 年首创，它是矩阵型和事业部制组织形式的综合发展，又被称为多维组织，它构建了产品利润中心（相当于图 5－8 中的项目小组）、地区利润中心（按地区划分的事业部）和专业成本中心（相当于职能部门）这三个维度的立体结构（见图 5－9）。

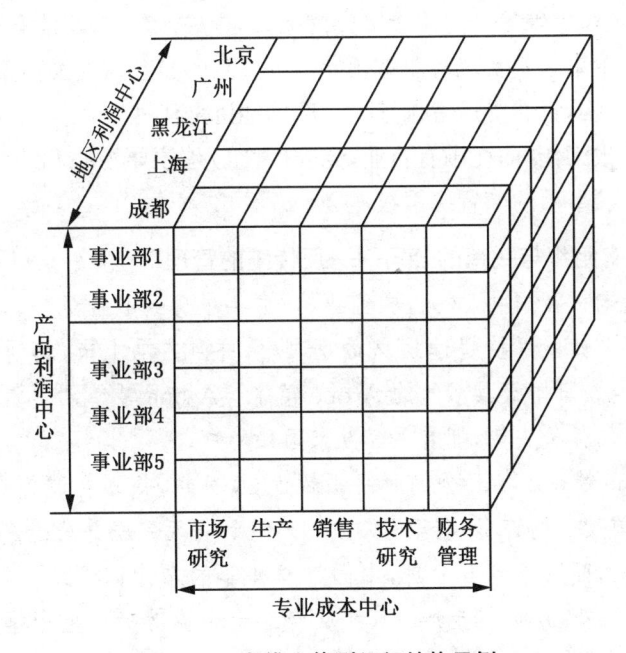

图 5－9　多维立体型组织结构示例

还可构建更多维度的立体结构。多维组织的结构虽然比较复杂，但未改变其矩阵结构（二维结构）的基本特征，事业部制、各部门配合等维度或效用被"投射"到二维结构上。

在多维立体型组织结构中，事业部经理不能单独对产品的开发和产销决策，任何重大决策都须由产品事业委员会作出。产品事业委员会由产品事业部、专业参谋机构（类似职能部门的地位）和地区部门的代表共同组成，负责指导各类产品的产销活动。这种组织结构有利于协调上述三类部门,有助于它们互通信息,集思广益,共同决策。

③矩阵组织结构的优点:第一,可调动资源,项目组可横向调动各职能部门的资源。由于共享使用,资源利用率高;比事业部制的利用率高,事业部制的资源组合是固定的组合,固定在事业部内。第二,由于团队是机动组合的(包括可在不需要时被解散),因而组织的灵活性和应变能力强。第三,使员工更属于组织而非像在传统的组织架构里隶属于单一的顶头上司,在传统的架构里,顶头上司几乎决定了员工的一切。在矩阵架构里,起码有两位顶头上司评判员工及决定员工的前途,员工在更大程度上受组织整体调配。第四,可加强职能部门的业务联系。有利于培养员工的合作精神和全局观念;各职能部门员工不定期的组合有利于交流知识和意见,有利于学习和创新。

④矩阵组织结构的不足包括:由于工作地点或岗位不固定,员工易产生临时观念,归属感不强,易出现短视行为;有双重领导问题,双重领导会导致指令不一致的弊端。

⑤矩阵组织结构适用于跨区域、多业务领域的大型公司,也适用于大型工程、新产品开发和影视制作等,也适合市场变化较快、环境要求企业有较强适应能力的情况。明尼苏达矿业制造、微软、宝洁等公司均局部或整体采用了矩阵组织结构。

虽然很多管理研究者和实践者指出应避免双重领导,但在不少情况中并不能避免。其他组织中也可能有双重领导现象——源于历史情况或业务需要。如不能有效避免,就应有效适应。在国有企业中,董事会其实也有双重领导——股东(大)会与党委。董事会是股东(大)会选举出来的受委托机构,自然受后者领导——准确地讲是代理后者,反映后者的诉求,保障后者的利益,向后者汇报工作;而在国有企业,党委(党组)是领导核心和政治核心,也领导董事会,所以有"三重一大"事项的前置决策权。

案例5—9 没有组织与头衔的公司——反传统的管理

一家公司,包括老板在内共13人,在创业的37年中历经石油危机、汇率震荡、互联网泡沫破灭等逆境,每年依然能保持超过35%的毛利率,并且成功上市,其创始人还获得日本国家企业家奖。它就是在日本极具名气的A-one精密。A-one精密创建于1970年,创始人梅原胜彦,主要生产超硬弹簧夹头,拥有1.3万家国外用户。

因为人少,A-one精密一年开会的时间不超过30分钟,很多交流都是在现场站着进行。对当天下午3点钟前接受的订货,甚至可以100%做到当天完成并配送。A-one精密从接受订单到工厂开始作业,间隔不到5分钟,中间过程并非依靠计算机系统,而是依靠手写的传真。因为员工少,品类少,所以其生产过程不必经过大企业必需的生产排期、物料管理、交货期管理等流程。几个人打个电话,或者拿着传真跑一圈,几分钟内就开始生产。A-one精密甚至省略了质检步骤,梅原胜彦的思想是:只要认真通过每道工序,产出的就只会是高质量的产品。

员工终身雇佣,不需要打卡,还可以分享公司盈利。A-one精密没有组织架构和头衔(这些会形成高人一等或低人一等的感觉),因为"大家都清楚彼此的能力水平"。在A-one精密,工作责任由公司承担,员工不需要担负,否则以后就没人敢挑战、承担困难的工作,公司就会失去活力。[①]

此案例说明，管理者可以根据实际情况采取变通、适合的管理方法，同样可以取得良好效果，甚至是预料不到的奇佳效果。关于组织内的职衔，有时候高管为平衡下属的心态就多设职衔的层级，或者多设一些职衔，但效果适得其反。下属们可能更不平衡了：为什么那个人是总监，我却是经理；为什么那个人是主管，我什么职务也没有？[②]

所以在2019年之前小米科技公司尽量简化职衔制度，其首席执行官雷军说，小米除必要的高管（注：部门负责人）外，大家都是工程师。小米还是一个超级扁平化的公司，较少的管理人员管理着近3万名员工。不过从2019年开始，小米放弃了超级扁平化架构，设立了10个等级的组织架构。

美国著名的仙童公司的经营情况也是一例。它的迅速成功马上导致它的第一次分家，1959年仙童公司原总经理Edward Baldwin带领八名员工创办了自己的半导体公司。[③] Baldwin离开后，Robort Noyce成为仙童公司总经理。他吸取了老东家肖克利的教训，努力营造轻松的工作氛围和淡化等级差异的公司文化，更多的是分工不同，而非严格的上下级关系。这很适合像仙童这样的高科技公司。

说到反传统的管理，区块链组织结构也是一种反传统的结构，它的特点是去中心化，任务、过程和记录是透明的，公司全部的经营活动都被记录在分布式账本里，不可篡改，且对全体员工开放。这将促使员工的言行更诚实，合作更友好。

5.3 其他组织结构

进入21世纪后，许多组织的经营管理者都觉察到，传统的组织架构常常不适应当今动态变化和日益复杂的经营环境。组织架构须更精干、灵活，更具创新性。本节主要基于一些具有典范价值的案例，介绍和分析其他类型的组织结构。这些组织结构能更好地适应当今外部环境的不确定性增强的特点，例如营利性或非营利性组织用户的需求变化快速，个性化需求增多，客户的话语权增强，客户进一步主导市场发展。

在一些行业，打破科层制结构，减少甚至去掉中间管理层，建立灵活的项目团队，再配合以技术水平、生产能力和管理水平的提升，企业更能适应当今的经营环境。中国工业互联网

---

① 单凤儒，金彦龙. 管理学——互联网思维与价值链视角[M]. 北京：高等教育出版社，2015. 肖震. 掘金微时代：移动互联网下的生存与制胜指南[M]. 北京：科学出版社，2013.

② 但也不能说这样的做法一定就不好，在规模较大的组织里，层级多、职衔多也能激发员工的奋斗精神，通过努力工作一步步爬到更高的职位。例如摩托罗拉的做法就比较有效。

③ 这诠释了后工业时代企业的一个重要特征——一家企业很难像在工业时代那样通过拥有生产资料和资本牢固地凝聚员工。因为另立门户的成本降低了，对某些产业或业务而言，创办公司更重要的资源是技术、专利、创新等，可凭借它们"雇用"资本（风投、天使投资、众筹）和员工。从另一个角度看此问题，我们应认识到，社会化大生产要求生产资源的社会化，而非仅被少数资本家垄断。不必用暴力或强制手段剥夺资本家的资本，但应充分承认组织（包括企业）的运行远非主要靠资金和生产资料支撑，员工的知识产权、智力、创新和劳动也是关键支撑因素。因此他们对组织治理和管理也应有很强的话语权。乃至其他利益相关者，例如社区、政府，在相应组织（例如企业）中也应有其话语权。

领军企业青岛红领集团甚至大量取消部门,只保留原来的职位。还有一些组织淡化部门(职责)边界,强调部门协调合作,增强自身的灵活性,以应对运营环境。此点与前文论述的事业部制、模拟事业部制、分公司、子公司的独立核算和独立考核的思路正相反。

5.3.1 虚拟组织与网络组织

(1)虚拟组织/虚拟企业

虚拟企业是若干独立的企业为快速响应变化的市场,借助网络、信息技术建立的企业战略联盟。虚拟企业没有一般企业的实体,也没有正式的组织结构,但具有企业的开发、生产、销售等功能。经营虚拟企业的思想是"可以租借,何必拥有",即借助外部力量整合、弥补资源,以增强企业竞争力(包括专业性和灵活性)。不过不要把上述思想与我国追求摆脱西方国家的限制和打压、追求产业独立自主、追求构建完整的产业体系、追求形成强大国际竞争力的宏观政策混淆起来,上述思想主要用于企业经营这样的微观情景。

有一家英国公司由两个人组成,它却能每年在全球销售几千辆定制的高技术折叠自行车。这家公司聘请美国一家著名的自行车公司为其设计、开发新产品;在中国台湾生产,中国台湾、大陆的企业提供零部件;分销也被外包。史蒂夫·乔布斯也是经历了麦金塔电脑工厂的倒闭和其新建工厂的失败后深刻反思在美国自建工厂的弊端,力排众议,让蒂姆·库克任全球运营高级副总裁。而库克则大规模削减苹果公司的制造资产,把简单的非核心业务全部剥离,外包给其他公司。这符合信息技术产业分工精密的特点,减少大量的库存,从合作厂商处获得更优的零部件。①

不止苹果公司,美国、德国等国的诸多知名跨国公司都有类似的经历和深刻体会,所以特朗普政府和拜登政府一厢情愿地用"使美国再度伟大"的口号和再实体化的政策很难说服这些公司在美国建造新工厂,更别说让它们从中国撤回已建的工厂了。2022年10月,又传出富士康在美国建厂计划流产的消息,而宝马却表示将在中国新建工厂。

案例5-10 美特斯·邦威的虚拟组织

1994年,美特斯·邦威起家于温州的一个加工厂,由于缺乏资金,外包是其迅速扩张的捷径之一(相关的成本也会高一些)。1995年,当很多服装企业还在比设备先进性和厂房大小时,美特斯·邦威开始把原有的工厂卖掉,其创始人周成建提出以创新求发展、借助外厂力量求发展的思路,把资源和精力集中于产业链上的高价值环节。

美特斯·邦威陆续把上游的制衣业务外包给200多家工厂,2005年,在全国市场有1500多家专卖店(含加盟与直营店)和代理商销售其服装。美特斯·邦威明白自身的定位是服装品牌运营企业,而不是生产企业、经销商或零售商。该公司集中精力于产品设计和市场管理,通过品牌经营和规模效应获得较好发展,也带动了周边企业。

加盟店数一度占其销售终端总数的87%,这也带来渠道危机,例如加盟店联手向美特斯

---

① 进入21世纪后大众仍然觉得苹果比较保守(如自己开发各种应用软件,产品体系封闭、与其他厂商的产品不兼容),这与它长期的传统、经营者的惯性思维、历史积淀有关。

・邦威施压。2008年,美特斯・邦威把在A股上市筹集的13亿元资金投入直营店建设,2015年直营店销售收入占比达54%。

(资料来源:时尚饰界,http://www.51fashion.com.cn。)

虚拟企业不是经纪人(经纪人负责接业务),不是中间商(中间商负责分销),而是业务整合者。少量核心的全职员工整合、运营整个虚拟企业。对企业的辅助部门(包括研发部门)、生产或制造部门、营销部门等,都可以考虑通过某种契约的方式将其外部化。

虚拟组织的特点包括:卓越性,成员(企业)均具有核心竞争力;成员关系是非制度化的,是联盟、协议关系,是变动的;强调信息技术,成员的结合与运作高度依赖信息网络;相互依赖,成员以价值链的整体利益为目标,互补弱项;很难定义企业的边界。

(2)网络组织

网络组织是组织成员间有强弱不等的、像网络般的各种联系纽带的组织,它比市场关系稳定,比层级组织灵活,是介于市场关系和层级组织之间的组织形式。网络组织与虚拟组织的概念有较多重叠之处,也有人把此二者等同视之,因此网络组织也具有虚拟组织的前述特点。网络组织具有较强的适应环境的特性,并为学习型组织提供了有效的组织架构。例如,戴尔公司采用网络组织形式,只进行核心部件生产、整机组装、营销等具有核心价值与核心竞争力的经营活动,把其他经营活动外包给遍布全球的供应商。通过互联网和契约,戴尔和上游配件生产企业组成了一个网络组织或虚拟组织,后者就像是戴尔的零配件供应部门。

案例5—11 思科公司的网络型组织结构

思科公司于1992年就提出用互联网改造自身的整体运营体制,成为企业管理网络化的先驱。思科公司的网络结构分三层:电子商务、员工自服务和客户服务层,虚拟生产和结账层,电子学习层。第一层有40家组装公司和1 000多家零配件供应商,其中属于思科的工厂只有两家,其他供应商和合作伙伴的内部网都通过互联网与思科的内部网相连,无数的客户也通过互联网与思科的网站连接,它们组成了一个实时、动态的系统。客户订单下达的当天,相关的产品差不多就被组装完毕,贴上思科的商标,直接由组装企业或供应商发货——响应速度与戴尔的相近,但供货渠道不同。

互联网应用每年为思科节约的交易成本达6亿美元。公司管理高度扁平化,一线经理能在每个季度结束后一个星期内就知道什么原因导致原定目标未能达到。思科的每位员工年均创造收入高达70万美元。

案例简析

网络型组织结构不仅能被像思科这样的巨型公司使用,对经营业务单一的小型公司,更是一种可行选择。小米公司(以开发杀毒软件起家,雷军原来是金山软件公司的高管)从互联网公司转型成手机公司时就采用了动态网络型组织结构,通过整合社会资源,成为手机行业的龙头企业。

采用网络结构的公司通过内部网络和互联网,建立一个物理联结与契约关系的网络,与独立的制造企业、销售代理商以及其他机构形成长期协作关系,各自按契约要求执行相应的生产经营功能。采用网络型组织结构的公司,其大部分经营活动都是外包的,管理机构可能只是一个精干的经理团队,小型公司尤其如此。

网络组织的主要缺点是欠缺面对面交流,人员关系淡薄,员工忠诚感淡薄,各人更倾向于为自己的利益工作。另外,网络组织或虚拟组织对外包业务可能缺乏控制力(因此 Zara 在外包大量业务的同时也建设自己的众多工厂和业务基地,保持自身强大的生产能力);网络组织变化较频繁,变化后会出现新的关系,因而可能出现成员相互不适应的问题,也会导致(合作的)各业务组织相互缺乏认同,以及承诺度不同。认同和承诺度的问题也可能由缺乏交流造成。

也有如香港冯氏集团(原利丰集团)那样把虚拟组织或网络组织经营管理得很紧密、高效、灵活的,利丰集团以自身为核心,构建起一个规模庞大、成员企业彼此紧密依赖的服装业生态系统。下一小节论述的海尔集团的创业生态系统也是一种网络组织。

5.3.2 海尔的微商、创业平台与战略经营体

海尔总裁张瑞敏发现,企业的规模越大,渠道越长,则企业与用户的距离越远。为克服上述弊病和摆脱家电企业普遍面临的低利润困境,张瑞敏在海尔推行了一场自我颠覆式的变革,实现"互联网＋"模式的家电制造,建设资源共享、平台化的新型公司,实现"企业平台化、员工创客化、用户个性化"。一个大型公司能如此激进地改革是非常不容易的。有人把海尔大胆的自我革命描述为:1985 年砸冰箱,2005 年"砸"组织。

(1)海尔的创新组织结构

传统生产企业按生产流程设置组织架构,例如采购部、生产部、市场部,并形成金字塔形的组织架构(科层制)。而如今海尔内部只有三类组织——一线经营体(微商或称小微)、平台经营体与战略经营体,它们构成扁平的三级架构,而且还是一个倒金字塔形的自主经营体网络,海尔是全球第一家采用倒三角组织结构的大型跨国公司。所谓"倒"是与海尔集团过去的内部指挥、合作关系相比,发生了颠倒变化。

例如,海尔以用户为中心而不再以公司领导为中心(也是任正非对员工的严格要求;以领导为中心就是高层决策,下层执行),员工从原来的命令执行者转变成创业者和决策者。"你没有领导,用户就是你的领导;没有什么中间管理层,你自己就是中心。"互联网带来的去中心化促进了这种可能。这标志着海尔集团从管控型组织转型为投资平台,从传统(科层)组织转型成网络化组织、分布式组织。

海尔集团把 8 万多名员工组成 2 200 多个自主经营体,海尔与他们不再是传统的聘用关系;以前分布于全国的销售公司也被撤销,其中的员工成为自负盈亏的创业者(前两者体现了轻资产经营,不过也是被批评的地方,例如被认为是变相裁员);原来的事业部制不复存在,并且打破了传统的层级结构,全员面向市场。上述举措可谓彻底打破大锅饭。互联网带来的"零距离"更促进了这种可能。

一线经营体直接面对用户、面对市场,须缴足公司利润、弥补自己的经营费用,剩余的超额利润在其内部分配。一线经营体又分成市场经营体、型号经营体和线体经营体三类。配合内部的风险投资机制,海尔甚至鼓励员工在本公司范围外组织人员成立"小微"(团队),例如

海尔日日顺物流公司的"车小微"。互联网带来的分布性促进了这种可能,"全球就是我的研发部"(企业无边界)。

平台经营体为一线经营体提供资源和专业的服务支持,不过也可能削弱了大企业的规模经济效应和范围经济效应。① 战略经营体负责制定战略方向和发现新市场机会,为经营体配置资源,帮助一线和平台经营体实现目标。这延续了多事业部制中企业总部的部分职能。海尔这一新的组织结构是一种"小前端+大平台"结构。类似海尔这样的新组织结构(例如后一小节中的韩都衣舍的组织结构)成为各种生产资源和用户间的双向交互平台,也体现了组织当今和未来的重要功能——赋能。

(2)小前端经营单元的两个重要优点

第一,小前端经营单元可与市场的多种个性化需求有效对接。反例是1997年乔布斯再度领导苹果公司时,用四格战略砍掉了许多多元化项目,因为当时的苹果公司难以满足经销商们的各种奇思妙想,必须集中精力开发有竞争力的产品。然而当今的市场环境却要求企业必须考虑和利用长尾效应,满足80%的广大(潜在)消费者的各种个性化需求。网络通信技术、灵活制造技术及其他技术也使各种个性化需求有了被满足的可能。小前端(例如海尔的小微)就应运而生了,许许多多的小前端能有效与多种个性化需求对接。这就能实现大规模定制,兼顾差异化和低成本战略。

第二,小前端符合精益创业原则,因为它具有低成本(尤其相对于大部门而言,反映在员工成本、管理协调成本等方面)和快速反应(例如快速调整经营策略)的特点。海尔内部的经营体在经营不善时,会被同级或同类经营体兼并重组——海尔内部是市场化运作。自主经营体的数量和单个经营体内的成员(即创客)构成并非一成不变,而是根据市场需求和变化不断(被)调整。

也可把海尔的这种新组织形式称为"阿米巴"——适应能力极强的单个原生体,也称变形虫,比喻能随环境变化而变化。在这些小单元里,员工更容易产生经营者的责任感,变被动为主动。日本杰出企业家稻盛和夫创办的京瓷公司即采用了阿米巴经营思想。

案例5—12　海尔的免清洗洗衣机"小微"

海尔的一位顾客嫌洗衣机内桶太脏,希望能买到免清洗洗衣机,她的想法在用户群里得到五六万消费者的响应(此即市场需求潜力,也反映了互动网络社群的有效性)。通过大量的网络互动和网络设计大赛,海尔从800多个解决方案里选出10个。最后在海尔洗衣机平台上的竞争者孙传滨竞标成功,成为免清洗洗衣机项目的"小微主",全权负责研发、生产和销售。可见"小微主"不是由传统的上级任命产生。

以前孙传滨被海尔雇佣并获得薪酬,如今他在海尔的身份是动态合伙人,海尔把经营权、用人权和分配权交给"小微"。作为回报,"小微"开发出新产品后,海尔拥有一定股份。

海尔的免清洗"小微"有四位创客,他们形成产品方案后,一人与"设计小微"联系研发,一人与"线体小微"联系生产,一人与"营销小微"联系线上、线下销售[与上小节第(1)部分中的

---

① 还要认识到,以小微企业为主体的架构可能削弱了大企业的整体价值,削弱了大企业的组织能力、创新能力等。

那家英国脚踏车公司的经营风格比较相似]。它们是原来洗衣机厂的不同部门,现在组成了一个个独立核算的实体,自创业、自组织、自管理。员工们转变为创业者,面临着转型的痛苦。他们原来由企业付薪、培训成强有力的执行者,而现在企业更需要他们具备创业能力。[1]

20世纪90年代打破国企铁饭碗的改革是社会层面的宏观改革,面临失去政府的包办、托底,国企员工曾惶惶不可终日,不想离开政府的庇佑。很多国有企业最终挺过来了,到21世纪10年代已获长足发展,年轻人以进入一些国有公司工作为荣。跻身世界500强的国有公司也越来越多——2019年《财富》500强里有129家中国公司,其中48家是中管企业。2021年《财富》500强里有143家中国公司,其中49家是中管企业,33家是地方国有公司。2022年《财富》500强里有145家中国公司,其中86家是国有公司。

而海尔的上述组织结构、经营模式改革则是企业内部微观层面的改革,打破的是每位员工的铁饭碗。每位员工都直面市场,也直面市场的风险,海尔不再像以前那样根据职务和等级发放薪酬;如果一直挣不到钱,"小微"团队将被解散(动态合伙人)。海尔的改革很符合新生代员工的特点,他们成就事业的愿望更强烈,也不像他们的祖父辈那样有很大的生存压力,更能承担创业失败的风险,因此他们是创客的潜力选手。国内改革、开放、发展的大环境,全球一体化的大环境也为海尔这一重大改革的成功提供了重要条件。

案例5—12(续) 孙传滨的"小微"是幸运的,2014年6月底,这款与用户互动研发的产品上市,半年的销售量就达20万台,销售额7亿元。这个业绩是非常了不起的。孙传滨的"小微"企业也获得了超利分享酬(由公司付薪变成客户付薪)。

(3)进一步的评述

海尔通过与用户互动,创造出雷神游戏本[2]、无油压缩机冰箱、智能烤箱等一系列全新产品。截至2015年7月,海尔建立了21个创业平台、200多个"小微"。77%的"小微"年销售额过亿元,而每个"小微"团队的核心成员只有七、八人。海尔不再只经营企业而是实践平台思想,或者说转型为平台企业。全球创客都可以利用其平台上的资源创业。

在传统制造企业互联网化转型的艰难过程中,海尔集团作出了勇敢的、有益的尝试,建立起一个全新的网络组织结构(实践海尔的网络化发展战略)、一个开放的创业"生态圈",能(在全球)快速配置资源,获得了更高的经营效率。海尔构建新的组织结构是为平台战略或网络战略服务的。海尔的网络组织或称创业"生态系统"已取得巨大进展,尽管它仍需进一步完善。

为发展创业"生态圈",海尔设计与实施了若干扶持机制,例如"众创、众包、众筹、众扶"服务机制;设立了若干支撑机构,例如创客学院、创客实验室、创客空间、创客工厂、创客金融、创客市场。

---

[1] 杨建英,张亮明. 市场营销学(第四版)[M]. 南京:南京大学出版社,2018.
[2] 从冒出创新想法到寻找生产企业,再到设计、制造,短短数月,首批雷神游戏笔记本电脑就于2013年12月上线试销了。预约购买的玩家达3万多人。仅四个多月,雷神就超越诸多老品牌,成为京东游戏类笔记本电脑的第二名。其经营模式是新的,但有些环节仍遵循传统,丝毫不马虎,例如,调研游戏玩家对游戏本最不满意的地方,然后在设计、制造过程中有效克服。雷神科技公司还成功登陆新三板资本市场,2019年年营收达20.95亿元。

(4)海尔创业生态系统的思想基础与理论基础

海尔集团的创业"生态系统"有其思想基础和理论基础,例如系统管理学派的思想[①]。系统管理学派认为:企业是一个开放的系统,与周围环境(例如自然环境、客户、竞争者、供应商、政府)动态地相互影响,有内外部的信息反馈机制,能不断自动调节,以适应环境变化和自身成长的需要。

系统管理学派主张分析系统时先建立系统的目标;强调整个系统的最优化而不是子系统的最优化;以责任为中心,衡量员工的投入与产出;以人为中心,安排员工做有挑战性的工作,根据其业绩支付报酬;既要考虑当前利益,又要考虑长远利益。系统管理学派还认为,在一个复杂的管理系统中存在执行不同任务的三个(/种)子系统——战略子系统、协调子系统和作业子系统。[②] 海尔的第三级经营体(战略经营体)恰恰不再发号施令,而是保障不同经营体间的有效协同。

"共同进化"等观点也是海尔创业"生态系统"的思想、理论基础。海尔新的组织架构亦符合公司内市场化运作的思想:用市场机制代替行政命令管理组织;在内部市场鼓励集体合作精神,此点很重要,不能重蹈微软公司的覆辙。海尔的实践还打破了职能化思维,回归到从整体的视角看待业务运作和公司经营。而传统的科层制有较高的职能壁垒,对组织内的合作和创新有一定的阻碍,职场中各部门人员相互抱怨、本位主义甚至拖后腿、拆台就是其表现。

(5)一些媒体关于海尔创业生态圈的阐述

海尔探索互联网时代的管理创新,打造开放式创客平台,也极具社会公益价值。在海尔的"平台化企业生态圈"里,海尔为创业小微企业提供了设计、制造、销售等方面的必要支持,以及对接外部资源、吸纳外部人才等配套服务,由此形成适合创业者及小微公司生长的土壤。

截至 2016 年年底,在海尔创业平台上聚集了 3 600 家创业孵化资源(2017 年底达 4 316 家);1 333 家风险投资机构,创投基金规模达 120 多亿元;103 家园区孵化器资源;诞生 1 160 多个项目(2017 年底达 2 246 个)。海尔平台上 3 800 多个节点"小微"和上百万微店正实践着资本和人力的社会化,有 100 多个"小微"的年营收过亿元,已有 35 个"小微"引入风投,有 16 个"小微"估值过亿。

海尔在册员工比最高峰时减少了 45%,但海尔的创业"生态系统"已为全社会提供超过 160 万个就业机会。李克强同志多次强调"大众创业,万众创新"的局面在海尔的"平台化企业生态圈"里已初步成形。[③]

2019 年,一个全新的品牌领域——物联网生态,出现在 BrandZ 榜单中,海尔成为唯一入选的生态品牌。2020 年海尔再次孤独地蝉联,并获评 BrandZ 最具价值全球百强品牌。海尔的创业生态系统成为第一个以中国企业为核心参照的品牌国际标准。全球顶尖品牌战略咨询机构凯度联合牛津大学赛德商学院与海尔共同发布全球首个《物联网生态品牌白皮书》。

---

① 1963 年,美国管理学家 R. A. Johnson、F. E. Kast 和 J. E. Rosenzweig 合著《系统理论和管理》,它成为系统管理学的奠基著作。
② 请对照这两段理论阐述与前面海尔集团新组织架构的案例。
③ 援引 MBA 智库·百科,https://wiki.mbalib.com/wiki/海尔。

该白皮书指出:"物联网生态品牌是通过与用户、合作伙伴联合共创,不断提供无界且持续迭代的整体价值体验,最终实现终身用户及生态各方共赢共生,为社会创造价值循环的新品牌范式。"促进分工协作;使资源配置市场化,使生产要素更加高效、公平、快速和低成本地自由流动;包容、共进,使生态参与者获益共赢。这些就是生态品牌出现的意义。[1][2]

相关资料

智能制造领域已形成德、美、中三足鼎立之势,全球最有影响力的工业平台分别隶属德国西门子、美国通用电气和中国海尔。海尔集团具有自主知识产权的 COSMO Plat 汇聚海量资源并全面开放,国内外各家企业都可通过"这朵工业云"加速聚合资源,缩短组建生产体系的时间。

沈阳机床(简称沈机)集团的智能制造车间里也活跃着一个个创客团队。自主接单,自行排产,最后与沈机集团分享利润,昔日一线员工纷纷变身"小老板"。他们注册小微企业,利用"工业云"平台自主创业。

截至 2021 年 5 月,我国具有一定行业和区域影响力的工业互联网平台超过 100 个,连接设备数超过了 7 000 万台(套),工业 App 超 59 万个,"5G+工业互联网"在建项目已超过 1 500 个。2022 年,我国拥有全球范围的"灯塔工厂"标杆企业 42 家,占全球总数的三成以上,这些工厂深度融合 5G、大数据、云计算、人工智能技术与传统制造技术,成为第四次工业革命中数字化转型、智能化转型的标杆(数据来源:国家级大型政论节目《这就是中国》、世界经济论坛、麦肯锡咨询公司)。

海尔集团、红领集团等企业也很好地体现了工业化与信息化融合的实践,不过目前我国企业的这种融合实践还不充分。要提高经营效率、增强竞争力,进行充分的数字化,用高效、先进、智能的信息化管理系统武装自身是必须走的一步。在这一坚实基础上,大力提倡创新、开拓精神,企业的发展将更如鱼得水。

5.3.3 韩都衣舍的"小组制+服务平台"

尽管这两年(包括当下写作时间 2022 年)韩都衣舍的经营和发展传出一些负面消息,但它的组织架构仍值得分析和借鉴。韩都衣舍的"小组制+服务平台"组织结构与上一小节中海尔的新组织结构类似,都属于"小前端+大平台"结构。顺便说一下,韩都衣舍和海尔总部地址一样,也在山东省,前两年韩都衣舍把品牌营销总部和产品创意总部从济南搬到上海,本节一开始提到的红领集团也是青岛市企业。

韩都衣舍的各小组(一开始是买手小组,买手制)负责单品全程运营——对一款衣服的设计、生产、市场和销售承担责任。小组的权力很大,可以决定产品的款式、颜色、尺码、采购量或产量、价格和折扣等,对这些,公司基本上不会干涉。各小组直接面对客户,客户意见通过小组决策反映到产品改良上。这些特点与海尔自主经营体相似,每个小组的责权利统一,经

---

[1] https://mbd.baidu.com/newspage/data/landingsuper?context=%7B%22nid%22%3A%22news_9520091012120379245%22%7D&n_type=0&p_from=1.

[2] 黄炜. 海尔的微商、创业平台与战略经营体[J]. 现代企业,2022(6).

营动力充足。

各品类的小组竞争排名,前三名将获得奖励,后三名被打散重组。小组成员可自由组合,在公司内形成人才的流动,进而推动小组间的竞争与优化。某些小组的业绩不好,组员可能离开,申请加入业绩好的小组。这些员工到新的小组后,一年内,其10%的奖金须交给其所属上个小组的组长,算是培养费。因此以往业绩不好的小组组长也不用有太大压力,他们可以带新人,为公司培训新员工。

从企业成长、员工成长的角度看,这种人才流动的小组体制将不断实现三者的自我进化和提升。董事长赵迎光等管理者注重充分研究人性,实现以人为本的管理,包括深刻体会员工的需求和顾客的需求(如款式多、更新快)。2014年,韩都衣舍已有267个这样的小组,每个小组三个人,分别是产品设计师、页面设计师和库存订单管理员,资历深、能力强者兼任组长。这样的组织形式更贴近消费者,能更好地满足消费者的个性化需求,全公司一年推出3万款新品,形成对比的是,快时尚领域的国际领导品牌Zara每年推出约1.2万款新品。

韩都衣舍为所有业务小组建立一个公共服务平台,提供所有可标准化、可获得规模经济效应的服务,例如客服、市场推广、物流和摄影,公司成为一个赋能体系。上段中的267个小组中,约200个是业务小组,其余的约67个是公共服务小组。3～5个小组有一个主管,3～5个主管有一个部门经理,部门经理之上是品牌经理,这样,把新组织形式与传统组织形式融合起来,形成一套分成机制,公司的利益机制是透明的。该公司还鼓励业务小组评价服务部门,把压力传导至服务部门,倒逼其提高服务水平。

阿里巴巴、苏宁等公司也在进行类似的组织机构改革。[1][2][3] 芜湖雷士照明控股有限公司向海尔和韩都衣舍学习,成立小微经营体以应对若干迷你市场,利用好长尾效应。总公司为小微提供平台资源,例如资金、供应链、客服、物流和售后服务。如果小微创业失败,总公司会为其买单。这样的机制一出来,有想法、有能力的员工都跃跃欲试。目前这种经营机制效果不错。[4]

---

[1] 沈凌云. 东方智业,www.ocg.com.
[2] 李丹,徐娟,张勇. 企业战略管理[M]. 北京:清华大学出版社,2016.
[3] 林祖华,蒋平,徐芹,陆春晖. 市场营销案例分析(第三版)[M]. 北京:高等教育出版社,2018.
[4] 齐丽云,汪克夷. 管理学(第三版)[M]. 北京:清华大学出版社,2022.

第 6 章　组织管理

6.1　有效组织在建设与发展中的巨大作用

有效组织的力量是巨大的，解放战争中，军队规模原本处于劣势的、武器落后的、几乎没有外援的解放军，在三年多的时间里就如同秋风扫落叶般打垮了装备是美国先进武器、有美国财政援助、占据大部分国土及有更多资源的国民党军队！这一令世界震惊的结果的重要原因之一（其他原因包括政治优势、人才优势等）就是中国共产党的有效组织及其激发出来的无限力量！不仅有效组织军队，还有效团结、组织各阶层各方面的人（农民、工人、学生、民族资产阶级、中农、富农……甚至地主以及原来是中国共产党的敌人的群体，所以说统一战线是一大法宝），通过全面的人民战争，迅速打垮了反动派军队。

之前，抗日战争胜利的一个重要原因也是有效组织、激发了广大人民的力量——不论阶层、不论信仰与理念、不论过去的历史，只要愿意抗日，就都是战友，甚至把日本战俘与曾经的汉奸也策反成功，让他们一起加入抗战洪流。之后，中国人民志愿军和朝鲜人民军在朝鲜战场打败了武器优势大得多的、以美国军队为首的联合国军，除了依靠道义和精神的力量，也靠组织的力量。当今在国际宏观层面，把发展中国家有效组织起来，正如金砖合作组织、一带一路倡议等那样，就能打破西方至上的垄断、剥削和遏制，使更多的国家获得发展权利，使更多的人过上幸福生活。

如果西方国家的人乃至国内的不少人深刻了解中国共产党领导下的军队与人民在过去创造的许多历史奇迹（局外人看来根本不可能出现的胜利结局），深刻感受到人类历史中绝无仅有的、最波澜壮阔的这段故事，他们就不会对当今中国在经济、政治、科技等方方面面创造的新奇迹感到奇怪与不可思议了，也不会酸溜溜地说："中国抄袭了西方国家的科技与发展经济的方法。"

中国在很短的时间内补完了第一次、第二次工业化革命的课（计划经济起了很大作用，也体现了中共超凡的组织力），差不多与西方发达国家同步进行信息化革命（即第三次工业革命，始于 20 世纪 90 年代），当前又处在第四次工业革命浪潮的第一方阵。实现这种神速的赶超与逆袭（以前说赶英超美，常常只被当作口号，许多国人甚至认为这只是个神话，谁能想到今天的中国真的实现了这一目标呢①),一个重要的原因正是中国共产党有效组织起整个中华民族的力量,包括海外侨胞的力量。

令人感慨的是,一百多年前,孙中山描绘当时中国的现状是"四万万中国人是一盘散沙"。正是因为中国人民未能被有效组织起来,从1840年开始的一百多年里,中国就被大大小小的列强任意欺凌,并非只是因为科技、生产力不如列强。第一次鸦片战争中,清朝政府甚至被只有两万多兵力的英国远征军打败,这绝不只是武器不如英国的缘故②。民国时期,军阀们基本上一直在混战(也可看作列强瓜分中国利益的代理人战争,如同现代中东的情况),他们也基本上都充当了列强的买办,所以在无能(于保家卫国、保境安民③)与遭到百姓唾弃方面,一点也不比清朝腐败堕落的八旗兵逊色。晚清朝廷是腐败、堕落和卖国的,民国多数阶段、多数区域的政府则是黑暗、贪婪和卖国的,并且国民党政府不愿也不敢动员和组织全体人民,无论在抗日战争时期还是在解放战争时期。

本节讲的组织基本上都是动词,后面几节论述的组织管理中的组织是名词。把各种组织管理好了,激发出它们的动力、活力、创造力,整个社会的力量就被组织起来了。组织管理涉及政治学、社会学的理论与知识。

6.2 组织管理中的权力

权力是一种影响力,是管理者影响他人行为的能力。权力有以下几种形式。

第一,制度权/法定权。管理系统授予某职位的权力,实质是决策权。制度权只与职位有关。

伊索寓言

一只山羊爬到一幢农舍的屋顶上(山羊、岩羊能爬高是很正常的情形)时,下面有只狼走过。山羊认为自己处在高位,狼也拿它没办法,便骂道:"你这傻狼、笨狼!"狼停下来说:"你这胆小鬼,骂我的并不是你,而是你现在所处的位置。"

主要靠制度权维系其权威的人,今天还在颐指气使,明天忽然被组织免去职务,这一落差将使他非常难堪,难以坦然与同事正常相处。领导者尤其不能过多依赖制度权,而要多从管理的艺术性、自身的人格魅力等方面发挥影响力。

---

① "赶英"应无人质疑,"超美"亦非自我标榜,当今,中国已在许多方面超越了美国。2021年3月,美国知名智库"布鲁金斯学会"的外交政策和国家安全顾问 Ryan Hass 发表了一篇"中国没有十英尺高"的文章,声称"别怕中国,我们有8个自信",其大部分观点很片面且盲目自信、自欺欺人。不过,我们也不要过多与西方国家比较,因为国家与民族的发展是马拉松,不是短跑,须掌握好自己的节奏。坚持四个自信,坚韧不拔,一步一个脚印,必能实现伟大复兴。现在有美国人感叹:中国掌握着竞争的节奏。

② 有效组织军队,采用有效战术,例如迂回包抄、背后袭击、夜袭,都有可能打败侵略者。三元里抗英的胜利不就是正面例子吗?第二次鸦片战争中,蒙满骑兵一直在与英法联军正面冲锋,人数再多也架不住洋枪、洋炮的射杀。

③ 收了百姓的税,征用了百姓的劳役,却不能保境安民,任由列强剥削、压迫与欺凌,甚至土匪横行、祸害百姓,军阀们也管不了——他们中的很多人就是出身于土匪,并且依旧保持土匪的秉性和行事风格。

第二，个人影响权。因个人的品质、社会背景、经历、荣誉等而得到他人的尊重和服从。例如《三国演义》中，刘备的仁义在东汉末期格外令人尊敬，其皇室后裔身份也令人尊敬，所以尽管起初，他兵少将寡，官衔不高（没有很大的制度权），但他却有很强的号召力、很大的影响力。参照权可被归入个人影响权，即被别人视为楷模。

题外话

有人提出类似这些疑问：为何诸葛亮、王猛这些谋士自己不追求帝位，打下属于自己的江山呢？既然他们这么有谋略，为何要为他人效力呢？虽然有本事、有能耐也能产生个人影响权，但这样的人不一定就有较强的影响力和号召力。影响力、号召力是一种综合实力，有时候，有智慧、有谋略可能不但不能聚拢追随者，反而易招致忌妒与打击。皇叔刘备具有的若干关键条件，诸葛亮并不具有；天王苻坚具有的条件，王猛更望尘莫及。在古代，尤其汉魏晋几朝，出身非常重要，东晋时期（南北朝时期）就是一个门阀政治（贵族、大家族统治）时期，在此以前也有刑不上大夫、礼不下庶人的社会规范。"村野之夫"诸葛亮以及其他一些出身不显赫的谋士岂能汇聚到一大批尊他们为主公、为他们打江山的人才？诸葛亮的敌手往往贬称其为"诸葛村夫"。唐朝李家已传了几代皇帝，但李家的出身仍比不上某些世家大族，这让贵为天子的李家皇帝很郁闷。[①] 当然，落实到诸葛亮与王猛两位旷世奇才身上，他们都是忠心耿耿的谋士与大臣，愿意为主公鞠躬尽瘁、死而后已，自然不会看重个人、家族的权益，更遑论争天下与帝位了。

第三，专长权。人们由于具备某种专门的知识、技能而产生的影响力，也可被归入个人影响权。例如一位资深医生在医院拥有的权力，其他医生依赖其判断、知识和技能。

第四，资源权。因拥有金钱、信息、投票权等而能影响他人。资源权有时候与制度权、个人影响权有重叠。而强制权或者处罚权与奖赏权可以被归入制度权与个人影响权中。

案例6—1 在美国戈尔公司，同事认为某个合伙人能担任领导时，他就是领导。戈尔公司的组织结构是网状的，不是金字塔形状的。"如果你召开一个会议，不少同事来参加，你就是领导。"（不是组织任命的领导。）首席执行官也是民主选举出来的，并且在选举前没有候选人名单（值得中国企事业单位学习），员工可以自由选举公司里的任何人。被选中的首席执行官甚至会惊讶地想："居然是我当选了！"

案例分析

这是一种"自然领导"的方式，权力永远都不是理所当然的。管理者必须持续地获得同事的支持与忠诚，从而维持自己的权力。这就确保了管理者的主要责任是为了被管理者，体现了服务型管理的精神；也意味着管理者永远不能滥用他们的职位权力，因为他们就没有这种权力——团队可以自由罢免它的头领。不过也要注意不能因这种领导方式导致管理混乱，这种领导方式适合成熟、自律、善良的员工。

[①] 东晋末年，刘裕快要称帝时，李渊的祖上确实只是北方的一个小士族，尽管李渊在隋朝当上高官，也很受隋文帝器重。

单项选择题

当一个孩子模仿某明星的行为时,可以认为这个明星对孩子行使的权力是(　　)。①

A. 制度权　　　　　　　　　B. 个人影响权
C. 专长权　　　　　　　　　D. 法定权

单项选择题

一轿车驾驶者在河北大学校园内撞倒了两位学生,面对前来阻止他逃逸的师生,他大喊"我爸是局长",这说明他认为他具有一种(　　)。②

A. 制度权　　　　　　　　　B. 专长权
C. 个人影响权　　　　　　　D. 说不清

6.3　集权与分权

集权是指把决策权集中在组织的高层,分权是指把决策权分散到组织的中、下层。

通用汽车公司就经历了分权(在通用集团初期,总部未较好整合被并购的公司,这些公司形成"诸侯国",不听总部指挥,形同一盘散沙)→集权(高度集权,产生不少问题,走向另一个极端。例如其总裁杜兰特强行不正确地推动风冷发动机的普遍应用,以失败告终)→再分权(采取多事业部制)的过程。

案例6-2　分而不乱的摩托罗拉公司

摩托罗拉公司是一个营业额近百亿美元的美国大公司,是由通信器材和半导体两个产品的生产、销售体系构成的企业集团,集团下面又分成很多部门。在这样一个庞大的企业集团中,从高层主管到生产线主管,权力非常分散,并且只有一个不足30人的高管组成的总部统帅整个公司。然而整个公司的运转井然有序,工作效率非常高。③

案例分析

摩托罗拉公司总部的情况和雀巢总部的情况类似,我们也可以从另一个角度讲,摩托罗拉又是很集权的——高层决策权集中于总部少量高管手中。分析雀巢公司的集权与分权可采用类似的方法,不过可采用不同的视角,例如,可认为雀巢的子公司层面以下(含子公司)的分权程度是相当高的,否则总部的少量高管如何能有效决策并管理好诸多子公司呢?

所以说集权与分权是相对的,在集权与分权的实践中,它们也是相对的。实际上集权与分权是对立的统一体。

---

① 答案:B。
② 答案:C。
③ 类似的例子有:瑞典与瑞士合资的ABB公司在20世纪80年代末,把总部的1 000多人压缩到150人,把管理层次简化为3层次。

6.3.1 确定集权与分权的因素

(1)确定集权与分权的倾向(见图6-1)

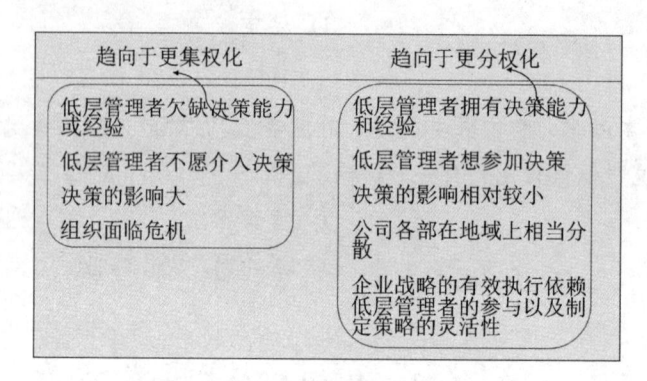

趋向于更集权化	趋向于更分权化
低层管理者欠缺决策能力或经验	低层管理者拥有决策能力和经验
低层管理者不愿介入决策	低层管理者想参加决策
决策的影响大	决策的影响相对较小
组织面临危机	公司各部在地域上相当分散
	企业战略的有效执行依赖低层管理者的参与以及制定策略的灵活性

图6-1　确定集权倾向与分权倾向

①在导致组织趋向于更集权化的若干因素中,决策影响大时,为防止低层管理者由于经验、能力不足,作出错误决策,并造成重大影响,因而趋向更集权。组织面临危机时,有时间紧迫性,不宜分散讨论、分权行动,需要统一指挥、一致行动,整合整个组织的资源和力量,所以(需要)趋向更集权。下段中的案例是不遵循上述原则的反面案例。

宋钦宗面对金兵兵临城下,还要耍小心眼,不让各地的勤王之兵获得统一指挥,而是把他们分成两个大营,并且规定两营不可互相调遣。时间再后一点,花剌子模国的行为更极端,该国国王面对蒙古大军入境,唯恐把各城的兵力合起来抵抗蒙古,会造就一个有威望的大将,将来与自己争王位,于是就让各城独自抵抗蒙古大军。历史中,像花剌子模国这样的情况并非个案。这两个例子的结局是,前者把一手好牌打烂,后者是让蒙古各个击破,最后都是凄惨的亡国遭遇。

形成对比的是,遵义会议后,周恩来成为"在指挥军事上下最后决心的负责者",就是一种集权。在生死存亡关头,党中央与红一方面军当然需要一位下最后决心的人。

②在导致组织趋向于更分权化的若干因素中,环境复杂且不确定时,让一线人员决策更有效,且不容易犯错,所以趋向更加分权。公司各部相当分散时,较难统一指挥,较难对它们推行统一的决策或战略,所以趋向更加分权。

当前,就掌握信息而言,在一定范围、一定程度上,组织的基层员工已经可以与高层"平起平坐"了,因此决策权有逐渐从高层向低层转移的趋势。

(2)集权产生的原因

①组织的历史原因。例如小企业一般是集权的,老板集大权于一身。这些企业由小发展到大,领导人不变,集权成为习惯。一些企业创始人身兼董事长和总经理两职,可能就属于这种情况——尽管现代企业制度不建议这种兼职。不过这种身兼两职的做法亦非没有积极作用,例如决策集中、反应迅速、降低高管成本即积极作用,而且商业实践中身兼两职的例子并不鲜见(不一定是创始人兼职,可能是职业经理身兼两职),这些企业常常也经营得挺好。

②领导人的个性原因。个性和自信心强的领导的集权倾向明显。

③企业兼并原因。由兼并而形成的企业,其内部的分权要求强烈,企业领导反而加速集权,因为不希望被兼并的企业有太大的权力。

6.3.2 集权对组织的影响

(1)集权对组织有积极意义

可保证政令统一;可保证执行决策的速度。整个组织的指挥统一,行动一致;无需各部门协商一致,总部直接且容易把决策往下层机构推行,例如,我国解放战争时期共产党的指挥体系的情况(集权、高效)与反例国民党的指挥体系[①]的情况。

(2)过度集权的弊端

①会降低决策质量。适合分权时不分权,会降低决策质量。大型组织的主管远离基层,他们对基层的问题作决策,可能降低此类决策的正确性和及时性。

②会挫伤下层人员的工作积极性。

③会降低组织适应环境的能力。高层领导不可能了解企业运营的方方面面,尤其是第一线的工作情况,不可能了解经营环境各方面的状况。过度集权的组织可能使其各部门失去自适应和自我调整的能力,进而削弱该组织的整体应变能力。因此华为公司和宝钢集团都提出"让听得见炮声的人作决策"的口号。

还可从另一个角度看待此问题:管理团队(包括高层管理团队)不能只由一般所谓的精英人物组成,例如那些高学历人才和有辉煌经历的职业经理,还应吸纳具有一线经验的基层管理者,或者让后者参与较高层次的决策和经营事务。例如,日本优秀企业家稻盛和夫负责重组日本航空株式会社时就采用了这样的工作思路,并且对日航的改造极其成功。

④过度集权还可能滋生腐败。

对集权问题,邓小平有过论述:权力过分集中的现象,就是在加强党的一元化领导的口号下,不适当地、不加分析地把一切权力集中于党委,党委的权力集中于第一书记,党的一元化领导往往因此变成了个人领导……社会主义建设的任务极为繁重复杂,权力过分集中,越来越不能适应社会主义事业的发展[②]。

6.3.3 分权途径

(1)分权与授权

有两种分权途径:一是通过制度或体制分权,把权力分到某个职位、某个下辖组织,这往往是在长期思考、详细分析、认真论证的基础上进行的;二是领导或个人授权,把权力授予下属或他人,由下属或他人代表领导或前述的个人行使权利。这二者的区别如表6—1所示。

---

① 军阀们依旧在一定程度上割据,互不买账,不完全听命于国民党中央;中央军与地方军的隔阂;蒋介石不得不多次飞往各战区督战。

② 邓小平论党的作风建设[OL]. 中国共产党新闻网、人民网—理论频道,2014-6-3,http://theory.people.com.cn/n/2014/0603/c385524-25097528.html.

表 6—1　　　　　　　　　　　　　　制度分权与领导授权的区别

制度分权	领导授权
以制度确立的分权较稳定,是长期的	领导的授权可能是长期的,也可能是临时的,可被收回;往往与管理者的能力、精力以及下属的特长、业务发展情况相关
制度分权是组织设计中的分工,行权性质、范围明确	授权是一种领导艺术,是调动下属积极性、充分发挥下属作用的灵活方法,甚至有一定的随机性
权力下放,责任也下放,下属须承担责任	权力下授,责任不能下授,授权的领导须承担责任。另外,领导最好不越级授权

管理者为了有效承担起授权后留下的责任(留给自己的责任),应与下属时常保持沟通,并定期实地检查工作进展。切不可想当然地以为下属一定会积极、有效、按进度完成工作。想当然是一种常见的误事的缺点,在沟通中亦如此,不能想当然地认为对方知道了、想当然地认为对方那么做或没有那么做,等等,一定要以事实为依据。

坚持授权与监管相结合、放活与管好相统一,是当前开展国有资本授权经营体制改革试点的重要思想和内容之一。不过按照本小节的定义,需要更正一下诸多文献中的词汇,把"授权"改成"分权"——不是领导或主管机构临时授权,而是用制度规定国有资本投资、运营公司或集团公司、国有公司在经营、人事和薪酬等方面拥有充分的自主权,也就是通过制度分权。

顺便提一下备案制度,此制度(即无需审核、审批)给予一线经营机构充分的经营自主权和临机决策权,又为监管机构提供充分的信息,使监管机构及时了解经营机构的经营状况,以便更好地监管与提供支持。

延伸阅读6—1

案例 6—3　丞相关心的事

汉宣帝(刘询)朝的丞相丙吉外出巡视,遇到一宗杀人案和一头牛在路旁喘气,他不理会杀人案而去察看牛喘气。随从事后困惑不解,丙吉解释说:杀人案自有京兆尹管辖,而牛异常喘气之事地方官吏可能不大注意,然而此事可能与牛瘟或其他民生疾苦有关,必须查看清楚。

简析:丙吉对下级官员或地方官员职责范围内的事不作无谓干预。

案例 6—4　春秋时,一位封建官吏的权力、责任观

春秋时,晋国有一个叫李离的狱官,他在审理一件案子时,由于听从了下属的一面之词,致使嫌犯冤死。真相大白后,李离准备以死赎罪。晋文公说:官有贵贱,罚有轻重,况且此案主要错在下面的办事人员。李离回禀:我平常没有跟下面的人说我们一起当这个官,俸禄也没有与下面的人一起分享。现在犯了错,如果把责任推到下面的人身上,我又如何做得出。李离没有听从晋文公的劝说,伏剑而死。[①]

(2)公司里一种常见的不当分权

国内不少民营公司老板常常采用分而治之的做法,把原本属于总经理(由职业经理担任)职权范围内的一个或几个部门(如财务部、人力资源部、业务部)划分出去,或自己掌管,或交

[①] 程华. 现代企业管理学(第三版)[M]. 北京:高等教育出版社,2018.

由亲信掌管。企业主以此分散职业经理的权力，从而达到"充分驾驭全局"的目的。这样做的结果很可能是，总经理不能全局规划、统御全局，老板和他/她的亲信们也未能管好相关部门。

上述人员及其他一些重量级股东(持股比例超过10%，对公司重大决策有较大发言权和影响力的股东，可能是董事)担任部门要职，导致总经理无法有效监管他们，而这些下级凭借其身份，反而干涉总经理的工作。不能指望担任要职的(重量级)股东像一般的员工那样谦恭、本分，他们的身份往往自然而然形成强大的"股东磁场"。[①] 这就是不少企业规定其(重量级)股东不得在本企业担任重要的、具体的经营管理职务(董事、监事职务不是具体的经营管理职务)的原因。

(3)授权的主要误区

本小节第(1)部分讲，授权是一种领导艺术，因此授权常常因人(授权者与被授权者)而异，我们要注意避免授权的一些误区。例如把不愿做的事推给别人做，可责任是推卸不掉的；授权者与被授权者相互没有承诺或承诺不足；授权者不肯舍弃资源调配权，导致被授权者缺乏完成任务的基础条件和手段，也没有积极性；授权者不跟踪、控制授权事项。

有些事情不宜授权，例如机密事宜、制定政策、处理危机、上司要求我们亲自做的事……大家可能看过动漫电影《哪吒2魔童降世》，中国古代大型神怪小说《封神演义》关于哪吒降世有一段故事。太乙真人奉师尊元始天尊之命，送金光洞中仙物灵珠子降世，路遇被元始天尊逐出师门的申公豹。申公豹见灵珠子光华夺目，十分好看，不知出于何动机，主动请求代太乙真人送灵珠降世，他说太乙真人要去的陈塘关(也就是后来的天津卫)正是他要去的东海龙宫的左近。申公豹请求了几次，师兄太乙真人都没答应，说送灵珠是师尊之命，怎能由别人代劳，申公豹只好作罢。

案例6—5　企业环保部部长的责任

林某被任命为某公司环保部部长，全面负责公司的环保事务。某月的2号，林某的母亲去世，他把工作交待给他信得过的一位下属临时负责，匆忙回家奔丧。5号这天，因工作人员误操作，设备出现故障，大量未经处理的污水排入公司附近的湖泊，当地媒体立即予以报道。林某得知消息后赶回公司，奋战一昼夜排除了故障，但湖泊景区的怪味还是多日未消，还出现了大批死鱼，影响严重。

政府有关部门给予该公司严厉处罚，公司董事会也对有关人员作出相应处理。事发时不在现场、事后能积极处理事故的公司环保部部长林某受到行政撤职的严厉处分。

案例6—6　某公司总经理安排其助手洽谈一项重要的工程项目合同，由于该助手的工作欠周全，致使合同最终被另一家公司抢走。该总经理至少应承担用人不当与督促检查失职的责任。

案例6—7　东汉末年，刘、孙、曹三位霸主的分权与授权做法

相对于曹魏和东吴，蜀汉集团像股份制企业，刘、关、张是"创始人股东"。盼星星、盼月亮盼来的"职业经理"诸葛亮则是"首席执行官"(也就是军师)。军师的权力很大，地位很高，"所

---

① 李华刚. 领导的细节——中国企业管理者手册[M]. 北京：中华工商联合出版社，2018.

有权"和"经营权"相对分离的体制,使诸葛亮能放开手脚施展自己的才华,蜀汉集团也迅速从弱小走向强大。

整体而言,蜀汉采用的是分权制度(君臣分权),担任军师的人是固定的,军权固定在军师手中,并且由于诸葛亮的天才特点,行政权也由其掌握(任丞相)。孔明去世后,蜀汉依旧沿袭这一分权制度——蒋琬、费祎相继掌管军政大权(只是不如孔明那样集中),他们死后,军权集中到姜维手中。东吴和曹魏使用的是授权方法,常常战前拜一位大都督,战后收回军权,下一任大都督是谁,不得而知。周瑜的大都督之位比较固定——他的资历在那里,但孙权对其也有猜忌。曹操常常身兼"董事长"和"总经理",主要原因是,他太有才干了,能者多劳,别人做,他不放心。

然而刘备虽然把"经营大权"分给诸葛亮,但偶尔又收回。例如关羽死后,刘备不听诸葛亮等的劝告,意气用兵,临时收回兵权,御驾亲征,彝陵之战中几乎全军覆没。[①]

6.3.4 以古鉴今谈分权与授权

分权、授权自古有之,相对于各种现代管理制度,古代的统治更依赖人治。这导致古代国家高层治理中的分权、授权会给国家和统治者带来较大风险。例如,权力分散导致韩赵魏(晋国的六卿之三卿)三分强大的晋国(这成为进入战国时期的分水岭);两个奥古斯都(也就是皇帝)和他们的凯撒最终把罗马分成东西罗马;甚至在孔子年代小小的鲁国,国君的权力都被几个大臣架空,这几个大臣的权力又被他们的家臣(尤其如阳虎这样的家臣)架空。

古代有一些统治者不愿冒这样的风险,他们把权力牢牢地抓在手里。事必躬亲的诸葛亮是一个代表,喜欢御驾亲征的皇帝们也是这一类统治者的代表,堪称"劳模"的奏折批阅"狂人"雍正皇帝也是这样的代表。

但是也有另一类统治者,他们可吃不了这样的苦,他们做统治者更重要的目的是享受。于是他们把各种权力进行分权、授权,给予那些"可信、可靠"之人,让他们去劳心劳力,自己偷着乐,如果放到现代,可美其名曰"思考更高层次的战略问题"。但因此彻底失去权力乃至亡国的恶果,将在他们的子孙辈甚至他们自己这一代就发生。曹魏政权被司马氏颠覆就是一个典型教训。还有明朝的皇帝朱由校忙着做木匠,他在皇宫里设计、建造楼阁,造完又拆掉,当超级积木玩,把朝廷大权交给魏忠贤,任由后者胡作非为,为明朝的灭亡起加速作用。

尽管现代法律制度更完善、更强有力,人治的成分相对于古代的情况弱化了,但前事不忘后事之师。总体而言,古代、现代的人性是永恒的。且不谈严肃的治国问题,企业高管也应当吸取这些教训,需明白,分权、授权是一件大事,不可轻率而为,更不能为了个人的享受、安逸而为之。

有一家大企业的高管在位时为企业做出了很多贡献,退休后,记者采访他,想听听他对自

[①] 前秦天王苻坚和丞相王猛的关系与刘备和诸葛亮的关系很像,苻坚也非常信任王猛,几乎言听计从,但偶尔也有坚持己见,不听王猛劝告的情况。例如在对待慕容垂等异族首领方面,苻坚过于仁慈大度,并且过于信任和重用这些投靠、投降的敌军首领;王猛的意思则是杀掉慕容垂,不能过于信任降将。苻坚不听王猛的,包括王猛的不可伐晋的临终忠告,终致淝水惨败,叛乱四起,国力大衰并很快灭国。

己工作的感想。他的回答很朴实：要对得起自己所在的这个职位。实际上有不少具体的事需要高管们亲力亲为，高管的工作绝不只是谋划、公关这些务虚之事，更不是坐在办公室里听汇报的单一模式。日本八佰伴创始人在事业成功后就把经营管理公司的事务和权力都委托给自己的弟弟，自己坐在办公室里听听汇报、看看报告。他的弟弟很会在制作报告方面造假，并从中谋取私利，结果很快使八佰伴破产倒闭。高管的工作应该是多维度、多层面、综合的工作，包括经常性的走动管理、体察下情。

另外，不管分权还是授权，历史（例如皇权统治的历史）与现实（例如企业管理的现实）都表明，不能轻易把关键权力都分给一个人。君主这么做，可能的严重后果就是为自己找了一个挖墓人。（东晋的皇帝基本上都是弱势皇帝，所以他们就安排一个权臣制衡另一个权臣，例如用"纸老虎"殷浩制衡桓温，用宗室大臣制衡外姓大臣）

在企业管理方面，英国巴林银行的尼克·里森、中航油（新加坡）公司的陈久霖、国储局的刘其兵犯下的严重罪行也源于这种情况——其上司把关键权力都分给或授予一个人。对类似上述几家企业的问题，除了分权或授权应适当、加强监督，还可使用轮岗策略解决之。

唐太宗在《帝范》里说：还是应该分封诸侯，但诸侯势力太大就难以控制，因此要多分几个。这样，君主治国就会像身体指挥手脚一样灵活。而且这些诸侯国互相牵制，有近有远，有内有外，有强有弱，有大有小，这样，他们有难事时还是要靠皇帝帮他们解决。[①] 不过，像更早的朝代（西晋）的司马炎那样过多分封宗室藩王，反而为"八王之乱"埋下祸根。司马炎还以为自己吸取了曹魏宗室大臣的力量不够强大，不能帮朝廷制衡外姓大臣的教训，却忘记了西汉景帝时的"七国之乱"。可见，唐太宗的观点仍有问题。巩固、稳定国家统治（这是目的）中的这种矛盾（多分封还是少分封，这是手段）不是皇权时代的帝国统治者能彻底解决的，包括马其顿王国和罗马帝国，"家天下"、皇权、人治体系本身就包含着这样的矛盾，只有到更进步的资本主义社会、社会主义社会，（真正的）法治、民主和先进的思想方能消除这种矛盾。

最后再举企业管理的一个小案例。

案例6－8 拉面师傅的权力

在兰州拉面很火的时候，有一位老板也开了一家拉面馆。他雇了一位拉面师傅，为了调动师傅的积极性，允诺让师傅按销量分成。开业后，拉面师傅往每碗面里放很多牛肉——能吸引顾客，卖得越多，他的提成越多。老板很不高兴，因为他需要承担更多成本，卖一碗面本来就没多少赚头，拉面师傅这么干，老板哪里能承受。

老板只好采用传统的薪酬制度，即给拉面师傅发固定工资。但拉面师傅的做法让老板很生气——他在每碗面里放很少的牛肉，把顾客都赶跑了，没有回头客。师傅巴不得生意清淡，清闲地拿固定工资。

此案例表明：拉面师傅的权力太大了，成了业务的关键节点；他如果不自律，一个好的项

---

① 赵玉平. 管理之道[M]. 北京：中国工人出版社，2017.

目也会运营惨淡。①

思考题

松程公司林副总经理授权张工程师带领几个新进大学生去做一个新项目,告诉他任务重要,必须按时完成。张工程师因对新项目不熟悉,新进大学生又需要培训上岗,没能按时完成任务,使公司受到损失。公司董事会开会追究此项目失败的责任。这应该首先追究谁的责任,谁应负主要的责任?②

6.4 正式组织与非正式组织

组织设计促成正式组织的产生。在正式组织开展活动的过程中,组织成员相互了解并发生了工作以外的联系,逐渐形成了非正式组织。所以本节论述的非正式组织存在于正式组织中,对后者有一定的依附性,与国内、国际社会中的非正式组织有一些区别。后一种非正式组织的独立性更强并且有类似正式组织的组织结构、成文的规章制度等,只是比正式组织松散一些。

(1)正式组织与非正式组织的定义

正式组织与非正式组织的定义如图 6-2 所示。

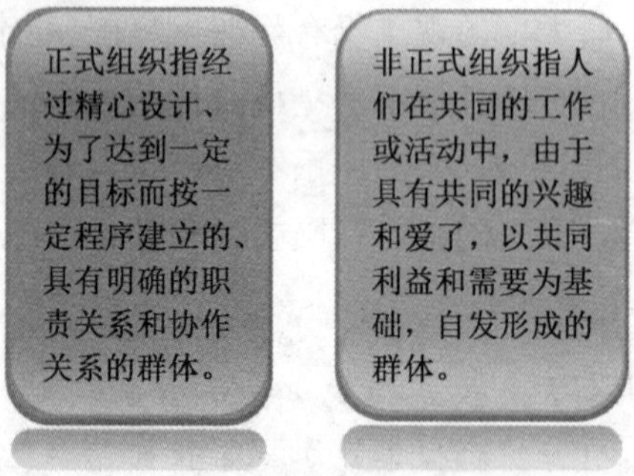

| 正式组织指经过精心设计、为了达到一定的目标而按一定程序建立的、具有明确的职责关系和协作关系的群体。 | 非正式组织指人们在共同的工作或活动中,由于具有共同的兴趣和爱了,以共同利益和需要为基础,自发形成的群体。 |

图 6-2 正式组织与非正式组织的定义

(2)正式组织与非正式组织的区别

①目标和维系纽带不同。正式组织存在明确的目标,以目标为导向开展活动,更加重视活动为组织带来的效益。非正式组织往往不存在明确稳定的共同目标,追求的是和谐的人际关系和成员的归属感、满足感。因此维系正式组织的主要是理性的原则;维系非正式组织的主要是感情和融洽的关系,这也是非正式组织的多数成员的追求之一,其他追求还有交流信

---

① 可以考虑底薪加提成,且提成与老板的利润挂钩,而不是与销量挂钩——类似英国运输囚犯移民的案例,得根据到澳洲后的上岸人数支付船主酬劳,而不是根据在英国港口的登船囚犯数支付。另外,需要加强规范管理,制作拉面也应该有规范。

② 答案:首先追究张工的责任;林副总负主要的责任,权力下授,责任不能下授。

息、互相扶持等。

②行为逻辑不同。正式组织要求成员按照组织人格行事,通过规章制度约束成员的行为。非正式组织通过约定俗成的规则限制成员的行为,成员的行为受情感支配。正式组织以效率和绩效为主要衡量标准,以正式的物质与精神奖励或惩罚引导成员的行为;非正式组织要求成员遵守的是不成文的行为规则,对犯规的成员,非正式组织通过嘲笑、孤立等手段予以惩罚。非正式组织施加于其成员的压力或者说约束力有时候可能大于正式组织的约束力。

③结合紧密程度不同。正式组织有严格的管理层级和岗位职责;非正式组织不存在明确的结构和层级,信息传递通道是开放的、发散的。

④权威来源不同。正式组织中领导者的权威主要来自职位;非正式组织中可能没有稳定的领导者,领导权威来自成员的个人因素。

(3) 正式组织的特点和优点

组织目标是具体、确定的;等级结构明确;具有正统性、合法性和稳定性,有利于组织运行和组织目标的实现;信息沟通渠道稳定,决策程序化;组织行动和结果的可预期性强。

(4) 正式组织的缺点

建设成本往往较高;适应变化的能力相对较差。

(5) 非正式组织的积极影响

第一,可以满足员工的社交需要。管理学家马斯洛、梅奥认为,员工不仅有工作需要,也有工作场所中的社交需要。第二,可以使成员的关系更融洽,有利于业务培训。非正式组织中,员工之间比较友爱和谐,不怎么保守或藏私,有利于员工之间的知识与技能的传播,资深员工主动带教新员工,有利于业务培训。第三,可以帮助维护正常的秩序,因为非正式组织中的成员往往会把组织的秩序和规矩告诉新员工,提醒新员工。第四,基于开放的企业文化,非正式关系可以驱动诸多合作。

(6) 非正式组织的消极影响

非正式组织的目标如果与正式组织的目标冲突,会对正式组织的工作产生不利影响。非正式组织要求其成员保持一致的这种压力,会束缚成员的个人发展。例如,使有潜力的员工不能或者放弃提高自己的产量,放弃创新想法和做法,放弃成为优秀员工的努力,以避免被非正式组织中的其他成员妒忌、嘲笑、谴责或疏远,从而保持自己在非正式组织中的融入感。非正式组织的小集团利益以及非正式组织如果有保守、消极思想的话,会妨碍组织变革。

(7) 如何积极发挥非正式组织的作用

要承认、正视非正式组织的客观存在,不一定需要强制干涉甚至拆散非正式组织。建设和宣传组织文化,引导非正式组织的行为。

思考题

王洪是一家公司的总经理,他发现公司中存在很多小团体。他知道处理不好这个问题会影响员工的情绪和工作业绩，但他不知道如何处理这个问题。如果你是他的顾问，你会为他出什么样的主意？

分析

处理这类问题需把握的要点是，看小团体的情况，然后作相应处理。如果消极作用较大的小团体主要由部门负责人形成，则可在企业实行轮岗制度以解决和预防之。一般一个部门的负责人在一个岗位上不能超过三年的任期。管理人员在同一个工作岗位上工作的时间越长，他/她对该部门的控制力也越强，受到的监督越少，围绕其形成的小团体就越紧密，形成的势力也就越大。

形成一个紧密型小团体大约需要两年半左右，那么三年轮换一次岗位。此时间稍长于小团体形成的时间，既保持了管理人员的稳定性（也就保持了企业经营的稳定性），又使企业不容易形成紧密型小团体，通过制度制约了小团体的形成。我国企事业单位本来就有干部三年轮岗的制度。企业高管应细心观察企业的细微变化，不要等到小团体发展到危及企业利益的时候再作决断，否则后果可能很严重。

和企业相比，员工处于弱势地位，他们为了自己的利益，抱团形成小集体也是正常的。对企业而言，这个小团体有利有弊。一方面，可增强员工的凝聚力，甚至比企业制度更有效地管理员工（如稍前提到的维持组织的正常秩序）。另一方面，又会产生某些排他性，对外在干预采取对立态度。堵不如疏，小团体的形成与存在具有客观性和隐蔽性，是难以被禁止的。与其用很多精力消灭小团体，不如化解矛盾，引导小团体发挥积极作用。

单项选择题

车间主任老王最近发现，质检员小林一有空就与机关的小柳、设计室老张和门卫老杨等一起谈足球，个个眉飞色舞，而参加工作例会却无精打采。对此，你认为老王最好采取以下哪种措施？（　　）[①]

　A. 对这一情况视而不见，任其自由发展

　B. 批评小林并要求他以后不许在厂里和别人谈论足球

　C. 严格执行车间工作制度，对违反规定者严厉惩罚

　D. 在强调必须遵守工作制度的同时，在车间搞一个球迷会并亲自参加协会活动

在宏观层面，与正式组织、非正式组织类似的事物是政府组织和非政府组织。就像非正式组织有时候对企事业单位会产生负面作用一样，有的非政府组织可能也是不利于国家和社会发展的，例如美国等西方国家在其他国家扶植、操纵的非政府组织。

[①] 答案：D，发挥非正式组织的作用。B、C两项措施只强调堵，不重视疏。

6.5 直线管理人员与参谋

对实现组织目标负有直线责任的部门被称为直线机构;为协助直线机构或直线管理人员工作而设置的部门被称为参谋机构,参谋人员是同层级直线管理人员的助手。直线关系是上级指挥下级的命令关系,组织赋予直线管理人员的是决策和行动的权力。参谋关系是协助和服务的关系,组织赋予参谋人员的是建议、筹划的权力。

直线人员可能是经验主义者,常使用归纳推理,不过对他们不要有刻板印象。例如,电视连续剧《亮剑》里的李云龙团长,作为直线管理人员,他常常有创新战法,而非专靠经验谋划与指挥。许多企业家、行政事业单位负责人也常常有创新思想,在他们的领域很有竞争力,而不是专靠老经验立身的。参谋人员可能是理想主义者,常用演绎推理。直线人员容易陷入保守,参谋人员容易落入空想。这些使他们容易产生矛盾。

(1) 直线管理人员与参谋的矛盾

在工作中,直线管理人员与参谋都有可能对对方产生不满情绪。参谋过多干预直线工作,引起直线管理人员的不满;直线管理人员忽视参谋的意见,导致参谋人员不满。

(2) 正确发挥参谋的作用

第一,明确规定直线管理人员与参谋人员的职权关系。参谋人员首先须经常提醒自己不越权、不篡权;直线管理人员也应认识到,参谋人员拥有的某些专业知识正是自己缺乏的,要让参谋人员充分发挥作用。第二,授予参谋必要的职能权力,例如调查权力、调用某些资源的权力。第三,为参谋提供必要条件,例如提供足够的信息,直线管理人员不恰当的保密举措很可能对参谋的工作不利。

(3) 不使用参谋的一种情形

一件较重要但不会持续很久的任务,例如整顿公司的管理,最好被当作临时任务处理。为之组建临时整顿小组,一旦任务完成,就可以撤销该小组。而如果让参谋人员承担这一任务,他们可能会试图圈定自己的势力范围。他们为了开发自己的资源,显示自己的存在价值,可能到处寻找需要整顿的地方,这种过度的行为很可能给企业带来损害。

6.6 委员会

委员会是一种集体工作的形式;它可以是长期的,也可以是临时的;可作为直线式出现,也可以是参谋式的。直线式的有军事委员会、各级人民代表大会的常务委员会;参谋式的有董事会下设的人力资源与薪酬委员会、投资审查委员会、审计委员会,董事会下辖的委员会也可代理董事会的某些职能。

(1) 委员会制的优点

可集思广益,可综合各种不同的专门知识。集体讨论可产生数量更多的备选方案,可互相启发,从而完善各种设想以及提高决策的质量,避免个人的判断错误。

可代表各方利益,激励成员贡献,便于集中协调。委员会开会时,与会人员在空间方面的集中便于沟通;可集中各方的利益要求和表达,否则太杂乱,无法谈判和协调;可协调多种职能,加强部门合作。

鼓励参与,调动执行者的积极性——委员对自己参与制定的决策更容易接受、更愿意执行。委员代表某一方的利益,他具有权威性、代表性和号召力,所以该方团体也容易受该委员影响,接受他/她的劝说,从而接受该决策并积极执行。

避免权力过度集中。在委员会内部,尽管委员会主席的地位最高,但是对某一重大事项表决时,如果多数委员都反对主席的提议,那么他/她的提议就不会获得通过。在委员会的外部(也就是委员会所在组织),可避免个人(例如总经理)或某个部门独断专行,而是由代表更多部门的委员会决策。

(2)委员会制的局限

因为是多方协调、反复磋商,所以委员会的决策比较耗费时间,成本高;决策有折中性,决策结果可能是博弈、妥协的结果,而非择优结果;责任与权利分离,因为是集体领导或决策,每个委员承担的责任相对较小,从而敢冒风险,所以委员会的决策结果也不一定都是保守或折中的,也可能是激进的;在委员会中,仍可能出现一个人或少数人占支配地位的情况。

(3)运用委员会的原则

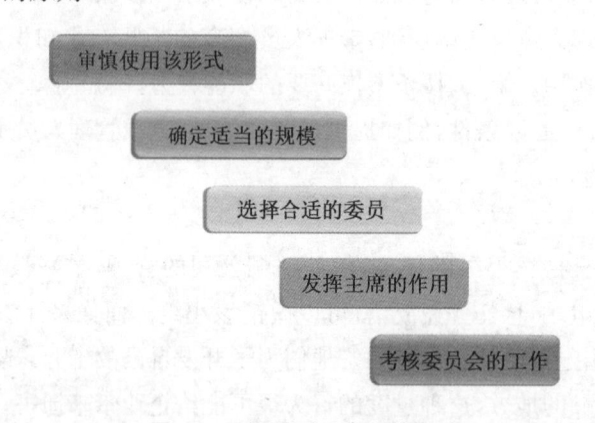

- 审慎使用该形式
- 确定适当的规模
- 选择合适的委员
- 发挥主席的作用
- 考核委员会的工作

图6—3 运用委员会制的原则

择要解释一下图6—3中的一些原则。

审慎使用。深远影响组织全局的问题(包括涉及不同部门的利益和权限的问题),对及时性要求不严格的问题,对这些问题才采用委员会管理形式;须明确委员会的权限。

在很多情况中,7个人左右的规模较合适。

委员会的工作成效在很大程度上受其主席的领导才能影响。委员会主席在会议前须认真准备;在讨论过程中须善于组织、控制和引导,不要让委员们跑题、浪费会议时间、深陷争执之中;也要避免会议结果是一些没有实质意义或现实意义的结论或决定。

应建立个人负责制度,规范委员会会议记录。

第 7 章 决 策

决策指组织或个人为实现某种目标,对未来一定时期的有关活动的方向、内容及方式选择或调整的过程;决策是在若干个方案中选择满意方案的过程。决策的目的是解决问题或利用机会。管理学家西蒙指出:管理是由一系列决策组成的,管理就是决策。决策是管理的本质,管理的各项职能都离不开决策。决策也是计划职能的核心。本章着重论述决策的相关知识和实践。

正确的决策需要一个重要的前提,就是科学有效的调查和分析。新民主主义革命时期,中国共产党尚在幼年时期,毛泽东同志劝诫党中央某些同志以及反对红军中的教条主义而讲的名言"没有调查,没有发言权"(《反对本本主义》,1930),说的是同样的道理。(同一时期,党内外有人批评农民协会运动和土地改革运动过激,国民党、地主和资产阶级还对农民运动造谣、抹黑。为此,毛泽东同志花了九个多月深入湖南农村调查农民运动,用翔实的调查资料和结果反驳上述批评、驳斥上述谣言。)

为什么有的人在事业和生活方面很成功?有若干原因,其中,连续的正确决策就是一个重要原因。反之,例如,南北朝时期北方的前秦王朝几乎统一了北方地区,实力非常强大,但它又迅速走下坡路,很快就被其他政治势力(包括东晋)和民族灭了国。可以说,这主要是前秦天王苻坚在统一北方后的一系列错误决策导致的。

例如,不必要的出征西域,过于信任、重用投降的敌将(常常是有灭国之恨的敌将),欲灭东晋的托大心态和一系列错误行动,包括倾巢而动的举措。还有一个重大的错误国策,就是把前秦本民族的军队、人口分散到征服的各地驻守。这看上去是保卫疆土,但一旦发生重大的国防危机,由于人力分散,连都城及其附近的城池都难以守卫。丢失征服的疆土并不致命,不能保卫关中则是致命的。战术方面,前秦的苻融等前敌大将同意为东晋大将谢玄的北府军腾出渡淝水空地(本意是想对北府军半渡而击,但为何要听敌人的话,被敌人牵着鼻子走?)的自乱阵形,则是前秦灭国的导火索。

当前的人生状态是人们过去的决策和行动决定的,当前的决策和行动又决定了人们未来的人生状态。

经验教训

我们常常为历史人物、文学影视作品中的人物的错误决策感到遗憾,甚至觉得他们的决策非常愚蠢,其实我们自己也常常犯类似的错误。做出错误决策无外乎源自两类主要原因:

智商欠缺与情商欠缺。其中,导致错误决策的情商因素主要表现为率性而为——对一般人而言;不一般的人,例如特别自私的、心理特别阴暗的、人品特别坏的,他们的品行与情商则决定了他们的错误决策。不仅在生活中,人品好是幸福的基本保证,在工作和其他方面也是如此。遵守道义原则、遵守基本道理和规律是不犯错的基本保证。

想要避免作出错误决策,须特别注意不要率性而为,在大多数情景中,应借鉴大众的智慧作出决策。对一件事,古今中外大多数人都采取某种决策,说明这样的决策经得住时空的检验。生活中最常见的例子是,谈婚论嫁最好是门当户对(这往往能降低若干风险并提高多方面的效率[①],而非一些人的刻板印象,认为讲求门当户对就是势利和拜金),而不能被其他一些虚幻的标准、自己假想的情况左右。就像3.1节论述的那样,我们应学习和充分利用前人总结的管理原理或规律,日常生活与工作毕竟不像孙武描述的战争场景,须因敌变化而取胜。

7.1 关于决策的不同分类方法

(1)长期决策与短期决策

长期决策指有关组织今后发展方向的长远性、全局性的重大决策,又称长期战略决策。

短期决策:为具体实现长期战略目标而采取的策略,又称短期战术决策。例如日常营销决策、物资储备决策、生产中的资源配置决策。

(2)战略决策、战术决策与执行决策

①战略决策是根本性决策,具有全局性、长期性,是人们对总体方案作出的决策。例如,确定或改变企业的经营方向和目标,开发新产品(属于集中型发展战略或多元化发展战略),企业上市,兼并企业,开拓海外市场,合资经营(属于发展型战略途径),扩大生产能力,高层管理者人事变动方面的决策就是战略决策。

②战术决策又称管理决策,是执行战略决策过程中的具体决策。例如资金分配决策、市场营销决策、人力资源配置和培训决策(它们都属于职能决策)。

战略与战术没有严格的界限,从不同的层面看则呈现不同的属性。例如,从西蜀国整体层面看,刘备在伐吴中期不接受孙权求和,此决策在战略方面没有错。因为若彻底打败吴国,就有机会进一步打败魏国,从而实现刘备集团的最大战略目标——中兴汉室。刘备的夷陵惨败源于其在战术方面的严重失误。然而从夷陵之战的层面或者从伐吴战争的层面看,刚刚说的战术方面的失误可能就应该换一个称呼,即战略方面的失误。因为在这一稍低的层次,相关的规划就是这个层次的战略方面的规划。例如,是一鼓作气急攻还是步步为营缓攻,是当下就进攻还是休整一段时间再攻,这些都是战场上的战略事项。至于在林中扎营避开酷暑,

---

① 例如价值观、审美观相似,减少磨合消耗。

沿着溪水扎成连营,这些是战术方面的安排,正是这方面的失误导致夷陵惨败。

③执行决策主要涉及组织中的一般管理和工作中的具体决策活动,直接影响日常工作效率,例如设备维修决策、销售服务决策、职工休假安排决策。

(3)集体决策与个人决策

集体决策的稳定性更高;能更大范围地汇总信息;能拟订更多的备选方案;能得到更多的认同;能更好地沟通。集体决策的缺点是:花费较多的时间;产生群体思维(也就是追求意见的一致性);责任不明。

(4)初始决策与追踪决策

初始决策指组织对从事某种活动或从事该活动的方案初次选择。因环境发生变化或组织对环境的认识有了变化,而在初始决策的基础上调整,即为追踪决策。

(5)程序化决策与非程序化决策

程序化决策又称常规决策,是对重复出现的日常管理问题决策。这类决策有先例可循,可按规定的程序、处理方法和标准决策。非程序化决策是对不重复出现、不能以现成的程序处理的问题决策。这两种决策分别适用于例行问题和例外问题。例行问题指那些重复出现的、日常的管理问题;例外问题指那些偶然发生的或新颖的、性质和结构不明的、具有重大影响的问题。区分程序化决策与非程序化决策有利于提高决策效率,让不同能力、不同职位的人进行不同类型的决策,并提醒他们注意采用不同的决策风格。

(6)确定型决策、风险型决策与不确定型决策

确定型决策是稳定、条件可控时的决策。决策者确切知道各个状态的发生情况,制定的每个方案只有一个确定的结果。

风险型决策或称随机决策,是决策者不知道哪个状态会发生,但知道状态的数量及每个状态的发生概率时的决策。

在不确定型决策情景中,决策者可能不知道会产生哪些状态,即便知道这些状态,也不知其发生的概率。这里的不确定指面临的环境、条件不确定,并非指决策本身不确定。决策者面对不确定的环境和条件,须制定一些确定的应对策略,减弱环境或经营条件的不确定影响,甚至减弱其不确定性。例如与供应商、顾客签订长期合同,以便减小市场变化对本企业的影响。第8章论述的计划也可被看作为未来提供一定程度的确定性。

越来越多的国家摆脱美国的束缚,加强与中国合作,也有考量确定与不确定因素的成分。美国的逆全球化、"美国优先""特朗普主义""退群"行为、选举乱象、"全球最糟的抗疫表现"、双重标准和经济霸权主义等,使其他国家觉得它越来越不确定。中国长期的良好发展、巨大的市场、抗击"新冠"疫情的模范作用,还有实现一系列五年规划目标,综合国力持续迅速提升,国内政治经济稳定,中国共产党拥有很广泛的支持,中国人民认可国家的发展道路,国际影响力和号召力不断增强等,让其他国家和国际组织(如东盟)认识到中国的确定性和稳健性,认识到自身的发展乃至全球的发展不能没有中国。2020年11月,RCEP(也就是区域全

面经济伙伴关系协定)的签署就体现了上述状况和形势。像伊朗、俄罗斯这些国家去美元化,改为大量使用人民币作为国际结算货币,也是出于类似的考虑。

7.2 决策的特点

决策的特点主要有以下几个方面。
(1)目标性。决策的关键之一是确定目标或(确定方案等以)满足目标。
(2)可行性。决策是否满足相关的信息条件、组织条件、物质条件和环境条件。
(3)选择性。决策的另一关键是选择。
(4)满意性。不是依据最优原则选择,而是满意原则。
(5)过程性。决策有一定的过程,但也并非均如此,有的决策是瞬间被作出的。
(6)动态性。决策是一个动态过程。决策者须密切监视并研究外部环境及其变化(即环境扫描),从中发现问题或找到机会,及时调整组织的活动,以实现组织与环境的动态平衡。
此外,还有整体性和创造性等特点。

专题分析　司马懿对决策满意性恰到好处的把握

《三国演义》中,诸葛亮用空城计(有人认为诸葛亮并未用过空城计)吓退了司马懿的十五万大军,害得后者被后人笑话一千多年。但是,如果把司马懿的撤退决策放到当时的整个战役中,他绝不应该令别人如此嘲笑。因为在此之前,诸葛亮的北伐军节节胜利,曹魏朝廷才起用司马懿。司马懿还真不负众望,其先锋张郃夺了街亭,使诸葛亮转攻为守[①]。在诸葛亮占据的西城面前,司马懿不敢轻敌,毕竟对面是当时最可怕的敌人。于是司马懿选择撤退。

放到整个战役中看,司马懿的这一决策无可厚非——他已经取得了辉煌的战果,不能因一时疏忽毁于一旦。他的决策符合满意性原则。有人可能会说,他不会派一支部队冲进西城试探一下诸葛亮吗?这样说有点事后诸葛亮的味道。两军阵前,气氛万分紧张,瞬息万变,每一分钟都是宝贵的。司马懿能轻轻松松地把各种可能试探一下吗?他必须确保尽快采取最有效的决策。[②] 而且在历史中,不是没有这样做的——结果中了城中埋伏。

以前魏延请诸葛亮给他一支人马,说他可以奇袭长安,配合诸葛亮的大军一举破魏,诸葛亮为什么不愿意冒那个险呢?不少人引为千古恨事。诸葛亮不是不明白魏延的计策,甚至在心里也不一定否定魏延的计策,只是不愿意冒那个险。诸葛亮要按自己的战略方针,稳扎稳

[①] 也有说司马懿与此役无关,是罗贯中把诸葛亮的对手提前改成了司马懿,否则诸葛亮输得太没面子了——输给了张郃。总之,《三国演义》里的空城计这一情节不太可信。

[②] 另外,司马懿也可能作如下想。第一,魏明帝(曹睿)对我既用又防,如果我现在就把诸葛亮灭掉,那么我就没有一点利用价值了(一如赤壁大战后诸葛亮最终作出允许关羽拦截曹操这一决策——诸葛亮需要三足鼎立的稳定局面,否则孙刘两家要火拼,关羽此后会放走曹操,就让他放走吧)。另,蜀汉杨仪出使魏军大营,司马懿听说诸葛亮的身体并不是很好,托杨仪带话劝诸葛亮保重身体,除了惺惺相惜的意味,也有希望强敌消失的意味。第二,诸葛亮这次伐魏,之前魏国一败涂地,如果我一来就把诸葛亮灭了,则功高震主呀。第三,现在自己的人脉还不够,兵权刚到手两天,还没把和各位将军的交情培养到他们愿意为自己出生入死的地步。所以司马懿不想立即灭了诸葛亮。他真会装傻、演戏,谋略极深。

打地北伐。这也是决策时遵循满意原则,跟司马懿的心思一样。

在生活中,如果一味追求最优结果,可能过犹不及,连良好的结果也得不到。即使能得到最优结果,但追求它往往也得付出很大的代价。不能不考虑性价比。学生上学时,如果非要追求某门课成绩的完美,就可能耽搁了其他课程的学习,结果成了学习的跛子,例如一些数学尖子生、作文高手等的其他课程成绩平平甚至糟糕。还不如均匀分配学习精力,使自己平衡发展,最终的总成绩是优良的,也许还能名列前茅,尽管这些课程的单科成绩不一定是高分。

7.3 决策理论

(1)古典决策理论(又称规范决策理论)

古典决策理论是基于"经济人"假设被提出的。其前提是决策者是完全理性的,决策者的决策目的是获取最大经济利益,古典决策理论的不足是忽视了非经济因素的影响。古典决策模式清楚规定了决策者如何决策,有助于决策者更理性地进行决策。对程序性决策、确定性决策和风险型决策,古典决策模式有用武之地,因为在这些决策中能获得相关信息,效益(或效果、结果)、状态发生的概率也能被计算出来。计算机应用促进了定量分析和决策技术的推广使用,从而扩大了古典决策模式的应用范围。古典决策方法中的定量决策技术包括决策树、报酬矩阵、盈亏平衡点分析、线性规划、预测学和运筹学等。

新知识　具有中国特色的现代国有企业制度的四个特点

程承坪(2017)指出,具有中国特色的现代国有企业制度在四个方面不同于西方资本主义国家的现代企业制度。第一,前者的人性假设是"社会人",后者的人性假设是"经济人"。对第二个方面,本书作者不认同,因而略去。第三,中国企业发展依靠的力量首先是党的领导,其次是广大管理者和职工,再次才是资本;后者主要依靠资本。第四,前者的产权民主是公有资本产权、非公有资本产权和劳动产权之间的民主;西方国家的公司特别是英美公司的治理主体主要是私有资本所有者,因此其产权民主主要是私有资本所有者的民主[①]。

(2)行为决策理论

古典决策理论把人看作具有绝对理性的"理性人"或"经济人",并认为,在决策时人们会遵循最优原则选择方案;行为决策理论则认为,这十分困难。为此,管理学家西蒙提出有限理性标准和满意度原则。其他学者也发现:影响决策者的不仅有经济因素,还有决策者个人的因素,例如态度、情感、经验和动机。

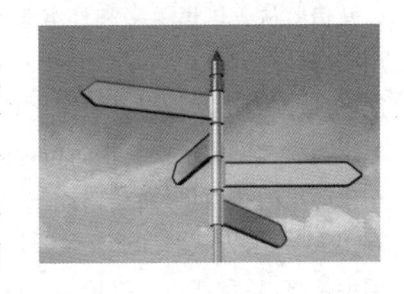

行为决策理论的主要内容有:人的理性介于完全理性和非理性之间,是有限的理性;决策者在识别和发现问题时易受知觉偏差影响;决策者只能做到尽量了解各种备选方案的情况;

---

① 程承坪. 当前国企改革的方向:建立中国特色现代国有企业制度[J]. 学习与实践,2017(2).

决策者往往厌恶风险[1];决策者往往只求满意的方案和结果,而不愿费力寻求最佳方案。行为决策理论抨击了把决策视为定量方法和固定步骤的片面性,主张把决策视为一种文化现象。

(3)当代决策理论

当代决策理论的核心内容是:决策贯穿整个管理过程,整个管理过程就是决策程序;既重视运用科学理论、方法和手段,又重视人的积极作用。

7.4 影响决策的六个因素

影响决策的主要因素有以下六个方面。

(1)环境

影响决策的环境包括政治、法律、经济、社会、文化、自然、技术和市场等环境。大部分决策过程依赖整体环境,环境对决策的影响表现为推动决策和制约决策。英国税务机关做过这样一项实验,发交税提醒函给较贫困的纳税人时提及他们的邻居的良好交税行为,此后按时纳税的人数有明显提升。这就是社会环境的影响。提醒内容也可以是不及时纳税的人所在社区 90% 的人能及时纳税,但估计这样的善意提醒的效果可能不如前一种的,因为收信人可能不相信此数据,而前面讲的邻居及时纳税更有说服效力,并且可打探验证。[2]

(2)过去的决策

大多数情况中,组织的决策不是初始决策,过去的决策是目前决策的起点。过去的决策会影响当前的决策,因为人们对过去的决策有继承的倾向,人们也会吸取以往决策中的经验、教训。但以往决策的影响并不总是积极的,既然是继承,就有可能继承不合适的甚至错误的东西,甚至包括以往的教训也是如此,也就是说吸取了教训,在新情景中采取不同的甚至相反的策略和做法,结果又错了,因为新情景恰好需要以往的策略和做法。

法国巴黎近郊的欧洲迪士尼乐园经营初期的教训就是,该公司套用其在美国的成功做法以及借鉴从美国奥兰多和日本迪士尼吸取的教训(低估饭店需求量和未参与乐园建设,仅采用授权经营的方式),导致经营不力。日本人崇尚美国文化,所以迪士尼乐园在日本大受欢迎,但欧洲人更注重自己的文化和偏好。[3] 例如,不少法国人去迪士尼乐园时会自带午餐(例如影视里常见的法式长棍面包,其他欧洲游客往往只在乐园里玩一个白天,并不想晚上也住在乐园里的宾馆里,而是选择住到繁华、浪漫的巴黎城里。这些游园偏好与其他迪士尼游客有很大差异,导致欧洲迪士尼乐园内的诸多设施(按美国与日本迪士尼乐园的经验设置)的利用率不高,盈利能力大打折扣。例如酒店入住率只有 37%,与预期的 76% 相差甚远。在之前

---

[1] 人们一般都厌恶风险,例如消费者作消费决策时往往也厌恶风险。
[2] (英)康斯坦特·伯克豪特. 邱皓,译. 新零售战略:提升顾客体验的营销之道[M]. 北京:人民邮电出版社,2020.
[3] 许多法国人有欧洲文化中心倾向,欧洲(巴黎)迪士尼开建时法国的一些知识分子纷纷反对,甚至说它是美国的"文化核泄漏"。法国消费者也曾一度开展了一系列抵制美国"垃圾文化"的运动。

的记者招待会中,有人指出上述一些风险,但支持在法国建园的人未充分注意,而用并不准确的预计证明计划的合理性。对乐园和酒店的顾客量估计过于乐观,掩盖了计划中潜藏的风险。

所以说,有时候成功乃失败之母。做一些小事,例如日常小事、小生意,也许能较容易地为其复制成功,然而对一些大事,成功不是容易复制的。成功需要创新,需要因地制宜。对当今市面上的各种"成功学",应保持清醒的头脑,对其中的一些原则、理论可以参考学习,但不要指望按照其中的方法做就一定能获得成功。条件在变,环境在变,当事人、执行者间也有巨大差异,怎能指望复制成功呢?在建造欧洲迪士尼前,迪士尼公司尽管也吸取了其他地方的迪士尼的许多教训,然而在关于建造欧洲迪士尼的决策过程中还是忽视或轻视了不少关键事项,尽职调查也不够充分,导致建成营业后亏损巨大。

当前决策者不是过去的决策者时,前者较容易接受当前的变革。反之则情况常常相反。这也是一些公司在实施重大改革时更换高层领导的原因之一。

承诺升级(escalation of commitment)常常被用于表述决策者为个人或小集团的利益考虑,继续对其过去的错误决策事项投入,以维持其运行。[①] 在有的情况中,承诺升级实际上是一种赌徒心理,例如,中国航油集团(新加坡)公司的陈久霖和中国国家物资储备局的刘其兵在违规期货投机交易中的行为。再如,管理者在当初本不该聘用的员工身上花太多精力纠正其缺点,而不愿承认当初的错误聘用,并及时解雇该员工以避免更大的损失,GE前董事长杰克·韦尔奇也阐述了类似观点。还有,在2008年金融危机中,雷曼兄弟公司总裁依据过去的经验,以为只要再坚持一下,就一定能使公司转危为安,结果失去了一次又一次引入战略投资者的机会(当然,引入投资者,原有股权也要分散),公司的资产价值一跌再跌,最后以破产告终。

有一个反例。明初,大才子解缙刚考中进士就受朱元璋重用,朱元璋授其庶吉士,还私下说情同父子。然而20岁的解缙行事过于耿直,锋芒太盛,不仅不考虑同僚的感受,甚至也不考虑皇帝的感受(例如解缙涉及为李善长鸣冤这样极其敏感的政治话题),得罪了很多人。朱元璋并未表现出承诺升级,两三年后把解缙的父亲从家乡江西吉水召到应天府(南京),让他把儿子带回家再好好磨炼十年,实际上也有惜才和保护的意味,甚至是让解缙回家蛰伏、避避风头。不过十多年后,已是明朝首届内阁第一任首辅、深受明成祖器重的解缙还是没有真正改变耿直的特点,在立太子一事中陷入过深、管得过多,犯了皇家大忌,行事又不谨慎,结果葬送了大好前程乃至性命,正如曹操的主簿杨修那样。

故事　旧上海明星电影公司的"双胞案"

"双胞"是旧上海电影界的一个术语,即两家电影公司同时拍同一故事题材的电影,也就是"撞车"了。20世纪30年代初,上海明星电影公司拍摄《啼笑因缘》时,没有提前注册,因此让对手大华电影公司钻了空子,抢先注册了拍摄权。明星公司拍了一半,不得不暂停。按常理,对手拿到了拍摄权,明星已无回天之力。可是明星公司老板张石川等为了挽回投资损失,

---

[①] 作一个比喻,就是丢了100元,却花200元乘出租车去找,往往还找不到。

为了公司的面子,也为了该系列电影的潜在收益,非要与大华争一争。可是请七大律师要花钱,请杜月笙帮忙要花钱。为了请杜月笙帮忙,明星的三位老板不得不拜在这个青帮流氓门下做弟子,一年到头还得不停孝敬他。还有,走上层路线也要花大钱,尽管临时疏通好了相关部门,拿到了前两集电影的放映权,但被大华告到中央,明星公司还是竹篮打水一场空。明星公司自以为财大气粗,不过对方也不是等闲之辈。最后,明星公司只能花巨资与大华私了,方拿到拍摄权和放映权。

财力雄厚的明星公司几番折腾下来,也几乎耗尽钱财。明星公司本以为《啼笑因缘》于1932年年底一旦放映,定会万人空巷。可是人算不如天算,欢迎才子佳人电影的环境已时过境迁,当时正是"九·一八"和"一·二八"事变之后,国家危急,民众忧心,有多少人还会像在20世纪20年代那样热衷这类电影呢。再加上该片编辑等方面的问题,票房只比当时一般的电影好一点。

故事分析

明星公司面对拍摄权被对手抢得,低估对手的实力,错估行业发展形势,高估影片的预期收益,非要与对手一争高下,结果赔了夫人又折兵。该收手时就得收手,明知不可为而为之,常常会无功而返,尤其打官司这种事,谁都不能打包票能赢。看上去自己的胜算很大,但形势常常不按自己设想的路线发展。①

而日本知名企业家松下幸之助在开发大型计算机项目方面没有被承诺升级困住。1964年,松下通信工业公司宣布放弃该项目,尽管之前已花了5年时间研究开发。面对日本国内的富士通、日立等7家急着抢滩的竞争者和并不大的国内市场,松下幸之助像一个英明的军官一样喊"撤退!"毛泽东军事思想中有一条,在面临强敌时可以选择战略退却,保全自己的力量最重要。再诱敌深入,通过游击战和运动战,伺机歼灭其一部分。

延伸阅读7-1

(3)决策者对风险的态度

风险偏好型决策者对损失感觉较迟钝,对收益敏感,具有不惜冒险而追求大利的决策心态;而风险规避型决策者倾向于循规蹈矩,谨慎小心,不求大利,但求保险,决策趋向于保守。决策者对风险的态度还受组织文化影响,组织文化偏重创造与创新,决策者更有可能偏好风险;而在严谨的组织文化氛围中,决策者更有可能偏好风险规避。

(4)伦理

当代的伦理概念蕴含着西方文化的理性、科学、公共意志等属性,在我国还蕴含着中国文化的影响。

①面临危机时作出善待员工的正确决策

---

① 旧上海"江北大亨"顾竹轩与公共租界工部局打官司一直打到英国最高法院。虽然最终顾竹轩打赢了,但在此过程中,他也曾后悔过:为什么不与工部局讲和呢?如果输了,自己几乎就一无所有了。

影星胡蝶与未婚夫打官司,本以为轻轻松松能赢的官司,却是一波三折。虽然最终胡蝶赢了,但这样的波折过程对影星的形象是非常不利的,甚至根本就不应该打这场官司,而应该私了。阮玲玉更是打了一场不应该打的官司,也是打不赢的官司,再加上她个人软弱犹豫,缺乏主见,又极好面子,又没有胡蝶的坚强毅力,最终因官司所累,因人言可畏,自杀而亡。

一位以员工为重的经理在面对企业的内外部环境危机时,例如,美国 Valero 公司的首席执行官在公司遭遇飓风破坏时,比较容易作出正常发放工资的决策。这方面的决策决定了士气高昂或涣散,也决定了形势好转后能否迅速恢复生产和销售。Valero 公司就比公路另一侧的竞争对手早两三个星期恢复正常运转。

案例 7—1　意外的工资

1933 年,正当经济危机在美国蔓延之时,加利福尼亚的哈里逊纺织公司因火灾化为灰烬。约 3 000 名员工悲伤地回到家里,等待董事长傅斯宣布公司破产和失业风暴的来临。在无望的等待中,他们收到董事长办公室的一封信:向全体员工继续支付一个月的工资。员工们深感意外,惊喜万分,纷纷打电话或写信向董事长表示感谢。一个月后,正当该公司的员工为下个月的生活发愁时,他们又收到董事长办公室的第二封信。董事长宣布,再向全体员工支付一个月的薪水。员工们收到信后热泪盈眶。第二天,他们涌向公司,自发清理废墟,擦洗机器,还有一些人主动去南方联络中断的货源。

三个月后,哈里逊公司重新运行起来了。员工们使出浑身解数,昼夜不懈,卖力工作。后来哈里逊公司成为美国最大的纺织品公司。曾劝该董事长领取保险公司赔款一走了之和批评他感情用事、缺乏商业头脑的人开始对他心服口服。

与上述相似的故事也在旧上海巨贾虞洽卿的杨青肥皂厂发生过——火灾后的重新运营。

日本松下电器公司在其经营史中也发生过几次严重危机,包括全球经济大萧条时期的危机,但在别的公司裁员时,松下幸之助始终不肯抛弃自己的员工。在他看来,员工就是自己的家人。美国的西南航空公司也是这样。德国众多企业面对经济危机时实施短工时制度已有 100 多年,为员工保住工作。每次实施时长 6 个月到 2 年,工时减少,工资降幅也达 10%～40%。危机结束,恢复到正常状态。这一制度增强了员工忠诚度,保证了人才的长期储备,免除了经济恢复后重新招聘、培训的消耗。受命于危难之际的波音公司董事长威尔森从公司庞大的办事机构调出 1 800 位技术人员充实到生产一线,没有大量裁员,但公司的办事效率和生产率都迅速提高。

这些做法都值得决策者参考。

②兼并重组时作出善待被兼并组织的成员的决策

管理者展示家庭般的团结友爱,把员工放在首位,能使员工产生很强的忠诚感和献身精神。Valero 公司每收购一家炼油厂,首席执行官首先做的工作就是向被收购炼油厂的员工保证:他们不会丢掉饭碗,公司也会为他们购买新的安全生产设备;只要员工好好干,他一定会优先考虑员工的需要,其次才是顾客和股东们的利益。

南宋初年,岳飞招降叛军、流匪后,赏罚分明、一视同仁(视为家人),如同当今公司兼并重组后的有效整合那样,在文化、制度等方面的整合都很有效,再加上岳飞超强人格魅力的感染,于是投降过来的叛军、流匪最后也真正融为神武岳家军的一部分了。

公司的整合还涉及产品、服务、技术、设计、生产、市场营销(渠道)和供应链,以及各种行政管理、日常管理等方面。

③及时作出公正、善意的召回决策

在作出召回问题产品的决策时,如果经营者能坚持公正、诚实的经营原则,如果有海尔集团总裁张瑞敏那样的产品质量意识(张瑞敏砸冰箱的管理故事广为流传),那么这样的决策就不艰难。1980年,万向节的厂长鲁冠球面对产品质量问题(客户的一封退货信),毫不迟疑地让销售员主动跑遍全国用户,免费更换产品,并把换回来堆成小山的次品全部当废铁卖掉,而不是维修后作为等外品出售。这一决策使该厂损失43万元,相当于其大半年的利润。如果没有张瑞敏或鲁冠球这样的质量意识和气魄,将可能总想着强硬对待消费者,或者寻找借口、拖延处理,就会遭遇公关、信誉危机,进而导致品牌和销售危机、经营危机,就像奔驰和三星等公司在中国的遭遇。

(5)组织文化

组织文化具有导向、凝聚、激励和约束功能。欢迎变化的组织文化有利于新方案的通过与实施。

(6)时间要求

机不可失,时不再来,因此决策时必须善于捕捉时机。美国学者金和克里兰把决策分成时间敏感型决策和质量敏感型决策。

①时间敏感型决策意味着速度比质量重要,必须迅速作出决策,例如战争中军事指挥官的决策。五代时期,辽国皇帝耶律德光夺取中原后,河东节度使刘知远快速作出决策:不再假意臣服,立刻起兵对抗,同时称帝。这一迅速的战略决策让他获得其他诸多节度使的响应和投靠,最终夺得中原,成为后汉开国皇帝。而当时比河东镇的实力强得多的南唐,却因福建战事未及时作出图谋中原的决策,彻底失去中原帝业机会,最终被宋朝平灭(亡国之君是鼎鼎大名的词人南唐后主李煜[①],他与南北朝时期陈国的亡国之君陈后主陈叔宝非常相似)。

商业领域的有关案例很多,例如下面的案例就说明了时间敏感型决策中速度的重要性。

案例7-2 执行英明决策中的缺憾——对时间不敏感

1965年11月间,美国东北部发生了该国历史上最严重的全面停电事故。《纽约时报》社总编在纽约市发生大面积停电时,作了一个英明决策,就是在哈德逊河对岸还未停电的纽华克印刷当日报纸,因而该报社是纽约当天唯一仍能发行报纸的一家。美中不足的是,该报社的发行量还不到平常的一半,问题出在该总编对时间的不敏感上。准备开印时,该总编却与助手就一个小小的词汇形式问题发生争论,耗时近50分钟。就是这近50分钟,使该报社未能在当天打一个完美的"胜仗",比平时的发行量少了一半多。

案例分析

编辑们平时这样争论是值得鼓励的,因为能确保报纸尽可能不出现任何错误。可当天是在该市大面积停电过程中,而且该总编决定在河对岸印刷就是在与时间赛跑,与停电故障的扩散"波"赛跑,此时没有什么比迅速决策、当机立断更重要的事了。错一个单词形式甚至出现语法错误或错一句话,又算得了什么呢?

[①] 李煜的代表作:《虞美人·春花秋月何时了》《相见欢·无言独上西楼》《浪淘沙·帘外雨潺潺》;陈叔宝的代表作:亡国之音《玉树后庭花》。

此案例中人物的行为令人惋惜，甚至很可笑。然而，在生活、工作和学习中，人们却常常、反复犯类似的错误。明明任务的完成期限很紧张，明明有很多（重要的）事等着我们处理，可是有的人在处理一件事时常常犯完美主义错误，甚至犯强迫症错误，为一个没有多大价值的细节思之再三（有时明知故犯），耗费了太多的时间和精力。这种做事风格会大大降低我们的效率，影响处理其他事务，乃至影响我们获得成功。虽然追求高质量、追求完美本身并没有错，但我们要明智地在各种目标间权衡，以求获取最大价值和成功。在很多情形中，其实时间永远是不够的，千万不能误以为还有足够的时间供我们支配。计划没有变化快，当一个突发事件发生后，原来貌似充足的时间一下子就完全不够了。毛主席的《满江红》一词说："多少事，从来急；天地转，光阴迫。一万年太久，只争朝夕。"

所以在不少情形中，我们应努力往前赶进度，例如，在写毕业论文、撰写上司要求的调研报告的情形中，而不是一副笃悠悠的样子，或者想着慢工出细活。应把握好赶进度与工匠精神两者的度。

美国著名投资家苏世民喜欢速战速决，即使任务不紧急，他也希望尽快完成任务，以免延迟导致的风险。1987年9月，他与33家投资机构用一个月左右的时间关闭基金，以便使投资者的资金真正到位。该年9月，美国股市创历史新高；黑石公司和33家投资者拼尽全力于10月15日签署所有协议；10月19日"黑色星期一"发生，这一天道琼斯指数下跌508点，成为股市史上最大单日跌幅，比引发大萧条的那次暴跌更严重，股市进入下跌期。而此时黑石公司已拿到投资者的钱，苏世民他们的紧迫感和高效率拯救了他们自己（否则之前所有的努力可能付之东流），包括减少了那33家投资机构的损失[①]。

还有一个典范案例是韩先楚军长坚决求战，及时解放海南岛。由于此前不久攻占金门岛失利，1949年12月到1950年2月，从中央军委到广东军政委员会到第十二兵团都决定暂缓攻打海南岛，准备于1950年6月登陆作战。韩先楚却把此命令压在军部秘而不宣，防止指战员松懈。他反复向第十二兵团、中央军委求战，并说明四月是有利的季风期，否则就要等到九月了，但此前的多次求战要求均未被理睬。他所在的第四十军各级也有不少指战员有厌战情绪甚至胆怯心理，例如军参谋长自伤以避战被撤职。这些都未动摇韩先楚军长的决心——坚决、迅速吃掉敌人的决心，否则夜长梦多。最后他终于说服了林彪，林彪又帮他说服了毛主席，中央军委终于决定支持韩先楚的冒险行动。

1950年4月16日发起进攻，韩先楚站在第一批木帆船上第一批登陆。他们的攻势迅猛，1950年5月1日，第四十军和四十三军解放海南岛全境。同年6月25日朝鲜战争爆发，6月27日美国第七舰队封锁台湾海峡。如果不是韩先楚坚决求战并解放海南岛，美国当时有可能也会封锁琼州海峡。如果是那样，就没有现在的海南省和海南国际旅游岛了，中国的两大海岛都将处于未控制状态，会对我国形成更大的战略威胁——就没有现在对南海的控制优势，南海利益将长期被东南亚国家和西方国家攫取，我国的海洋利益开发（包括石油开发）、海军建设、海洋战略纵深布局等都将遭受巨大限制。更不可能深入西沙、南沙群岛吹沙填海

---

① 苏世民. 我的经验与教训[M]. 北京：中信出版集团股份有限公司，2020.

了。

对中华民族,韩先楚功莫大焉!后来毛主席和中央军委派韩先楚到福建省任军区司令,就是要用他这位厉害的将军震慑对岸的中国台湾。可见震慑力量绝不只是核弹、航母等厉害武器,也可以是厉害的将军和军队。①

②质量敏感型决策。对决策质量的要求高于对时间的要求,战略决策一般都属于质量敏感型决策。结合思考案例 7-2 之前的一段有关南唐的决策,可见有的决策既属于时间敏感型又属于质量敏感型,两者并非泾渭分明。人们进行质量敏感型决策时需要搜集更多的信息,制定更多的方案,而不太在意经济成本和时间成本。

7.5 决策原则

在决策中须遵循以下一个或多个原则。

(1)在决策中,可遵循(对决策效果)满意(的)原则,而非最优原则。一次决策中常常有多个决策目标,这些目标可能相互冲突,所以决策结果可能是折中的。放大到群体和社会中,如果每个人或大部分人都追求自己的最优目标,往往导致事与愿违的结果,甚至将给群体或社会带来麻烦。还有决策资源、时间、决策者自身等多方面的限制,也使决策者往往遵循满意原则,而非最优原则。

(2)遵循系统原则——结合内外部条件,平衡局部利益和整体利益,平衡当前和长远利益,然后决策。

(3)遵循经济原则——争取用较少的人、财、物、时间的消耗,获得较大的效益或承受较小的损失。雍齿辜负了刘邦的重托,镇守丰城(刘邦及其部下的家小所在地)时投降魏国,丰城失陷。刘邦投奔项梁,借五千兵攻下丰城。雍齿又投靠赵国;后来发现项羽势大,又投靠项羽;楚汉之争中,楚式微,不得已又降刘邦。刘邦当时不杀雍齿,因为用人之际,杀之将寒欲降者之心。得天下后仍不杀之,因为担心引起其他降将或有过错将领的恐慌和猜疑,进而导致反叛,再说雍齿也有一些功劳。使用张良的策略,刘邦反而给雍齿封侯。尽管憋着一肚子怒火和委屈,但刘邦的决策却是很经济的,用很少的付出稳定了军心(当时很多将领正担心自己不能获得公平的封赏而军心浮动呢)。

刘秀先封赏不争功、默不作声安稳地坐在大树下的"大树将军"冯异,也是相同的道理,让那些争功的大臣知道,皇帝是明察秋毫的。

(4)遵循创新原则——立足现实,着眼未来,避免固步自封,吸取当代科学技术和管理研究发展的新成果。

(5)遵循科学原则——依据尽可能多的各类信息,充分运用科学的决策方法。

应该多获取信息,尤其应多接触新信息,了解新趋势,从而更有效地进行决策。诸葛亮辅

---

① 资料来源:自金一南. 为什么是中国[M]. 北京:北京联合出版公司,2020.

佐刘备前常常游山玩水、寻师访友,如此,才能通晓天下大势,取他人之长补己之短,为后来的明公正确判断、科学规划。

信息虽然重要,但也不能不计成本地收集信息,而要进行成本-收益分析,如果值得,才加大收集信息的投入和力度。还要注意避免过多依赖容易获得的信息以及有意无意地(可能因为偷懒)忽视不容易获得的信息。例如,在谈判或竞争中,对方或第三方(例如竞标中的竞争对手)可能会故意散布一些误导信息,己方不能被这些容易获取的误导信息蒙蔽。

《三国演义》里蒋干盗书就是一个典型例子,蒋干也不多想一想,精明的周瑜岂能让他轻易看到军事密信;曹操犯了同样的毛病,蒋干糊涂,统帅也如此轻信轻易得来的情报;另一层原因是曹操对荆州降将有疑心甚至憎恶他们是"诡佞之徒",主观判断和情绪使他轻信假情报。

战国时魏国大将庞涓兵败马陵道也有这方面的原因(相关历史是围魏救赵),齐国军师孙膑(与师兄庞涓均为鬼谷子的学生,曾在魏国受到庞涓的残酷迫害)留下减灶的迷惑信息使庞涓轻敌。庞涓以为齐兵逃亡过半,他就舍下步兵,率精锐骑兵追赶而中埋伏并死于此。

还有,在吉利集团洽谈收购沃尔沃汽车业务时,半路杀出来的两个国际竞争对手报出高许多的收购价,吉利不为所动,仍在原报价基础上谈判,因为它有自己的优势与吸引力,例如中国庞大市场的支撑。后来,那两个竞争对手因筹款困难等问题又匆匆退出收购竞争,吉利成功收购沃尔沃。有时这样的"竞购对手"就是托儿。

(6)还应考虑遵循民主原则,南北朝时前秦历史就是一个反例。前秦天王苻坚欲灭晋,大多数大臣都反对,此前前秦重臣王猛给苻坚留下遗言说万不可图晋,苻坚的弟弟符融也竭力反对伐晋。前燕降将慕容垂心怀叵测(灭晋,他可获苻坚重赏;秦败,他可趁机复燕。反正他的部众不会有明显损失,只会有好处),忽悠苻坚不必问计于朝众,应独断专行。苻坚骄傲自满、刚愎自用,欲建立不世伟业,把慕容垂的逸言当忠言。前秦的组织、指挥不力和策略失误导致淝水兵败及其后的一系列失败,终致前秦灭亡。

7.6　决策过程

为使决策科学化,只要条件允许应尽可能按一定的程序决策。决策过程有七个基本步骤,并且是一个动态的连续过程。7.6.1 小节论述第一步,7.6.2 小节论述其余六步。

7.6.1　识别机会或诊断问题

第一步是研究实际状况与期望状况的偏差,确定潜在的机会或问题。这是非常重要的一步,所以作者用一小节的篇幅论述之。识别机会或诊断问题也是最能体现管理者价值的方面之一,这方面的能力即洞察力。

历史故事

东汉朝班超出使于阗时,该国显得很不友好,该国巫师还向班超索要汉朝的一匹马用于祭祀。班超说：可以呀，不过巫师得亲自来牵走马。巫师一来，班超就把他杀了，并将其首级呈给于阗王，向其阐述了应远离匈奴、投向大汉的利害关系。于阗王也知道班超他们三十七位勇士之前在鄯善捕杀一百多名匈奴使者并使鄯善归顺汉朝的惊人故事，因而也归顺了汉朝。

故事分析

班超为什么敢杀于阗巫师呢？因为他洞察出巫师索马是想给汉朝使者一个下马威，于阗王想看看这个使者团怂不怂。西域各小国知道汉朝战匈奴的威风，但不知道汉朝对西域及此后对匈奴的策略和态度，所以想试探一下汉朝的使者团。没想到班超他们这么彪悍，尽管巫师被杀，于阗王却不敢报复，而是选择归顺汉朝，因为这个使者团的言行代表汉朝的策略与态度，于阗王怎敢得罪强大的汉朝呢？这些心理及博弈结果，班超也洞察于心，所以才敢在人家的地盘上（包括之前的鄯善）干看上去很冒险、很鲁莽的事，其实这是他们当时的最佳决策。

班超后来也不要朝廷出兵镇守，就凭他和他的几十位部下，凭借他的智谋和外交、组织、协调和战争指挥能力，确保西域三十年的安定，维系西域五十余国与东汉的友好外交关系，确保丝绸之路的畅通。直到他离开西域返回汉朝。

东汉末年是出英雄豪杰的年代，还有一批人也很出彩，就是谋士。他们的价值就体现在识别机会或危险，判断竞争对手的动机，进而提供对策。东晋时期的一些谋士，以及北方少数民族政权的谋士，也不逊色。例如扪虱论天下的王猛；桓玄的谋士卞范之；起义军天师道的徐道覆也极有谋略，如果大头领卢循多听他的意见，就灭掉东晋了。尤其在动荡的年代，谋士、勇将和明主都是宝贵的资源，他们共同绘就了波诡云谲的历史画卷，其中，谋略又是皇冠上的明珠。他们为后人留下了智慧财富，他们的精彩故事在中华历史的恢宏长卷中也显得耀眼夺目。

（1）怎样培养自己的洞察力？

①研究实际状况与期望状况的偏差就是获得洞察力的一个途径，例如研究公司运营的异常状况：辞职员工增多、开支增加、超过预算等；实际情况与我们的经验不符合时也必须研究。对这些情况，管理者都应该关注和思考，洞察力就来自这些地方。案例6—3中，丞相丙吉关注牛异常喘气就是一个正确的行为。人无远虑必有近忧，如果对上述情况熟视无睹，不多思考和讨论，坏运气可能就要降临了。

②加强调研也是洞察力的重要来源，杭州娃哈哈集团有限公司创始人宗庆后每年花两百多天在市场一线奔走、考察，所以他能找到市场机会和发展方向，进行直觉式战略规划。他说：这么多年来我的大部分决策没有失误，因为它们来自市场和真实的东西。

③图7—1指出了增强洞察力的一些视角。

对图7—1中的视角，作者选两个论述。

第一，跨界是古今赢家的特别手段

在当今的经营环境中，没有漫游跨界的眼光，等待自己的命运可能就是被"跨界打劫"——就像许多行业被其他行业的电子商务"跨界打劫"一样。亚马逊开始在网上卖书时，实体书店自然能感受到竞争压力，可是印刷企业和出版社当时不会想到，亚马逊也会跨界"打

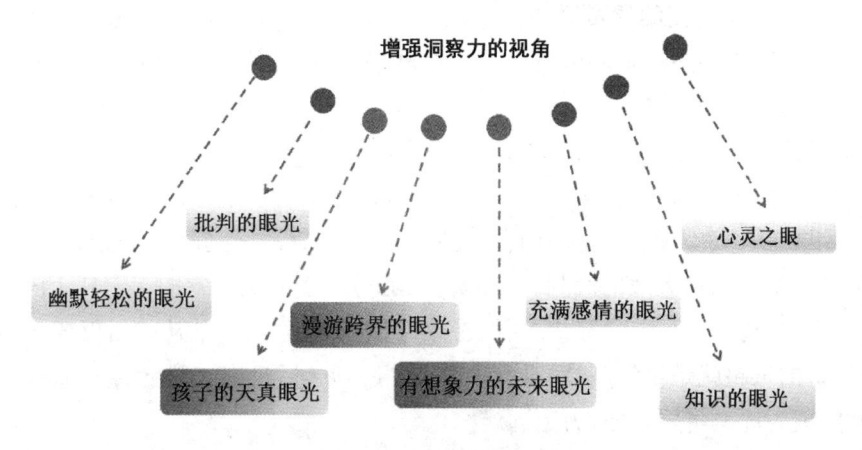

图 7-1 增强洞察力的视角

劫"它们——越来越多的读者使用亚马逊的 Kindle 阅读亚马逊制作的电子书,印刷业的生意不就被亚马逊"打劫"了吗?

若干年前,中国的银行经营者也不会想到互联网和电商企业阿里巴巴集团以及腾讯集团会"打劫"他们的业务。早一点想到就能早一点布局应对,减少己方损失。所以 2016 年 2 月小米开始对其专卖店布局以应对当时(华为等是其当时的对手,2016 年度它们以其门店优势超越小米的销量)和潜在的竞争对手,在主产品手机之外,还卖各种新奇的电子商品还有家居用品,以期形成其商品族、商品生态,并用物联网和它的 MIUI 系统连接它们,小米公司的物联网已经是当今全球最大的智能设备物联网。不过企业有时候提前布局的结果却是失败的多元化。

一个未知的闯入者为什么能成功(当然也有不成功的)跨界"打劫"?这是因为不同领域的运行规则有相通之处,有悟性、能触类旁通地遵循和运用规律的新来者就能打败在位者。一些天才在若干领域都取得很大成就,道理类似。经营管理者应注意不能患"竞争者近视症"——只看到明处的竞争者,只想到传统的、常规的竞争者。例如,当初方便面公司不能只盯着别的方便面公司,却不注意互联网外卖平台。

特别在当今风起云涌、竞争激烈的社会,更应该注意潜在的、(未来)强有力的竞争者。这也是一些公司收购其他公司的原因之一(其他原因还有找到新增长点甚至仅为搜罗人才等),例如雅虎曾报价 10 亿美元欲收购脸书公司(现其母公司改称元公司),不过被拒绝了。脸书后来出一百多亿美元的价收购 Whatsapp,且成功收购。实际上它们当初并非直接竞争对手,但在位企业(历史长的企业)都意识到后起之秀的竞争力和威胁。

我国历史中还有一些经典例子。南宋的虞允文作为一个文官,从未打过仗,在劳军(这是他去前线的任务,皇帝并非要他去前线领兵打仗)过程中,面对来犯的四十万金兵,发挥了超强的组织、激励、指挥能力,在采石之战中率领仅两万名不到的南宋溃兵(从江北溃败而来的宋兵,南宋以长江为防线)两次大败金军。虞允文随后又主动请缨守京口,牢牢挡住金军,并导致金兵哗变[①]，杀了他们的皇帝完颜亮。虞允文以其强烈的报国使命感（南宋求和、苟安、投降派的官员和百姓很多）、主动精神和敢作敢为，保住了南宋此后一百年的基业——金国总体上断了南侵的念头。

古代文官跨界打大胜仗的还有北宋（真宗）朝的寇准、明朝的于谦、王阳明、胡宗宪等，甚至知名度很高的大才子徐文长（文学家、书画家）也是一位自学成才的军事天才，还有晚清的曾国藩。寇准就是一个文人、文官，但他不仅主持了澶渊大战，还安排了大战前的诸多军事、后勤准备工作，最终取得大战的胜利。[②] 辛弃疾的好友、虞允文欣赏的南宋狂士陈亮认为，文武是相通的，成功与否关乎人的智慧。所以一些有才华的秀才投笔从戎后就成了将才，本小节开头案例讲的班超就是投笔从戎这个典故的主角，见《后汉书·班超传》。班超万里觅封侯，后来确实成为优秀将领，被封为定远侯。

《征宸濠反间遗事》中，王阳明说："用兵何术，但学问纯笃，养得此心不动，乃术尔。"《王阳明年谱》中，他还有一番言论："兵宜随时，变在呼吸，岂宜各持成说耶……善用兵者，因形而借胜于敌……"这些话反映了有智慧的文人可以成功跨界成为优秀的将领。

毛主席与其战友们在指挥千军万马打了一个又一个著名而又经典的漂亮胜仗或战役之前，他只是一位文人、诗人、教师、革命者和马克思主义信仰者。他之后又成了一位运筹帷幄、指挥千军万马、经略整个中华大地的卓越军事统帅，一位世界公认的军事战略家、政治战略家，并且他还是一位哲学家、思想家。

要解释主席的巨大成就，除了前几段中陈亮、王阳明说的那些道理，也是主席在战争中学习战争、在实践中升华自我的结果。有时候不必先知而后行，可以先实践起来，在实践中成为熟手、能手、高手，在游泳中学会游泳——不过也要注意安全防护，例如公司经营方面的风险控制。[③]

日本雅马哈公司也是跨界高手。雅马哈一开始是修理钢琴的，由于技术高超，该公司发现制造钢琴也不难而且更赚钱，于是开始制造钢琴，就有了世界名牌雅马哈钢琴。他们接着开始制作吉他、小号等乐器，电子乐器兴起后又制造电钢琴、电小提琴等。电子元器件太贵，为了省钱他们索性自己生产，并学会了生产网络设备。员工在修钢琴过程中掌握了木工技术，该公司于是开始生产家具、盖房子。在为政府生产木质螺旋桨的过程中学会了修飞机发动机，进而掌握了制造技术，制造出自己的发动机，接着就有了雅马哈摩托车——大多数人耳熟能详的品牌。出名后又为丰田公司制造汽车发动机，然后再接再厉，制造船舶，又掌握了玻璃钢工艺，那就生产水滑梯、造泳池、生产浴缸……雅马哈的多头发展是如此自然而然，有什么能力就发展什么业务，并不像许多企业那样硬着头皮搞多元化，而且还是不相关的多元化。

有的企业通过兼并然后开展多元化，但效果也不好，常常以严重亏损、拖累原有优势业

---

① 一方面，金兵过长江无望，而统帅完颜亮残暴无比，因兵事不顺而任意杀人，另一方面，金兵后方的国都发生了政变，谋反者扣押了前方士兵的家属作人质。

② 澶渊之盟不是北宋因失败而结盟，是宋真宗和妥协派们不想继续用兵，趁着胜仗与辽国结盟，寇准其实是想乘胜追击的。不过北宋纳贡的三十万岁币也为北宋带来一百多年的北方边境和平，北方边境贸易顺差也能把岁币损失弥补回来。

③ 黄炜. 跨界之思[J]. 成才与就业，2021(6).

务、最后一卖了之告终。这些企业驾驭不了多元化，一个重要原因是欠缺在新领域的协调、经营能力和创造力。

而雅马哈的"多才多艺"是水到渠成的，是在开展原有业务中因员工的超强技术和创新能力自然获得的，并非像有的企业制定了多元化发展战略后赶鸭子上架凑合出来的业务能力。雅马哈的发展史再次证明了优秀的员工是组织最宝贵的财富。

国内的案例有吉林省四平市的红嘴村的案例，改革开放之初，他们由开始翻砂业务发展到制砖业务，制砖机是自制的。砖的质量高，客户来厂参观时希望购买制砖机，于是红嘴村开始量产制砖机。后来他们又发展炼钢业务，并自制炼钢设备，并进而量产炼钢设备。在一个偶然的机会，红嘴村的村民发现啤酒应该很有市场，于是又在外部的嘲讽和反对声中发展啤酒生产业务，回击了农民生产不出啤酒的讽刺，短短几年就成为国内十大啤酒厂之一，并获得与英国大公司合资生产啤酒的发展机会。红嘴村获得了"天下第一屯"的美名，也成为实力雄厚的红嘴集团。这个例子也充分说明了中国农民的无穷才智。

行业种类是人为划分的，学科类别也是人为划分的，就像时空是人类认识世界、适应世界甚至改造世界的概念和工具一样。有能力、有创造力的人和组织跨界、进行学科交叉研究，从本质上看是自然而然的事，这就是事物的整体性和系统性，拓展开来说是世界的整体性和系统性。就像公司经营、流域管理、国家治理和人类发展等那样，本来就应该多用宏观、整体的眼光看待，尽管具体落实、操作时也需要多用微观的、深入的眼光考察。互联网和物联网带来的连接革命将导致跨界愈发普遍，有为企业将更多从自身能力和业务生态角度思考自身战略而不限于行业界限。

第二，宜家为什么能在全球范围成为一家成功的家具企业？因为它的创始人英格瓦·坎普拉德有一颗伟大的平民之心（也就是图7-1讲的心灵之眼）。他发现世界上不缺乏好家具，家具界的"路易威登"各国都有，但那些不是平民百姓问津的品牌，世界上缺乏平民百姓买得起的好家具，缺乏国际性大众品牌。

(2) 善于抓住和有效利用蛛丝马迹

善于抓住和有效利用蛛丝马迹也是识别潜在机会与问题的重要素养，也可把这种素养归入洞察力，即洞察蛛丝马迹价值的能力。蛛丝马迹往往隐含着重要信息，提示着未来趋势，我们需要见微知著。一个有名的例子是，德国著名化学家李比希因为忽略实验结果（或者说想当然地对待实验结果）而错失发现溴元素的机会。他悔恨不已，把当时做实验用的瓶子贴上标签放在办公室，终生以此警告、激励自己和自己的学生。

案例7-4 一个值得反思的经历——未注意细节信息

7.6.2 决策的其余步骤

第二步是设定目标。根据问题的现状和被解决的可能性，提出希望达到的目标。目标需明确、具体、可行,确定的目标应符合 3 个基本要求:可明确计量,无法计量就无法检查落实目标的工作;有确定期限,没有期限就等于没有目标;有确定的责任者,没有责任者就无法落实目标。

寓言

三只老鼠去偷油,它们好不容易找到了一个油瓶,但瓶口太高,够不着喝油。老鼠们最终想出叠罗汉的喝油方法。然而当第三只老鼠爬到其它两只老鼠的上面时,不知什么原因,油瓶倒了。惊动了人,三只老鼠逃回老鼠洞。

它们开了一个会,想讨论一下功败垂成的原因。当时爬到最上面的老鼠说:我碰倒了油瓶是因为我感到脚下的老鼠抖了一下。第二只老鼠说:我是抖了一下,是因为最下面的老鼠也抖了一下。第三只老鼠说:我好像听到了猫的声音,才抖了一下。于是三只老鼠哈哈一笑,看来都不是它们的责任。

这个寓言表明:没有确定的责任者,不但无法实现目标,发生问题后,大家还都会找借口,推卸责任,而不是吸取教训,找到解决问题的方案。

第三步是拟订备选方案。必须提出多个不同的初步方案以供比较和选择。备选方案应满足这些要求:整体完整性,应使备选方案集尽可能包括全部方案;相互排斥性,不同方案必须有原则性区别,不是被用于凑数的;可比性,在一些情形中,根据评价准则评价者可计量每一个方案的效果并作比较。

第四步是评估备选方案。评估内容包括:实施该方案的条件具备的情况;实施成本;能得到的利益;可能遇到的风险,失败的可能性。科学评估或论证很重要,否则会出现严重的决策失误。

案例 7—5 珠海市的两个案例

珠海市旁边有广州白云机场、深圳机场和香港机场,在这样的夹缝中珠海市却提出兴建全国最大、最先进的机场,1995 年通航时确实实现了此目标。然而该机场的设计客流量是 1 200 万人次/年,但实际客流量不到前者的 1/20。[①] 从 1995 年 6 月开始运营,珠海金湾机场的旅客吞吐量长期在 50～70 万人次/年间徘徊,直到在 2006 年与香港机场管理局联合成立珠港机场管理有限公司,合作次年达 104 万人次/年,2013 年达 290 万,2016 年达 600 万,

---

[①] 赵继新,吴永林.管理学[M].北京:清华大学出版社,北京交通大学出版社,2006.

2017年达921万,2018年达1 122万,2019年达1 228万人次/年[1]。

20世纪90年代珠海巨人集团的破产

珠海巨人高科技集团有限公司规划建设巨人大厦的设计高度只有38层,而其董事长史玉柱更早的想法仅是18层自用办公楼。后来该市某领导鼓励史玉柱把该大厦建成全国数得上的高层建筑,于是该集团把原来的设计楼层增加到78层(一说64层),这成为该大厦建设吞没巨人集团资金的"无底洞"形成的开端。说无底洞,该大厦地基处还真有一个硕大无比的地质空洞,这是该集团始料未及的,仅填这个洞几乎就抽空了该集团的资金。最终,巨人集团因资金链断裂而破产,巨人大厦也成了只有首层大堂结构的烂尾楼,拖垮了巨人集团的盈利业务。[2]

第五步是做出决定,在若干方案中权衡利弊,选择一个或几个方案。

第六步是实施方案,可能需要应用目标管理法,层层分解决策目标,落实到每一个执行部门和个人。决策固然重要,然而没有有力、有效的执行,前者可能仍是空谈。有效执行需要决心,也需要智慧和磨炼。

案例7-6 作者的另一个经历——在执行中不坚决

①很多时候,成功在于坚持

让我们羡慕的成功人士往往就是在山重水复、柳暗花明处找到"又一村"的。那些成功的营销人员,在竞争者撤退的地方、在潜在客户似乎没有需求的时候找到了有效卖点,例如销售夕阳产品真空管的理查森公司和黑石集团创建之初经历了无数次拒绝的创始人苏世民。陈景润在许多数学家都放弃努力时坚持不懈研究哥德巴赫猜想,45岁时成为誉满全球的数学家。面对五倍以上军力的袁绍大军,曹操麾下的很多将领都偷偷向袁绍送去请降书以留后路,因为几无可胜之理,曹操与其他将领坚持下来了,并找到了取胜的突破口——火烧乌巢……

类似的例子(上述各例中成功者的对立面——放弃者)太多了,看上去都没戏,自己也尽力了,此时放弃还是体面的,但他们有一个共同的称呼:失败者。

中国近代革命(谋求民族独立、推翻剥削与压迫者)其实本也无路可走了,列强、反动军阀太强大,中国的基础又太落后,人民大众尚未充分觉醒,以买办为代表的上层社会(汪精卫、蒋介石、胡适之流)自私自利,当时的中国哪有翻身机会?硬是毛泽东思想为中华民族在这些强大的敌人和极端的困难中劈开了一条救亡图存、发展壮大之路。是上天赐予苦难深重的中华

---

[1] 珠海机场年旅客吞吐量突破1 000万人次[OL].珠海机场,https://www.zhairport.com/content/details_42_13093602.html.
2019年全国各机场旅客吞吐量排名[OL].百度贴吧,https://tieba.baidu.com/p/6607504986.

[2] 后来,史玉柱东山再起,巨人公司的保健品脑白金也是市场走俏商品,新的"巨人大厦"——巨人网络总部园区则位于上海市松江区。

民族这样一位不世出的伟人,中国才能走上复兴之路。

②应聘过程中,面对招聘的高要求需要应聘勇气

应聘是绝大多数人需要执行的重要人生计划或决策,如何有效执行自己的应聘计划?对普通求职者而言,《前程无忧》报纸上的许多招聘广告与招聘会中许多摊位上的招聘广告的招聘要求往往都很高。而且不仅每个要求点的标准很高,要求点还很多、很全面,大大超越了普通求职者的实力。于是不少求职者望而却步,书到用时方恨少,责怪自己怎么这么没用,早晨起来后找工作的好心情伴随着自信心一起断崖式下跌,舍弃心仪的一家又一家公司,悻悻地找下一家去了。然而也有一些胆大者或者初生牛犊类型的人,尽管知道自己的情况与招聘广告上的条件相差甚远,但仍大着胆子、硬着头皮上去与招聘者攀谈。有时候谈着谈着就变成相谈甚欢了,虽然不能满足若干条件,但应聘者有其他一些特长与优点,以至于对照着招聘广告这些"不合要求"的应聘者居然被录用了。

这些招聘者为什么把招聘条件写得那么高、那么多?因为是买方市场。招聘者自然希望用并不是很高的待遇招来满足所有招聘条件的优秀人才,庞大的人才市场好像能满足他们的这种愿望。实则不然,即使有少数精英完全满足招聘方列出的一大堆要求,前者几乎不会到后者这里应聘,因为看不上。于是招聘者只好接纳那些不太优秀的应聘者。这样的招聘是否不成功呢?世事难料,这些应聘时不太优秀的人将来有可能成为顶梁柱,这种情况并不少见。[①]

③执行、实施过程中遇到困难时可采用的重要原则与经验

遇到困难和障碍,首先不能畏难,不能轻言放弃。资质差不多的人,指导思想、个性等决定了他们行事的结果乃至前途和人生格局。

其次,不能始终用直线思维,尤其在多次努力后仍不能克服时可考虑换一换思维、换一个角度。黑石集团创始人苏世民为其第一只基金筹资时被多次拒绝,在与日本日兴证券美国办事处主管洽谈时发现对方在美国难以开展业务。苏世民换了一种思维,提议与日兴证券建合资公司,凭借当地公司的便利帮日兴发展在美业务,条件是日兴须对黑石的基金投资。此双赢建议获得实施,苏世民从而为黑石的第一只基金获得较早投资中的一项(《苏世民:我的经验与教训》)。

再讲一些历史经验。换一种思维,就像曹操不是通过正面进攻获得突破,而是派人绕到敌营后火烧袁绍的粮仓获得突破。万历皇帝死后郑贵妃赖在乾清宫不走,太子只能继续待在东宫,大臣们也无计可施。杨涟和一帮大臣找到郑贵妃的外甥,一番威逼利诱,其外甥再劝说郑贵妃,最后她终于乖乖地离开了。

---

① 黄炜. 敢于尝试[J]. 成才与就业,2021(7/8/Z2).

有时人们也可以绕过某个障碍——别看它杵在路当中很吓人,似乎难以打败它,一旦巧妙地(也可能要经历另一种苦难和磨炼)绕开它后就可直取胜利。马其诺防线就是这样,中国古代战争中也有许多类似战例。

再次,有时候得有闯劲,就像前文所述招聘会中的愣头青一样,虽然不满足条件,也要大胆上前试一试、闯一闯。虽然不能满足某些条件,但自身的其他优点与特长也许能打动对方,综合起来,自己的实力也不差呢! 更何况,如果很多人都畏难、不敢闯、不敢试,我们上前尝试了,此时我们可能就是相对优秀的人选。有一句俗语:大家容易大家难。

案例7—7 20世纪80年代,在末某地高中,许多尖子生高考前都不敢在录取志愿中填报清华大学,有一位平时成绩中等偏上的学生偏偏在第一志愿填了清华大学。因为他觉得自己被第一志愿部分的重点大学录取的可能性不大,不妨就填一个最心仪的,万一呢……他实际上把希望寄托在第二志愿部分的非重点大学上。结果很令人意外:他的考分确实不算很高,却是当地被清华大学录取的少数考生之一;而他的同学,那些尖子生,尽管其考分比他的高许多,却与清华大学无缘。

最后,对重要的人生目标应树立坚定的信心,把遇到的阻碍和困难当作一次次考验,相信只要坚持就会成功。就像一个极端的范例那样:爱迪生为了发明电灯,先后用了6 000多种材料,试验了7 000多次,最后成功了。他说,以往的实验也不是失败,而是成功地证明了那些方法是错误的。六小龄童为补拍《西游记》等了10年,期间坚持练功、研究猴戏,这份毅力源自他对中国猴戏、对章家荣誉的责任感。

④惯性对执行的妨碍(它有时也有利于执行)

面对新生活、新工作和新挑战,好奇心不够强,战胜挑战的欲望不够强,适应新生活的信心不够足,就容易言弃、言败。就像作者以前申请过一次国家社科课题未获成功,就自认为不是申请课题的材料,还是做自己擅长的事吧,于是两年内都未申请课题,而后来的情况并非如此。

新挑战确实给人带来很强的心理冲击,让人一时难以适应,还要担心失败,担心失去一些东西,担心别人的看法;已经做惯的事,即使也很艰苦,但自己已适应了,就不会有太大的压力,按部就班地做就是了。一个人习惯了现有的生活、工作、节奏和环境,他/她更有可能对新挑战、新困难言弃,甚至还心安理得,觉得自己并未荒废时光,自己放弃某个努力或尝试后仍可按旧轨道实现人生价值。

不要用战术上的勤奋掩饰战略上的懒惰。尽管旧轨道、旧习惯(指好习惯)值得珍惜与保持,但若敢于接受新挑战,战胜它并进入新生活,我们的事业以及其他种种很有可能发生质的飞跃,达到我们以前不敢想象的水平。

六小龄童如果不敢接受饰演电视剧《西游记》主角的挑战,那么他很可能一直待在浙江昆剧团,哪有把美猴王的形象广泛传播于国内外的辉煌?锦江饭店创始人董竹君如果安于做一个封建大家庭的少奶奶,哪有后来的叱咤风云、为国家和社会作出很大贡献的商界女强人?不过他们确实都为接受挑战并获得成功吃尽千辛万苦。作者当初若不是敢跳出舒服的国有企业、接受新的挑战,现在也就不能成为一名光荣的大学老师,尽管期间吃了许多年的苦,但却是值得的。

在生活、学习和工作中,尽量使每一次选择都成为成长选择,而不仅仅关注眼前利益、贪图安逸以及过度追求稳妥。例如,作者这几年在选择做什么事时就尽量选择能提升能力的事而放弃能轻车熟路做的事,包括赚钱的事。在谨慎的基础上以开放的心态抛弃防卫心理、选择成长,每一次承担责任就是一次自我实现。金一南将军说"做难事必有所得",虽说有些绝对化,但总体而言是可借鉴的,而且他说即使失败也是一种得,正如前文中爱迪生的观点。

第七步是监督和评估:及时掌握执行决策的进度,检查有没有偏离目标;根据预先设定的指标评估整个决策过程;考察客观情况是否发生重大变化,原先目标是否仍可达。根据需要,识别新问题、寻找新机会、确定新目标,开始新决策过程。

图7-2简略描述了上述决策过程。

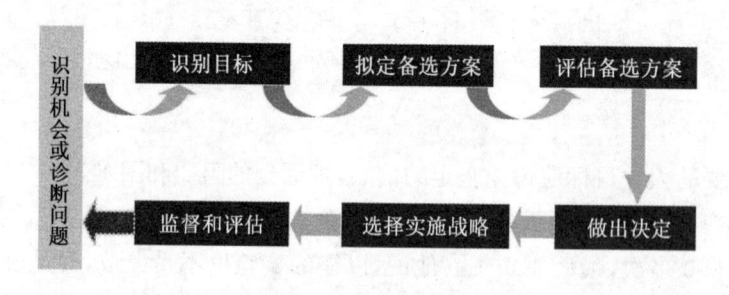

图7-2 决策过程

7.7 决策方法

本节仅论述集体决策方法与公司经营决策方法。

7.7.1 集体决策方法

集体决策方法包括头脑风暴法、名义小组技术、德尔菲法等。

头脑风暴法可诱发创造性思维的共振和连锁反应。使用该决策方法时应注意:不评价别人的建议,尽量不讨论;可补充、完善已有建议。

案例7-8 用直升机扫雪

美国北方的冬天非常寒冷,大雪纷飞,通信电缆和电力电缆上积满冰雪,大跨度的电缆经常被积雪压断。过去许多人试图解决这一问题都未能如愿。后来电信公司经理应用头脑风暴法尝试解决这一难题。按头脑风暴法的规则大家七嘴八舌议论开来。有人提出设计一种专用的电缆除雪机;有人想到用电热融化冰雪;也有人建议用震荡技术清除积雪;还有人提出能否带上几把大扫帚,乘直升机清扫电缆上的积雪。对乘飞机扫雪的设想虽然大家觉得滑稽可笑,但也没人批评提出之人。

有一位工程师听到乘飞机扫雪的想法后思维突然受到冲击,一种简单可行且高效率的清扫方法冒了出来。他想,每当大雪过后,出动直升机沿着积雪严重的电缆飞行,高速旋转的螺旋桨可将电缆上的积雪扇落。他马上提出用直升机扇雪的新设想,顿时又引起其他与会者的联想,有关用直升机除雪的主意一下子又多了七八条。不到一小时,与会的 10 位技术人员共提出 90 多条新设想。会后电信公司组织专家对设想分类论证。专家们认为:设计专用的除雪机、采用电热或电磁振荡等方法清除电缆上的积雪在技术上虽然可行,但研制费用高、周期长,一时难以见效。那些由"乘直升机扫雪"的思路激发的几种设想倒是一些大胆的新方案,如果实施,可能是一种既简单又高效的好办法。经过现场反复试验,技术人员发现用直升机扇雪真能奏效。一个悬而未决的难题终于在头脑风暴中得到了巧妙解决。[①]

美国思科公司的做法可被看作头脑风暴方法的变形:员工可在内部布告栏上发布一条创意,其他员工可添加评论,讨论越热烈的主题当然越能吸引更多的人参与,并能吸引思科风险投资专家的注意。这些专家将精选最有潜力的创意作为思科未来的发展业务。

名义小组技术的特点是:互不通气,激发个人的创造力和想象力。

使用德尔菲法的过程是:居间调度者收集并综合各位专家的意见,再反馈给各位专家,让他们再次独立发表意见。德尔菲法也叫专家通信咨询法。

思想往往需碰撞后才能产生火花,集体决策方法能发挥集体创新精神,也遵循了民主原则。有时候人们对某个问题百思不得其解,于是找人求教或讨论一下。结果刚刚开始讨论,对方还未提供见解或思路,求教者忽然想出答案了!为什么会有这种现象?这是因为思想的稍稍碰撞或稍稍接触就产生了"火花",进一步解释它的话就是,因为向别人求教或与别人讨论时,自己的思想放松了,于是思路一下子打开了。在这种情形中已不必深入讨论。

后面两小节论述公司经营的决策方法。

7.7.2 关于经营方向的决策方法

常被用于确定经营方向的决策方法是经营单位(/元)组合分析法,也叫波士顿矩阵法或发展—份额矩阵法,这是用于公司层战略管理的决策方法。使用经营单位组合分析法的步骤如下。

第一步,确定一家企业不同的经营单位。

第二步,计算各经营单位的相对市场占有率和业务增长率,相对竞争地位即相对市场占有率[②],其值是 $\dfrac{\text{本经营单位的销售量}}{\text{最大竞争对手的销售量}}$,业务增长率也可用市场增长率指标代替。

第三步,绘制企业的经营单位组合图(见图 7—3)。

---

① 单凤儒,金彦龙. 管理学——互联网思维与价值链视角[M]. 北京:高等教育出版社,2015.
② 由于界定市场的边界相当困难,难以获得市场总量值(总销售量或总需求量),准确确定各经营单位或各项业务的市场占有率绝非易事。因此计算相对市场份额,这样更方便。

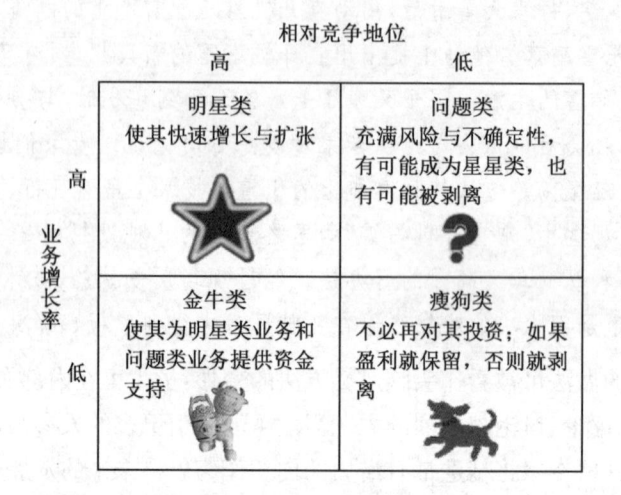

图 7-3　经营单位组合

第四步，根据各经营单位在组合图中的位置，为其选择经营策略或者说决定业务经营方向。接下来，对照图 7-3 的四个"象限"分别阐述选择何种经营策略。

(1) 明星类经营单位/业务

处于快速增长状态，市场份额大。应尽量扩张明星类业务。

(2) 问题类或幼童类业务

这类业务的特点是增长快速，市场份额小。高增长需要大量投资，低市场占有率导致获得的收入少，企业面临选择。问题类业务的风险较大，利润率可能很高，一部分可能会转成明星类业务，一部分业务单元可能需被放弃、出售。

(3) 金牛类

这类业务的市场份额大，给企业带来大量收入，但增长速度慢，发展前景有限。必须控制对其投资，一般不必再为金牛类业务增加额外投资，只需维持其运营即可，把它产生的大量现金投到明星、问题类业务。不少经营者看不出市场发展趋势，仍把主要资源投入金牛类业务（包含经营者为之自豪的产品）中，不积极发展明星类产品、培育问题类产品。结果失去了发展先机，失去了未来的市场；其金牛类产品也逐渐衰退（本来就处于成熟期）。例如，杜邦公司就曾把很多精力和资源放在尼龙材料和相关产品方面，忽视了聚酯纤维材料和相关产品的发展前景，没有及时对其投入，结果在这个领域被一家小公司打败了，对方占据了市场份额的大部分。类似的例子还有柯达、诺基亚、微软、太阳神等公司的经营策略。

金牛类产品虽然是个宝，但经营者不能只抱着它，而应当顺势而为。随着新能源汽车崛起的大势形成，西方国家的一些知名汽车公司在传统汽车发动机研发方面的投入也在放缓，这就是正确的决策。我国现在是制造新能源汽车的大国和强国，具有绝对的国际竞争力，到 2023 年我国新能源车产销量连续 8 年全球第一，2023 年我国汽车出口量全球第一，实现弯道超车。我国的轿车,包括新能源轿车,畅销很多国家,尤其发展中国家,即使在南非也属于高档时髦商品。

(4)瘦狗类

瘦狗类业务的增长速度慢,市场份额小。经营者常常清算、出售它们,得到现金。例如,国际商业机器公司的个人电脑业务在其后期就是瘦狗类业务,只能带来较少的收入和利润,甚至可能成为资金陷阱,所以国际商业机器公司将之出售给联想。而联想能降低生产和销售成本并且有中国的巨大市场作支撑,所以联想愿意收购该业务并使之获得发展。

按上述方法对公司的各项业务定位,然后,对不同类型或不同战略地位的业务采取不同的资源分配策略,实现资源在业务间的合理、有效流动;把业务管理和投资的重点放在明星业务上;掌握业务组合的变迁速度或节奏以适应之。

业务组合分析法的主要缺陷如下。第一,根据高、低两种情况划分业务增长率和业务在市场中的地位,进而确定企业各项业务的经营策略,过于简化了实际情况。如果机械地针对上述四种类型的业务采取发展—份额矩阵法建议的策略可能会出错。第二,此方法最大的问题是采用了获利与市场份额成正比关系的假设,而这一假设并不总成立。对业务组合分析法的发展是业务地位—产业吸引力矩阵和产品—市场演变矩阵。

7.7.3 关于经营方案的决策方法

本小节是关于操作层面的决策。

(1)确定型决策方法

确定型决策方法的适用情形是:对未来情况的认识明确,能准确估计市场的变化,计算各方案的未来效益,并据此选择合适的方案。决策方法有线性规划和量本利分析法(也叫保本分析或盈亏平衡分析)等。

计算题

某企业制造并销售单一成品,固定成本总额为60万元,产品售价为每件30元,单位变动成本为10元,该企业盈亏平衡时的产量为(　　)。[①]

A. 3 000　　　　　　　B. 2 000
C. 30 000　　　　　　D. 20 000

(2)风险型决策方法

风险型决策方法的适用情形是:只知道一个方案未来的各个状态(例如市场状态:销路好或差)可能出现的概率和期望效益或效果,决策有一定风险。具体的决策方法有决策树法,利用树状图描述、分析问题,并在决策树图上进行决策分析。

[①] 答案:C(600 000+10y=30y,y=30 000)。

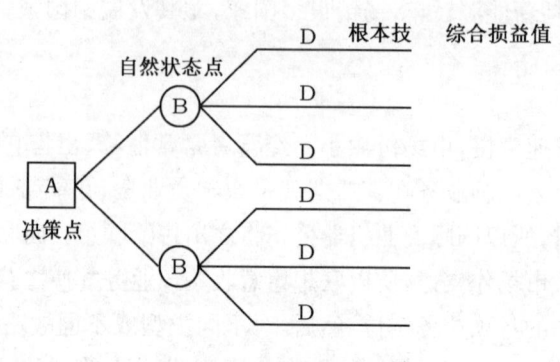

```
                    D   根本技   综合损益值
         自然状态点 ┌────
           ┌─(B)───┤ D
           │       └────
           │         D
    ┌───┐  │
    │ A │──┤         D
    └───┘  │       ┌────
     决策点 │       │ D
           └─(B)───┤
                   │ D
                   └────
```

图7-4 决策树基本图形

图7-4中,自然状态点表示各种方案,综合损益值表示盈利或亏损结果。

(3)非确定型决策方法

进行非确定型[①]决策的场合是:决策者仅仅知道各备选方案将来可能产生的几种效益,不知道这些效益出现的概率。因为不知道概率、不能较准确决策,所以使用非确定型决策方法时都不得不带有很强的主观性。用于非确定型决策的方法如下。

①小中取大法

适用于持悲观态度的决策者。决策时从各方案的效益值中找出最小值(各个方案都有多个可能的效益值),比较各方案的最小效益值,从中选出最大值(相当于从一群"矮子"当中选一个"高个儿"),与该最大值对应的方案就是决策者想选取的方案。此方法基于的决策思想是:决策者对未来持悲观态度,认为采取各个方案都会得到最差的效益,所以想选具有最大的最小效益值的那个方案,即差中取好。虽然持悲观态度,但仍然是选优,或者说是保守选优。

②大中取大法

决策者对未来持乐观态度,认为采取各方案将来都能获得该方案的最好收益,因此找出各方案的最大收益值,再从这些值中找到最大值,它对应的方案即欲选方案。

③最小(的)最大后悔值法

决策者预估某个情形将来会出现,因而选择该情形中(预期)收益最大的经营方案,如果将来实际出现的是其他情形,该方案的收益值往往就不是最大的,决策者因而后悔。为减少后悔,先计算决策者关于各方案的最大后悔值,再从这些最大后悔值中选择最小的值,它对应的方案即欲选方案。该方法适合优柔寡断的决策者。

怎样计算最大后悔值呢?——在未来的某情形/状态中,也就是纵向栏中,算出其他各方案的预期收益值与该情形中最佳方案预期收益值的差距的绝对值,这就是后悔值,最佳方案对应的后悔值则是零;把这些后悔值按对应的原来的收益值的位置,排列成新矩阵,然后在某方案将来处于各情形的后悔值中(也就是对应的后悔值行中)找出最大的值,这就是决策者将来对该方案可能产生的最大后悔值。

---

① 1926年,德国科学家威纳·海森伯提出不确定性原理。如果人们甚至不能准确测量宇宙现在的状态,那么肯定不能准确预言将来的事件。不过此原理不是绝对的,有很多预言是准确的。

思考题

东方乐器公司根据上海钢琴市场,设计开发了3个儿童钢琴新项目,项目方案如下表。

东方乐器公司新项目预期收益表　　　　单位:百万元

市场状况 方案	好	一般	不好
自动伴唱钢琴	30	20	0
陪伴学习钢琴	27	24	−4
光电显示钢琴	22	16	4

当该公司应用最小最大后悔值方法决策时,选用的方案是(　　)。①

A. 自动伴唱钢琴　　　　　B. 陪伴学习钢琴
C. 光电显示钢琴　　　　　D. 暂无可用方案

除了前面的三种方法,还可基于等概率原则决策。

7.8　决策者的理性限制及应对

决策的合理性要求决策者应具有完全的理性。与完全理性对应的是决策者的理性限制,包括:人的知识是有限的;人的预见能力是有限的;人的设计或规划能力是有限的。参见7.5节第(1)部分。假设人是(完全)理性的正是西方国家政治制度的重要缺陷之一。

如何应对理性限制　第一,下放决策权力。为减少高层决策者的理性限制,应该下放适合基层人员决策的权力,基层进行这些决策更有效。第二,组织专家参与。例如为应对并购决策中过强的主观因素(注:一般不能针对伦理因素),沃

---

① 正确答案是A。在上述思考题的表中,沿纵向计算各状态中各方案的后悔值,并在横向找出各方案的最大后悔值,即下表中带下划线的值。计算得到的后悔值表如下:

　　　　0　　　<u>4</u>　　　<u>4</u>
　　　　3　　　0　　　<u>8</u>
　　　　<u>8</u>　　　<u>8</u>　　　0

在三个方案的最大后悔值中4最小,所以选自动伴唱钢琴方案。另外要注意考题形式的变化,例如把各方案放在横向栏,市场状况放在列,对应的计算方法要相应调整。
还可考虑选各方案的后悔值之和最小的方案,从而排除了效益出现的概率不确定性的影响。
最小最大后悔值概念与机会成本的概念不一样,计算方法也不一样。后者更直接地体现了做正确的事的概念,并且假设各方案的效益值是确定的,因此可以像确定型决策那样计算。
最小最大后悔值法以及小中取大法、大中取大法首先基于决策者的主观判断和个性,决策者的主观判断也决定他们选择哪种决策方法。另外,决策者选择小中取大或大中取大方法时,实际上也考虑了各方案的效益值的出现概率。

伦·巴菲特建议在兼并交易中引入额外的质询环节。需要的时候，他会启用"反交易顾问"，这位顾问欲获得丰厚报酬，必须说服巴菲特放弃当前的交易。第三，鼓励组织成员参与，利用集体智慧帮助决策者减少理性限制。

要理性，但不要理性主义，因为它有若干弊端。与其要理性主义，不如坚持实事求是（seeking truth from facts）。还有一个实践理性的概念，例如在改革开放过程中，我国往往先在农村、经济特区、少数城市试点，成功后再逐步向全国推广，并修订相关法规作为保障。上海市就是一个承担各种试点任务较多的城市，是改革开放的前沿城市、窗口城市，拥有"改革开放排头兵""创新发展先行者"的美称。深圳市、北京市以及一些二线城市也扮演着类似的角色。这就是一个理性的探索、试错过程，不一味从上往下推行尚不成熟甚至错误的政策或策略，否则很可能导致全盘皆输的结局。

关于战略决策的一个反面案例　TCL越挫越勇的扩张

TCL在国际化的道路上屡战屡败，屡败屡战。1999年，TCL将越南作为其国际化的第一块阵地，掌门人李东生率领彩电业务单元奋战18个月，亏损18个亿，出师不利。接下来，TCL将目光转向欧美，进行了3次大规模的收购。2002年，首先收购了具有113年历史的德国施奈德家电生产厂，结果首战失利，施奈德一直处于亏损状态；2004年，李东生踌躇满志地收购了大名鼎鼎的汤姆逊，结果还是亏损；9个月之后，李东生又将阿尔卡特手机纳入囊中，与阿尔卡特集团成立T&A合资公司，结果合资公司一度处于混乱和失控状态，后来TCL只好将阿尔卡特手机业务全盘收购，结果仍旧亏损。

案例简评

企业经营管理者在决策时须认清自我，切勿眼高手低，还须找准时机。联想集团也有类似的深刻教训。华为公司走的是另一条路——自建工厂和公司或者合资经营，因而在这方面的损失就小不少；海尔集团的国际化经营战略也是以自建为主。

TCL科技集团股份有限公司此后的发展情况如下。与汤姆逊合资的企业申请破产，出售亏损的业务；重组组织架构；实现扭亏为盈。2014年，TCL集团的品牌价值为668.59亿元人民币，继续居"中国最具价值品牌"百强第6位；2016年，其品牌价值达765.69亿元人民币；连续11年蝉联中国彩电制造业第一品牌。到2014年，经过33年的发展，历经三次转型，TCL集团的营业收入超千亿，在2015年和2016年也超千亿元。2020年《财富》中国500强中，TCL排名第135位；2022年《财富》中国500强中，TCL排名第85位。

尽管许多人认为自己和他人基本上是理性的，并基于此决策和规划，实际上不管个人生活中还是在工作中，不管是在企业经营或组织运营中还是在国际关系中，人们常常并不理性。个人会犯严重错误甚至违法，企业会过于乐观地投资，政客和政府会对他国发动军事行动乃至战争。如果按许多专家的推断，成熟的政客和一国政府不会冒巨大的风险与他国进行贸易战、金融战、冷战乃至热战，但现实世界常常让这些专家大跌眼镜。因为不管是个人还是组织，乃至政府，其理性都是有限的，甚至在某些情景中失去了基本的理性，赌博心理占据上风，为了某个巨大的诱惑，基于盲目的自信，基于错误的判断、错误的决策与规划，从而给自身造成致命的打击。

在组织与政府的决策中,还有掌权者的强烈私欲和外部的强大影响,这些都可能扭曲组织与政府的决策过程和结果。

这就是现实世界,我们决策时不仅要克服和应对自身的理性限制,还要充分预判对手的、合作伙伴的、社会环境和国际环境的理性限制,运用底线思维,做好充分的准备,准备好足够的预案。

经验教训　关于人生的决策

在人生的每一个重要关口必须认真分析、郑重选择。一旦选择,即使出现不好的结果,也要理智面对,努力创造条件,逐步改变。倘若经过努力也不能改变,那就坦然、勇敢地接受现实,千万不要使自己总处在后悔的阴影中。

不能指望决策时都有经验教训可循,无可借鉴时就要靠自己的智慧,经验教训来自学习和实践,学习和实践能增加智慧。有的人智商和情商高(它们都是智慧的组成部分),更可能正确决策,如果自己的智商和情商不够高,该怎么办?就要尽量使自己时刻保持清醒,头脑清醒时自己的智商和情商更可能处于较高水平。

又怎样使自己时刻保持清醒?足够的睡眠和休息,量力而行,不使自己的工作和生活节奏过于紧张,不让神经常常紧绷,尽可能让自己洒脱一些,这样,身体和精神就能处于较好的状态,头脑自然就清醒了。

第 8 章　制订计划、实施计划及其控制

　　计划工作是一座桥梁，它把我们所处的此岸和我们要去的彼岸连接起来，以克服这一天堑。

——哈罗德·孔茨

　　一位出色的建筑师在带领团队垒眼前每一块砖时，其心里装的一定是巍峨的大厦。所以一个人在成功以前其实已经在心里成功过好多次了。金一南将军、张维为教授等学者把类似的心理活动称为心胜。心胜是后续实质性胜利的重要保障。中国交通建设集团有限公司在协助中国海军完成南海吹沙填岛的艰苦工程中，有二十多位民工因酷热等因素牺牲。一位青年民工在如此艰苦的工作中仍有心胜的豪迈之气，在家信里说：我们是在开疆拓土！民族大义、思想觉悟如此之高！

　　谋定而后动，我国通过有效制定一系列五年规划与坚实实施，前后紧密衔接，快速实现复兴。之前的苏联也采用一系列五年计划实现快速发展，在不长的时间里由农业国转变成工业国，并为战胜德国法西斯奠定了物质基础，第二次世界大战后成为西方国家借鉴的对象。过去的计划经济体制和当前的系列五年规划是我国赶超欧美日的一个重要法宝，是他国难以完全效仿的，是中国特色社会主义制度优越性的重要组成。由指令计划转变成指导计划与战略规划，把计划经济与市场经济结合起来，该交给市场与企业的就交给市场与企业，更让我国的发展如虎添翼。①

　　计划是管理者指挥的抓手，计划是控制的标准，计划是降低未来不确定性的手段，计划是提高效率与效益的工具，计划是激励士气的蓝图。

8.1　制订计划

(1) 计划的概念

制定目标，拟订实现目标的行动方案，包括预测未来，确定目标，选择方案，制定措施。

---

① 需要说明的是，虽然我国从西方国家引进了市场经济体制的许多方法，但我国早在远古时代（例如东周）就有市场经济，在宋朝更是到达顶峰。只不过在大多数朝代，市场经济被皇(王)权牢牢控制着，这与欧洲中世纪后的历史不太相同。

(2)计划工作须回答或解决的问题

What　做什么?
Why　为什么得做?
Who　谁去做?
Where　何地做?
When　何时做?
How　怎样做?

(3)计划职能的含义

广义的计划职能指管理者制订计划、执行计划和检查计划执行情况;狭义的计划职能指管理者对未来应采取的行动作出谋划和安排。

(4)计划的性质和特点

计划为实现组织目标服务;计划是管理活动的基础;计划具有普遍性和秩序性;制定计划时须追求效率。

(5)计划的3种分类方法

①长期计划、中期计划和短期计划

长期计划是时间超过5年的计划,中期计划是时间跨度为1～5年的计划,短期计划在1年以内,一般都是具体的执行计划。长期计划是充满风险的计划,五年后,谁能说得清会发生什么。在一切为了选举的西方国家的政体中,5年以上的长期计划常常是一种奢侈品。

案例8-1　秦始皇的错误选择

赢政平定天下后,大臣淳于越赞成采用周朝的分封制,以使朝廷获得皇室亲戚和功臣的支撑。丞相李斯反驳说:分封后,诸侯互相攻伐,天子无力约束。李斯赞成秦始皇废分封、行郡县的做法(商鞅的实践),秦始皇接受了李斯的意见。秦始皇实行封建专制主义中央集权制度,对中华民族的形成和发展厥功至伟(因此,毛主席在七律《读〈封建论〉呈郭老》中说:百代都行秦政法),但对他们赢家王朝可没有什么好处——传位一代就亡国了。

周朝延续那么长,秦始皇为何不采用分封制,而愿意听李斯的意见呢?一个可能的原因是:秦始皇为自家王朝制定的是万世计划,而西周只延续两百多年,东周时,天子的实力已被削弱,算上东周,延续的时间八百年不到。于是秦始皇想,周朝怎能作为万世基业的榜样呢?

这一长远计划听上去很伟大,可惜赢家王朝不具备传承万世的基因。毛主席在《沁园春·雪》里吟道:惜秦皇汉武,略输文采。赢家王朝武功可以,但文治不行。而且彼时在这样一个大国实施高度中央集权的客观条件也不够好,例如信息传递、全国统一调度的条件——镇压农民起义失败的原因之一。因此西汉在其初期仍实行分封,唐太宗也讲要分封,甚至到清朝初期仍有少量分封。罗马帝国之所以要分而治之(戴克利先实施"四帝共治")也是因为疆域太大,无法有效集权治理。可以说,分封是帝王不得已的选择。

尽管分封是上述朝代的隐患之一,但毕竟这些王朝或帝国延续了很长时间,远非秦朝能比。秦始皇如果现实一点,例如,不要一上来就作万世传承规划,而是考虑如何巩固新政权

(主要靠武力拓展疆域,统一各国后岂能不考虑这个问题?① 对这个问题,亚历山大大帝也很短视),缓和严刑峻法,与民休息(东周数百年的战乱后,人民亟需休养生息,秦始皇却征调大量民夫又是筑长城又是筑驰道,民怨沸腾),以及认为周朝的延续时间已令人赞叹,并效法周朝,说不定也能使秦朝延续百年以上。有一些重大规划不是在一代就可以被制定并完成的,需要若干代接续实现。当今中华民族的发展伟业同样如此。

案例 8—2 日本著名企业家松下幸之助为他的企业制定了 250 年的发展规划,并认为继任者只要按照这个规划发展,松下集团就可高枕无忧。1989 年,松下幸之助辞世,松下集团很快就危机四伏了。主要原因是:到 20 世纪 90 年代新兴市场经济国家在小电器的生产方面更具价格优势,另外,随着消费方式的不断变化,松下应该以差异化战略为主要竞争手段,持续开发吸引消费者的创新产品,但受限于 250 年的发展规划,继任经营者很难改变松下幸之助的"自来水哲学"(利用规模经济效应,生产更多便宜的产品,满足消费者的需求)对该企业的指导作用。②

不过我们也不能说不要长期计划、看轻长期计划,小到一个人,大到一个国家,正确有效的长期计划是其成长、发展的重要前提。例如,邓小平同志就为中国制定了几十年甚至百年长远规划,我们至今仍遵循着它们建设与发展。

②业务计划、财务计划和人事计划

这是从职能角度分类,业务计划是组织的主要计划。

③战略计划与战术计划

战略计划的特点是长期性和整体性。在有的情景中,环境是瞬息万变的,战略计划的时间跨度不必在 5 年以上。在当今多变的商业环境中,公司战略计划的时间跨度会大大缩短,可能只有传统的中期计划的时间跨度。战术计划是战略计划的落实。

(6)编制计划的过程

①认清现在

识别问题和机会。

②研究过去

③确定目标

不能盲目地确定目标,确定目标不能没有依据,所以必须先认清现在和研究过去再确定目标。确定目标也是决策工作的主要任务。

④预测并确定实施计划的重要前提条件

⑤制订备选计划

⑥评价和选择可行计划

⑦制订派生计划

---

① 后人前秦苻坚仍未吸取教训,国内许多民族都有自己的力量和盘算,各民族未真正融合,秦人的氐[dī]族只是少数民族,国家并不像他认为的那样稳定、团结、铁板一块,还未"消化"掉有权势的异族头领,就去灭晋。国号为秦,又有秦朝的前车之鉴,苻坚仍做梦中人,作出一系列错误决策,实在糊涂。

② 姚建明. 战略管理——新思维、新架构、新方法[M]. 北京:清华大学出版社,2019.

由各个职能部门和下属单位围绕基本计划或整体计划制定一系列派生计划,以辅助实施基本计划。

⑧编制预算

用预算使计划量化,即确定花多少钱,做什么样的事,达到怎样的效果。这8项内容回答了如何制订计划的问题。

计划(职能、内容)与决策(职能、内容)有重叠部分,而且常常相互嵌入。计划过程中往往需要决策,而通过决策确定目标和方案后即可制定行动计划。

自我评价题①

我擅长做计划吗?对下面的每个问题只需回答是与否。

①我的个人目标能以文字的形式清楚地说明。

②多数情况下我的状态总是乱哄哄和杂乱无章的。

③我一直都用台历或约会簿作为辅助。

④我很少仓促做出决策,总是仔细研究了问题之后再行动。

⑤我用"速办"或"缓办"文件夹对要处理的文件进行分类。

⑥我习惯于对所有的计划设定开始日期和结束日期。

⑦我经常征求别人的意见和建议。

⑧我想所有的问题都应当立刻得到解决。

8.2 实施计划

实施计划的常用方法有目标管理法和滚动计划法,本节的论述重点是细化计划及实施。

8.2.1 目标管理法

目标管理方法由美国管理学家彼得·F.德鲁克于1954年提出。通用电气、惠普公司就是应用目标管理方法很成功的企业,政府部门也偏爱目标管理方法,目标管理甚至已经成为普及全球的一种管理制度。目标是责任和承诺,能调动组织的资源和能量,目标管理可以克服科学管理过于偏重事的不足,也可以克服人本管理过于偏重人的不足。

(1)目标管理的基本思想

管理的目的是实现预期目标,必须为组织的任务设定目标。目标管理是一种程序,可以把组织的目标分成总目

---

① 有效的计划人员给出的可能答案是:第②和第⑧题的答案为"否",其余的为"是"。第⑧项,可能不应立刻解决,而须做好计划,争取全面系统地解决。

标与分目标,管理人员通过这些目标管理下级,并以此保证实现组织的总目标。目标管理的精髓是强调自我控制,可以用要达到的目标为依据,进行自我管理,而不一定都需要上级的指挥和控制。流程控制与此类似,不需要上级下达指令。管理人员对下级考核和奖惩也依据这些(分)目标。

在目的性原则指导下,辅以有效合理的考评、奖惩制度,多数员工的积极性、创造性会自然涌现,而不需要多么复杂、严密甚至冗余的管制。组织管理也无需一味照搬这个模式或那个模式、遵循这个流程或那个流程、应用这个软件系统或那个软件系统,而是根据自身情况以较小的改革代价、兼顾路径依赖原理完善组织运营,获得更高的效率。[①]

落实到个人成长,不管是组织培养其成员还是个人自我培养,有了明确、合理乃至科学的目标,个人的潜力、创造力就容易被激发出来,他们会在实现目标的过程中开动脑筋、发挥主观能动性,使工作和个人成长获得显著的进展,而不是亦步亦趋跟着各种手册、秘笈依样画葫芦。

(2)目标(应具备)的性质和特点

①层次性

制定目标时,可以把组织的总目标分解成各个层次的分目标,使各层次的目标纵向衔接,层层保证。设计、规定下级的目标时,最好与他们协商进行,让他们参与制定目标,以调动他们的积极性,也使分目标更有可行性。目标是由底层到高层被逐一完成与实现的,最上层的目标难度最大,它建立在下层目标实现的基础之上。

②网络性

目标并非都是线性的、序贯而行的,可能是多个目标并存,相互制约和协调。一个组织的各个部门在制定自身的部门目标时,不能只求自身利益或价值的最大化,必须与其他部门的目标协调,为组织整体利益或价值的最大化努力。

③多样性

例如,对一个项目而言,项目目标往往不是单一的,人们希望通过实施一个项目而实现一系列的目标,满足多方面的需求。很多时候不同目标有冲突,因而实施项目的过程就是协调多个目标的过程,包括协调同一层次的目标,以及协调总目标和不同层次的子目标。

④可考核性

为了实现可考核性,必须把目标量化,但量化是一件有利有弊的事情,例如为了量化而做大量额外的文案工作。索尼公司的"绩效主义"(索尼走下坡路的一个原因就是错误地强调绩

---

① 21世纪初,国内许多ERP项目实施不成功,这里面是不是有削足适履的原因。当时的实施者,包括甲方企业和乙方ERP服务供应商,是不是一定认为该软件系统内嵌的各种流程逻辑与控制代表先进的、高效的、正确的流程,所以实施企业必须改变原有流程,使用ERP系统内嵌的流程?然后伤筋动骨的流程再造反而影响了企业经营并长期降低其某些方面的效率,ERP实施也就不算成功。

不应是企业想方设法适应ERP,而是ERP供应商应更多地适应企业经营的实际情况,推广到另一种思想就是,不是人为技术服务而是技术为人服务。首先,考虑用软件代替部分人工,用软件提高现有流程的效率;其次,对比分析现有流程和ERP内嵌的流程,如果确实是后者先进并且获得甲方相关部门、相关人员较普遍的认可、改造流程的代价也可接受,才改造。欲速则不达,不追求一蹴而就,兼顾路径依赖原理,那么无论实施ERP或采用其他管理系统和流程,反而更容易成功。

效)就导致员工花费很多精力填报绩效数据,反而对待实际工作马马虎虎。企事业单位的各种评估工作也使这些单位的员工花费大量额外的精力去做许多文案工作,导致怨声载道,乃至影响正常工作。一些单位为了获得某些资质或证书,也不得不完成大量的量化文案工作。所以说绩效管理、目标管理本身也需要管理。

小米公司提倡适度管理,取消了传统的KPI考核,一切以客户满意度为标准,实现了适度的"轻管理"。

⑤可接受性

可接受性包括可实现性。管理者应与下属协商制定后者的工作目标及协商制定衡量绩效的标准。协商也是一种调研,保障目标的合理性与有效性。

⑥富有挑战性或先进性

目标要有一定的高度和难度。人们常用"跳一跳,够得着"形容目标的挑战性和可接受性。

案例8-3　用智慧战胜对手——目标的挑战性与可接受性

日本一位名不见经传的运动员山田本一在东京国际马拉松邀请赛中夺得冠军,当记者们问他为何能取得如此好的成绩时,他说:用智慧战胜对手。当时许多人都认为这个偶然跑到前面的选手故弄玄虚,马拉松赛是体力和耐力的运动,觉得山田本一说用智慧取胜有点勉强。两年后,山田本一在意大利国际马拉松邀请赛中再次夺得冠军,记者们又请他谈经验。山田仍是上次那个回答,人们对他说的智慧迷惑不解。十年后,这个谜终于被解开了。

山田本一在他的自传里是这么说的:每次比赛前,我都会乘车把比赛的路线仔细看一遍,并把沿途比较醒目的标识画下来。例如,第一个标识是银行,第二个标识是一棵大树,第三个标识是一幢红房子……这样一直画到赛程的终点。比赛开始后我就奋力冲向第一个目标;到达第一个目标后,我又向第二个目标冲去……40多公里的赛程被我分成几个小目标跑完了。以前我不懂这样的道理,把目标定在40多公里远的终点线的那面旗帜上,结果跑到十几公里时就疲惫不堪,被前面那段遥远的路程吓倒了。[①] 类似的,大连万达集团董事长王健林说过,"先制定一个小目标"。

老师对待学生、家长对待孩子,尤其在提要求时,不也可以用类似策略吗?即注意设定目标的可接受性和挑战性。

在目标(应具备)的性质与特点方面,通用电气集团要求管理人员制定目标时遵循SMART原则:Specific(明确的)、Measurable(可衡量的)、Attainable(可实现的)、Relevant(相关的,例如战略目标应围绕组织使命与愿景,子目标应紧扣总目标)、Time-bound(有时限的)。

---

① 单凤儒,金彦龙. 管理学——互联网思维与价值链视角[M]. 北京:高等教育出版社,2015.

(3) 目标体系组成。目标；衡量目标实现的指标；应该实现的指标值；实现目标的时间表。

(4) 目标管理过程。第一，制定目标；第二，明确组织的作用；第三，实现目标；第四，评价实现目标的成果；第五，根据实现目标的情况奖惩；第六，制定新目标并开始新的目标管理循环。

思考题

1. 一个组织的各个部门在制定自身的部门目标时，须与其他部门的目标协调。这句话表明了目标的什么性质？①

2. 中国足协给国足前任教练卡马乔的工作目标是"经过两年的努力，使中国足球在风格上和技术上都有明显的变化"，以致后来无法追责卡马乔。

该工作目标的明显欠缺是什么？②

实践　我国的一系列五年规划

目标管理是(我国)政府喜爱的方法，一个突出的例子就是一系列五年规划，2021~2025年是第十四个五年规划的实施阶段。这一系列中长期规划的科学、审慎制定与有力、有效执行，是中华民族在短短几十年全面复兴的重要原因。这也是看重普选、多党执政的西方资本主义国家无法比拟与实施的，这些国家的执政者难以说服幕后的控制力量(金融财团)长期投资，执政者自己也无多少长期规划的热情。在我国，不仅中央为整个国家制定一系列中长期规划，在中央层面(包括各部)规划的目标还被层层向下分解。于是省区市党政、地(指地区)市州盟党政、区(指市辖区)县市旗党政、乡镇街道党政，乃至企事业单位党政以及其他各种组织的党政都按类似的方法制定自己的一系列中长期规划。然后，有效执行与顺利实施基层规划为执行与实施上层规划打好坚实基础。

人的一生，从小到老，我们可能会做很多无用功，做很多回首看没有价值的事。确定了人生的重大目标甚至终极目标后，或者确定了较长时期的重大目标后，我们才更有可能专心致志、心无旁骛地实现这个目标，减少做无用功的可能。所以要尽早确立人生的重要目标，如果因为年轻不知道应该确立什么目标，应当多向信得过的资深人士请教，请他们帮助我们早一点定下人生目标。

8.2.2　滚动计划法

波拿巴·拿破仑说：无法修正的计划是一个糟糕的计划。滚动计划法是一种辅助实施计划的方法，用于持续修订计划。

(1) 滚动计划法的基本思想

用"近细远粗"的办法制订计划。细化近期计划，增强计划的准确性和可操作性；对远期计划制定一个粗略的框架，确定大致的方向。随时间推移，执行计划的情况和环境发生变化后，或者计划者能更清晰、准确地预测判断未来的情况后，再细化或修订当初的远期计划。每

---

① 答案：网络性。
② 答案：无法考核。

次修订都使整个计划向前滚动一个阶段,例如一年。还可以这样描述滚动计划法:看五年(或者其他年数:三年、七年等),做一年。

(2)对滚动计划法的评价

遵循滚动计划法,由于容易预测和判断近期的情况,因此制订的近期计划就比较切合实际。滚动计划法使近期计划与远期计划相互衔接,或者说使短期、中期、长期计划相互衔接。使用该方法大大增强了计划的灵活性和适应性,到适当的时间再细化计划,而不是过早地固定计划,这在环境快速变化的时代尤其重要,能增强组织的应变能力(见图8—1)。

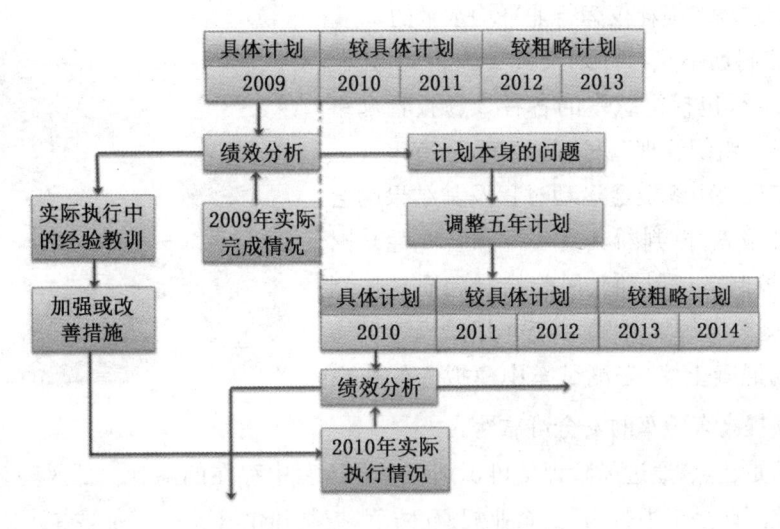

图8—1 滚动计划法应用举例

关于实施计划或决策的案例,参见案例7—5,其后的第①~④项则是关于有效执行决策与计划的建议与分析。

有计划是好事,但环境变了,情况变了,就必须考虑是否还应按原计划行动,也许需要改变计划。如果对环境改变不敏感,甚至虽知环境已变,仍死板地按原计划(此时已不适应新环境)行事,那么好事也会变成坏事。8.3节将深入论述这方面的情况。长征初期,明知蒋介石在红军计划的北上湘西与红二、六军团会合的行军线路上布下重兵——五、六倍于红军的兵力,四道防线,李德和博古仍坚持往国民党的包围圈里闯。若不是洛甫、毛泽东、王稼祥等再三要求改变行军路线,改成西进,红军有可能全军覆没。

行动前制订计划是正确的,但人们难以使计划尽善尽美,常常也不可能准备好各种条件。不能像蜀鄙二僧之富者"吾数年来欲买舟而下,犹未能也。子何恃而往?"(清朝彭端淑,《为学》),而应敢于行动,在行动中根据实际情况及时修正计划甚至战略目标。

8.3　有效控制实施计划的过程

法约尔说:"在一个企业里,控制就是核实发生的每一件事是否符合计划、指示以及原则,其目的是指出实施计划的过程中的缺点和错误,以便纠正和防止重犯。"控制指依据计划,检查、衡量计划的执行情况,并根据偏差调整活动,使其按计划进行;或调整计划,使计划与活动吻合。控制是管理者监督和规范组织及其成员的各项活动,以保证各项活动按计划进行,并纠正各种重要偏差,使组织成员有效地开展实现组织目标所需行动的过程。例如沃尔玛规定,如果某门店把损耗控制在公司的标准以下,该店的每个员工都可获得奖金,最高可达200美元。结果沃尔玛的损耗仅为行业平均水平的一半。

实际上控制远不止与计划及其实施相关,控制的对象非常广泛,包括组织中的各种人、财、物和事等,例如第6章"组织管理"所述的内容,还有审计控制(审核、鉴定反映组织资金运动过程及其结果的会计记录及财务报表,以判断其真实性和公允性)、财务控制、生产控制、过程控制、风险控制和质量控制等。例如,奔驰公司每年用30辆新车以最高速度撞击专设的钢筋混凝土墙,来测试车中模拟人的伤亡情况以便不断提高奔驰车的安全可靠性。

风险评估是起点,通过风险评估可识别出企业运营中存在的高、中、低风险,然后制定应对方案。内控测评是事中行为,为企业规避、防范、控制和化解风险。内部审计是事后的全面综合检查评价。

控制在管理中的作用包括:第一,检验作用。检验各项工作是否按预定计划进行,同时也检验计划的正确性和合理性;第二,调节作用。在执行计划的过程中,修改原计划,并调整管理过程。

8.3.1　有效控制的三个案例

(1)2001年,诺基亚公司有效实施的危机管理

2001年3月17日,闪电导致飞利浦公司在美国新墨西哥州的一家芯片制造厂发生火灾,破坏非常严重。火灾后没几天,位于芬兰的诺基亚总部的零件采购主管就注意到一些零件交货延迟,数量不足,并意识到供应链可能出了问题。3月20日,该主管在与飞利浦客户代表的通话中得知火灾消息,该代表保证,工厂大约一周后恢复正常。尽管如此,该主管还是把此消息报告给主管副总经理。副总经理随即把向该工厂订购的5种配件列入特别观察清单里。此后,诺基亚的员工每天几次与飞利浦的客户代表通话,询问芯片供应情况。随后的两周里,飞利浦供应的芯片数量迅速减少,诺基亚整个供应链管理部门的人员都开始焦虑起

来。3月31日,他们意识到危机将会很严重,于是诺基亚成立了危机处理小组。

就在诺基亚争分夺秒寻找各种解决途径时,当时的另一家手机巨头爱立信公司的经理们却无动于衷。虽然爱立信也是在火灾后的第3天得知此消息的,但中层管理人员认为,火灾是经常发生的,不会严重影响本公司,也就没有上报。直到3月底,负责手机和消费品的总经理才获知火灾导致零件短缺。即使这样,爱立信的主管们依然认为情况不明,要谨慎行事。(评:讲谨慎行事,却是无所事事。)

诺基亚的副总经理与主管人员则在几天后飞到位于荷兰阿姆斯特丹的飞利浦总部,会见其总裁,就连在美国开会的诺基亚董事长和总裁也专门赶到阿姆斯特丹参加会议。诺基亚向飞利浦施加了巨大的压力,要求飞利浦寻找任何可能的途径解决危机。诺基亚的管理者发现,飞利浦生产的一种芯片,其他供应商也能生产。危机处理小组随即向其他供应商订货,并要求5天内供货。而ASIC芯片只有飞利浦与另一家公司才能生产,诺基亚要求飞利浦彻底检查所有工厂的生产容量,并调整生产计划,腾出一定的生产线满足诺基亚的需求。诺基亚穷追猛打般的执着终于赢得了有利结果,飞利浦腾出了荷兰和中国上海工厂的一些生产线为其生产ASIC芯片。

形成对比的是,随着飞利浦工厂发出的芯片减少,爱立信的主管们越来越陷入一种无能为力的状态。当爱立信的高层领导意识到问题的严重性时,飞利浦已经答应为诺基亚腾出所有可以腾出的生产线,无法再答应爱立信的要求。2001年4月1日,爱立信宣布自己将停止生产手机,将手机生产业务全部外包给其他公司。消息传出,业界为之震惊。一年后爱立信手机的全球市场份额从17%降为9%;同期,诺基亚手机的全球市场份额从27%上升到30%。[①]

(2)坚持危机管理模拟训练,创造奇迹

尽管四川省绵阳市安县(现安州区)桑枣中学位于汶川地震震区内,该校师生在"5·12地震"中却无一伤亡,这一奇迹得益于该校长期的危机管理模拟训练。从2005年开始,该校每学期都要组织一次全校的紧急疏散演习。学校会事先告知(防止慌乱和意外伤害),本周有演习,但不说是哪一天,演习以高音喇叭的突然通知为命令。

每个教室里的座位一般都是9列8行,每列学生走哪条座位通道,已安排好;前4行从前门撤离,后4行从后门撤离。每个班级的疏散路线都是规划好的、固定的。两个班级合用一个楼梯,每班必须排成单行。老师告诉学生们:二、三楼层的人要跑得快一些,以免堵塞楼梯;四、五楼层的要跑得慢一些,以免楼梯中人流积压。疏散到操场上的位置也是固定的。演习时有人计时,但不比速度,只讲评存在的问题。(大多数单位每年都搞消防演习,有几个单位像桑枣中学这样严格、科学地开展演习?)

刚开始演习紧急疏散时学生当作娱乐,校内也有反对意见,但是该校坚持下来了。后来师生们都习惯了,每次疏散都井然有序。由于多次演习的训练,"5·12"地震发生时,全校2 200多名学生和上百名老师从不同的教学楼全部冲到操场,以班级为单位站好,用时仅1

---

① 张玉波. 危机管理智囊[M]. 北京:机械工业出版社,2003.

分 36 秒。①

一个类似的例子是，美国"9·11"惨案中，世贸中心大楼里的一家公司因为平时逃生演习得力伤亡非常小。而演习得力又源于该公司负责安全事务的主管的职业精神与坚持不懈。这位主管自己却因忠于职守、回公司巡查而再也没有返回。

(3) 我国火箭兵掂出少 4.5 克火药，挽回几十亿损失

火工品测试是火箭动力系统操作手张枫的工作重点之一。手表盘大小的火工品分散在动力系统中，执行发动机点火、一、二、三级箭体间的分离等关键指令。张枫来到技术室的 12 年里已经测试、安装了 7 000 多发火工品，7 000 多次测试安装中例外只发生过一次。

2013 年 6 月，一次重大的航天发射任务前夕，张枫像往常一样负责火工品的测试工作。他拿起了一枚火工品，按流程，把它放到耳边轻轻摇晃一下，未听到声音。他又小心地把药盒掂在手里，感觉有些轻，当时他觉得药盒应该没有装火药。（如果一个人在做这样重要的工作时思想开小差或心不在焉，结果又会怎样？）

航天事业是 10 000－1＝0 的事业，是十万人磨一剑的事业。颗颗螺钉连着航天事业，小小细节决定任务成败。此编号的火工品一旦有问题，就意味着火箭的第三级发动机无法启动，卫星不能准确入轨，国家几十亿元的投入将付之流水，有关部门数年的科研成果将毁于一旦（因为卫星搭载了科研设备、测试设备，用于检验科研成果，所以这么说）。

1 分钟后，张枫出现在动力指挥谢挺面前。谢挺立即叫来了技术骨干。他们经过精确称重发现，这枚火工品比标准火工品轻 4.5 克，而这正是应装药的质量。火工品被分解后显示，里面是空的。张枫消除了该试验任务的一起重大安全隐患，为国家避免了巨大经济损失。为此他荣立个人一等功。

8.3.2　欠缺控制的五个案例

(1) 哈勃望远镜的"近视眼"

耗资超过 15 亿美元的哈勃太空望远镜在 1990 年 4 月发射升空。哈勃升空后，美国国家航天管理局（NASA）发现望远镜的主镜片存在缺陷，导致成像模糊。望远镜对遥远的星体无法像预期的那样清晰地聚焦。令人悲哀的是，如果多一点控制这是完全可以避免的。

镜片制造商 Perkings-Elmer 公司在制造镜片的过程中，对进行检验的一种无反射校正装置没有设置好，出现了 1.3 毫米的误差，导致镜片的研磨、抛光错误。但是没有人发现这个错误。

具有讽刺意义的是，镜片的粗磨在 1978 年就开始了，直到 1981 年才完成抛光。此后由于"挑战者号"航天飞机失事，完工后的望远镜又在地上待了 2 年，航天管理局有充足的时间发现望远镜的错误。美国航天管理局调查委员会的负责人说："至少有 3 个明显证据说明存在问题，但这 3 次机会都被忽略了。"

此例说明：对一件事情而言，无论其计划被制定得多么完善，如果没有好的控制系统，在

---

① 朱玉，万一，刘红灿. 一个灾区农村中学校长的避险意识[OL]. 新华网，2008－5－24. 更多信息见百度百科的桑枣中学词条，该校前校长叶志平的相关事迹令人动容。

实施过程中仍然会出问题。① 1986年1月，发射后爆炸的挑战者号航天飞机也有类似的控制问题：发射前工程师们认识到有潜在问题，可高层管理者需要的是准时发射，美国国内上上下下都想听好消息，没有人愿意变成阻止发射的"坏家伙"。

再早一些的例子中有很多人熟悉的泰坦尼克号，船长只想要全速航行，以使该巨轮引人注目的处女航画上圆满的句号——以最少的天数到达波士顿。他不顾下属提供的警示（航线处于大西洋的冰山漂流危险区域），没有进一步的控制、预防措施，只关心在终点等待自己以及泰坦尼克号的荣誉，这也是公司高层的指令。甚至撞上冰山后船长也不允许发射求救信号弹，还是为了所谓的荣誉以及对泰坦尼克号巨轮盲目的自信——它是"不沉的巨轮"。

（2）在经营中控制可能被管理者甚至知名企业的管理者忽视。某餐饮公司是国内饮食行业的服务典范，然而其分店的"后厨门"事件（即卫生条件很差）使其形象大跌。而卫生控制本是一家饮食企业最起码的工作。

（3）"滴滴打车"/"滴滴出行"努力完善客户体验（关于滴滴打车好的做法，参见3.4节的第四条内容），然而2018年夏天，在不足100天的时间里两位女孩因乘"滴滴顺风车"遇害。

案例分析

上述两个典型案例，或者说知名度比较高的案例，都涉及公司运营的控制。不谈该餐饮公司卫生条件的控制与改进，"滴滴出行"服务致顾客身亡的根本原因是其对注册驾驶员的筛选漏洞。说"漏洞"也许还减轻了该公司的责任，实际上该公司的管理者们明明知道这些问题，却不控制和改进。例如2018年9月6日，上海人民广播电台的"990早新闻"在报道"滴滴顺风车"司机为逃避检查撞死一位清洁工的案件时指出，该司机没有本地户口，根本就不能在本地注册成为"滴滴顺风车"司机。

这样的情况在"滴滴"经营系统中并不少见，然而在一年多的时间里（从有关规定出台到上述新闻报道日期），该公司并未辞退这些不合要求的司机。

由于恶性事件频出，"滴滴"口碑断崖式坍塌，再加上监管日益严厉，2018年下半年是其艰难的日子。投资人抛售股份，企业估值大跌，计划已久的首次公开募股也不得不暂时搁浅。安全丑闻缠身的"滴滴"终于尝到了严重的恶果，而这正是其不重视经营控制、甚至故意弱化控制的结果。它的这一经营思想和行为则源自唯利是图的思想。

"滴滴打车"的案例还涉及企业的其他伦理问题，包括公众质疑其"大数据杀熟"。过分强调经济利益、短视、忽视运营控制和忽视商业伦理，古今中外企业的这些通病会使昨天熠熠生辉的明星企业，今天忽然成为万人唾骂的对象（例如几年前的多家乳品企业）。

（4）2016年，百度的"魏则西事件"是惹出人命的事件，也是企业因为缺乏良好的商业伦理而故意忽视经营控制的事件，正如当时网民纷纷指责百度的那样：只顾赚钱，没有担起社会责任。该事件导致其股价大跌、市值缩水。

2018年9月11日，上海人民广播电台的"990早新闻"再次报道百度的负面新闻：仍旧是

---

① 尽管如此，哈勃望远镜仍是全球先进的太空探测设备，1996年，它拍到最"深"的太空深场图，捕捉到宇宙的早期景象（史蒂芬·霍金，时间简史）。而且它的设计寿命是10年，现已超期服役21年，尽管在2021年出现失联情况，后经地面控制重启，又恢复工作。哈勃取自美国天文学家的姓氏。

医疗机构(百度的大客户)的付费排名在搜索中得到照顾,浑水摸鱼的情况一直存在,真正的热点新闻让位给百度客户的付费宣传和广告(在搜索结果中竞价排名者在上,相关性高的搜索结果必须让位),相关的论坛帖子也被同样处理(像以前那样处理)。

(5)对乳品质量完全不管不顾的三鹿集团

早在 2004 年,安徽阜阳"大头娃娃"事件就使三鹿上了阜阳地方媒体的黑名单。三鹿的解决措施是,通过公关使自身从黑名单上消失。

作为乳品企业,三鹿居然大量采用贴牌生产方式(早在 1993 年 11 月就开始这种经营),正如 20 世纪 90 年代中期的两届央视广告标王山东省临朐县秦池酒厂大量勾兑散装酒那样。三鹿对这些贴牌生产的合作企业几乎谈不上质量监控。三鹿与这些企业的合作方式就是,它提供品牌,收取 51% 的利润,完全就是在砸自家牌子的架势。

2005 年 7 月,三鹿又出现"早产奶"事件——为缩短物流时间,让检测过程中的产品提前出厂。被曝光后三鹿只对销售部门的部分责任人作了不算很重的处罚,根本没有有效整改内部隐患的行动。

从 2008 年 3 月起三鹿陆续接到一些患泌尿系统结石儿童的家长投诉,一些媒体也报道并影射三鹿。面对危机三鹿依然能推就推、能拖就拖、能瞒就瞒。[①]

在上述一系列危机和质量丑闻中,三鹿的控制措施是如此的不堪。最后的结局是三鹿破产,相关责任人被重判,他们是一点都不值得同情的。在这样长的时间里,并且在质量丑闻、公司危机频发的背景下,三鹿这样一个专业生产乳品的公司,对乳品的质量安全居然麻木到如此地步,在相关责任人的眼里,似乎乳品跟食用安全和产品质量毫无干系,这种情况实在令人发指。该企业的相关责任人乃至上级主管是不是因为被钱、权、名充斥了头脑,才把乳品的质量安全踩在脚底?

小结

经管类图书作者们可能有这样一种担忧:上半年写书时引用了某知名企业的优秀案例,下半年著作发行后,该企业会不会出现重大危机(主要是公关危机,而非财务危机等,公关危机往往源于经营控制问题和企业伦理问题),导致引用该企业的案例显得很不合时宜。

企业行为与大众的幸福与痛苦是密不可分的。国内诸多乳业公司曾使用添加三聚氰胺的牛奶,还有长春长生生物科技有限责任公司大量制售不合格的狂犬病疫苗(曝光于 2018 年 7 月),等等,这些企业缺乏基本的道德,缺乏基本的控制,带给社会的是无穷的祸害。

都说要亡羊补牢,可是一些企业却反复犯相同的错误,仍不思改进;都说前事不忘后事之师,不要重蹈覆辙,可是一些公司偏要把古今中外的企业犯过的"著名"错误再重演一遍甚至几遍,特别是食品卫生问题和产品安全问题非常突出。这些问题产生的直接原因是控制不严,深层原因则是缺乏商业伦理,唯利是图、侥幸心理在作祟。21 世纪初,那些知名乳业公司使用含有三聚氰胺的奶源时,他们想到的是,这是行业潜规则,别的公司都在用,自己不用则会被行业淘汰。尽管这些高管们还是国企高管,只是为了集团利益和个人利益,他们可以完

[①] 方金,张健如,张吉国,等. 管理学(微课版)[M]. 北京:人民邮电出版社,2018.

全忽略商业伦理和行业的道德底线而选择跟风,不会逆势而为,更不会扯下行业的遮羞布。

这些人也许不知道四百多年前,在明朝朝政一片混乱、奸人当道之时,海瑞是怎样坚守道德底线,不与人同流合污,并多次被罢官的[①]。都同流合污,都对非伦理行为沉默不语,终将导致整个行业的崩溃,正如21世纪10年代中国乳品行业的遭遇,又如金华火腿行业的遭遇。不揭露坏人坏事,好人也会跟着一起倒霉,因为整个行业都不被消费者信任了。

这些欠缺自我控制的企业,会有社会和政府对其严加控制,以及其他外部治理主体(债权人,投资银行、会计师事务所、律师事务所等中介机构,机构投资者,产品市场,劳动力市场,经理市场等)对其控制。这些不良企业及其相关责任人,随时可能被放置于大众的监督放大镜下,无处遁身,乃至身败名裂。对上述问题需要用技术手段、制度、商业伦理教育和法律威慑力等多种手段控制。

8.3.3 控制的其他四个方面内容

(1)控制与计划

计划是控制的前提,计划提供了控制标准,根据计划检验实施情况;控制是完成计划的保证。如果没有控制系统,不比较实际情况与计划目标,就不知道计划是否被完成。计划和控制是密不可分的。

(2)控制的过程(见图8-2)

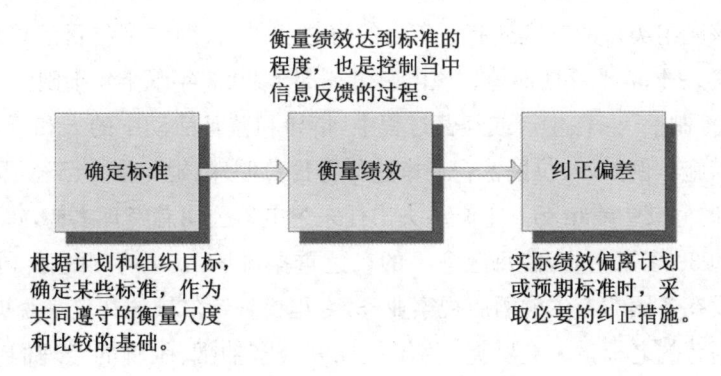

图8-2 控制过程

(3)控制的类型

①根据控制过程的三个阶段分类:输入阶段(例如生产过程的输入阶段)的预先控制,也叫前馈控制;转换阶段的过程控制,也叫现场控制;输出(例如输出产品)阶段的事后控制,也叫反馈控制(见图8-3)。

[①] 作者想到2014年媒体报道的绵阳人民医院"走廊医生"——原超声科主任兰越峰,她以一己之力对抗潜规则,举报该院过度治疗和腐败而被打击报复,甚至被职工代表大会全票通过解聘。政府与社会又当如何保护这些坚守商业伦理的人?

还有一个正面案例。为"老干妈"收购辣椒的大户说,只有我们欠陶华碧的钱,她从不欠我们的。给"老干妈"的辣椒,谁也不敢大意,只要出一次错,以后再想与陶华碧打交道就难了。给"老干妈"的辣椒,全部剪蒂,一只只剪,这样拣剪过的辣椒再分装就没有杂质了。贵阳南明老干妈风味食品有限责任公司并非高新技术公司,控制产品质量(生产过程中的要素之一)却严苛到如此程度。

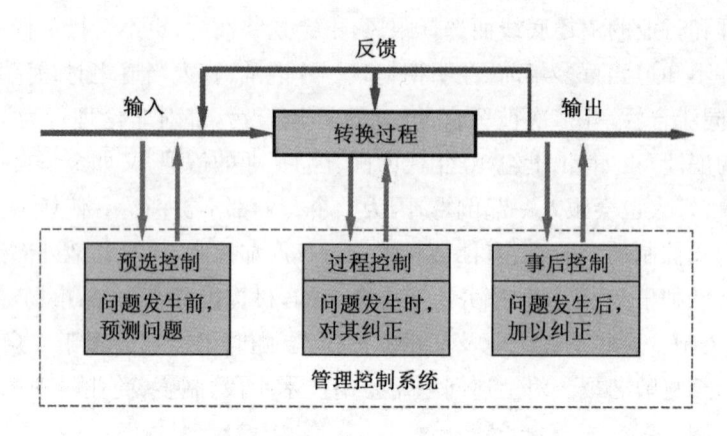

```
                    反馈
          ┌──────────────────────┐
     输入  ↓      转换过程        ↓  输出
    ─────→ ─────────────────────→ ─────→
          ↓    ↓             ↑    ↓    ↑
       ┌──────┬──────┬──────┐
       │预选控制│过程控制│事后控制│
       │问题发生前│问题发生时│问题发生后│
       │，预测问题│，对其纠正│，加以纠正│
       └──────┴──────┴──────┘
            管理控制系统
```

图 8—3　控制类型（按控制过程的三个阶段分类）

第一，预先控制也叫事前控制或前馈控制。预测问题，防止问题在转换过程中出现。从一开始就预防错误与缺陷，减少对后期检测的依赖，并降低成本、提高效率。图 8—3 中在预先控制过程中通过改变输入调节结果。

电影行业一般都是上映后请电影评论家写评论，然而《封神》三部曲剧组却在筹划阶段就请评论家和作家参与进来，这让后者都感到意外。这样做的目的显然是提前融入后者的智慧，让《封神》这个极其宏大的拍摄工程在输入阶段尽可能完美，以图未来美好的结果，他们也确实做到了。该剧组类似的输入还有一年多的海选演员、长期的多科目的培训候选演员、聘用各领域的顶尖人才、7 年筹划期等。该电影第一部于 2023 年下半年上映。

第二，过程控制[①]——在生产或经营过程中，指导和监督活动中的人和事，在问题出现时及时采取纠正措施。例如，一位民营企业家这样评价董明珠：她与格力已经很成功，但她还是经常出差，一有时间就去看市场。土光敏夫出任东芝电器公司总经理之初，每天巡视工厂，遍访了设在日本的 30 多家企业，使每况愈下的东芝重振雄风[②]。希尔顿总公司董事长唐纳·希尔顿经常到设在各国的希尔顿酒店视察业务，专程检查希尔顿的礼仪是否被贯彻于员工的言行之中。麦当劳的老板雷·克罗克[③]为了把在办公室抽烟、闲聊的经理们赶到经营现场，命人把所有经理的椅子靠背都锯掉。沃尔顿说，走访商店和倾听员工的意见可能是我作为总裁最有价值地利用时间。

使美国联合航空公司扭亏为盈的总裁卡尔森最重要的经验就是四处巡查。他一年飞 20 万英里（约 32.2 万公里），每到一地，一下飞机就去工作现场与员工见面，检查工作业绩。沃尔玛的高级管理人员每月都会乘该公司的飞机巡视其各地的商场。"环球飞行管理者"——英特尔前总裁巴雷特每年巡视英特尔国内外的所有工厂。

赫赫有名的郭士纳接管国际商业机器公司时，采用了与卡尔森同样的策略，并且也同样

[①] 也叫事中控制、现场控制、同步控制或并行控制。
[②] 清晨，土光敏夫比别人早到半个小时，站在厂门口向工人问好。
[③] 麦当劳的创始人是犹太人麦克唐纳兄弟，他们于 1937 年创办了麦当劳。雷·克罗克先是与麦克唐纳兄弟联合经营麦当劳连锁店，后于 1960 年以 270 万美元向后者买下他们拥有的产权。

的勤劳奔忙，3年半里飞行过542次。与前者有差异的是：郭士纳的会面、访问对象还包括众多的大客户，当面了解大客户的需求和抱怨，以便确定如何改革国际商业机器公司的经营方式和业务内容——例如改卖为租，以降低客户的一次性投资；提供整体解决方案（恢复到客户亲密型公司）。而此前，一直追溯到20世纪70年代，该公司正是由于以自身为中心、脱离顾客、脱离市场这样一些重要原因，看不到计算机领域的发展趋势，出现两度衰落（IBM已经历了三起两落），甚至到了大面积亏损、濒临破产的境地。

德国的一些企业甚至明文规定高管每年拜访客户的天数或频率并将之与奖金挂钩，如同管理销售人员一样。拜访客户能获得一手信息，决策时就能把这些感性认识与抽象的数据、报告结合起来进行，这种管理制度也是要求高管为中基层管理人员、市场营销人员、客服人员等做榜样，强调客户关系管理的重要性。然而在作者看到的国内很多企事业单位的运营中，走动管理，也就是现场控制（过程控制），似乎不见踪影。

案例8-4　上海市某区一些公共汽车的广播内容的低效设置

该区某路公共汽车的车站间距很短，也要一刀切地按照某部门的要求，使用普通话、英语、上海话广播。曾经提倡的减少广播噪声、多用电子屏报站的做法去哪里了呢？停靠某些站后，该路公交车还会连续三遍用上述三种语言广播该车的终点站。更可笑的是，某专线公交车停靠某站后，下一站就是终点站，而且由于该线路是高速公路线路，到该站后只下客不上客，它居然也跟前述某路公交车一样，连续三遍用三种语言广播该车的终点站——还有这个必要吗？其播报内容不仅包括终点站，还包括"本线路途经高速公路，请系好安全带"等语句，而此时该车早就下高速公路了。

该专线公交车从闵行区进入松江区后也反复广播"请给有需要的乘客让个座"，而且仍旧是用三种语言广播。可是该线路的这一行驶方向只在起点站上客，中途从不上客，他们的广播内容设置是多么的机械僵化。他们的操作者和管理者只强调要遵循上级管理部门的规定。

案例简析

该区公交公司的管理者应该践行走动管理，经常乘坐该专线公交车、该区某路公交车以及其他线路。关于相反的情形（做得好的情形），参见案例3-2滴滴打车的"亲身体验，完善服务"。

案例8-5　大学教室的节假日管理欠缺

周末或假期，大学的一些教室灯火通明，可里面只坐了一个或两三个学生，他们也许为了求清静。这显然违背节约能源的公德，可是无人干预和管束，于是这种现象就这样很普遍地发生着，甚至亮着灯的教室里空无一人。如果有校领导或其他中层、基层管理者能在节假日也偶尔到教学楼走动走动，就会发现这类问题并会安排教工（包括教学楼管理员、清洁工）约束学生的这种奢侈、浪费行为。

党的许多高级领导在走动管理方面树立了好榜样，例如，习近平同志要求党的各级领导多跑基层，他自己先做到了。他在河北省正定县当县委书记时，走遍所有乡；在福建省宁德市、福州市任地委、市委书记时也跑遍所有乡镇，到下党乡办公的山路上可谓披荆斩棘，路上，许多老百姓箪食壶浆迎接"地府"（知府在当地的称谓，用以称现在的地委书记）的到来；他在浙江省当省委书记时,跑遍了各县、市、区,然后为浙江省的发展提出"八八战略"。习近平当总书记后仍前往各地视察、访贫问苦,从黄土高坡到青藏高原,从太行山区到乌蒙山区,从"贫瘠甲天下"的甘肃省定西县到"隔山走一天"的四川省大凉山,足迹遍布全国14个集中连片特困地区。

我国古代帝王也有重视走动管理的,例如,大家熟知的乾隆皇帝六下江南,不过极其勤政的雍正皇帝反而很少出皇宫,可能跟当时的治理环境和历史背景有关。[①] 被后人过度贬抑的隋炀帝也是一位重视走动管理的皇帝,在位十四年,居长安两年,居东都洛阳四年,其他八年均在全国巡视,亲征打败吐谷浑后巡视河东、张掖,三征高丽。[②]

走动管理还有鼓舞士气的良好作用,例如,毛主席、周总理、刘少奇同志作为国家领袖到各地视察,在鼓舞士气方面的作用是巨大的。还有,20世纪50年代,许多青年志愿到艰苦地区开荒、生产,帮国家度过困难时期,例如,北京青年们奔赴黑龙江省北部的北大荒,上海青年奔赴江西省的鄱阳湖,还有到大西北、大西南等地去的青年,他们确实很无私、很伟大,在那里劳作、生活也很艰苦。时任新民主主义青年团中央书记的胡耀邦同志前往这些地区看望他们,协调有关部门为他们解决实际困难,为他们带去了极大的支持和精神力量,更坚定了他们留守艰苦地区奋发创业的决心。

从另一个角度看,组织出了大问题,主管干部被惩处冤不冤呢?并不冤。高层管理者并非只对战略规划、高层人事管理等重大事项负责,也要对组织合法合规运行、正常运行负责。格力董事长、总裁董明珠说:"领导把小事管好了,企业就没有大事了。"她管理小事的方式就是挑错。如果多走出舒适的豪华办公室,多摆脱总是围绕在身边的那几张熟面孔,多摆脱豪车,然后深入到基层走走、看看、听听、谈谈,就很有可能发现潜在的问题乃至危险,也有可能洞察可能的机会。他们做不到这些,组织出了大问题,账自然要算到他们头上,因为他们是负责人。

第三,事后控制,在完成计划后总结和评定等,可能具有滞后的特点,但可为未来制订计划、安排活动以及系统持续运行提供借鉴。

案例8—6　安全事故发生后

2004年11月,桂林机务段正在庆祝全段实现了安全运输生产8周年,可是会开到一半电话来了:该段司机违反运输规章,造成事故。

其实张段长早就感觉到存在许多安全隐患,只是由于该段安全运输天数较多,思想麻痹了(评:在后面一段,他说自己有主要责任是符合常理的,不只是领导风度的表现,而是他应该承担的。营救美国驻伊朗大使馆人质的作战计划失败后,时任总统卡特立即在电视中声明:一切责任在我。最终决策的人、下达命令的人应该承担最终责任)。他连夜通知各部门主任,

---

[①] 有网友说"宅男"雍正不喜欢旅游的理由让人感同身受——没钱没时间(皇帝巡游或巡视和老百姓旅游大不一样,要耗费很多银子的)。这句幽默倒也道出了实情:康熙朝晚年、雍正朝初年国库空虚,这自然有康熙晚年治理不善的原因;雍正又是一位锐意改革的皇帝,要做的事太多了,自然没时间,据说他在位14年里,批阅的奏折比在位61年的康熙还多很多。太平皇帝乾隆在位时间长得多,又有雍正留下的国库好底子,自然就喜欢"旅游"了。

[②] 他尽管遭遇身死国灭的结局,却给后世留下了丰厚的物质、制度财富——新建的东都洛阳、大运河、恢复丝绸之路、改进的科举制。

查找本部门的安全隐患。第二天,召开全段中层以上干部会议。

张段长首先发言:"这次事故的主要责任在我,本人要求免去当月的工资和奖金,其他段级领导每人扣400元,中层干部每人扣200元。原主管安全的副段长现分管后勤(评:这个处理力度显得轻了一些),他的职务暂时由我担任。"

运用车间主任说:"这次事故主要由于司机严重违反规章操作导致……车间共有管理干部和技术干部20多名,我们也经常(评:力度不够)要求干部到现场,但由于司机人数较多,因此对他们的监控有很大的随意性和盲目性。干部中老好人现象严重,干部上车跟乘时,即使发现司机有违章操作行为,也会替其隐瞒,使司机免于处罚。"(评:以前为何不处罚这种老好人行为呢?这是运用车间的失职。)

检修车间主任说:"这次事故虽然不是由于机车质量造成的,但是检修车间还是存在很多安全隐患的。首先,职工队伍不稳定,业务骨干时有跳槽。工资少是职工队伍不稳定的主要原因。检修作业标准较过时……而且漏检、漏修现象时有发生(评:为何不根据本单位的情况,群策群力,因地制宜修订出临时新标准呢?)……发生率较高的机车故障一直没有解决好(评:这么重大的问题存在,他们怎么还能坐得住呢?)。"

教育主任说:"……每次业务考试结束后只是公布成绩,没有任何奖惩措施。"(评:教育部门争取实施奖惩措施的努力程度有多大?)

人事主任说:"一些司机经常请假,造成司机人手不够,部分司机连续工作,休息没有保证,疲劳驾驶导致这次事故。一些司机经常请假是吃大锅饭造成的,干多干少一个样。"[1](评:既然知道这样的情况,为何仍批准那些不合理的请假申请呢?不是助长偷懒耍滑风气吗?少干少错,像老黄牛那样干得多的司机因为在岗时间长反而更容易出错,还要被处罚。这不是打击任劳任怨型职工吗?人事部门为何任由干多干少一个样的现象长期存在呢?提出方案,进行改革难道不是他们的责任吗?)

案例简析

这个案例稍微有点旧,但能较好地展现事故发生后较全面的总结与自我批评,而且讲得比较深刻,不过由于篇幅限制,未涉及事后控制的改进计划和措施及其实施情况。

图8-4描述了前面三种控制类型的应用对象,即应用于哪个阶段的产品或哪些行动。危机管理在危机发生后被启动,属事后控制。

---

[1] 方金,张健如,张吉国,等. 管理学(微课版)[M]. 北京:人民邮电出版社,2018.

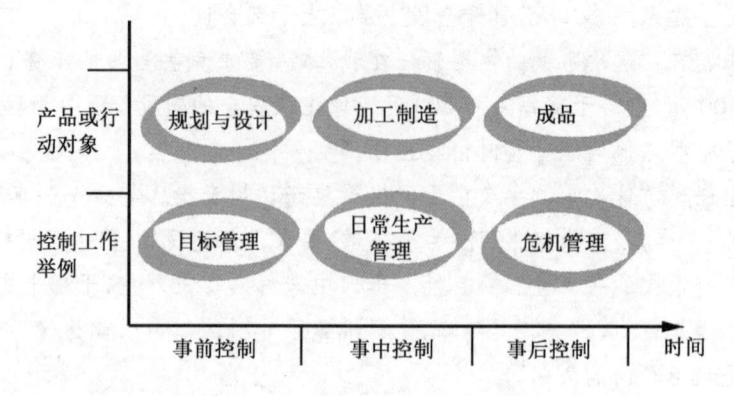

图 8—4 三种控制类型的应用对象

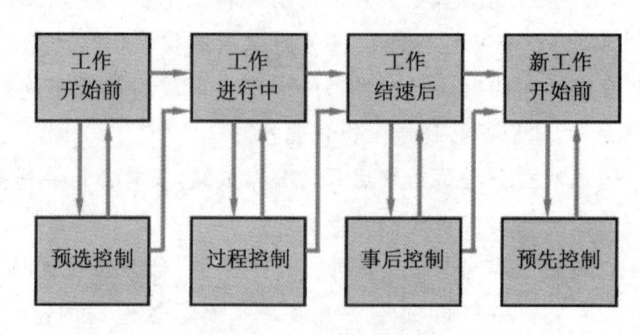

图 8—5 控制循环示意

图 8—5 中向下的主要是信息流,向上的主要是控制流。每一种控制既实现同阶段控制,也控制下一阶段。

思考题

张卫开了一家小型餐饮店。为保证经营成功,他采取了如下措施:①在店内显眼位置挂一本顾客意见簿,以便顾客记录意见。②让领班随时纠正服务人员可能出现的问题。③在员工上岗之前对其进行培训。④对一个月内无投诉的员工给予 200 元奖励。这些控制分别属于什么控制?①

单项选择题

信欣股份有限公司设计了加强内部治理和制衡的公司制度。a. 由公司股东大会决定董事和监事人选;b. 由公司董事会监督和控制公司经理们的行为;c. 由公司监事会定期检查、监督董事会和高级经理的行为;d. 请审计事务所定期审计、监督。以上这些控制措施的类型可以被认为是( )。②

A. 均为事前控制

B. 均为事后控制

---

① 答案:①和④是事后控制,②是事中控制,③是事前控制。
② 答案:D。a 提供正确的输入,是前馈控制。另外,a、b、c 属内部控制。

C. a 和 b 为事前控制,c 和 d 为事后控制
D. a 为事前控制,b 为同步控制,c 和 d 为事后控制

单项选择题

英总经理通过翻阅报告、报表,控制洗衣机生产部的产品质量,这属于下列何种类型?
( )

A. 现场控制　　　　　　　　B. 反馈控制
C. 前馈控制　　　　　　　　D. 预防控制①

②根据确定控制标准(即 Z 值)的方法分类

程序控制:Z 值是时间 t 的函数,即 $Z=f(t)$。按规定的时间执行规定的动作(即控制标准),而不管实际情况如何,不需要执行机构或系统提供(即时)信息。

跟踪控制:Z 值是受控对象跟踪的先行(变)量的函数,若先行量是 W,则 $Z=f(W)$。即确保受控对象的行踪或状态等使 $Z=f(W)$ 成立。

自适应控制:没有明确的先行量,Z 值是在过去的时刻或时期已达状态 K_t 的函数(值),即 Z 值是受控对象通过学习过去的经验建立起来的。

最佳控制:控制标准(即 Z 值)是某一目标函数的最大或最小值,要求该目标函数达到最大或最小值。

$Z=\max f(X,S,K,C)$ 或
$Z=\min f(X,S,K,C)$

函数包括输入变量 X、传递因子 S 和 K 及附加参数 C。

思考题

运载嫦娥 3 号的火箭发射时,随着指挥人员"5、4、3、2、1"的口令,运载火箭直冲天穹,这说明火箭发射的控制标准 Z 值是时间 t 的函数,这是何种控制?②

(4)控制方法包括统计分析、抽样检查、审计、观察、走动管理、阅读报告以及比较,发现问题后及时纠偏。统计分析包括分析市场占有率③、投入产出比率、销售利润率和投资回报率等指标;比较方法包括横向比较、纵向比较。控制方法还有预算控制、作业控制。

不过预算方法的地位正在减弱。现在不少经营管理者认为预算控制会淡化战略意识,不利于企业业绩持续提高,编制预算耗费很多时间和财力。有些跨国公司已弃用年度预算,改用同步计划过程。

案例 8—7　央企华润集团从 2008 年开始推行 6S 战略管控体系,取代原有的全面预算管理。在 6S 体系中,用战略规划体系确定业务单元的发展方向及中长期战略目标、重大战略举措;用商业计划体系分解战略举措,制订行动计划和预算,落实战略举措,每年进行战略检讨;用管理报告体系监控和分析战略执行过程和结果;用战略审计体系审计战略执行的方向、行动计划与战略的一致性、战略执行结果的真实性等;用战略评价体系评价战略执行过程

---

① 答案:B。
② 答案:程序控制。
③ 与产品瑕疵率、返修率、退货率、顾客满意度等评价公司业绩的非财务指标日益重要。

和结果;用经理评价体系依据战略评价结果考核奖惩经理。

央企中集集团也于 2010 年开始改革预算管理体系,创建了 5S 战略管理体系。该体系的基本思想与华润 6S 体系相似。

8.3.4 面对实施计划或战略中挫折的正确态度

把责任和原因都归诸外因是管理人员必须避免的态度。这种推卸责任的态度与追求卓越的态度恰好对立。追求卓越的管理者会用反求诸己的态度面对意外事件,他们认为自己对各种事情应有所控制(包括直接、间接控制),必须对成败负责。然后再"择人而任势"(《孙子兵法》云),就像联想集团在金融危机中的做法,调整经营战略和重点,更多转向国内市场,适当调整高层领导,应对金融危机。2008 年,国际金融危机中的联想集团采取了这种客观、积极、负责任的态度,并较快走出危机的阴影。在应对危机期间,柳传志再度担任董事长,这一人事调整更主要的意义是发挥柳传志的精神领袖作用,激励整个集团渡过难关。

金融危机期间国内外许多公司破产或倒闭了,它们失败的根本原因往往在金融危机前就出现了,例如雷曼兄弟公司的情况,金融危机只是加快了这些公司破产的进度。如果认识不到此点,管理者应对金融危机的策略可能就不对路;如果把公司的困境都归咎于金融危机,更可能会错误地坐等金融危机过去,其实就是坐以待毙。柯达在 21 世纪初就犯过类似的错误,认识不到自己的经营战略严重脱离市场,过多地把销售困境归咎于经济不景气,因而不能采取正确的应对策略。金融危机前福特的经营状况不如通用和克莱斯勒的,应该说很糟糕,因此它出售了许多业务和品牌。这一选择歪打正着,使它获得渡过金融危机的现金流。而另两家公司则因缺乏渡过金融危机的充足的现金而被接管。

从商业领域拓展开,到整个经济领域和政治领域也是如此。美国把其制造业衰落、经济萎靡和失业归咎于经济全球化、世界贸易组织、中国、欧盟国家以及其他他们盘算得出的国家,包括它的盟国,特朗普政府在这方面表现得尤其激烈。

不愿承认自己的政治、经济体制有重大缺陷,不愿承认自己的文化有不足,脑子里充满阴谋论,觉得别的国家都在沾它的便宜、损害它的利益,把面临的各种问题都归罪于外因,这样只会加速美国的衰落。因为怪罪别人、骂别人不能解决问题。当今不止美国政府越来越喜欢甩锅,他们的普通民众也是如此;不仅美国如此,澳大利亚等国也如此,距离中国十万八千里的大堡礁遇到生态危机也能怪到中国头上。

8.3.5 以古鉴今:军纪控制给予我们的启迪

有不少人对解放军部队叠被子的规定不理解,觉得这就是形式主义。其实一点儿也不是形式主义,美国军队对士兵也有类似的要求(铺好床)。那么,把被子叠得像豆腐块,还要常常搞竞赛,意义何在呢? 意义就在于培养战士们一切行动听指挥的素养。不少年轻人入伍前可能是养尊处优的,可能是自由散漫的,也可能是桀骜不驯的,入伍后,指挥官就要把他们锻炼、磨炼成一切行动听指挥的合格战士。没有严格的纪律,军队怎能打胜仗?

如果把生活中的叠被子这种小事都能做得很好,完全符合部队的要求,在训练中乃至在战斗中,对大事,战士们就更重视,更无条件服从命令了。这是军队获得胜利的必要条件之一。日本企业的 5S、6S 工厂现场管理理念和方法有类似的思想,倡导从小事做起、事事讲究,包括整理、整顿、清扫、清洁、素养和安全,这六个词的日语发音都以 S 开头。

古今中外,一些军队纪律涣散,与敌军作战中稍遇挫折就四处溃逃。淝水之战中,就是因为前秦军队中有鲜卑、汉等族军人(降前秦且心存不满者)故意喊"打败了!",军队居然由后移(给东晋军队渡河腾地方,以便两军决战)变成撤退和败逃,自相践踏,死伤无数。所向披靡的北府军看到慕容垂的败军(故意)抛在路上的钱财、物资时也会忘却战争危险和纪律,抛下武器,哄抢钱财,结果被鲜卑军反击,死伤无数。明朝辽东军与后金交战时,辽东军中的叛将也使用类似淝水之战中的伎俩,导致本已占上风的明军大败。北府军和辽东军可是常胜军、铁军,军纪尚且如此脆弱。

上述例子中,这些部队甚至还未遇到挫折,一个小小的诡计就可以导致其兵败。历史中很多军队也会由混乱的撤退变成溃逃,再加上敌军乘机攻击,最后一败涂地。历史中不管是南方还是北方的军队,包括北方强悍的少数民族军队,有太多弃城、弃关、不战而降而逃的例子。形成对比的则是钓鱼城、扬州(史可法率领)、江阴(阎应元率领)和嘉兴保卫战等,以很少的防卫力量,打得拥有庞大军队的来犯者死伤无数,甚至数月不下,最高统帅也死于城下。还有坚守城池一年以上的战例。

其实前秦军队的可悲之况在战争中并不鲜见,那些平时训练不严、纪律涣散的军队,在战争中常常有这种现象,将官们根本无法阻止士兵们的溃逃。所以有时候将帅们就得用上背水一战的策略(韩信采用的),或者把自己军队的釜都砸了(项羽的破釜沉舟策略),这意味着必须打胜仗,把敌人的釜抢来,否则饭都没得吃。但这些策略有时也会错误地堵死自己的后路,并且就怕遇上岳飞的"坐下者免死"的心理战,破釜沉舟策略也会被挫败。

说到岳飞,岳家军正代表着有铁一般纪律的军队,这也是岳飞能成为常胜将军的重要条件。金兵说:撼山易,撼岳家军难。岳家军的军规是对百姓秋毫无犯,所以当老百姓自愿降价,把物品优惠卖给岳家军时,士兵们也绝不敢接受这样的优待,用他们的话说——可不能用掉脑袋接受这样的优惠。①

也正是意识到纪律的重要性,或者说控制的重要性、将帅权威的重要性,所以孙武训练吴王的嫔妃"部队"时不顾吴王求情,把不守"军纪"的嫔妃斩杀。稍晚几年(几乎同时代),在齐景公执政时,甚至迟到的监军庄贾(景公宠臣)都会被主帅司马穰苴(即田穰苴,司马是官名)斩杀。这样的将帅带出的军队在作战时,士兵们哪个敢不勇往直前?因而侵略齐国的晋、燕之军不战而退。

田穰苴对庄贾说的一段义正词严的话,掷地有声:"将受命之日则忘其家,临军约束则忘其亲,援(即执)枹([fú],鼓槌)鼓之急则忘其身(勇士正如此)。今敌国深侵,邦内骚动,士卒暴露于境,君(指国君)寝不安席,食不甘味,百姓之命皆悬于君(指庄贾),何谓相送乎!"

然而防守诺曼底的德军最高指挥官隆美尔显然没有田穰苴的觉悟,他深信盟军不可能在

---

① 除了朝廷发的粮饷,做生意与夺取盗贼、金兵的钱粮是岳家军及南宋其他军队的重要给养来源。粮饷充足是保持士气的重要条件。

如此恶劣的天气时登陆(反例有李愬雪夜入蔡州、仁川登陆等,战败方欠缺对低概率事件的防控思想和措施),于是请了四天假,回去为妻子过生日。可是他当时面对的是盟军集结的45个师、一万多架飞机和几千艘舰船。艾森豪威尔偏偏选定1944年6月6日这个天气勉强满足登陆的日子登陆,于是历史把成功给了艾森豪威尔,把失败送给了隆美尔。

第9章　关于管理人员的人力资源管理

人员配备任务包括为岗位配备适当的人,为人安排合适的岗位。相反,不合适的情况如:让一位知名作家担任一家报社的主编,他可能觉得比写小说还累,而且摸不准报纸读者的喜好;报社则由于报纸的内容在此新主编的安排下偏离原来的方向,订阅量下降,受到损失。还有如:也许一位员工在专业方面比较好,上司就安排他做部门主管,可他主持会议时连话都说不利索、啰唆重复、语无伦次、逻辑混乱。

考察人,配备人,培养人,吸引人,留住人,这是进行人力资源管理时必须持有的理念。美国钢铁大王卡耐基曾经说:"你可以剥夺我的一切,资本、厂房、设备,但只要留下我的组织和人员,四年后我将又是一个钢铁大王。"看到这句话,有的读者可能会想到可口可乐公司前总裁伍德拉夫曾经说的话:"即使可口可乐公司在一夜之间化为灰烬,凭着可口可乐的品牌,可口可乐仍会在很短的时间内重建帝国。"

卡耐基和伍德拉夫确实都道出了他们各自的公司最重要的资源。钢铁行业虽然也有品牌的概念,但生产高质量产品、开发新品种、按时完成生产任务,最终要靠优秀的员工(包括优秀的管理人员)实现。而可口可乐长盛不衰尽管更多地依靠其品牌,依靠消费者对其特殊的感情,但也要靠该公司优秀员工(包括优秀管理者)的有效营销。

牛根生被排挤出伊利集团后,能够把新公司内蒙古蒙牛乳业集团(简称蒙牛)发展到一度超越伊利,一个重要原因就是蒙牛成立伊始,伊利的一批得力干将投奔他而来,带来技术、经营管理能力甚至资金。这样的局面正是牛根生以往重视人才、管理以人为本、秉持"财散人聚"理念的结果,用通俗的话说就是重义气、讲人情的结果。

人员配备程序是:确定人员需求量;选配人员;制订、实施人员培训计划。

人员配备原则有:因事择人原则(首要原则),选聘应以职位空缺和工作需要为出发点;因材器用原则,即量才使用,用人所长;任人唯贤原则;程序化、规范化原则;人与事的动态平衡原则。展开论述一下最后一条原则。既不要人浮于事,有些人无所事事;也不要人手不够,事情堆积,导致员工抱怨。还要注意员工的能力与工作要求匹配,既不要招聘过高水平、过高层次的员工,导致人力资源成本大增;也不要图节省开支,聘用的员工难以胜任工作,导致工作质量下降,错误频出。注意诸如此类的平衡。

9.1　选聘管理人员

中国人选拔管理人员，自古崇尚选贤任能，讲求良政善治，以德为重，智次之。中国人选拔组织的管理人员、政府干部乃至国家领导，还注重资历、工作经验或从政经验，这些都是自古以来的好传统。[①] 美国著名投资家苏世民说：找到很棒的人（注：包括经营人才和管理人才，不管来自公司外部还是内部），让他们有机会把自己的专长发挥到极致，这是黑石集团保持创业精神的诀窍。

思考题

招聘公司的面试通知要求你写一份不超过30个字的个人简历，你能完成吗？[②]

9.1.1　对外招聘管理人员

对外招聘的优点如下。

第一，选择范围广。

第二，组织需要创新，缺乏外部思想不利于创新，而对外招聘可带来"新鲜血液"。而内部继任者由于长期在同一家公司工作，有思维惯性，并且容易怠于创新。拓展新业务时，也常常需要对外招聘管理人员。

案例9—1　有一段时间，本田公司销售部经理的观念与公司的精神相距太远，而且他的守旧思想已严重影响其团队。本田先生想到，必须找一条"鲶鱼"（跟鲶鱼作用相似的是钓鱼者往鱼篓里放土虱）来，尽快打破销售部维持现状的沉闷气氛。[③] 经过努力，本田先生聘来了

---

① 对比看一下欧美的选举制。选民的不完全理性使劳民伤财、看似民主的一人一票的普选制并不适合选举高层领导，演讲技巧与竞选团队的拉票能力、筹集选举资金的能力，对良政善治并无多少裨益。两党执政体系中通过普选获得执政权的高层领导代表的基本上是小部分群体，所以常常会无视其国内民众强烈的（反对）呼声（对他们执政行为的反对呼声，例如美国民众、诸多公司对特朗普执掌的政府打美中贸易战、对中国的诸多进口商品加增高额关税政策的强烈反对呼声，还有反持枪、反暴力、反种族歧视呼声）；他们重点关心的是下一次选举和连任；他们能聚焦的也基本上是短期（以其任期为衡量尺度）事务。美国电视剧《纸牌屋》也清晰地描绘了上述情况。

② 有一个应聘者是这样做的。他画了一个应该是以他自己为原型的卡通人物。最上面是他的名字，然后是一个巨大的脑袋，脑袋顶部是开放的，用一大片电脑芯片画成了原始森林的样子，旁边写着"Computerized Mind"。左手拿着画板，写着"Photoshop Skiller"；右手举着一叠报告，写着"Report Expert"。中间的领带处别着个话筒，上面写着"Good Presenter"；心脏的位置画了一颗奇形怪状的心，写着"Creative Heart"。脚穿锃亮的皮鞋，穿着毫无褶皱的西裤，旁边写着"Detail-cared"……

还有应聘者画了一个大转盘，写出自己的几个特质；有的在一条时间轴上写了自己做成的几件大事；还有的剪切了自己参加过的活动中的几幅作品粘到简历上……

③ 华为公司员工超级流动的公司文化也能打破已经扎根并开始抑制公司活力的公司政治。还可以把鲶鱼效应用到促进产业发展方面，例如我国引进特斯拉公司就有这方面的用意。特斯拉在中国的独资运营不但未打压中国的新能源汽车发展，反而刺激中国车企奋发图强、努力赶超。比亚迪、宁德时代等公司已成为全球新能源汽车行业的领军者，中国现在也已成为制造新能源汽车的大国和强国，也是该行业的最大市场。

年仅35岁的武太郎做销售部经理。武太郎凭着自己丰富的市场营销经验和过人的学识,以及惊人的工作热情和毅力,受到销售部全体员工的好评;员工的热情被极大地调动起来,销售部的活力大大增加。

郭士纳虽然此前无计算机行业的经营管理经验,但他在其他行业的经营、销售经验对国际商业机器公司而言就是新鲜血液,能带给后者有效的新营销策略,例如租赁昂贵的服务器给客户,转型为一揽子解决方案综合服务公司,而非只是卖硬件设备的公司。国际商业机器公司董事会排除障碍聘用郭士纳成为挽救该公司命运的一个极其关键的、成功的战略决策。

第三,避免内部纷争,现有员工不必为了某个空缺的高位争得头破血流,上级领导也不必为了选择内部候选人并平衡其他候选人的感受和利益而煞费苦心。

第四,竞争环境复杂多变、公司业绩起伏不定,或者公司处于经营困境时,从外部招聘有能力、有名气的总经理等高管常常能挽回市场对该公司的信心,例如股价回升、销量上升。

外部招聘的不足包括:受聘者不熟悉招聘组织情况,适应期较长;招聘组织对受聘者了解不深,可能错聘;经常外聘,易挫伤内部人员的积极性;招聘成本与其他相关成本(如受聘者的工资)较高。

案例9—2 一些知名公司的招聘方法

英国人寿保险公司会组织应聘者参加一个自助餐会,该公司的员工也会参加。让应聘者在餐会中与该公司的员工自由交谈,结束后,由员工为应聘者打分。壳牌石油公司则组织应聘者参加一个鸡尾酒会。国际商业机器公司不信任自称没有缺点的应聘者,也不欣赏不敢承认自己的缺点的人。对口试或笔试中的陈述自己的缺点这一必答题,应聘者不答或把自己的缺点"技术处理"为优点,他们会被国际商业机器公司排除。

微软公司的招聘者喜欢问怪题,例如:"为什么下水道的井盖是圆形的?"[①]"怎样才能移动富士山?"其实应聘者能否说出正确答案并不重要,重要的是应聘者的答案反映了他们的综合能力——回答这些问题需要逻辑、推理及归纳能力。对有些关于数据的提问,尽管难以给出准确答案,但优秀的应聘者会构建合理的计算模型,然后给出估算结果——这就能征服面试考查者。古代科学家计算天文数据就是使用此思路:模型正确,基础数据是估算的,最终的估算结果就比较靠谱,甚至与近现代的科学计算结果相差无多。

奔驰公司面试时要求求职者当场写一封辞职信,通过辞职信中的辞职理由,奔驰公司可以更好地了解求职者的应聘动机。上交的辞职信还能增强成功受聘员工的危机意识,使其更好地为公司服务。类似的做法是:新加坡国有企业董事中的国家代表,在接受聘书的同时要写一封辞职信,签好名字空着日期,交给政府董事委员会。政府在认为此人不再胜任工作时,可代为填写日期将其辞退,还不需要支付额外的解聘费。

日产公司会请应聘者吃饭。日产公司认为,吃饭迅速一方面说明此人肠胃功能好、身强力壮,另一方面说明此人往往办事风风火火、富有魄力。而这些正是该公司需要的。招聘者一般会"好心"叮嘱应聘者慢慢吃,吃完后再到办公室接受面试。那些慢吞吞吃完饭者得到的

[①] 因为下水道是圆切面管道。

都是不被录用的通知单。

亚马逊书店的招聘者喜欢跟应聘者拉家常,问一些看似与面试无关的问题。例如:"你的父亲和母亲谁在家里对大事作决定比较多?""你在家做不做家务?""平常在家喜欢干什么?"招聘者通过这些(轻松随意的)问题,考察应聘者的反应能力、知识水平、素养和品德等。①[评:不过这些问题涉及他人隐私,有失礼貌。应聘者是来应聘工作的,他们将来在公司的情况跟他们在家里的情况并不一定有很强的关联性。另外,很多人,包括小孩子,在家里的表现和在公共场合(如公司、学校)的表现截然不同。所以亚马逊的做法不一定都有效。]

广州丽思卡尔顿酒店的人力资源总监经历了这样一个招聘过程。总经理和她谈了70分钟;第二轮面试时,亚太区人力资源总监与她用电话谈了70分钟;第三轮面试时,亚太区运营副总裁亲自到广州,和她一对一谈话,也是70分钟;第四轮,美国总部人力资源副总裁和她用电话谈了45分钟;第五轮,总部的顾问公司围绕她的行政层级设计了150个问题,打电话来逐题询问。每个问题表面上与工作毫无关系,被问者根本不知道他们想测评什么,但被问者的天赋、领导力、是否适合丽思卡文化等一系列特质都会通过答案反馈给对方。最终顾问公司生成二十多页的资质剖析报告,并提供结论。

丽思卡尔顿的招聘方法和过程告诉我们,高薪固然能吸引人才,但它与员工忠诚度没有必然联系,丽思的甄选过程有利于剔除急于求成的人,剔除对丽思缺乏激情的应聘者,并激发候选者的荣誉感。对人才而言,当别人投入大量时间选择他们时,他们也会用行动证明丽思的选择是正确的,最终形成责任感。②

招聘方应该区别对待不同的岗位,对低端职位没必要像高端职位那样过于繁琐,避免让应聘者多次前往招聘地点,也不一定要采用很正式的心理测试。再举一个小例子,招聘兼职翻译时让应聘者在规定时间内翻译一页内容基本上可以达到测试目的。但让人家翻译好几页内容,而且不规定时间,这意味着什么呢?是不是让他们免费给招聘方翻译资料呢?

对照丽思卡尔顿酒店的用心细致招聘过程,那些面试前不看简历、面试时简单翻翻简历、听应聘者自我介绍几分钟的面试考查人员应该脸红——面试过程一定程度成了走形式,能不能找到合适的员工成了碰运气。一次次招聘、办离职手续、打招聘广告、再招聘,浪费人力、物力。从另一个角度看,应聘者应了解此普遍现象,不要误以为对方已经认真看了自己的简历,因此在口头介绍时仍应重点介绍自己的亮点,即使简历中已经有了,而不要把宝贵的口头简介时间花在不重要的细节方面。如果不注意此策略,将会导致不好的面试效果,也就是面试考查人员不了解应聘者的出彩之处。

专题分析　从一个错误的招聘、考核指导思想展开的思考

下面的例子虽非关于招聘管理人员,但对招聘这类人员及普通员工均有借鉴意义。2018年前后不少高校加班加点,动员员工一起帮忙,通过多种渠道大量招聘新老师,因为如果再不把剩余的编制用完,教委就要收回了。到2019—2020年基本上满编了,于是一些大学的考核

---

① 朱雪芹. 管理学基础[M]. 北京:机械工业出版社,2018.
② 周文辉. 营销功夫:一心九式[M]. 北京:机械工业出版社,2021.

(尤其首聘考核)难度(将)明显加大。大学管理者向老师们吹风:学校仍需继续招聘高端人才,但编制已满,自然要加大考核难度、动真格的,淘汰一些不达标的老师。这种招聘、考核指导思想不仅不适合事业单位,即使放在企业哪怕是私人企业也不合适、不公正。这不符合以人为本的思想。招聘时就不应该搞突击(这本是一些短视企业的行为,盲目乐观,错误决策;形势不好了,就大量裁员,缺乏信用、缺乏人情味。联想就曾被狠批过),为何没有制定有效的招聘计划,在编制余额有效期内按部就班地、有效地、正常地招聘?

要慎重选聘单位真正需要的人才,然后抱着跟新进人才"过一辈子"的指导思想。好好培养、发挥他们的才能;他们有了问题与错误,耐心帮助、教育,岂能抱"但见新人笑,不闻旧人哭"的指导思想?就像恋爱、婚姻一样,雇主如果对员工抱这样不忠贞的态度,喜新厌旧,并公开这种态度,又怎能指望员工对雇主忠贞不贰、尽心奉献?末位淘汰是一种离心离德的做法,会破坏凝聚力,会导致员工们不是实质性地把注意力放在工作上,团队精神亦将消失,有的是残酷的明争暗斗。

美国施乐公司是这样对待绩效差的员工的,销售额最少的小组将获得一个象征落后的、会旋转的、面目滑稽可笑的玩具娃娃。这个娃娃起码要在落后小组的办公场所放一个月,直到下个月有绩效差于他们的小组时才拿走它。

还有的公司或团队虽然每周公布绩效排名,例如销量排名,但从不处罚排名靠后的员工。一般而言,人要脸、树要皮,落后者自然着急,会想办法往前赶。排名总有前后,难道非要处罚甚至淘汰吗?这不是一刻不停地折腾人力资源部门吗?招来新员工,一排名,还是有先后。

以人为本的组织会着力奖励先进者,不会盯着后进者不放。可以学习玫琳凯(实际上应写成玫琳·凯)的年度盛大颁奖典礼,红地毯、鲜花、掌声、惊艳的大奖,还有先进者的感人故事,这样的荣耀时刻可以慰藉一年的辛劳,并为新的一年加满油。广州立白集团一年一度的全国经销商大会以及诸多知名企业的经销商大会都有类似效果。你要盯着后进者也行,那就是给予更多关心、帮助和指导,使他们快速进步。

德国显微外科手术器械著名公司蛇牌公司称其在近150年的历史中从未解雇过一名员工。德国公司的员工流失率普遍很低,例如,高压清洗机公司凯驰的年流动率在3%以下,化学制品巨头瓦克公司的年流动率在2%以下,保时捷公司前三个管理层次的流动率是1.2%。这些并不是个例,如此低的员工年流动率在德国是普遍现象。简析原因如下。

德国、瑞士、瑞典等欧洲大陆国家采用的是社会市场经济体制(莱茵模式),重视大众利益,企业内采用投资者和员工共决制度,不同于英美等国资本主义体制的资本利益至上的观念。各企业的工资水平接近。许多企业的利润分享制度良好,例如员工持股、工资高、福利好,管理以人为本,员工自由度高。德国企业和教育资源分散、平均,企业往往在小城镇甚至乡村,我以前就职的德资公司的总部就在德国乡村,没有明显的精英型大学,企业和当地居民形成长期、良好的相互依赖关系,企业员工多来自当地居民,忠诚度高,甚至几代人都在一家公司工作。

日本虽然整体上改革了终身雇佣制,但大多数公司仍为员工创造稳定、可靠的就业氛围,员工并不会轻易失去工作。

9.1.2 在内部提拔管理人员

(1)内部提拔的优点

有利于调动积极性,大量内部晋升能使组织获得更多员工的忠诚;被聘用者的适应期短;受聘者更倾向于保持对本组织当前的愿景、使命和战略的承诺;不易错聘;节约时间和费用,包括向晋升者支付的薪酬也可能比向外来受聘者支付的少;有利于吸引外部人才。

原有员工虽然也看重伴随晋升的涨薪,但晋升本身对他们更重要,给他们涨一级工资(数额可能并不大),他们也许就挺开心了。而外部应聘者由于一般比招聘企业的内部员工有更多选择(例如受聘到其他公司或留在原公司按兵不动),他们更会受招聘岗位的薪酬影响。如果该薪酬的市场竞争力不够强,他们不会接受聘请。所以,原有员工晋升后的薪酬成本往往低于外来受聘者的薪酬成本。

由于较多地采用内部提拔,虽然对外招聘的多为基层(管理)岗位,外部人才需要从基层工作做起,但他们觉得有奔头,因此愿意应聘、受聘。例如,受聘到华为公司工作的一些博士可能也须从基层工作做起,但只要是金子总会发光的。

(2)内部提拔的不足

内部提拔的不足之处主要有三点:可能会加剧内部纷争;新上任者面对的是"老人",较难建立自己的管理权威,相对的是"外来的和尚好念经";可能会造成"近亲繁殖"。

①"近亲繁殖"的表现和危害

被提拔的管理者可能继承前任的惯性思维、风格和做法,不利于创新和突破,大量的内部提拔则会加强这种情况。被提拔者可能是组织内某些有权力者的亲信,他们可能互相提携,形成派系,维护与加强其小集团的利益,即内部人控制,对组织产生不利影响。例如人浮于事,降低组织的运营效率,阻碍组织的合理改革,为了小集团利益而损害整体组织的利益。

②科研机构里的"近亲繁殖"

较多的毕业生留校或留在其求学的科研单位工作后,年轻学者很可能会因循其导师的研究思想和思路——可能是主动地或不自觉地因循,也可能是被迫跟随其导师的研究思想、研究思路和研究规划。由于没有新的思路、观点融入这些研究团队或科研单位,其研究难以获得突破性进展,会产生研究瓶颈,一直在一定的范围内徘徊,甚至进入研究的死胡同。认识到这些危害后,各高校现在较少留用自己培养的研究生。

(3)应该以内部培养和提拔为主

优秀人才始终是稀缺的,公司从外部引进人才,只能起补充作用,重要的是公司自身能培养专业人才和优秀的管理者队伍,这是公司人力资源管理面临的挑战。20世纪初,科学管理之父泰勒也认为企业有责任培养一流的工人。麦当劳汉堡大学是一个典范,麦当劳中国汉堡大学2010年落户上海。大公司办内部"大学"的例子不在少数,还有通用电气的克劳顿管理学院、海尔大学、华为大学(2005年注册)等,全球企业大学数量达5 000所以上,其中的经验教训值得研究。公司内部大学与公司办社会教育的性质不同,例如,阿里巴巴的西湖大学主要不是为了内部培训,而是面向社会的高等教育,并且是一所研究型大学——招收研究生。吉利学院也主要是面向社会的高等学校。

在一般情况中内部提拔应被作为主要方式,隔较长时间可外聘一些管理人员。或者遵循在内部人尽其才后再对外招聘的原则。对内部提拔或外部招聘都须引入竞争机制。现在我国已有不少组织在采用内部提拔方法时常常使用内部竞聘的手段,包括竞聘演讲、宣讲经营管理方案等。

红豆集团每月都有几次机会,22 000名员工都可以竞争空缺的岗位。红豆所有的科长、经理及100多位厂长都是通过公开竞争上岗的。顾立基担任中集集团总经理时,对生产一线的管理岗位,从班长到管生产的副总经理,在工人里提拔。顾立基不让新分配来的大学生做这些,而让他们做营销、市场和技术工作,这些适合他们,他们也很乐意。让大学生负责工厂里的某个岗位他们反而不高兴。

(4) 评审职称申请的流程给予内部提拔的借鉴

在上海,一些高校选拔高级职称候选人的方法,可以被其他单位在内部选拔管理人员的过程中作为参考。这些没有博士点的市属高校先对申报高级职称的材料进行形式初审,检查申报者是否具备本校要求的资质。这一过程由人事处、科研处、教务处等校级部门完成,院级部门基本上只做一些证明,不承担核查工作。校级部门与申报人一般无利害关系,与申报人有利害关系的院级部门又不承担核查工作,就避免了暗箱操作与寻租情况。然后把通过初审与公示的材料送交上海市教科院,由后者发往该市各有关单位,请专家们盲审。通不过盲审,申报人当年或该次的申报流程就终止了。通过的话,再由申报人的单位择优给予高级职称。

上述方法的顺序很重要,先初审,再外审、盲审,再内审,否则的话申报人的单位可能出现暗箱操作、寻租情况,即主管人员优先把关系户送出去盲审,非关系户在第二个环节就没有机会。而上海的这种评审流程确保了所有申报者在第二个环节能获得公平机会。尽管市级层面的工作量大了很多,但从公平合理角度和选拔人才的角度看这是值得的。外审通过的名单回到各高校,尽管单位的内部评审、选拔仍可能存在暗箱操作和寻租情况,但其危害性已经被很大程度地削弱了,因为再怎么暗箱操作也是在外审、盲审专家们选择的申报人中操作。有的当事人认为自己已通过外审,却在内审环节被淘汰,认为这不公平,他们因为过于强调外审的权威性而看不到这种评审流程的合理与公平性。进一步讲,优秀的申请者比较多,供给的高级职称名额又比较少,通过内审环节择优授予是合理的,也是用人机构的权力。

行政单位、(国)企事业单位可借鉴上述选拔方法,而且在第二个环节,往往有上级的统一机构负责外审、盲审事宜。实际上民营、外资企业也可借鉴上述方法,在第二个环节可借助行业协会的力量。其他机构可按类似方法操作。

案例9—3　内部招聘(包括为非管理岗位招聘)

索尼公司曾经有员工向董事长盛田昭夫反映其科长对下属的无理压制,盛田昭夫十分震惊。他认为管理者应该关心下属,不能堵塞下属的上进之路,于是决定改革人事管理制度。

此后索尼公司每周出版一次内部小报,刊登各部门的求人广告,员工可以自由而秘密地应聘。实行内部招聘制度后,有能力的人大多能找到自己中意的岗位,而人力资源部门则可以发现那些流出人才较多的部门及其主管的潜在问题[①]。另外还需制定一条严格的纪律,即招聘人员和人力资源管理者不得向应聘员工的现任上司或现在所在组织透露信息,违者严肃处理。这样才能保护应聘员工,保障内部应聘积极性。很多年前,作者在电力系统工作时,电力公司也有内部招聘,但子公司很快就知道自己的哪些员工去应聘了。正因为没有这条纪律或者没有严格执行该纪律,各子公司就能借助熟人从公司人力资源部打听到应聘人员名单。

9.1.3 招聘中认可"好马也吃回头草"

一种另类的招聘是让"好马也吃回头草"。

德国公司就有这方面的传统。西门子公司3%的员工是"吃回头草的好马",SAP公司的比例是2%,"吃回头草"对公司和员工而言是双赢。能吸引过去的员工回来,说明公司是有前途的;公司愿意要过去的员工,说明员工是有价值的;员工到别的地方学到了新方法、新技术,有了新思想、新见解,对公司很有用;相互了解,不会抱不切实际的期望、提不切实际的要求;回归的员工将建立新的忠诚度。

卡尔·哈恩的职业生涯开始于大众汽车公司,工作20年后他离开大众。10年后他又被大众汽车集团请回来,而且是直接担任集团首席执行官。1983年,文德林·魏德金大学毕业后进入保时捷公司,5年后跳槽去了汽车零部件公司格律客,一家中小企业,在那里学习了精益生产管理方法。1991年,保时捷在几乎到破产边缘时,又把魏德金请回来,让他担任负责制造的董事,[②]1993年,他成为首席执行官。在他的带领下保时捷进行了整改,1995年终于扭亏为盈。德意志银行的全球人事总监比帕·拉姆波特女士也是"吃回头草的好马"。

许多德国企业甚至有正式的机制维护与优秀离职员工的关系,例如隆重的定期聚会、沟通平台、专题会议、庆祝活动、工作新闻简报、员工内刊、生日祝福。很多中小企业也欢迎"吃回头草的好马"。隐形冠军理论之父赫尔曼·西蒙经营的战略与市场咨询公司里,大部分合伙人和顾问都是"吃回头草的好马"。[③]

国内的这种案例也不少,例如万科前董事长王石对待离职高管的做法。

员工辞职时,员工、就职单位(尤其单位)都不应斤斤计较,不应为小利红了脸。员工辞职有个人的主客观原因,包括生活方面的困难、个人的发展机会等,也有就职单位的主客观原因,包括不公的待遇、不能相处的上司、发展前景堪忧等。用人单位应理解员工,千万不要把员工辞职视为背叛,因而怒目相向、锱铢必较、百般刁难,一家单位如此小气,是什么形象呢?

---

① 杨跃之,李悦,唐娟,于辉. 管理学原理(第2版)[M]. 北京:人民邮电出版社,2016.
② 此点与我国的情况不同,德企董事会相当于我国企业里的高管团队,董事负责具体管理业务;德企监事会相当于我国企业里的董事会,监管高管团队(也就是德企的董事会),一般而言德企监事会的地位高于董事会,董事受聘于监事会。这就是双层制治理结构。在我国企业里,监事会与董事会平级,都受聘于股东(大)会,监事会代表股东(大)会监督董事会、高管团队乃至整个企业。非执行董事不管具体业务,仅在董事会从事战略规划、招聘高管、筹划薪酬制度等事务以及监管高管团队乃至整个企业的运营。
③ 赵振勇. 创新与管理4.0:德国企业经营及实体经济成功之路[M]. 北京:人民邮电出版社,2019.

这样的单位并不鲜见。商业社会,双向选择,辞职谈不上背叛。人情留一线,日后好相见。员工对就职单位的宽宏大量也应领情,切不可提非分要求。

好聚好散,员工将来可能还会帮原就职单位的忙(有见地的管理者就懂得对离职员工说类似的话——记着现在的单位,有空常回来看看,有机会给现在的单位带来业务),甚至再度归队,起码离职后不传播原单位的坏口碑和内部负面消息。中国的许多企事业单位在这一方面应该学习德国企业的大度,气量大往往有好回报。

一个类似的技巧是返聘以前的员工作为顾问或讲师等兼职员工。可以说,返聘是一种有效、快捷的招聘手段。

从员工层面上升到企业层面,一个企业离开原来的经营地或领域时,也应遵守好聚好散的原则。反面例子有,耐克和阿迪达斯把生产外包业务从中国迁往越南时讽刺地说,中国的市场不重要。他们忘记了之前那么多年,自己是多么依赖中国的生产和销售。实际上,他们后来在越南的生产业务并不顺利,因为那里的基础设施并不完善。

再如,富士康把生产业务从中国的郑州市迁往印度时,郭台铭说的话更难听。后来,富士康发现,印度的营商环境并不好,其在那里的生产业务并不顺利,因此再度回归郑州,并大大增加了在郑州的投资规模。河南省的巨量熟练工,实际上是富士康的珍贵资源。

实际上,这些外资企业与中国是互相成就、互相需要的,外资企业即使离开中国,也不应说难听的话。2023年,中国的营商环境在全球排第31位,可见,中国对外资企业不会差。就像前面说员工离职时一样,做人留一线,日后好相见。

9.1.4 选聘管理人员的标准

(1)正直、诚信标准

图9-1显示了选聘管理人员的主要标准。有人可能对正直、诚信这类选聘标准不以为然,认为管理者关键得有较强的才干,有实际的本事才行,品德又不能当饭吃。其实不然,例如《红楼梦》里王熙凤的所作所为说明:一个有才干的人如果缺乏道德底线,其行事是不择手段的。没有真诚和善良作为基础,单纯的高智商是可怕的,单纯的高情商是令人厌恶的。

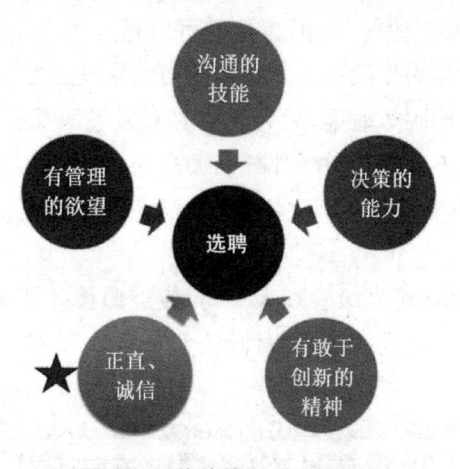

图9-1 选聘管理人员的标准

朱元璋在创业阶段可谓高智商与高情商，远高于陈友谅，笼络部下和外部人才的水平超高。可他是一个无德之君，尽管有人说他对百姓很好，可为什么不能对身边的人也好一些呢？他得天下后的种种暴行正是他内心缺乏真诚、善良和道德的反映，是过度以自我为中心、以家族为中心的心态的反映。连太子都反对他的滥杀行为。他在创业期间表现得像一位明君，只是为了实现野心而拼命把种种残暴的心态隐藏起来而已。他与司马懿一样，都是演技极高的"演员"，使很多人均未看清他们的真面目。

案例9—4　王熙凤不计后果的报复

只举"凤辣子"对待尤二姐的例子，其处理方式一点儿也不顾全大局。王熙凤为报复尤二姐，派人找到张华，叫他到官府告贾琏破坏别人的家庭并停妻再娶。更严重的是，这一行为发生在贾家服丧期间。虽然不是荣国府的丧事，但也是贾家的丧事。贾琏的"重婚罪"虽然没被正式立案，但也因此花了不少银两，并从此在家族中抬不起头，自然对王熙凤恨之入骨[①]。在这里且不谈道德问题，王熙凤显然违反了避免内部矛盾外部化的常规，违背了家丑不可外扬的规范。贾琏的这件事以后也成为贾府被抄的一大罪状。王熙凤还"弄小巧用借剑杀人"逼得尤二姐自杀，把贾珍和尤氏也彻底得罪了，真的是不计后果。

简析：这段情节中的不少当事人的做法都是不道德的，不独王熙凤如此，但此情节却突出描绘了像王熙凤这样有才干的人，其没有底线的作为是多么可怕。

对高层管理职位而言，就任者的品德更重要。高层管理人员掌握的资源很多，身边和外部的诱惑也很大，德行差的高管很容易堕落。一个人的才能再大（那些落马高官的才能可能是很强的，例如原铁道部部长刘志军的才干是很强的），但如果不遵纪守法的话，他们在为组织作出贡献的同时，也给组织带来损害，甚至是巨大的损害。

即使在一般情况中，不像上述情况那么严重，但选拔干部时不注重其品德表现、群众评价，听取群众意见只是走形式甚至搞虚假动作；当选的干部们自身又不注重加强品德修养，组织也不注意对他们加强教育、监督，渐渐地，这些干部可能就忘记初心，开始漠视道德规范和内心的歉疚感，并且以别人也这么做为挡箭牌，徇私舞弊、以权压人，违背公平、违背职业道德，不再为单位尽心尽力尽职……

之所以说居高位者更需有德行，还因为他们可以把其善的功效无限放大，泽被大众；反之，他们也可以把其恶的破坏力无限放大。仍用明初的一段历史说明之。朱元璋不是一个有德之君，得天下后掀起一场场腥风血雨，只为了他的家天下和某些政治意图。他选朱允炆为继承人，可惜这位皇太孙并不像他想象的那样品德高尚，并且做大事时迂腐甚至在某些方面愚蠢。自这位小皇帝的削藩行动开始，国家就陷入巨大的动乱之中，无数人失去了宝贵的生命。

所以选聘管理人员尤其选聘高级管理人员时，应遵照德才兼备、以德为先的标准。在国有企业，党组织要认真调查候选人的背景，对候选人在品德、业绩、群众评价等方面提供意见，

[①] 本来是为了丈夫纳妾而吃醋，但行事的结果却是让自己的丈夫恨自己入骨。王熙凤这么精明的人不会没考虑到这个结果，但是她不管这些，因为她不容许别人有负于她，谁敢得罪她她就会对其进行报复，并且不计后果。这样的聪明人、这样的有才干的人是不是很可怕？

为董事会的用人决策提供支持。

(2) 人品和才干标准

选聘管理人员的标准中的两个主要因素是人品和才干(例如图 9-1 中的决策能力和沟通技能),现把它们结合起来并分情形论述。

① 对人品好、才干强的人应当重用,而且要大胆放心地用,如刘备之于诸葛亮,苻坚之于王猛。

② 对人品好、才干弱的人,应当培养、使用。人才是可以被培养出来的,例如,阿里巴巴的高管团队成员和华为的高管团队成员在很大程度上都是企业自己培养的,不是"空降"的。人品好但才能不强的管理者①仍然可以通过任用贤才获得巨大成功。马云并不精通电脑及其软硬件,但他懂经营和管理,尤其懂得用人;国际商业机器公司原总裁郭士纳原来也是电脑行业以外的人士,但他懂经营、管理和营销。在他们的领导下,各自的企业都获得了巨大成功。人品好的管理者不会嫉贤妒能,并能任人唯贤;反之则很难说了。有一篇短文在这方面很有启发意义(见案例 9-5)。

案例 9-5　刘邦论得天下之道

帝(汉高祖)置酒雒阳(即洛阳)南宫。上(高祖)曰:"列侯、诸将毋敢隐朕,皆言其情。我所以有天下者何? 项氏之所以失天下者何?"高起、王陵对曰:"……然陛下使人攻城略地,所降下者因以予之,与天下同其利。项羽不然,有功者害(迫害)之,贤者疑之,战胜而不予人功,得地而不予人利,此所以失天下也。"②

上曰:"公知其一,未知其二。夫运筹③帷幄之中,决胜千里之外,吾不如子房;镇(平定)国家,抚百姓,给饷馈(供给军饷),不绝粮道,吾不如萧何;连(联合)百万之众,战必胜,攻必取,吾不如韩信。三者皆人杰,吾能用之,此吾所以取天下者也。项羽有一范增而不用,此所以为我所禽(通擒)也。"群臣说(通悦)服。(选自《史记·高祖本纪》)

实际上刘邦自己也是一个大才,别的不说,就据他的这番论其得天下之道的话足见其见识非同寻常,超越众人。所以韩信说刘邦虽只能领十万兵卒,却是统帅他们这些文臣、武将的人才。

③ 对为人有问题(也不一定真有问题,可能从用人者的利益角度看,似乎有问题)但才干强的人当谨慎利用、限制使用。国家、军队、企业等常常不得不任用这类人,不过必须加强监督。如果有有力的监督,刘志军、褚时健等可能不至于犯那么大的错误。三国时司马懿也许有谋逆之心,魏国朝廷不得不用他的时候,必须有效监督和防范;朝廷虽然防范司马懿了,可是防范的手段(例如太露骨了,激怒了司马氏,没有谋反之心也被刺激出来了)和效果(例如没有在司马氏的夺权根基方面防范,可采取调换相关将领的措施)并不好,所以让司马氏最终得手了。

---

① 指高层管理者,也可能是原来的被培养对象成长为高层管理者。

② 项羽有时虽然表现得挺仁慈,但他的这些行为往往属于古人认为的"妇人之仁";或者出于沽名钓誉的目的,例如在"鸿门宴"中放走刘邦。所以毛主席在诗中说:宜将剩勇追穷寇,不可沽名学霸王。

③ 策划用兵,指挥战争;在后方制定作战方案。

④对人品不好、才干又弱的人当远离之,对无才无德之人坚决不用。不能因为感情因素而重用,例如,历史中无数次出现的国君、皇帝重用无德寡才太监和奸佞官员的情形——就因为后者善于溜须拍马,揣摩透了皇帝的心思,说出的话、做出的事合皇帝的胃口,似乎是最贴心、最重视皇帝感情需要的人。①

(3) 贡献和能力标准

实际工作中还有一个常见问题:选聘管理干部的主要依据应该是其贡献还是能力?主要依据应该是候选人的贡献或成果。能力是一个抽象的东西,我们有时候看不准。例如,马云曾以为当阿里巴巴公司越来越大时,跟他一起创业的那些人难以胜任管理这个大公司的重要岗位。实际情况是,阿里巴巴公司后来招聘的高级经理(其实还是依据他们的成果聘用)大多又离开阿里巴巴(没能融入该公司),反倒是阿里巴巴公司原来的那些管理人员成为该公司现在的高层管理人员,例如创业之初的"十八罗汉"成员,甚至成为公司合伙人。出现这种情况的原因除了这些管理人员的贡献,还有他们的忠诚。② 马云归纳出的另一个原因是:这些管理人员随着阿里巴巴公司的成长而成长,因而能成为这个庞大公司的合格的高层管理人员。人的潜力是无穷的。

在对待这两个标准方面,《三国演义》里的诸葛亮也犯过错误,也就是派马谡守街亭。马谡确实才气过人,是个好参谋,诸葛亮在七擒孟获、平定南方的过程中就采纳了马谡的"心战为上,兵战为下"的策略。在派谁守街亭时,诸葛亮误判了马谡的能力,把一个好参谋当主将用。谁知马谡并无主将之能,而且既违背主帅的规定,又听不进副将的劝谏,刚愎自用。所以说马谡失街亭,罪在马谡,过在孔明。诸葛亮在没有看到马谡独当一面打大仗的经验和战功之前,就把守街亭这样关键的任务委派给马谡,显然主观地放大和延伸了马谡的"能力"。③

从另一方面看,有能力但不努力的人难以对组织作出较大贡献,选聘管理人员以及对管理人员定薪时须注意此点。不过对这一点的认识也不能片面化,因为有能力但不努力的员工可能有其采取这种态度的正当原因,这个原因也许是其所在组织的原因。例如企业文化不温馨、不和谐,激励制度不科学、不合理,企业使命不公正、不积极。高层管理者应消除这些消极因素,为有能力的人创造激发他们努力工作、积极奉献的环境。

选聘管理干部时,既要重视贡献,也不能忽视考量能力——参见9.4节"关于彼得现象的思考"。还需重视候选人的价值取向、志趣爱好与招聘岗位是否吻合。如果候选人的志向不在这里,或者只是表面上对招聘岗位感兴趣,不过仅仅是为了找一个谋生的职业,那么他们即使能力强,也不能有效发挥,会有身在曹营心在汉的负面作用。深入的面谈、有效的心理测

---

① 从另一个角度看,一些忠臣也可能忽略了其君主的感情和其他方面的需要,导致君主不愿亲近他们,继而也听不进他们的忠言良谋。诸葛亮可谓忠心耿耿,可是感情牌打得不好,搞得刘禅见到他就害怕,不是间接把刘禅往奸佞小人那边推吗?这一点对人们的沟通是有启迪意义的。

② 不仅是阿里巴巴这样,华为、谷歌这些卓越企业在创业之初不可能吸引来许多优秀人才,起步之时,创始人和一些普通的员工靠的是勇往直前的创业精神、正确的战略思考和不懈努力使公司越来越优秀,然后才能吸引来大量的优秀人才,进而使公司更优秀。

③ 耳根偏软,经不住马谡再三请缨。可能还有一个徇私情的问题——诸葛亮与马谡的交情非同一般,希望马谡建功立业。

试,以及充分调查候选人,方能判断其价值取向是否与招聘岗位相符。

9.2 考评管理人员

虽然本节论述如何考评管理人员,其实可以扩展到考评部门、子公司的情形中,负责考评的管理者都要把握使用考评标准和考评方法的度,不能过于依赖这些标准和方法,不能僵化执行。例如,微软曾过于强调各业务部门的绩效考核,结果总是视窗操作系统部门和办公软件部门胜出,于是他们始终获得最多的发展资源,而互联网搜索、即时通信、社交等业务部门则未能获得足够的支持与投入。因此有微软"迷失的十年"的说法。微软的绩效主义和员工排序考核还导致内部竞争过于激烈,甚至到敌视、内斗的程度,这是微软总裁鲍尔默也承认的。2013年11月,微软放弃了这一排序考核制度。

电影《泰囧》里,徐朗和高博死对头式的同事竞争关系也形象地描绘了过于强调绩效考核导致"你死我活"的竞争,哪里还有合作与和谐相处?上司和下级的关系也是唯绩效论,例如,片头徐朗与其秘书的沟通就赤裸裸地体现了此点。电影情节其实不算夸张,一些公司的真实情况就是如此。不能抛弃绩效考核,但是怎样避免或减弱员工间的过度竞争呢?可以辅以360度评价,上司、同级同事、下级同事、客户及供应商等的评价如果有较大的权重,可以防止员工只盯着绩效。

绩效主义也是导致索尼破产重组的一个原因,索尼员工把很多精力花在报告自己绩效的各种报表上,对正经工作反而不如过去上心。类似的情况,在其他组织也不鲜见。

9.2.1 考评内容

考评内容包括关于工作成果的考评和关于工作能力的考评。

关于工作成果的考评既是对本级管理人员的考评,也可被看作对上级的考评——上级选聘、领导、指挥的效果。

在考评管理人员的工作成果时,适当注意将其个人成果与部门或组织成果区分开,这样才比较公平。例如,一般而言,在公司上升期、部门或团队精干有力时,集体的成果自然较好;公司的整体业绩处于下降期,部门成果难免较差。还有国家与地区经济环境等宏观、中观因素的影响。此时部门绩效与部门管理人员的贡献或成果不一定有必然的联系,或者说关联性不一定很强。

这一原理尤其适用于国企管理人员的绩效考核,除了上述情景或原因,还有:仍有许多高管是政府任命的,有行政级别,基本上不用担心因经营业绩差强人意而被解聘;相对于其他所有制企业,国有企业能获得一些额外的资源、机会、政策扶持(尽管国家正逐渐消除不合理的政策倾向,创建国企与非国企公平竞争的环境)。所以不宜在比较国有企业与其他所有制企业的绩效的基础上,把国企高管的薪酬与其他所有制企业高管的薪酬过度相提并论。

专题分析　自我评价

自我评价时同样不可把当前的成绩都归于个人的努力与能力，否则很容易导致自我膨胀。并非只是从谦虚的角度建议大家不能过于自信、自我，实际情况也如此，各种成绩基本上都不只是个人的努力结果。即使某件事非团队之事而是个人事务，相关的成绩一般也并非只是个人努力的结果，例如离不开亲友的支持、站在前人的肩膀上继续攀登、社会环境的支持。

古今中外，太多的人，包括许多风云人物，因为以前的成就而过于自信、自我，继而转变成自负、自以为是、自我膨胀，终致失败。肯自以为非、挑战自我，方能不断前进，就像张瑞敏领导海尔集团五次成功转型那样，成为全球工商界少有的情况（沃顿商学院梅耶教授的评价）。一个特大型国有公司都能不断变革以更好地适应环境，中小型公司和个人不更应该做到吗？古话说，"是祖上积德""是上天保佑"……这些话是耐人寻味的，现代人不要对这些话不屑一顾，它们能提醒我们在成功时保持清醒，不要过高评价自己；也提醒我们保持谦虚、厚道，知道自己的成功背后有很多人的支持。

尽管考评不可避免会牵进主观判断，但人力资源部门或上司应尽量减少主观因素与个人感情的影响。例如，在考评员工能力时，可采用两两比较法；基于员工过去的工作评判时，尽量就事论事，不要较多地延伸评判、预测。考评者并不能保证自己的延伸评判和预测是准确的，正如俗语讲的，不能从门缝里看人。

考评者也可以针对以下五方面考评管理人员。德：考核管理人员的思想政治表现与职业道德。能：考核管理人员的工作能力，主要包括基本业务能力、技术能力、管理能力与创新能力等。勤：考核管理人员的工作积极性和工作态度。绩：主要指工作业绩，包括可以量化的刚性成果和不易量化的可评估成果。个性：主要评估管理人员的性格、偏好、思维特点等。管理人员的个性和管理风格会影响其个人的业绩，也会影响部门或单位的运营。可能是有利影响，也可能是不利影响。乔布斯曾经的暴躁脾气、独断专行让员工不安；后来改善后的管理风格，让员工敬服；乔布斯善于用激励的方法促进员工的绩效。

9.2.2　考评要求与考评程序

(1) 考评要求

第一，最基本的要求是必须坚持客观公正的原则。

第二，要建立由正确的考核标准、科学的考核方法和公正的考核主体组成的考核体系。12.3.1 小节中的英国私人商船运输囚犯到澳大利亚开发殖民地的故事，既阐述了正确的激励方法，即有效利用制度设计，也阐述了如何正确设计考核方法。

第三，要实行多层次、多渠道、全方位、制度化的考核。必须定期考核，不要时有时无；考核要有章法，不要随心所欲。

第四，要注意正确运用考核结果，例如向被考核者提供反馈。

(2) 考评程序

第一，制订考评计划。

第二，制订考评标准，设计考评方法，培训考评人员。不要忽视培训工作，如果考评人员对考评方法不太了解，对考评标准把握不太准确，必然影响考评结果。社会调查人员的情况与此类似。

第三，衡量被考评对象的工作，收集信息。

第四，分析考核信息，作出综合评价。

第五，运用考评结果。在有关管理人员的晋升、加薪、奖惩、培养、轮岗和工作调动等决策中，把上述考评结果作为依据之一。奖励考评结果好的员工相对容易一些，比较简单、直接的方法是发奖金，但惩罚考评结果不好的员工往往不容易执行，例如，扣奖金的措施就不容易实施，因为容易激发矛盾和冲突，还有考评者与后进员工较好的感情会阻碍实施惩罚。

实践方法 在行政事业机构国有资产的专项管理中，如果把考核不佳的绩效作为员工晋升、加薪、工作调动的否定因素，似乎有点重，很多员工都不能接受。遇到类似的情况怎么处理？有的组织采用较缓和的惩罚措施，例如绩效差的员工及其部门不能参加当年的评优。惩罚力度不是特别大，受罚员工及部门可以接受，但惩罚效果又是明显的，因为如果能评上优秀称号就能获得额外的奖金，还有，员工不仅在意物质奖励，也在意精神奖励。

9.2.3 常用的考核方法

第一，实测法。

第二，成绩记录法，平时就要记录。

第三，书面考试法。

第四，直观评估法。

第五，情景模拟法——模拟一个工作场景，考察被考核对象在该场景中的表现。

第六，民主测评法，即由组织的人员集体打分评估。管理人员可考核下属，下属也能考核上司。在薪酬评定方面亦如此。在大学，老师能考评学生，给予他们各门课的成绩；学生也能考评老师，对老师打评教分。教务处、人事处平时管着老师们的事务，听课、监督、考评、打分，但它们同时也是服务部门，年终，老师们也会对它们打分、评级。而分数与考评级别决定了各自的奖金、评优机会。

第七，因素评分法，即分别评估被考核者的各项考核因素，为各因素评分，然后汇总，确定考核结果。

寓言 花园管理

一个人买了幢带大院的房子。他一搬进去，就全面整顿院子，杂草、杂树一律清除，改种自己新买的花卉。某日，原先的屋主到访，进门后大吃一惊，问："那最名贵的牡丹哪里去了？"这人才发现，他竟把牡丹当草铲了。后来他又买了一幢房子，虽然院子更杂乱，他却按兵不动。果然，他在冬天以为是杂树的植物，春天里开了繁花；在春天以为是野草的，夏天里成了锦簇；半年都没有动静的小树，秋天居然红了叶。直到暮秋，他才基本上认清哪些是价值不大的植物，并铲除之。

案例9—6　且慢下手

公司调来一位新主管,据说是位能人,专门被派来整顿业务。可是日子一天天过去,新主管毫无作为。那些本来紧张得要死的"坏分子"现在反而更放肆了。他哪里是个能人!根本就是个老好人,比以前的主管更容易蒙。四个月过去了,就在勤奋的员工对新主管感到失望时,新主管却发威了——"坏分子"一律被解聘,能人则获得晋升。他断人断事之准,与四个月来表现保守的他相比简直像换了个人。这位主管事后先给下属们讲了上面的寓言,然后总结道:"借用花园管理的寓言,如果说我们的部门是个花园,你们就都是其中的珍木。珍木不可能一年到头开花结果,只有经过长期观察才认得出。"

简析　路遥知马力,日久见人心。如果给上述那位主管的策略取个名字,就是引蛇出洞或扮猪吃虎。古代老百姓口中的三大"青天"之一况钟在担任苏州知府之初也采用了类似策略,严惩了一些品行恶劣的官员。

案例9—7　"懒蚂蚁"[①]

日本北海道大学进化生物研究小组观察、研究黑蚁的活动。他们发现:大部分蚂蚁都很勤快地寻找、搬运食物,但每一组被观察的蚂蚁中都有少数蚂蚁整天无所事事,东张西望。研究人员把这些蚂蚁称为"懒蚂蚁",并在它们身上做了标记。在后续的研究中,研究人员断绝了蚁群原来的食物来源。这时,那些平时工作很勤快的蚂蚁表现得一筹莫展,而"懒蚂蚁"们则"挺身而出",带领蚁群转移到它们早已侦察到的新食物源处。

案例9—8　晏子治理东阿

很多人都知道晏子是一位不错的官吏,综合他的智慧、业绩、勤俭(如在家庭生活方面)、勇毅和忠诚(如对待持杀伐大权的奸臣崔杼和对待国君方面)。然而这样一位名臣在治理东阿三年后,在朝廷的考核中却不合格,还被齐景公严厉批评了一顿。真的是晏子无能吗?当然不是,他后来用完全相反的指导思想管理东阿,结果考核中一片好评,齐景公也向他祝贺。

此时,晏子揭示了真相。前面的三年治理中,他秉公办事,不受贿、行贿,也不讨好朝中官员,结果在"360度考核"中得了一个差评。当然,这个"360度"不包括老百姓。后来,晏子反其道而行,地方、朝中官员都给他好评。齐景公恍然大悟。

虽然上述案例是春秋时代的案例,但在当今的组织考评中难道没有类似的情况吗?因为类似压力的存在,一些主管也不得不采用晏子后三年的策略。对此,负责考评事项的上级管理者不能不引以为戒。

专题分析　国企党组织怎样管理干部?

中央已明确:"党管干部的主要职责,是确定用人标准,研究推荐人选,严格组织考察(重要干部任免须先经组织人事部门考察,党委提出意见和建议,董事会和高级经理再依法行使用人权),完善评价体系(党组织不但可务虚地参与制定评价体系,也可参与评价,管理界本身就提倡360度综合评价,党组织当然有评价权),加强监督管理(党组织是国企的领导核心与政治核心,有监督管理权);党管人才的原则,是管宏观、管政策、管协调和管服务,推进人才强

[①] 孙世强,胡发刚. 管理学思想·案例·实践[M]. 北京:人民邮电出版社,2017.

企战略；国企党组织人才工作的重点是努力营造各类人才发挥作用的良好环境"。

新时代，必须明确国企中党管干部的范围及内容：管用人标准，管用人方法，管用人程序，管干部教育、培养、选拔和监督，管领导班子的思想政治建设。可见党的管理理念既宏观、扎实、细致，又与"董监高"的管理范畴、具体措施区别开，相互支持而不是过多重叠，更非相互妨碍，而是保持齐头并进，共抓干部管理。

9.3 培养管理人员

培养员工也是管理手段和过程。

9.3.1 培养管理人员和其他员工的意义

(1)有利于提高队伍的素质。

(2)有利于维持员工对组织的忠诚。关于组织文化、组织精神的培训(组织文化不仅在组织运营、业务流程中得到传播，也在员工培训尤其入职培训中得到传播)有利于维持员工的忠诚；员工由于获得提高、进步的机会而对组织形成忠诚感。

(3)有利于保证队伍的稳定。员工由于接受了免费的培训，不好意思轻易辞职；有的培训附带长期服务或劳动协议条件。不过在惠普公司，接受公司资助培训的员工无需对公司承担额外的义务，学完后去留自便，惠普并不干预。惠普的大度做法值得学习，只讲以下两个理由。①许多培训内容是为了帮助员工更好地完成公司的工作，本就是公司的职责，为何还要员工为此培训承担额外的义务？②即使培训内容与员工的工作没有直接关系，也不宜要求员工为此作出额外承诺，因为这种培训往往是一种奖励或福利，并非随便给予某个员工的，难道发给员工的奖金和福利，公司还要把它们要回来？

9.3.2 两个重要的培养方法：轮岗和设置助理

(1)工作轮换

工作轮换包括管理工作轮换和非管理工作轮换。工作轮换有利于人才保持开拓进取、不懈怠的工作状态，克服组织僵化问题；在专业和地区间轮换岗位有利于管理人员保持观念开放、眼光远大，有利于他们提高工作能力，促进创新；可以培养全面发展、具有整体观的管理人员。

在我国，不仅国有公司、行政事业单位重视管理人员的轮岗制度并严格执行，民营公司也重视这个方法。例如华为公司的轮值首席执行官制度；阿里巴巴集团也很早就推行高管轮岗制度，以加强子公司间的协同、激发高管们的经营潜力。一些外国公司也同样重视，例如，斯伦贝谢国际石油公司规定：负责一个国家或地区业务的经理的任期一般为两年，最多五年，期满后该经理必须轮换到其他岗位。不但可在部门间进行轮岗，也可在部门内部轮岗，例如作者就职大学的财务处就实行内部岗位轮换。

除了培养功能，工作轮换还有防范徇私舞弊的功能，所以被各种性质的组织（包括部队）采用。除了真正具有大公无私精神的人，很多人都会有私心，他们在同一个管理岗位上或者在同一个组织担任管理者时间久了，很可能出现以下情况。容易滋生本位主义，维护小集团利益；容易私欲膨胀，公器私用；容易刚愎自用、专权跋扈，自认为老子天下第一；在自己主政或分管的地方和部门建立"私人领地""独立王国"。另一方面，长期不挪位置的下属更有可能讨好长期不变的上司。所以需要轮岗以克服之。

顺便说一个相关的话题。不少元老自认为创立了某个事业，创办了某个组织，因此居功自傲。他们不知道的是，所谓的功劳只是别人为表扬他们而这样说，他们自己并不能这么认为，因为所谓的功劳实质就是工作。你如果当初没做好这份工作，不但没有后来的自身发展，还可能会被请另谋高就。怎么能因此设立自己的势力范围，把某个组织看作你的私人财产呢？高尚的人不会居功自傲，不仅在人前，在内心也不认为自己有多大的功劳，总是谦虚地看待自己做过的工作。

回到轮岗话题。隋文帝看到以前朝代的地方豪强做大的危害，规定地方长官三年一轮换，地方其他官员四年一轮换，并且不得连任。法国总统戴高乐运用"刺猬法则"（保持一定的距离）定期更换身边的工作人员。他做了十多年总统，他的私人秘书、参谋等竟没有一位在他身边工作超过两年。这既是防止下属对戴高乐产生依赖感，促进下属成长，防止下属在同一职位上做久了容易出现徇私舞弊情况，也是戴高乐的自我约束策略。与下属相处久了，容易与其称兄道弟甚至互相恭维，阿谀奉承、送礼行贿等情况都容易发生；与某些下属走得太近了，对其他下属难以做到一视同仁；总是听几位固定助手的建议，容易限制创新；下属违纪犯法，上司也难辞其咎。

轮岗策略影响员工在组织内流动，流动有积极和消极两面性，不宜太小，也不宜太大，如果太大的话，员工、部门会处于不稳定状态。

轮岗的弊端是让管理者考虑采用该方法时非常纠结的原因之一。轮岗的弊端首先是专业集中性被削弱。例如，让一位管理者就任另一种岗位，可能大大荒废了其积累的知识、技能和经验，这位管理者还要花费很多精力学习新知识、技能，甚至长期难以胜任新岗位。但为了培养具有较全面的知识和技能的管理者，尤其培养未来的总经理、董事长和首席运营官这样的高管，充分轮岗和学习新知识又是必要的。

其次给换岗者造成不便、动荡甚至冲击。例如，上司考虑到必须减少专业聚焦被削弱的负面作用，因此让一位下属管理者仍然做原来的专业工作，只是换到另一个子公司（可能在本地，也可能在外地）上班，但这会对换岗者的生活造成较大冲击（照顾不到家庭，远离家人与亲友，上班不便，在新的地方生活不便，等等）。上司在安排下属的工作时，有义务、有责任平衡好下属的工作与生活（家庭）。而且这种换岗（已不是轮岗）的培养价值不大。

需要综合考虑上述利弊，评估具体情况，确定是否安排员工轮岗，尤其需科学审定轮岗频率。

(2)设置上司身边的助理职务

这种培养方法的优点包括:可培训待提拔人员;可就近观察待提拔人员;可减轻领导的工作负担。

案例 9—9　李世民就近培养薛仁贵

李世民在征战高句丽([gōu lí],丽通骊)时发现了勇猛的老兵(注:薛仁贵从军很晚,当时已 31 岁)薛仁贵,提拔他为游击将军。战事结束,回到长安,李世民封薛仁贵为男爵,任命他镇守玄武门。这一安排很巧妙:薛仁贵以前并没有统兵打仗的经历,对直接任命他做驻守一方的将军,李世民不放心;而且提拔太快,其他将军会有意见;让他镇守玄武门,类似现在的老板把看重的新人安排在身边做秘书或助理,可就近考察、培养;李世民是由玄武门事变杀了太子,继而获得帝位的,政治意义重大,让薛仁贵镇守,做自己的"贴身"护卫,体现了极大的信任,官位不算很高,但给予的荣誉却非常大。可谓用心良苦。

薛仁贵也不负厚望,在这个舒服(相对于其他一些将军,例如驻守边关的将军)的职位上一干就是 12 年,但仍不改勇猛之气、英雄本色与赤胆忠心,不但在山洪暴发的危机中挺身而出,救了高宗李治,后又在战争中立下赫赫战功——三箭定天山、征服高句丽。

就近观察的影响很大,见案例 9—10。

案例 9—10　美国某任国防部长通过就近观察一位将军,得到不良印象,因而取消关于他的晋升计划,并让他提前退休,尽管这位将军在海湾战争中表现突出。这位将军当时在民航飞机上显得很傲慢,还搞特殊化,把下属军官看作仆人,却不知国防部长正与他同机旅行,并在暗中观察他。

我们在生活中也要经得住别人的就近观察。一位帅哥或美女其形象似乎应该人见人爱,但假如别人就近观察或近距离接触他们后,发现他们无礼、缺乏修养(例如喜欢喧哗,餐桌礼仪不佳,太在意蝇头小利,喜欢占便宜),别人或观察者就会改变对他们的看法,对他们形成不好的印象。一个真正有修养的人即使在家里,包括与邻居相处时,以及一个人独处时都会表现出节制、守礼(古人提出"慎独"),这样的人才经得住就近观察。

其他培训方法还包括观看视频、计算机模拟展示、讨论、授课、自学考证(公司给予资助)和实行师徒制等。

公司的内部网站(Intranet)在员工培养、知识管理和建设学习型组织方面可以发挥较大作用,其优点包括容量大、节省印刷开支、可随时随地学习(通过 VPN 技术)、可供员工添加和分享知识以及学习系统活跃度高等。不过这样一个高效、省钱的组织学习利器,很多组织都未建设,包括很多大学这样的教学科研机构都未建设。有一些大学有内部论坛,在一定程度上起到内部网站的知识分享与培训作用,但还有许多大学连论坛都未建立,这无论在组织学习还是组织文化建设方面,都是重要缺陷。

不少管理者担心,自己的公司辛辛苦苦培养了员工,他们以后若另谋高就,自己岂不是为别人培养人才? 这样的想法不妥。20 世纪初科学管理之父泰勒就告诉我们,企业必须自己培养一流的人才,现在的情况仍然如此。大学、职校难以做到向公司输送完全现成的人才,如果各家公司都不肯花精力培养人才,人才从哪里来呢?公司培养出优秀的人才,他们也会为公司作出较大贡献,尽管他们中的部分人最终可能会离职,但公司能因噎废食吗?

案例9—11 麦肯锡的大多数员工离职后都能在其他公司就任管理职位,如果没有在麦肯锡的工作经验(从麦肯锡离职的大多数员工都表现出极强的咨询才能),他们不太可能如此快地实现职级提升。也就是说新员工进入麦肯锡后能在其职业生涯中实现很高的"净现值"——起码外界是这么看的。从另一个角度看,麦肯锡因此方能招聘到很好的人才,并且也愿意为他们提供最好的培训。这是一个双赢的局面。

为社会输送优秀人才,成为全国乃至全球的"黄埔军校",本身也是公司的极高荣誉,体现了公司巨大的社会价值。据说在《财富》全球500强公司担任过总裁的人中,出自通用电气的人比出自哈佛大学的毕业生多。通用电气能为离职员工带来非常成功的后续职业道路,反过来求职者也更看重通用电气,以进入通用电气为豪,并且珍惜通用电气这所"社会大学"。美国仙童公司也曾有过类似的荣誉。

9.3.3　考察、培养高层接班人

对一个公司而言选择接班人更是一个战略大计。对接班人事项还应看得更宽一些,即公司首脑遇到突发情况后,如何确保公司的平稳运营。

案例9—12　刘强东使京东循制运转

2018年9月,京东首席执行官刘强东在美国遇到麻烦,人身自由受到限制,不过持续时间不算长,因而不会对京东的运营产生很大影响。但作一个假设,假如刘强东长期被困在美国,京东能否平稳运营呢?

京东的管理制度和状态给出了积极的答案。刘强东手下有十几位副总裁,他们各管一项业务;京东还用管理制度和企业文化保证各部门方向统一、路线一致。所以刘强东早就被"解放"出来了。2013年,他甚至到哥伦比亚大学上了半年学,结果发现高管们各司其职,公司运转正常。①

万科前董事长王石说:他登山并没有什么特殊目的,就是喜欢挑战自我,如果硬要说有什么目的的话,就是可以远离公司,否则会折腾它、折腾员工。为组织建立了有效的体制,聘用了合适的管理人员,高层管理者确实可像王石这样无为而治。

更极端的情况,如果公司首脑突然离世,其身后的公司又当如何经营下去?一位企业家,哪怕是很年轻的企业家(如均瑶集团董事长中年辞世,有游族网络董事长英年早逝),不得不考虑这个"万一"的问题。有一些企业家很早就开始思考这个问题,物色接班人,如同封建君主继位不久就开始考虑立嗣那样。②

---

① 刘海兵. 管理学——创新的观点[M]. 北京:科学出版社,2018.
② 在我国古代,立嗣与修陵一样重要——对君主而言。如果君主迟迟不立嗣,大臣们就开始焦急不安,继而纷纷进谏了。臣民忠于皇帝,并非只是忠于一人,并不一定是愚忠,也是为社稷、天下计。皇帝、朝廷不安稳,国家就不太平,外寇就会入侵,西晋即为典型例子。

案例 9—13 韦尔奇考察、培养接班人

杰克·韦尔奇担任通用电气总裁后不久,即开始重点考察、培养 30 位(一说十几位)候选人;韦尔奇经常安排他们与董事们打高尔夫、聚餐、一起参加舞会,让董事们对候选人有更多的感性认识。娱乐活动轻松活泼,看似不经意,但座次安排、组合配对等细节都是韦尔奇亲自安排的。数年后,又在这 30 人中选定 9 人作为重点考察和培养对象;2001 年,韦尔奇在离职时向董事会推荐这 9 人中的 3 人作为他的继任者候选人,并被董事会采纳——在通用电气工作将近 20 年的杰夫·伊梅尔特成为新首席执行官。

此前,这三位候选人从各处信息来源也隐约知道自己是候选人之一,但并不知道还有多少竞争对手,因而他们没有直接的冲突和竞争,一直保持着良好的同事和朋友关系,并且会为最终能获得继任总裁的荣耀而继续奋斗。这正是韦尔奇需要的效果。[①]

这正如雍正为了避免自己的儿子们遭受他这一辈皇子们经受过的腥风血雨的夺嫡之争,而把传位诏书预先放到乾清宫中的"正大光明"匾额后。雍正不明立太子,弘历这一辈皇子们不知道竞争对手是谁,自然不会像父辈那样残酷竞争。但是传位诏书的存在,又为雍正身后选定了继承人,王室、大臣、百姓们都不用担心未来的继任者问题。

通用电气集团这样的做法是很有必要的,一个负责任的管理者应该这么做。日本的一些企业甚至明文规定:在没有培养出足以代替自己的合格接班人前不得晋升。此规定很有现实价值,在组织里,包括在过去的军队里,许多高管都不愿意培养这样一位接班人,唯恐接班人威胁自己的地位。这对组织是很不利的。例如在战争中,长官牺牲后,如果没有确定的接班人,其他军官互相不服气,群龙无首的军队处境是非常危险的。参见 12.2.5 小节最后一段。

专题分析 上司和下属的理想关系

上司和下属的理想关系是互相成就的关系,就如苻坚与王猛那样。王猛不是贵族出身也不是氏族人,为了帮其树立威信,便于他更好地治军理政,苻坚把诸多最重要、最大的官职都给了王猛,包括丞相、司隶校尉、都督中外诸军事和大将军等职,甚至找机会把威胁王猛的前秦大臣也杀了,以儆效尤。而王猛不但把各种工作做得很出色,治国理政、统兵打仗,使前秦从强敌环伺的小国发展到几乎统一古中国的北方,而且像诸葛亮一样,也是忠心耿耿,帮助苻坚成就帝业。后人赞誉王猛"功盖诸葛第一人"并非过誉,他的文治武功确实不弱于孔明。互相成就的君王和大臣或统帅还有齐桓公和管仲、楚悼王和吴起、秦孝公和商鞅、燕昭王和乐毅,等等。

马云也认为:公司决策者要想到(并做到),在特殊情况、紧急情况发生且需要时能立刻找到一位代替自己的人。他再三强调,公司不是一个人的,公司不能被任何个人捆绑。9.3.2 小节和 12.2.5 小节中,华为、阿里巴巴、联想的轮值首席执行官制度在一定程度上能克服集权于一人、透支关键人力资源的风险。马云在 49 岁时卸掉阿里巴巴集团首席执行官职务,让陆兆禧接任(援引百度百科),于 2018 年又辞去董事局主席职务,可以被看作他在实践上述思想。

[①] 杨跃之,李悦,唐娟,于辉. 管理学原理(第 2 版)[M]. 北京:人民邮电出版社,2016.

实践上述思想,要舍得分权或者授权。对很多老板、高管而言这是一个不太容易迈过的坎儿,没有强大的理性和宽广的胸怀,很难突破。国际商业机器公司的老沃森快到生命终点时才肯交班给儿子,帝王们更是到死方休,拿破仑说他真正的情人是权力,别说被人夺走,哪怕有人不怀好意地瞟"她"一眼,他也会无比心疼。

除了马云能放得下权力,2009年美的电器的大股东何享健也放得下,他辞掉董事局主席职务,让职业经理、美的首席执行官方洪波兼任。国外也有不少大公司聘请职业经理担任董事长。放权也不只是为了培养高层接班人,而是整个企业发展的需要;放权理念也不只是高层管理的需要,而是各个管理层面的需要。

9.4 关于彼得现象的思考

考察、选聘管理人员时只考察过去的贡献或能力,可能会出现彼得现象——被提拔者最终会爬到其能力不逮的阶层。因晋升过头而犯错误,使组织和个人都遭受损失。一个人在过去的管理层级有较大贡献,展现出较强的能力,并不意味着他/她在更高的管理层级也有较好的表现。毕竟一个人的能力也是有限的。所以不仅需考察候选人过去的贡献,也需衡量他们的能力和潜力。

崇祯皇帝提拔袁崇焕就太过了,而袁崇焕的战略格局、心胸气度、行事风格甚至人品完全不能匹配他的新职务——兵部尚书兼冀辽督师,这是一个极高的武官官职。他上任一年内犯了不少重大错误,后金皇太极都打到北京城下了,最后袁崇焕把自己的命也搭进去了。所以不要以为他被崇祯杀掉是特别冤屈的事,仅以擅杀一品武将毛文龙一罪,就可定其死罪。

有时候一些业绩较好的人得不到进一步的提拔,好像他们的头顶上有一层"玻璃天花板",他们觉得很委屈,但也许他们的上司正是基于彼得原理而不进一步提拔他们。

设立代理职务、临时职务可有效避免彼得现象的产生,是检验某位管理人员是否具备担任较高职务资质的一种可行方法。对代理职务较易撤销,而对正式职务或任命较难撤销。因为对后者,上级管理者有更多的顾虑或阻力,例如,要考虑人们(当事人及其周围的人)"能上不能下"的传统观念,为了顾及被正式任命的管理人员的面子,上级管理者更难下决心撤销此任命。

其实一位员工如果在某个岗位上做得很好,为何一定要提拔呢?让他继续在这个岗位上发挥能量不是挺好吗?空中客车集团的销售总监约翰·莱希(John Leahy)担任此职务23年,为空客卖出约16 000架飞机。1994年,他就任销售总监时空客的市场份额只有18%,而波音公司的份额是60%,仅用了四年他就使空客的份额上升到50%。之后波音公司换了八位销售总监与之竞争但都没能赢他①。像这样的情况,为何一定要晋升他到更高的岗位呢?把他留在销售总监的岗位不是更能为公司作贡献吗?可以在薪酬待遇或其他方面(例如荣誉方面)优待他、补偿他。反过来讲,即使让空客时任董事长或首席执行官屈尊担任他的这个职务,也很可能达不到他的业绩。

明朝著名官吏况钟(况青天)在苏州做了三任知府,就是因为朝廷每次让他回京复命并准备提拔其任他职时,苏州士民因信任他、感念他在苏州的良好政绩和关爱民众的宏大善举而拦住他(控舆卧辙)不让他回京,并集体(最多一次达八万人)向直隶巡抚按察使上书,恳请转奏朝廷留下况钟。后来明英宗朱祁镇就让他一直任苏州知府,按正三品规格优待他,同时也提升他为按察使,直到他在苏州任上去世。这不也是一个挺好的安排吗?他在苏州这个重要的地方(产粮丝大郡,朝廷历来重视的地方)长期造福一方可能比他任京官的贡献更大,或者比任其他地方更高官衔的贡献更大。

人们常常有关注成功者的倾向,失败者(给组织造成损失的人)会被忘记,即使他/她有一定的能力、能胜任某些职务,也会被抛弃,所以说个人也遭受损失。于公于私,我们都应尽量避免彼得现象的发生。所以对个人成长、实现自身价值而言,晋升不见得是有利无弊的,长期留任也不见得就是没面子的事。很多时候长期留任就是上级对你的信任,需要你在这个岗位上贡献才智,别人代替不了你。不同的人擅长做不同的事,擅长在不同的岗位上发挥才智。参见前段最后一句。古今中外就有不少贤能之人婉谢上司的提拔,情愿在现有的岗位上做实事、实现自己的价值而不图高位虚名。

就拿况钟来说,他如果早早地(仅一任)从苏州知府晋升为京官,也许就湮没在历史长河里,和无数不著名的官员那样仅有史书的片言只语提到他们,包括很多宰辅级的高官,不能闻达于天下。恰恰是连任三任苏州知府、长达十三年的地方治理优秀经历让他成为三大青天之一(还有包青天和况钟之后的海青天),不但在世时闻名天下、深受皇帝器重、同僚钦佩、百姓爱戴,身后近600年(直至今日)受后人景仰、学习,连文学曲艺中都有为他歌功颂德的篇章,其中最著名的就是昆剧经典《十五贯》,毛主席、周总理也非常爱看。

---

① 张晋光. 市场营销(第4版)[M]. 北京:机械工业出版社,2021.

第10章 领　导

合理配置组织的资源是管理的组织职能，但运作组织的资源需要通过管理的领导职能完成。领导职能指管理者实施影响下属的领导行为；领导的目的是通过影响部下，达到组织的目标。因而领导是指挥、带领、激励部下或者追随者，为实现目标而努力的行为过程。领导的本质是被领导者的追随和服从。张瑞敏倾向于建立优秀的制度，例如在选人、用人方面；董明珠倾向于领导者的作用，她说，不管什么时代，都要领导的作用。

领导三要素包括：领导者拥有影响部下的能力，领导者必须有领导意愿，领导者必须有部下或者追随者。在一个组织里，在一个国家，乃至国际社会，领导三要素都有其适用性。例如，美国仍有较强的领导其他国家的实力，但它近几年不断"退群"，追求"美国第一"，这表明它没有强烈的领导意愿了，许多国家也不愿被它领导。

领导的发展程度取决于多高水平的人愿意成为他们的下属。显然，愿意追随某位领导的下属的水平越高，这位领导的成就往往越大。但一般说来，人们总是希望追随一个综合实力远高于自己的领导[1]。那么领导们始终需思考的问题就是：我的综合实力体现在哪里？在不断满足下属需求、下属不断提升自身实力的过程中，在实力方面，我该如何保持与他们的差距？韩信与刘邦的差距是：刘邦能聚拢[2]众多文臣、武将一起打天下，而且这些文臣、武将大多对刘邦忠心耿耿，甚至可以以死相报[3]；韩信不一定做得到。所以刘邦如果再智慧、自信一些，就不会对韩信说"主公能将十万兵……而我则多多益善"这样的话生气了。

不过并非每位领导或老板都具有很强的综合实力或在某些方面有很高的水平，但这并不意味着他们就不能成为好领导。华为公司总裁任正非谦虚地说："在时代面前，我越来越不懂技术、越来越不懂财务、半懂不懂管理，如果不能民主地善待团队，充分发挥各路英雄的作用，我将一事无成。""我的知识底蕴不够，也并不够聪明，但我容得了优秀的员工与我一起工作，

---

[1] 《论语》里也有"无友不如己者"的观点，不过此观点在实践中不太现实，而且从逻辑的角度看也不现实——如果我们都不想和比自己差的人交往，那么又有谁愿意和我们交往呢？而且"如己""不如己"的判断不容易作，因为并无统一、科学的标准，因此可以说"无友不如己者"是个伪命题。

[2] 甚至连原来在项羽麾下做官的文臣、武将，例如陈平（都尉）、韩信，都先后投奔刘邦，可谓身在楚营心在汉。

[3] 例如刘邦的武将纪信假扮刘邦，冒死替刘邦出荥阳城诈降，使刘邦脱险，自己却不肯接受项羽的劝降，终葬身火海。

与他们在一起,我也被熏陶得优秀了。他们出类拔萃,架着我前进,我又没有什么退路,不得不被'绑'着、'架'着往前走,不小心就让他们抬到了峨眉山顶。"[11]但假如领导或老板躺在企业的功劳簿上满足于现状,有进取心的高管、员工则不能接受,市场也不会给这样的领导和老板留下发展乃至生存的空间。因此领导应以明晰、诱人的发展战略集聚人才。

　　复星集团创始人郭广昌向杰克·韦尔奇请教:我跟韦尔奇先生有点相近,可能我的情况更糟,我什么专业都不懂,怎样管好一个大公司?韦尔奇分享了他的经历与感悟:我知道在哪个方面投资,知道哪些人是好的,知道怎样建立一个健全的财务体系。领导的工作是找优秀的人才,对领导而言,人事部门和财务部门一样重要。韦尔奇朴素的回答暗示了领导的重要特质与作用——为追随者指出正确的前进方向,制定方针、政策,提供指导思想,带领追随者获得一个又一个胜利。任正非和马云等企业家正是这样做的。

　　上述内容也可作为对毛主席的卓越才能和伟大功绩的客观描述。在别的领袖不能为中国共产党、为中国、为中国红军和为中国人民找到生存发展的道路时,在革命前景一片黑暗时,在革命队伍和红军面临灭顶之灾时,是毛主席在"三座大山"的压迫下找到了一条极窄的(夹缝中求生存)、艰苦卓绝的却能通向一个又一个胜利的道路。这就是毛主席在中国共产党的诸多领袖中脱颖而出,成为最高领导的原因。道路和时间虽然漫长(其实说长也不长,只有二十几年,与一百多年的屈辱血泪史、五千年的压迫剥削史相比,实在是太短暂了),但革命是彻底的,把旧中国黑暗的"大染缸"翻了个底朝天,胜利是全局、持久的。这是古今中外从未有过的大胜利,是独一无二的,是全体人民的大胜利,是中华民族的大胜利。它为中国当今的迅猛发展和复兴大业打下了极其坚实的基础,列强的阻挡也不能奏效,国内的分裂、反动势力更是螳臂当车。

　　国外很多人不理解,国内也有不少人不明白,为什么在当今时代,中国没有像其他国家那样始终受制于美西方国家,而是一枝独秀,突破了美西方国家设置的重重障碍,在民族复兴的道路上昂首阔步?真正的原因正是刚刚讲的这种彻底的大胜利,它使中华民族摆脱了各种枷锁,包括精神方面的各种枷锁。而这种大胜利又受益于中华民族几千年的文化积淀和优秀的民族基因。波澜壮阔、可歌可泣的中国革命及其伟大胜利,带给世界受压迫、受剥削人民巨大的希望、启发和力量,中国复兴本身就是世界和平与正义力量的巨大增长,中国的发展也是世界进步的重要组成与体现。① 当前许多发展中国家乃至发达国家正在努力靠近中国,愿意与中国合作,希望从中国获得经验教训和启发,从而更好地发展本国事业。

10.1　领导与管理的区别和联系

　　领导与管理都通过协调或影响个体或群体的行为实现组织目标。
　　管理是在法定的、有报酬的(例如体现为奖赏权,不是给管理者的报酬)、强制权力的基础

---

　　① 例如阻断了西方金融财团妄图控制全球的进程,打破了美国和欧洲少数国家妄图永久对其他国家"剪羊毛"的美梦。

上的行为过程;领导可能凭借这些基础,也可能不凭借它们,可能被建立在个人影响权/参照权、专长权以及模范作用的基础上,领导地位可能来自个人的热情、权威、诚信、知识、技能、魅力、经历和背景等。管理者是被任命的,拥有合法的权力,其影响力来自职位赋予的正式权力;领导者可以是被任命的,也可以是在一个群体中自发产生的,可以不运用正式权力影响他人的活动。遵义会议后,虽然洛甫(张闻天)是党的总负责人,周恩来是在军事方面下最后决心的人,但毛泽东却是实际的核心领导,这是其领导能力和革命贡献决定的,是中国革命走出巨大危险的需要。

管理偏重正式的规章制度和专业化,具有较强的刚性;领导侧重指挥与激励,侧重非程序化管理和艺术性,关注员工的需要、情感、兴趣和人际关系等社会属性,侧重精神方面的引领,强调灵活性。领导比管理着重更大的时空范围。

延伸阅读10-1

领导是管理的一个方面,属于管理活动的范畴;管理还包括其他内容,例如计划、组织、控制和协调。也有人认为此二者都是完整的行为体系,而非对方的一部分。领导的对象是人;管理对象不仅包括管人,还包括技术、信息和资金等。

管理与领导的目标往往是一致的,都要实现组织的既定目标,两者也有较多的交叉与相容。

管理者、领导者可能合二为一,也可能是分离的。领导者不一定是管理者,而可能是非正式组织中有影响力的人,甚至是核心人物。领导者既存在于正式组织中,也存在于非正式组织中;管理者存在于正式组织中,是有一定职位并负有责任的人。在企业经营领域,许多成功人士都把自己看作领导者而不仅仅是管理者。

10.2　领导者的作用

10.2.1　指挥作用

领导者在组织决策方面起指向和决断作用。俗语说:兵熊熊一个,将熊熊一窝。用另一句话表达就是:没有无能的士兵,只有无能的将军。即使士兵们不够出色,如果将军对他们使用得当,指挥得当,也能打胜仗,例如南宋虞允文的例子。所以又有一句话:千军易得,一将难求。如果讲练兵方面则是没有二流的士兵,只有二流的将军。古语云:文无第一[①],武无第

---

① 因为评判文章,例如殿试中的策论,仁者见仁,智者见智,考官们的看法不一定一样;榜眼、探花对状元的文章不一定服气。

二[①]。所以这里的二流并非好事,不能因为后面还有三流、四流甚至不入流的,就可以自我安慰了,一旦碰上一流的敌人,命都没有了。

拿破仑说:一头雄狮带领的一群绵羊可以打败一只绵羊带领的一群雄狮。拿破仑的这句话是有道理的。关于非洲草原的视频显示,一只母狮碰到一只强悍的羚羊,会被追得四处逃命,见插图。羚羊也潜藏着巨大的战斗力——它的那对锋利、致命的长角,以及被惹急后拼命的气概。坚强勇敢的斑马也可以把母狮压在身下,并用小铲子般的大门牙拼命咬母狮娇嫩的肚皮,使母狮瞬间失去战斗意志。所以说如果有一头"雄狮"带领,"绵羊"群也能爆发出巨大的战斗力。可是非洲草原上的绝大多数羚羊、斑马,甚至体型巨大的野牛,尽管队伍庞大,但缺乏强悍、勇敢的头儿带领,因此哪怕仅遇到一只母狮的捕猎行动,基本上只会作鸟兽散,拼命逃跑,却不知道自己的队伍蕴藏着多么大的战斗力。最后常常有一只老弱病残或跑得慢的,被母狮扑住了。[②]京东成立之初,面对成立较早、资本雄厚的当当网、亚马逊和淘宝网等对手,其总裁刘强东就发挥了"雄狮"的作用,带领"一群绵羊"赶超这些对手并获得成功。上述内容除了包含有效的指挥作用,还有有效的整合使整体力量(/效果)大于各个体力量(/效果)之和。参见12.2.5小节第(1)部分"为员工提供发展机会"。

10.2.2 协调作用

在组织体系中起纽带及核心作用。对复杂的、涉及若干部门的综合性工作必须安排一位资深的领导居中调度,相关部门就会把注意力集中到工作方面。[③]

10.2.3 激励作用

在组织行为方面发挥激励作用。组织里有一些人经常为困难发愁,情绪不高,这样的人多了,团队的士气就会低落(在生活、工作中不要老是传递负能量,不要因此成为别人讨厌的人),如不能及时找到解决办法就会出问题。在这方面魏国大都督司马懿就是一位经验丰富的高手。在与强大的诸葛亮斗争中他摸索出一套切实有效的办法——长远的战略规划加上情绪管理,不断调整自己和部下的士气,率领魏军一次次渡过难关。赵玉平有一个有趣的、有所侧重的观点——向诸葛亮借智慧,跟司马懿学管理(也是其两本著作的名字),说明了司马懿的长处。

10.2.4 榜样作用

喊破嗓子,不如做出样子。其身正,不令则行;其身不正,虽令不从。古代一些武将之所以让敌人闻风丧胆,是因为他们喜欢冲锋在前而不是督战在后,包括一些文人出身的武将,例

[①] 因为武科场或校军场中的比武,有时候是真刀真枪的比试,比武前须立生死状。比试的结果可能就没有第二了,因为即使打败了其他所有对手,但输给了第一名,命可能就没了——双方都在玩命地比。例如,小梁王就因叛国被岳飞挑死了,尽管他也算第二,但已没有意义了。战场中就更没有第二名一说了。

[②] 此处仅用动物界的情形比喻,企业经营在这方面的例子太多了,对同一个企业,不同的领导能经营出差距很大的结果。张瑞敏、褚时健、郭士纳、乔布斯等都向世人提供了这方面的典型案例。

[③] 否则可能互不服气、扯皮、争抢利益,等等。

如明末的袁崇焕、卢象升。主将都不怕死,小卒们还好意思躲在后面吗?敌军碰到这样的队伍怎能不害怕?作者小时候看的国产近代战争电影,里面指挥官的台词很经典:在战场上国民党军队系列部队军官的命令是"弟兄们,给我上!"他自己在后面督战;红军、八路军、新四军和解放军等部队的指挥员的命令是"同志们,跟我冲!"他冲在第一个。

10.3 领导特质理论

10.3.1 相关理论与规律

(1)传统的领导特质理论

领导特质理论也被称作伟人理论,是关于领导者的心理特质、影响力和领导效能的关系的理论。该理论认为,领导者是天生的,生而不具有这种特性的人就不能成为领导。

(2)现代领导特质理论

领导是一个动态过程,领导者的特质是在实践中形成的,可以通过训练和培养塑造。培养成功的领导者或自我培养成为成功的领导者的重要事项如下。

①须充满热情,愿意不断超越。

②坚持正确的选择(例如选择的努力方向和人,不过要注意承诺升级的问题)。

③提高威信。

④有效处理冲突。

⑤学会合理授权。

⑥加强执行力。

(3)领导者有如下六项特性不同于非领导者的。

①努力进取,对成功强烈渴望。

②有领导愿望,喜欢领导别人,而不是被领导。

③正直与诚实　这并未得到广泛印证,并不是每个领导者都是正直、诚实的。

④自信,善于在不确定的情况中作出决策。

⑤智慧,有足够的聪明才智。

⑥有与工作相关的知识,一个有效的领导者对其公司、行业和技术问题有足够的了解。当今不少企业家的专业素养很高。

(4)还有人把领导者的品质(或者说领导者需要具备的品质)总结如下。

Long-sighted——有远见的

Energetic——精力充沛的,不少读者可能都亲身领教或听说过,自己的上司精力特别旺

盛,晚睡早起,似乎有使不完的劲儿,令人叹服。①

Attractive——有魅力的
Decisive——决断的
Executive——有执行力的
Responsible——负责任的
Solvable——善于解决问题的
Harmonious——注重和谐的
Innovative——有创新能力的
Persuasive——有说服力的

把上面几个单词的首字母放在一起就是领导能力(LEADERSHIP)。

延伸阅读10-2

10.3.2 领导特质系列案例

案例10—1　乔布斯的魅力

1997年1月,Macworld大会在万豪酒店举行。时任苹果首席执行官的阿梅里奥为了凸显自己大会主角的身份,精心设计了一出行为秀。他的亮相并非多么引人注目,但他怪异的着装确实让在场的观众目瞪口呆。他可能想发扬苹果一直以来的优良传统,但他显然弄巧成拙了。他穿了件领子紧贴脖子的衬衣,却套了一件带亮片的休闲夹克,这让他看上去滑稽而笨拙。

然而这不过是小问题,更大的麻烦是:阿梅里奥之前去度假了,又跟他的演讲稿作者发生了矛盾,还大吵一架,又拒绝彩排。这使他演讲的时候结结巴巴,并很快开始忘词,思路似乎也不大清晰,显得笨拙。听众们目瞪口呆,不明白他在讲些什么。就这样过了两个小时,阿梅里奥才结束了自己糟糕的演讲,把乔布斯请上台。

乔布斯的光芒顿时盖过了阿梅里奥,听众们纷纷起立,拼命鼓掌欢呼,震耳欲聋的掌声足足持续了一分钟有余。和笨手笨脚的阿梅里奥相比,乔布斯简直像见惯了世面的大明星,举手投足之间魅力四射,自信而有型。他挥手让大家安静下来,然后对十年来苹果的发展作了犀利的点评:"十年来,Mac都在原地踏步,所以让Windows系统占了上风。现在我们将研发出一个更优越的操作系统,再创辉煌!"他的发言简洁、短促有力(常常如此,包括在新品发布会中),很具煽动性,听众们的情绪瞬间被点燃了。乔布斯愿意发挥自己的魅力,因为他明白,魅力会给自己带来一些好处。

案例10—2　"全球第一首席执行官"

1960年,杰克·韦尔奇以化学博士毕业,加入通用电气塑胶事业部。1971年成为通用化学与冶金事业部经理,1979年成为通用公司副董事长。1981年年仅46岁的韦尔奇成为通用电气历史上最年轻的董事长兼首席执行官。当时通用电气机构臃肿、等级森严,对市场反应迟钝,在全球竞争中正在走下坡路。韦尔奇从主持通用电气开始,20年间他把一个弥漫着官

---

① 爱迪生常说,他每天睡觉不超过四个小时,甚至还说,每个人不需要睡那么长时间,应该减少睡眠。作者的不少同事也说,他们五六十岁的导师比年轻人还要精力充沛,经常凌晨还在改学生的论文,回复学生的邮件。

像主义气息的公司打造成一个充满朝气、富有生机的企业巨头。在他的领导下,通用电气的市值由他上任时的130亿美元上升到4 800亿美元,也从美国上市公司盈利能力排名第十位上升至位列全球第一,成为世界第二的大公司。韦尔奇于2001年退休,被誉为"全球第一首席执行官"。

案例10-3 "霸主"马云

马云通过朋友遍天下促进事业发展。2000年,他请金庸穿针引线,广发英雄帖,中国互联网的风云人物——新浪公司的王志东、网易的丁磊、搜狐的张朝阳等纷纷赴约,形成日后互联网界一年一度的"西湖论剑"。除了行业顶级人物的这一聚会,马云又发起网商大会,把各路"江湖英雄"每年聚拢在阿里巴巴的周围。2015年,马云当选全球互联网治理联盟理事会联合主席。他的这些作为颇有春秋霸主号令诸侯的气概。

案例10-4 董明珠——格力集团员工眼里的"神"

很多时候,对格力集团的几万名员工而言,董明珠是神一样的人物。这样说是有一定道理的,例如,董明珠在格力集团的成长史堪称奇迹,展现的是一位销售女皇的风采。她的竞争对手说:董姐走过的路不长草。格力集团员工人手一本董明珠的自传,看得热泪盈眶,唱着歌颂董明珠的歌曲,并以能和董明珠在电梯里讲上几句话为荣。大家都敬畏她、崇拜她,一位员工说:"她在电梯里和我说一句话,我要兴奋一个月!"

在格力,董明珠因无私和公正赢得了持久的权威和拥戴,在她的下属中她拥有一种无与伦比的力量,这是员工对领导天然的膜拜。她就像乔布斯一样拥有"现实扭曲力场",更重要的是董明珠没有道德瑕疵,活得像格力的制度一样优秀,她把自己毫无保留地献给了格力集团。[①]

格力集团停止明星代言改由董明珠代言,作者当时有些为之担心——董明珠并非美女,代言效果能好吗?实践下来,效果非常好,这与她的企业家魅力是分不开的,当然,直播成功与格力集团众多分销商的网络导流以及直播团队的支持也是分不开的。董明珠现在做直播带货,风头已经很强健了。现在互联网上有一些流行说法:不会直播带货的企业老总不是好老总;企业老总们不会直播带货都不好意思跟人打招呼了。美国的汽车制造企业克莱斯勒曾陷入困境,它的新领导艾柯卡又是演讲又是出书,通过树立企业领导良好的形象,促使克莱斯勒走出困境。

有时候一些企业领导似乎很出风头,大众说他们在树立个人形象、满足自身的需要,这样说并不错,但只是事情的一个方面,另一个方面则有助于树立其领导的企业的形象。作为时任董事长,王石自己说外出登山也是为了不干预高级经理们的工作。马云拍电影,还做主演,很多大明星为他捧场,看上去也是满足个人的愿望甚至虚荣心,当时负面评价也不少。但能说这样的行动对增强阿里巴巴的品牌形象没有作用吗?

企业领导天然就是企业的形象代表、企业的代言人,如果各方面条件合适的话,他们代言比明星代言不更有说服力?一般而言,明星毕竟与某企业本无关联,请他们代言只是利用他们意见领袖的作用,利用他们的形象,利用他们的网络流量作贡献。登山也好,出书也好,拍

[①] 赵丽芬,刘小元. 管理理论与实务[M]. 北京:清华大学出版社,2017.

电影也好，往往用的是企业领导自己的钱，即使某些让领导出风头的事要花企业的钱，但请明星代言代价更高。

褚时健老夫妇俩带着橙子参加展销会，与会者不知道是褚时健，展销会快要结束了，也没卖出多少。后来有人帮褚时健打出横幅，说这是褚时健种的橙，购买者蜂拥而至。

任正非在国人心中的地位和力量比绝大多数娱乐明星高得多、大得多，以前大众几乎看不到他露面，这跟他的低调风格有关（他以前甚至不见到访的政府领导），在当今的网络社会、自我营销社会，他也时常露个面了，这对强化华为的品牌形象是有作用的。尤其在美国等西方国家疯狂打压华为并用卑鄙手段扣留孟晚舟后，他时常露面讲个话，对安抚广大民众愤怒和不安的心也很有帮助。

还有乔布斯、雷军、马化腾等，他们为自己的公司和产品代言，效果不弱于大明星的，甚至更好。马斯克的个人品牌效应使他的一条推文的广告效果可能比一则花费数十万美元的电视广告更有价值。从另一个角度看，正因为公司高管的言行会影响人们对品牌的看法，因此高管的个人品牌效应既有积极的一面，也有高风险的一面，如果高管出现了负面状况，与道德规范和通行的社会观点相悖，将损害公司形象和品牌形象。

案例10-5　"他是一头牛，却跑出了火箭般的速度"

牛根生从小生活在贫穷家境中，备尝世间冷暖，养成了吃苦耐劳、独立坚强、迎难而上、不屈不挠和勇往直前的优秀品质。养父死后他替班进养牛场工作，成为一名洗瓶工。他凭着任劳任怨、务实肯干的"牛"精神，获得"呼和浩特市特等劳动模范"称号（优秀的人在很多地方都能干得非常出色）。

在回民奶食品厂和伊利集团工作期间，牛根生在六年里从一名工人成长为车间主任、厂长和伊利集团副总裁。他与人为善，不在乎吃亏，懂得分享，经常对身边的人倾囊相助，获得了宝贵的声誉（践行财散人聚思想）。因与伊利集团总裁产生矛盾，牛根生被迫离开伊利集团，后来创建蒙牛公司。此时他以前的付出得到了巨大回报——在他创业最困难的时候，他在伊利集团的四百多位老部下一批批投奔而来。有的还给予牛根生资金方面的支持，帮他渡过了难关。（艾柯卡被亨利·福特解聘后去克莱斯勒当总经理，也收获了类似牛根生那样的荣光——他在福特时周围的一大批优秀管理人才放弃了福特的优厚待遇，甘愿到克莱斯勒与艾柯卡共同渡过最艰难的时刻。）

蒙牛发展起来后，牛根生捐出自己和家人的全部股份，成立"老牛专项基金"。[①] 清朝山西大商号大盛魁总号的一块大匾上有这样一句话："你财我财他财均是身外之财；做人做事做善能聚天下之财"。

案例10-6　年轻的网络首富

网易创始人、首席执行官丁磊上大学时看书速度极快，一门课自学两三个星期就能掌握。他这样总结年轻时从电信局辞职（1995年）创业："人的一生总会面临很多机遇，但机遇是有代价的（机会成本）。没有勇气迈出第一步，是不可能创业取得成功的。"（不建议大家都学丁

[①] 不过后来蒙牛集团发展不顺，牛根生辞掉董事长职务，蒙牛已被中粮集团收购。

磊,成功不是能轻易复制的,成功人士及其经历更不是可以复制的。)开始创业后丁磊每天工作16小时以上,其中有10个小时在网上。他的信箱有数十个,每天都会收到上百封邮件。在个人财富急剧膨胀时,丁磊一直保持低调。他说网络首富只是自己创业过程的副产品。

小结

企业领导如果建立了个人魅力,可以成为企业天然的代言人,例如董明珠、马云、褚时健、乔布斯,而不需要额外花费巨资请明星代言。也不要迷信或盲目崇拜领导的魅力。例如,苹果公司前产品营销主管 Mike Evangelist 离职后在他的博客(www.writersblocklive.com)中透露,乔布斯的每一场演讲都需要几周的准备和上百人的协同工作。经过精确的细节控制和若干次秘密彩排后,乔布斯方能激情四射出现在演讲现场。看过《纸牌屋》的读者可能还记得,主人公弗兰西斯·安德伍德在重大演讲前,常常花很多时间背演说词。他由于很用心地准备,所以能在演讲中展现魅力,打动支持者和其他听众。参见11.1节第(5)部分里比尔·盖茨的例子。[1]

案例10—1中的阿梅里奥忽视了演讲前的准备,结果大出洋相。奥巴马在连任竞选中曾经不够重视一场与竞选者的电视辩论,他觉得自己是律师出身,不用担心与对手的同台竞赛,于是参观胡佛水坝去了——也是为了加强他作为现任总统的亲民形象,为连任竞选加分。结果他在接下来的辩论中表现不佳,处于下风。他和他的竞选团队赶紧制定弥补措施,才未给连任竞选造成太多的负面影响。

大量的研究结果表明了这样一个道理:具备某些领导者特质确实能增加此人成功的可能性,但没有一种特质是成功的保证。为什么用领导特质理论在解释领导行为和效果方面并不总是有效? 因为该理论使人们过于关注上述特质和行为而忽视了下属的需要和特点;它没有科学区分领导者特质和领导行为的因和果;它忽视了情景因素,例如,此人所在组织处于上升还是衰退趋势。因此有人把领导行为表述为:

领导 = f(领导者,被领导者,情景)

10.4 领导方式的类型

10.4.1 专权型领导

靠权力和强制命令让人服从,主要依靠行政命令、纪律约束、训斥和惩罚管理。据统计,具

---

[1] 类似的,那些在舞台上魅力十足的演员们,其实他们的优秀表现不正可以用那句老话解释缘由嘛——台上一分钟,台下十年功。当然,不能排除这些演员的天赋起的重要作用,包括他们可能拥有很强的记忆力。

上海滑稽大师姚慕双说,他小时候是个"脸上没有春夏秋冬"(其老师的评价,即没有丰富表情)的学生,所以班级排戏演出,他央求了几次,连跑龙套的机会都没得到,只能在幕后做剧务。即使成人后,他在表演节目时也几次紧张、慌乱,甚至出洋相。然而,就是他这样一个"小戆大"(小傻瓜,姚老师自己这样评价自己)日后却成了演员,当年班级里的同学一个也没成为演员。姚老师能成为滑稽大师,更重要的原因还是他勤奋、谦虚、不断进取。

有专制作风的领导者和下属谈话时,有 60% 左右的谈话内容带有命令和指示的口吻。朱元璋因为宰相胡惟庸用人不当,把他骂了四个小时,骂得他瑟瑟发抖,成为胡惟庸造反的导火索。

10.4.2 民主型领导

民主型领导者喜欢以理服人,以身作则,分配工作时尽量考虑员工的能力、兴趣和爱好,和下属谈话时喜欢用商量、建议和请求的口气,下命令仅占 5% 左右。民主型领导显然比专权型领导让被领导者感觉舒服得多,更受被领导者欢迎,适合当今社会。

10.4.3 放任型领导

极少运用权力,让下属高度独立;为下属确定目标以及实现目标的方法;为下属提供信息,充当组织和外部环境的联系人,以此帮助下属工作。放任型领导可能使员工产生一些不良想法和倾向,例如一些刁蛮的员工可能会欺骗或为难领导。

案例 10—7　《红楼梦》里的放任型"领导"

如果把《红楼梦》里的荣国府比作一家大公司,贾政和王夫人就属于放任型领导,而且放任过了头。贾政基本不管家务,只重视官场中的事务,把贾府外面的事务交给侄子贾琏管理。贾政的兄长贾赦也不管家务。王夫人也很少管贾府内部事务,把权力基本上都授予王熙凤。"董事长"史老太君更不问这些事,乐得享清闲,由着晚辈们自行其是。正是有了这两位放任型"领导",再加上贾琏夫妇的品行本就自私、不端,甚至狠毒、邪恶,上梁不正下梁歪,搞得"公司"里各"部门"面和心不和,揩油偷懒,吃里爬外,贪赃枉法,直到把"公司"到破产为止。授权本身不是坏事,但授权的领导不能忘记检查与控制,不能把授权当作自己享受清闲的手段。

10.4.4 服务型领导

提倡服务型领导,公司领导不但要为顾客服务,还要真诚地为员工服务,从而在公司里营造互相尊重、互相服务的氛围。例如,海底捞餐饮公司为员工提供较好的住宿服务——有免费的保洁服务,配备空调和可以上网的计算机,离工作地点很近,等等,给予员工足够的关爱与尊重。

同一位领导在不同时期可以采用不同类型的领导方式。

案例 10—8　领导效果比领导风格更重要

一家面临困境甚至濒临倒闭的公司聘请了一位新总经理,这位总经理大概是新官上任三把火,在各方面管束得非常严厉,与前任"好好先生"形成鲜明对比。下属们怨声载道,向董事会或集团公司投诉的投诉,辞职的辞职。但这位新总经理不吃他们这一套,依旧采用专权的领导风格。由于新总经理是临危受命,董事会也清楚利害得失,坚信他们的聘请决策,坚决支持这位新领导。

几个月过去了,该公司渐渐恢复了元气,走上了正轨,这位新领导可能对某些部门放松了控制,让他们更自主地运作,但对另一些部门仍严格控制。而此时,原来责怪甚至私下责骂这位新领导的经理、员工们基本上终止了这些言行,渐渐地先在内心接受他,继而公开认可和赞扬他。毕竟实际领导效果明明白白地放在那里呢。

10.5　管理方格理论

美国得克萨斯州立大学的布莱克(Blake)和莫顿(Mouton)提出了管理方格理论。他们用横坐标表示领导对生产的关心程度,用纵坐标表示对人(员工)的关心程度,将表示这两种行为的坐标各划分成9等份,形成81个方格(见图10-1)。每个方格代表一个(/种)对生产和人的某种程度的关心的组合(形成的领导行为)。

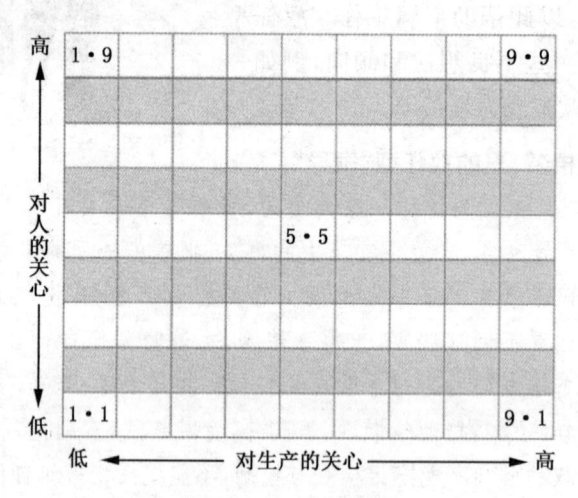

图 10-1　管理方格

图10-2中的领导行为是比较典型的几种。

9·1型:领导关注生产效率而不怎么关心下属。(看重任务型领导)

1·9型:领导关心下属而不怎么关心生产效率,努力创造愉快、友好、让人满意的工作氛围。(乡村俱乐部型领导)

5·5型:领导对生产和员工保持一定程度的关心,主张适可而止,缺乏强烈的进取心,乐意维持现状。(适中但不卓越型)

1·1型:领导对生产和人都不怎么关心。(贫乏型/平庸型)

9·9型:领导对生产和人都很关心,建立成员之间健全和成熟的关系,鼓励成员参与决策并努力工作以实现组织的目标。(团队型)

布莱克和莫顿认为:9·9型领导的工作效果最好,是领导们努力的方向,因为这会使组织中的人精诚团结,共同完成目标。但是很难有这种领导行为,为此,他们提出必须培训领导者。

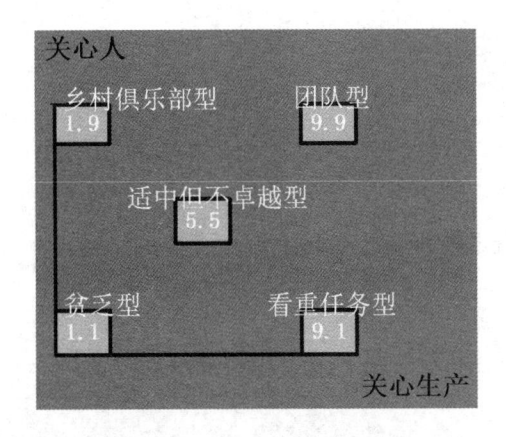

```
       关心人
   乡村俱乐部型      团队型
      1.9          9.9

         适中但不卓越型
             5.5

     贫乏型      看重任务型
      1.1          9.1
                        关心生产
```

图 10-2 典型的领导行为

案例 10-9 《西游记》里的团队型领导

《西游记》值得管理研究者与实践者仔细学习和揣摩，它在团队领导/管理方面能给予我们不少启发。虽然唐僧的三个徒弟受观音菩萨的约束，但唐僧若没有领导的魅力和才干，又怎能管束这些神通广大且有些顽劣的徒弟？唐僧既很关心取经任务以及约束徒弟们作为修行者的行为，又很关心徒儿，还是每个徒弟的救赎者；徒弟们对师父也有深厚感情。唐僧也是个意志坚定的领导，无论死亡威胁还是美色、荣华富贵或至尊权力的诱惑，都不能动摇其前往西天取经的志向。这令徒弟们非常敬佩。唐僧也是位佛学专家，具有渊博的佛学知识，一路上教化、开导徒儿，也令他们佩服。这是一种专长权。在这样一个项目团队中，师徒四人齐心协力，历经九九八十一难，最终圆满完成了西天取经任务。

美国电视连续剧《加里森敢死队》的故事也是这样，队长既严格要求队员必须完成各种艰难的任务，又很关心每一个队员的生命安全，不抛弃，不放弃。美国电影《荒野猎人》也表达了这种原则，队长在带领队员们完成公司的任务时，关心每一个队员的生命，谁抛弃或伤害队友，必将受到严惩。

作为领导，既要发扬民主（民主讨论，自由发表意见，民主管理），又要善于集中（集中意见、决策，统一指挥）；既要关心完成组织的任务，又要关心职工的正当权益。只有这样，才能使领导工作卓有成效。

下面是某职业经理根据自己的工作经验，总结的团队建设的方法。

开完会后撮一顿；
节日喜庆喝两杯；
心情好时唱两首；
闲时不妨喝喝茶；
夜里兴来宵宵夜；

遇到问题聊一聊；

放下架子常相聚；

团队建设也容易。

团队聚会需顺其自然,不能勉强。团队聚会是花钱的事,团队领导应该担当起发起人,并且常常应该担当起付款者。慷慨仗义,舍得花钱,往往能财散人聚。其实花这点小钱,与蒙牛集团董事长牛根生的慷慨之举相比已不算什么。

10.6 领导的其他方面

领导集体的结构如图10—3所示。

图10—3 领导集体结构的组成

构建领导集体的年龄结构时,注意使该领导集体的老中青成员的比例协调。如果在某个领导集体中都是年轻人,那么该领导集体可能比较冲动,缺乏经验;都是年长者,那么可能倾向保守,反对革新。年轻人不要过高估计自己,动不动就说,这事只要我去干,一定会干好。梅兴保(2019)讲了他在湖南省张家界市工作时碰到的一件事:一些年轻的大学生工作没几年就到乡里当书记、乡长,乡里发洪水时,书记、乡长坐在那里哭,然后是50多岁的人大主任安排抢险救灾。[①] 为什么哭？可能是束手无策,也可能是害怕。

构建领导集体的知识结构时,应当注意使该领导集体具有较全面的领域知识和专业知识。构建领导集体的能力结构时,注意使该领导集体具备较全面的能力:组织能力、协调能力、激励能力、沟通能力等。构建领导集体的专业结构时,注意使该领导集体具有不同的专业背景,形成专业互补优势。

以下是关于领导的权变理论。

没有一种普遍适用的、最好的领导理论和领导方式。领导效果除了取决于领导本人的素质和能力,还取决于诸多客观因素,如被领导者的特点、领导环境等,它是诸多因素相互作用、相互影响的结果。弗雷德·费德勒的权变领导理论从三个维度分析领导环境的好坏:领导者与下属的关系好坏,任务结构简单或复杂,领导者的职位权力强或弱。关系好、结构简单、权力强代表了最有利的领导环境,关系差、结构复杂、权力弱代表了最不利的领导环境。

---

① 梅兴保. 资产管理公司经营启示录[M]. 北京:中国金融出版社,2019.

单项选择题

你的部门因为预算的限制,有必要进行整编。你请了本部门中一位经验丰富的员工负责这项工作,他在你的部门的每个领域都工作过,你认为他有能力完成这一任务,可是他似乎对这项任务的重要性反应漠然。这个时候你应当采取哪种领导方式?(　　)①

　A. 高任务、高关系　　　　　　B. 高任务、低关系
　C. 低任务、高关系　　　　　　D. 低任务、低关系

下面我们再来谈谈领导艺术。

领导艺术是指领导者在领导方式、方法方面表现出的创造性和有效性,是领导者在一定的知识、经验和辩证思维的基础上创造性地运用领导原则和方法的才能。

领导艺术包括以下特征:干领导的本职工作,领导的本职工作包括决策、用人、指挥、协调和激励②;平易近人,善于和下属交谈,倾听下属的声音;争取众人的友谊和合作,关心他人,信任他人,一视同仁,毛主席在这方面堪为楷模;做自己的时间的主人,科学地组织管理工作,合理授权,不被下属的种种干扰牵着鼻子走。

扩展到组织领导、党的领导,上述的一些原则也是通行的。例如,邓小平曾指出:"党要善于领导,不能干预太多"。③

案例 10—10　高管如何有效地协调各部门

公司来了一位新总经理,管理例会中,不少部门经理总是掩饰自己部门的问题,相互指责。总经理终于忍不住了,"啪"地大声拍了一下会议桌,把正在争辩的部门经理们吓了一跳。总经理说:"从现在开始,大家不要再说别人或别的部门的错误,只讲两方面的内容。一,本周哪些部门、哪些人对你的部门有什么贡献;二,你们的部门与你们自己还有哪些方面没做好,接下来如何改进。"部门经理们对此规定一时很不习惯,沉默了好久,好不容易才有人挤出一句:"谢谢你,陈经理,那天在会议室,你帮我倒了一杯茶。"几次例会过后,会议气氛转变了,甚至公司的整体气氛也改善了。部门经理们注意到别人对自己的帮助越来越多;除了感恩氛围的形成,大家也形成了自我检讨、负责的工作态度,并主动找机会帮助别人。④

案例比较　微软总裁 Satya Nadella 向员工提出三个问题:你如何利用公司已有成果,提升个人或团队工作效率?你自己做了什么?你帮同事或团队做了什么?

---

①　正确答案是 C。这意味着不要在这位员工面前过于强调任务,因为他似乎并不重视这项任务;要与这位员工搞好关系,就容易促使他完成这项任务。

②　一位领导发现自己忙不过来时,应该思考一下自己是否妨碍了下属的职权,做了本该由下属做的工作。美的集团的老板何享健下班时间到了就回家,他还认为,做企业的人(也就是老板)不要整天想着自己怎么把各种事做好,而是要想着找谁来做,怎样为经理们创造好的工作环境。他还有一个做法与张瑞敏的相同,就是为企业的长远发展设计好制度。

③　邓小平. 在全体人民中树立法制观念[M]//邓小平文选(第三卷). 北京:人民出版社,1993.

④　孙喜林,赵艳辉. 管理心理学——理论、应用与案例[M]. 北京:人民邮电出版社,2018.

案例10—11 李广与程不识将军的统帅风格

很多人都知道李广,而程不识就是在陈宝国主演的电视连续剧《汉武大帝》中,窦太皇太后的禁卫军首领。其实这两位将军是齐名的。

李广的特点:传奇

李广训练部队以恩义相结,不重纪律,部下每位将领与他的感情都很好。行军、布阵作风自由,不拘一格。他带领的骑兵非常精良,以机动性代替汉朝当时传统的行军布阵(这正是游牧部落的风格,可谓以其人之道还治其人之身,岳飞也有类似风格),所以李广的部队常常获胜。李广因而获得"常胜将军"的美名。

李广时常带领少量精锐突击队突袭匈奴(看来这一招不是其晚辈霍去病的"专利",还有其他汉将面对凶悍的游牧部族,敢于使用此手段),有时成功,有时失败,李广甚至被俘过,不过成功逃脱了。李广还使用过类似"空城计"(孔明用空城计前,已有若干先人用过类似的计策了)的险计脱险:他骑着马缓缓前行(撤退),匈奴人以为这是诱敌之计,不敢贸然紧逼,李广的部队才得以脱险。

程不识的特点:可靠、扎实

程不识是非常严谨的将领,他用严格的纪律训练军队,部队出战时总是处在高度的戒备状态。凡其率军作战,前面一定有斥候(侦察人员、探子),左右一定有掩护,一队一队互相呼应,互相照管,安营扎寨很有章法。行动起来,全军一致;扎下营来,敌人冲不动。他从未让匈奴人得逞,但他自己也未取得过重大胜利。

在西汉,人们都知道程不识是名将,因为他战不败。而李广呢,不是大胜,就是大败,就像在赌场赌钱。程不识则能不断积累胜利。李广和程不识的统帅风格代表了两种作战指挥的类型,各有所长,也各有所短。李广军队的凝聚力、灵活性、独立性、主动性和创造性等非常出色。李广部队的五千人可以顶五万人用,而程不识的一万人则永远是一万人,但也是不容易被打垮的。

作战处于上风时,李广的军队可以大胜;处于下风时,程不识的军队可以避免大败。因此应该在适当的时候使用适当的风格,但如何做到适当是一门大学问。"求稳用程,求功用李。"环境非常不确定时,李广的风格较能获得突破,取得胜利;环境较稳定时,程不识的风格是较佳选择。[①]

尽管大部分文献常用领导(指领导者)这个称呼,但本书更多使用干部、管理者和上级或上司这几个称呼,本书的多处已论述其原因。"领导"更多地被用于政治体系,尤其称高级干部为领导比较恰当,因为他们不仅在行政事务方面还在思想政治方面引领群众。领导是一个庄重的称呼,不应被随处使用,也不是很多人能配得上的。领袖则是一个更高层次的称呼,例如政治领袖、精神领袖、宗教领袖。

---

① 孙喜林,赵艳辉. 管理心理学——理论、应用与案例[M]. 北京:人民邮电出版社,2018.

第 11 章　沟通与冲突管理

沟通是交换信息并被两个或两个以上的人理解的过程,这个过程通常伴有激励或影响行为的意图。激励意图,例如,上级找下级谈话以激励之,下属的干劲常常是上司与其谈出来的;影响意图,例如,应聘者与招聘者充分沟通以影响招聘者的判断。管理就是沟通这个观念说明了沟通的重要性。

《论语》的"卫灵公"篇有这样一句话:"可与言而不与之言,失人。不可与言而与之言,失言。知者不失人,亦不失言。"

一方面,可以向别人解释一下以消除误会或隔阂,可以预先跟别人通一下气以示尊重,如果懒得做或不屑做,则白白失去了朋友、合作者,并可能多了一些敌对者。

小故事　《雪山飞狐》电视剧里,苗人凤祭拜胡一刀时,红花会众多高手忽然围上来,询问该会会众接连被杀之事。高傲的苗人凤说:虽然我并不知道此事,但我不是一个喜欢向别人解释的人,诸位英雄出招吧。幸好红花会的英雄们不是逞强好胜的莽汉,他们其实已查清了是田归农使用此狠毒的阴谋诡计,欲挑拨他们与苗人凤决斗。最终,双方避免了毫无意义的、两败俱伤的决斗,反而成为惺惺相惜的挚友。

影视、小说里、生活中,经常有类似的情况发生——应该解释时懒得解释或不屑解释,结果导致许许多多不必要的麻烦。

另一方面,隐隐觉得不应该说,说了有失礼貌,有些事则需要保密,但还是忍不住说了,或者不经意说漏了,就又得罪了人(冲撞了别人,或未为别人保密),或违反了组织的保密规定。要努力做智者,不失人也不失言。

沟通的实质是(信息、观念)分享,而不是一些人(尤其一些管理者)认为的,只是说给别人听,写给别人看,以期说服别人;要给别人话语权,听得进别人的意见。日本著名企业家松下幸之助特别强调沟通在企业管理中的作用。开创组织管理理论研究的美国管理学家巴纳德说:管理者的基本功能(之一)是发展与维系一个畅通的沟通管道。例如,机构的意见箱应常设,而不是像过节一样偶尔露个面。求同存异,找到可行、有效的解决方案,这样才能更大程度地发挥沟通的效用。

前述这一点无论在组织管理还是国家治理乃至国际关系中,都是应被遵循的。例如,当前(尤其自 2018 年始)的美中冲突中,双方就需要遵循上述思路谋求解决方法,尤其美国不能为了维持自己的唯一超级大国地位而不允许中国和平发展,必须抛弃这样的歪理和自私心理,国际社会和世界人民也不会支持美国的这种无理诉求。

小诗 沟通中的智慧

与男人沟通,不要忘了他们的面子;

与女人沟通,不要忘了她们的情绪;

与上级沟通,不要忘了他们的尊严。

沟通中,70%是情感,30%是内容。①

人们有自己的爱好,并且往往希望获得别人对其爱好的认同和赞赏。销售人员应努力发现客户的兴趣和爱好,并欣赏、迎合它们,投客户所好,尽量满足客户的爱好和愿望。于是客户就很可能把销售人员当作知音,双方的距离一下子近了很多,双方甚至成了好朋友,接下来的说服、销售工作就容易多了。我们应避免热衷于自我表达而不善于倾听,在其他领域也应该如此。

案例 11-1 有效沟通的力量——聊一聊顾客感兴趣的事

克纳福是一位煤炭推销员,他就职的煤炭厂附近有一家联营百货公司,他想把煤炭推销给此公司,可长期努力后都未成功。克纳福对此很烦恼,也很生气。

他后来参加了西方现代人际关系教育奠基人戴尔·卡耐基(Dale Carnegie,1888~1955)的培训班,并把自己的这一烦恼告诉了卡耐基。卡耐基专门为他安排了一场辩论课,辩论的题目是"联营百货公司经营利大于弊"。克纳福对此非常积极,他一心想参加反方,阐述联营百货公司经营的弊端和恶果。但卡耐基没有同意,他要求克纳福参加正方。克纳福由于不了解联营百货公司的相关情况,为了收集材料,他再次前往其煤炭厂附近的那家联营百货公司。敲开公司经理办公室的门,经理以为他又来推销煤炭。克纳福忙说明来意,并表示有信心作为辩论正方获得成功,所以来了解一些情况。这么一说,店经理同意和他谈一谈,两人越谈越投机。通过这次谈话,克纳福大开眼界,店经理还给了他一些额外的资料。

谈话结束时,克纳福高兴地向店经理致谢并准备离开。店经理忽然叫住他,说:"我记得您是卖煤炭的。"克纳福点头。经理微笑着说:"我们的煤炭供应合同明年春天到期,到时候你来找我,也许我们能签订新的供应合同。"克纳福心中一惊,他没想到这么难攻克的推销堡垒就这样被轻松地攻克了。克纳福对联营百货公司的关心也使店经理关心克纳福的产品,这就是有效沟通的力量。②

有的聪明的资深销售员拜访老客户时,甚至根本不谈推销之事,反而很关心客户最近的情况,尤其客户自豪的、开心的事,并愿意倾听客户的诉说。他们的交谈完全跟老朋友见面聊天一样,只是互诉别后之情而没有利益诉求。等客户谈兴渐淡之际销售员则适时准备告辞。你真心把客户当朋友对待,只要可能,客户一般也会帮你的。客户知道你的身份是销售员,只要他有需求,就会主动为你提供销售机会。好朋友不正是这样对待我们的吗?

---

① 李海峰,张莹,杨维霞,武永生. 管理学——原理与实务(第3版)[M]. 北京:人民邮电出版社,2018.

② 赵玉平. 管理之道[M]. 北京:中国工人出版社,2017.

(美)戴尔·卡耐基 著.亦言,译. 人性的弱点[M]. 北京:中国友谊出版社,2017.

案例比较

美国的一位著名的汽车推销员向一位顾客推销汽车,洽谈很愉快,顾客已跟着推销员去另一个办公室签单了。忽然顾客推说有急事匆匆离开,后来也没有回来签单。这位推销员思考了很久才明白是怎么回事。

原来,他觉得推销大功告成,得意之时只想着快点签单之事,没太注意去签单室的路上顾客跟他说什么。顾客当时也是心情愉快,觉得选中了一款中意的汽车,开心之余,就向推销员讲述儿子做医生的工作情况——自然是一些夸耀内容,也是朋友间的一种分享。可是他发现推销员根本没听他说什么,只是敷衍地应和。顾客的心情一下子变坏了,心想:原来,你刚刚那么热情地跟我聊天,让我感觉我和你好像已经成为好朋友,谈得非常投机,这些都是假象,只是为了哄我买你的车。于是他决定不买这里的车了,推销员给他的感觉很不好,他不再信任这位推销员。

还有,演讲者、讲课者如果只是一味地向听众灌输,时间一长,听众或学生就可能容易倦怠、坐不住。要辅以恰当的互动,给听众发言、提问的机会,实现真正的沟通,才可能达到更好的效果。所以对有些老师而言,学生在课堂中举手发言,甚至插嘴,都是受欢迎的;开明的老师甚至不介意被学生问倒的尴尬。

11.1 沟通类别

11.1.1 按沟通功能划分

(1)工具式沟通。关于工作方面的沟通、较正式的沟通、职能沟通、例行沟通等。
(2)情感式沟通。以联络感情为主要目的的沟通。

11.1.2 按沟通方法划分

(1)口头沟通。包括面对面交谈、演讲、打电话等方式的沟通。优点是便捷,交互性强,有助于联络感情等;不足是易逝性、非正式等。

(2)书面沟通。包括撰写报告、写信、传递文件、发布公告和发电子邮件等方式的沟通。优点是有形,可长期保存,往往可作为法律依据;不足是耗时,及时性差,交互性弱等。

电子媒介沟通包括 QQ、微信、电子邮件、博客和门户网站等方式的沟通,电子媒介沟通既包含书面沟通,也包含口头沟通或者音频沟通,尤其 QQ、微信等即时通信软件包含较多的口头沟通。电子媒介沟通的优点是快捷、高效、环保(例如实现无纸化、减少差旅费)、传播面广,等等;不足是可能妨碍传统的情感交流,容易产生大量的无用信息,等等。

(3)非语言沟通。口头沟通和书面沟通都有很强的语言性,非语言沟通不依赖语言,下面是一些例子。

暗号 小说《红岩》中负责印刷《挺进报》的成岗同志于被捕前,在窗台上放上花盆,这就是与其他同志约定好的暗号——此联络点已暴露。

旗语 航行在海上,风声、浪声大,不同舰船上的人听不见对方的喊话,太远也导致看不清对方的手势,所以过去需要旗语。陆上也如此。"《军政》曰:'言不相闻,故为之金鼓;视不相见,故为之旌旗。'"《孙子兵法》也说:"故夜战多火(火把)鼓(用以联系),昼战多旌旗(发号施令),所以变人之耳目也(耳目的功能得到延展)。"现在有无线通信,旗语的使用就减少了。

形体语言沟通指采用做手势、体态、眼神和表情等方式的沟通,也属于非语言沟通。例如,别人与你闲聊时,你斜靠着门框没有关系,但别人与你聊正事时你这样做,对方可能会以为你对此话题不太在意。形体语言沟通的优点是既可以作为语言沟通的辅助形式,有时又胜过语言沟通;不足之处是表达的意思较模糊,不容易被领会,等等。宝武集团梅山钢铁公司炼钢厂的实践"小手势解决大问题——指唱确认,确保接放电极作业安全"荣获上海市"安康杯"竞赛典型案例发布特等奖。甚至穿衣打扮也是沟通的辅助形式,有助于融入公司内的一些"圈子"。

11.1.3 按组织形式划分

(1)正式沟通。依据规章制度规定的原则和渠道沟通,例如组织间的公函来往,组织内部的传达文件、发布指示、召开会议和汇报工作。

(2)非正式沟通。除正式沟通渠道之外的信息交流。当正式沟通渠道不畅通时,非正式沟通就会起关键作用。非正式沟通比较灵活,形式多样,能满足员工的额外信息交流的需求。有时候非正式沟通比正式沟通传播更快、更广,但准确性可能差一些。11.3节将进一步论述非正式沟通。

11.1.4 按沟通方向划分

(1)上行沟通。指下级把信息报告给上级,例如写年终总结交给领导,常常没有反馈,此时就只有上行沟通。一般而言,组织规模越大,上行沟通的阻碍越大。改进措施包括:设置意见箱和网上领导信箱(如果没有回复或无法传达回复则不包括下行沟通),设置领导接待日(包括下行沟通)等。

案例11-2 沃尔玛的员工提议

沃尔玛公司在阿肯色州罗杰斯机场的飞机库里有12架飞机,它们是为方便管理者和员工沟通、倾听基层声音而准备的。沃尔玛想方设法鼓励员工把自己的建议反映上去。创始人山姆常常邀请有创意的员工参加星期六早晨的会议,收获颇丰,获得许多操作性强的好点子。这些点子差不多每年可为沃尔玛节省800万美元的开支。来自基层的意见常常符合沃尔玛运营的实际情况,沃尔玛公司的聪明之处是充分发挥了各阶层、各类人才的潜力。[1]

通用电气的韦尔奇也采用了类似的沟通模式。日本丰田公司则采用全员范围的合理化建议制度,1983年一年中员工提出的建议达165万条,人均31条,为丰田创造了900亿日元

---

[1] 单凤儒,金彦龙. 管理学——互联网思维与价值链视角[M]. 北京:高等教育出版社,2015.

的利润,占全年利润的 18%。凡被采纳的合理化建议,其提出人可获得 20 万(即 1 万多人民币)至 500 万日元的奖金。国际商业机器公司为(普通)员工开放多种上行沟通渠道,员工有机会与高层经理一对一沟通,可以选择任何感兴趣的事情与后者讨论并获得后者的保密承诺。该公司也会主动调查员工的各种意见。

(2)下行沟通。指上级把信息传达给下级,例如高中校长在高考动员大会的演讲中,面对台下黑压压的人群,校长并不容易感受到学生的反馈;如果校长坐在广播室里发言,学生坐在教室里听,校长更看不到反馈。[①]

(3)平行沟通。指同级人员之间的沟通。

11.1.5　按是否有反馈划分

单向沟通:信息基本上往一个方向流动。

双向沟通:具有交互性的沟通。反馈沟通的重点是不仅建立员工向管理者提供建议和意见的通道,还要给予员工反馈,使员工知道,自己提供的建议被认真对待了。

专题分析　关于演讲与讲课

严格来讲,演讲与讲课属于双向沟通,但听众给予演讲者的反馈信息可能较少,如果不是翻转课堂,学生给予老师的反馈信息也有限,因此在一定程度上它们又比较像单向沟通。案例 10—1 描述了乔布斯演讲时的出色台风,即乔布斯作了充分的准备。无独有偶,乔布斯的老冤家比尔·盖茨为了在母校哈佛演讲,也是用足了精力准备——整整耗费 6 个月,作了各种极其充分的准备,包括带着演讲稿亲自拜访巴菲特,堪比总统竞选演讲的准备力度。乔布斯的崇拜者雷军也非常重视精心准备和安排发布会,包括演讲这一重要环节。

尽管像盖茨、乔布斯等这样的世界名人、精英中的精英,对演讲都如此重视,但这并不意味着大众一定要学习他们的做法,完美主义常常是不利的。实际上不管是演讲还是讲课,内容大于形式。有些演讲者、教师的讲课技巧不高明,更谈不上表演技巧——例如运用手势、语气等,但这些并不一定妨碍他们成功地演讲或授课,假如他们讲的内容足够好、有足够吸引力的话。当然,也不能像传说中周作人或沈从文等大师讲课那样,声音极低,方言口音又重,表达不太清晰,学生自然不喜欢。

听众主要是来听内容的,不是看演讲或讲课技巧的。而演讲内容好往往不只是因为演讲者或其合作者的写作水平高,从而能写出好的演讲稿,更重要的是他们的长期积累,厚积薄发。例如,国防大学著名教授金一南的一些演讲非常精彩,复旦大学中国研究院院长张维为教授演讲时行云流水,正是源于上述原因。

反之,如果演讲内容不好,即使演讲者是一位知名人物、学界牛人,也会令听众失望,作者在听一些讲座时就发现了这方面的不少例子。有的演讲者可能临时应主办方要求写"命题作文",但草就之作经不起推敲;有的演讲者虽然用大量篇幅讲他们在科学引文索引期刊、社会

---

① 演员在剧院的舞台上表演,由于强烈的明暗度对比(舞台上通亮,观众席漆黑一片),演员看不到观众的反应,只能听到观众的反应。

科学引文索引期刊或国内知名期刊中发表的论文，但发表与听众是否认可是两回事[①]；有的人用词、持有观点以及幻灯片有明显逻辑错误、以偏概全、主观武断、绝对化，可能会导致听众怀疑其整体演讲内容的可信度；有的人说了很多话，宣传自己的权威性与先驱性，正题内容却平淡、稀松，或者不证自明……由于内容有诸多不足，即使演讲者再有名气，即使他们再会表演、煽情，也不会真正打动听众，给予听众教益与启发，至多当时使听众哈哈一笑，事后留不下深刻印象。

还要注意，不要讲得很啰唆，否则好的内容也会使听众抓不住重点并使听众失去耐心和兴趣。因此要言简意赅，还要适当留白，给听众留一些思考、想象的空间，不要过于看低听众的水平，因而总想着讲透一些、多讲一些，这就会导致啰唆的毛病。写书、写文章时也要遵循同样的道理。另外，演讲者如果不善于表演，但如果能做到真正投入感情，他们演讲时的形体语言、语气很可能自然就到位了。

11.2　沟通模式

沟通模式指信息在不同的人之间，按不同方向流动的模式，可分成以下几种。

11.2.1　轮形网络

轮形网络通过一个中心人物传递信息，可以避免不必要的噪声，节约时间。同一个人即使在不同时间传递的信息基本上是相同的，可以减少噪声。掌握信息的人直接传递信息，减少环节，可节约时间。把信息传递给别人，指望别人快速传递这些信息的想法常常落空，因为别人并不一定这么积极主动，等他们传递信息时可能已经拖延了一段时间。明茨伯格的经理角色理论指出，在信息传递方面经理的角色包括监听者、传播者和发言人（见图11-1）。

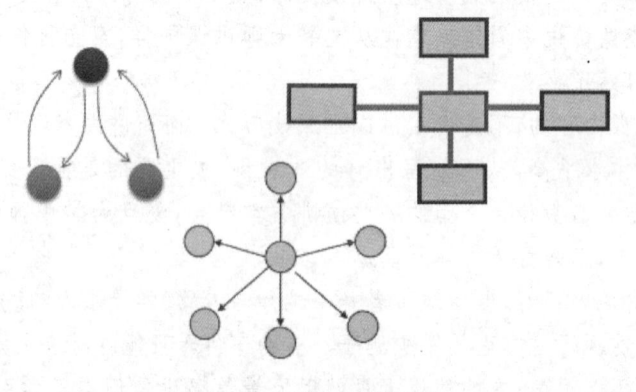

图11-1　轮形网络结构

[①] 即使在那些知名期刊上发表的观点，听众和大众对之也不一定认可，甚至认为它们是小儿科或脱离实际、以偏概全，只不过披上了光彩夺目的"科学"的外衣，看上去高大上。

11.2.2 链形网络

在链形网络中,成员按照设定的顺序互相沟通,链形网络一般被用于流水线群体这样的任务有先后顺序、相互依赖的群体中(见图11-2)。

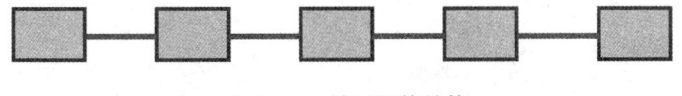

图11-2 链形网络结构

11.2.3 环形网络

在环形网络中,各个成员依次沟通,不存在中心人物,体现了平等,组织成员有比较一致的满意度(见图11-3)。

环形网络与圆桌会议的思想是一致的,然而基于会议室的布局、门的位置等参照物,圆桌坐席仍能体现座位的重要与次要性,中外均如此。韩都衣舍的做法是:谁召开的专题会(例如讨论品牌的会议),谁就是这次会议的"老大",坐中间。

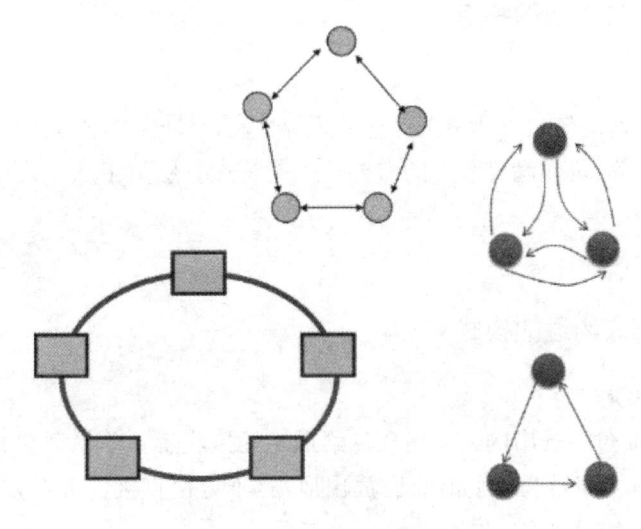

图11-3 环形网络结构

11.2.4 全通道网络

每一个团队成员都与其余成员直接交流,便于交换信息和充分利用信息资源。全通道网络(见图11-4)的特点是结构复杂、成本高,维持全通道网络耗费时间和金钱,人际交往多。随着团队规模的增加,全通道网络的复杂度增加非常快,复杂度增加很快,运行维持成本的增加速度自然也快。

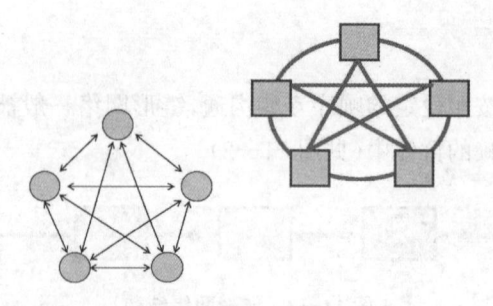

图 11—4　全通道网络结构

网络媒体时代信息传播是"集市式",信息多向、互动式流动,声音多元、嘈杂、互不相同。

11.3　非正式沟通

非正式沟通指以员工间的社会关系为基础、与组织的明文规章制度没有关系的沟通。

11.3.1　非正式沟通的特点

(1)效率较高。
(2)信息交流的速度较快——员工传递的积极性高,在非工作时间里也传递。
(3)可能比较准确;可以满足职工的需要——尤其在基层员工从正式渠道得不到有关信息时。
(4)有一定的片面性。

11.3.2　非正式沟通的模式

(1)单串型或单线式

单串型沟通指通过一长串的人把信息传给最终的接收者。单串型沟通既可能是客观条件要求的,也可能是主观行为,例如放话/放出风声(不方便直接告诉对方,因而使用这个方式)就是一种主观行为(见图 11—5)。

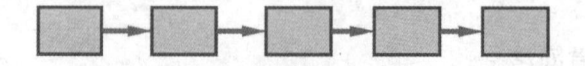

图 11—5　单串型沟通模式

主观的放话传播形式更可能不是单串型,而是多分叉型。分叉中的接收者可能是与目标接收者完全不相干的人,也可能是放话者的目标接收者的中间传递者,即放出的话可能通过多条途径被传送到接收者的耳朵里。

故事　张良弄鬼诈项羽

项羽得天下后不想定都咸阳,而想回家乡彭城建都。传说是项羽把阿房官烧掉,大概也为了断绝在咸阳建都的后路吧。实际上咸阳是古代建都的好地方,项羽还可与镇守三秦的章邯、司马欣和董翳这三王看住最有雄心的刘邦。但项羽一心想回彭城。张良从项伯那里听说此事后正中下怀,他巴不得项羽早点离开咸阳,好让刘邦得便夺取三秦。张良决定再给项羽烧一把火。他装成道士,走街串巷,唱着一首歌谣:"隔壁有人摇串铃,只听声音不见形。得了富贵不还乡,如穿锦衣夜里行。"他把这首歌谣教给许多小孩儿,让他们四处传唱。

项羽由于先前违背了楚怀王与各路英雄的约定,把先入咸阳的刘邦打发到穷乡僻壤的巴蜀去了,自己留在咸阳做了西楚霸王。他是个沽名钓誉的人,做错了事,怕别人在背后议论他。他派近臣到街面上打探有无议论他的人和言论,结果近臣们打听到上面那首歌谣。项羽听说后还亲自出宫探听,果然听到小孩儿们在传唱那首歌谣。项羽颇为得意,心想:我正想回彭城,老天就把他的意思通过小孩儿们告诉我,正合我意。项羽后来离开咸阳,无意中为刘邦一统天下创造了先期条件。张良放出去的话达到了预期效果。

在单串型的沟通模式中,被传递的信息很可能走样。

(2)饶舌型(流言式)

传递信息者积极主动地寻找告知对象和告诉别人(见图11—6)。

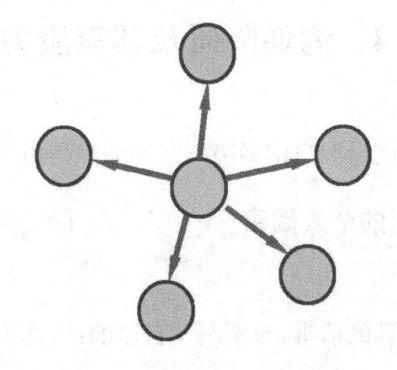

图11—6　饶舌型沟通模式

(3)集合型(集束式)

某人把信息告诉经过他选择的人,这些人又把信息转告经过他们选择的其他人(见图11—7)。

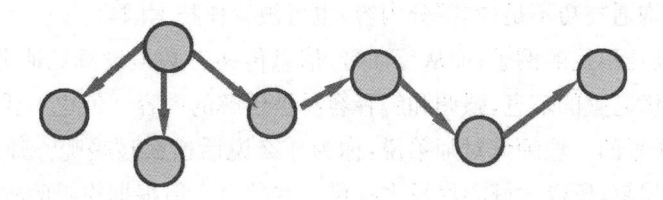

图11—7　集合型沟通模式

(4)随机型(偶然式)

个人之间随机的转告。信息由A随机传递给某些人,这些人再随机传递给另一些人(见

图 11-8)。

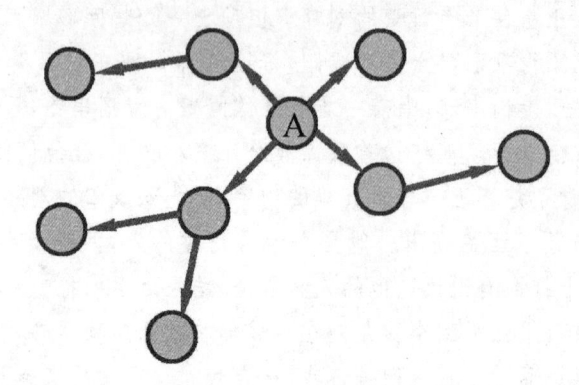

图 11-8 随机型沟通模式

应该正确对待非正式沟通,要高度重视传播面广、传播速度快的小道消息。我们可以在非正式渠道中了解在正式渠道中无法得到的一些信息,从侧面了解员工的需求。

11.4　沟通障碍及其克服方法

很多误解、低效的工作和错误源自沟通障碍。沟通障碍由四类因素引起。

11.4.1　造成沟通障碍的个人因素

(1)有选择地接受

有的人喜欢挑好听的、顺耳的话听,对不利于自己的话、坏消息充耳不闻。殊不知良药苦口利于病,忠言逆耳利于行。

与有选择地接受关联的行为是信息过滤——为了个人利益或小集团利益,截留或篡改信息。还有,开白色汽车的人会觉得路上白色的汽车挺多,开黑色汽车的人则觉得路上黑色的汽车挺多,这些是有选择地关注。

(2)沟通技巧不足

首先需说明,沟通技巧不足(本部分内容)也可被看作技术因素。

先不讲沟通技巧不足的例子,而从反面看,信息传递者必须设身处地考虑信息接收者的理解情况,尽量提供完整的信息,强调和解释容易被误解的内容。但也不要啰唆,不要唠叨不太相关的内容。作者的一位师妹对师弟说:你为什么说话这么啰唆呢? 师弟回答:我怕你们听不明白,怕你们误解,所以才好心尽量多提供一些信息。但根据作者的感受,这位师弟与别人沟通时确实啰唆了一些——就算多提供一些信息,也不必经常追根溯源;就算想提供背景信息,也不必把它当正事那样说得那么详细。言者的时间是宝贵的,听者的时间也是宝贵的,如果沟通时常常如此繁琐,听者自然就觉得言者啰唆了,以后就不敢轻易询问后者了。

父母的年龄越发大了后,他们的听力也越来越差,跟他们说话时要大声说,甚至要不怕麻烦地走到他们面前说话。在有的情况中,年老的父母或其他长辈不是听不见,而是反应能力变差,他们听到别人的话后一下子反应不过来,所以跟他们说话时必须慢慢地说。跟小孩子说话的情况相似,必须慢慢地讲,细心地讲。

专题分析　扁鹊见蔡桓公故事的启示

很多人都学过《扁鹊见蔡桓公》这篇文言文,也知道其主要寓意是不可讳疾忌医(讳疾忌医属于有选择地接受这种沟通障碍)。① 余凯等则分析了扁鹊与蔡桓公一次次失败的沟通,没有起到劝治作用②。

扁鹊未考虑到患者的心理,针对这样一个特殊的患者,采取不同的劝治方式和话语。普通百姓容易相信名医的话,像蔡桓公这样的贵族就不一定了。例如,该文说:"扁鹊出,桓侯曰:'医之好治不病以为功!'"蔡桓公当时没有感到身体不舒服,扁鹊又没有拿出让桓公信服的证据,只有其声誉为其劝治做背书。而且第一次劝治失败后,扁鹊在第二次劝治中也没有吸取教训。

从这个角度看,说蔡桓公讳疾忌医(君王几乎都想长命百岁甚至长生不老),似乎有点冤枉他,他还以为扁鹊尽说些不着边际的话骗自己,所以后面两次听到扁鹊的劝治后,都没搭理扁鹊。

还有一个类似的例子,北魏名臣崔浩劝拓跋嗣不要攻打南朝宋国的一个重要理由是,君子不伐有丧之国。这个理由就很难让北方的君主心悦诚服地接受,因为这是中原人的礼制,所以北魏还是攻打宋国了。劝说别人,尤其提反对意见时,必须把住对方的脉,才能有效说服。

这两个例子属于管理上司的例子,它们还启发我们:管理者设定的目标或作出的决策即使再正确,如果他/她未能用良好的、恰当的和员工能接受的方式表达出来,也起不到应有的作用。

这方面做得好的一个例子是,毛主席用他指挥红军获得反围剿的一次又一次胜利、团结中共广大中高层领导的诚恳态度、实事求是的作风以及长征途中一次次关键的领导作用,最终赢得革命队伍中从上至下几乎所有同志的信任和拥护。自此中国革命队伍就以毛泽东思想为指导,按照毛主席的宏大长远的战略规划,沿着他指出的正确革命路线,从一个胜利走向另一个胜利,并继续向着中国的独立、自主、富强和复兴的伟大目标奋勇前进。

11.4.2　造成沟通障碍的人际因素

(1)沟通双方的信任程度不够

信任程度不够除了使沟通中的信息不能被有效采纳,例如,蔡桓公不采纳扁鹊的意见,还

---

① 另一说法是扁鹊见齐桓公(齐桓公暮年,管仲和鲍叔牙已去世)。扁鹊第四次见齐桓公后,说他已病入骨髓,无法医治。奸臣易牙、开方、竖刁正是听说此事后才作乱,推桓公长子为君,并使桓公饿死在宫内。
② 余凯,王蕾,邵李津. 管理学[M]. 北京:清华大学出版社,2016.

导致沟通不能顺利进行以及其他负面效果。

国人交谈时常常喜欢打听对方的一些个人信息甚至隐私,这往往使对方不高兴,沟通效果自然被破坏,对方以后可能会回避与他们交往、沟通。

专题分析　不尊重他人隐私的例子

交谈的双方可能并不熟识[①],更谈不上有深厚的交情,可是在一次偶然的近距离相处时(例如在公司餐厅吃饭,碰巧坐在一起),一方却打听另一方的个人、家庭情况,这是交浅言深的另一种表现——不是谈自己思想深处的东西,而是打听别人的隐私,因此更不合适。

既然没有深厚的交情,自然谈不上信任程度很高,在交谈中怎能涉及个人、家庭等方面的隐私话题呢?这类信息至多是与挚友、最亲近的人分享的。

爱奇艺中有一个"当外国人在中国遇到外国人"的视频。两位互不认识的外国男性在可能是东北的某大排档邻座落座,准备吃饭。一位开始说了。

……

问:"俄罗斯人吗?"再用俄语说一遍。

对方蒙圈。

问:"不懂啊?你爱吃咱们中国面条啊?拉面好吃啊!"

答:"我会说汉语一点儿。"

问:"刚来吧。你哪里人?"

答:"我美国人。"

问:"你今年多大了?"

对方蒙圈。

问:"有没有三十岁?""有老婆吗?娶了个中国媳妇吗?"手碰碰对方,"咱中国姑娘好。"

一连串发问继续使对方蒙圈。

问:"你干什么工作?你是英语老师吧?你老师吧?你给咱中国孩子上课。你一个月赚多少钱?有没有一万?"

对方蒙圈。

发问者:"你这人,我看你这人好。朋友。"向对方伸出手,对方也伸出手并说"朋友",握手。

画外音:你的汉语是中国大妈教的吧?

打听别人的隐私,这种不恰当的话题甚至也常常出现在高级知识分子群体中。当被问的一方已表现出不自然、冷淡、不悦的神色时,询问的一方仍然没有感觉到;甚至当被问的一方赶紧用别的话题岔开后,询问的一方过一会儿居然继续追问刚刚未获得正面回答的问题。询问者的低情商真是令人叹为观止,打听别人个人情况的热情也令人叹为观止。

直到被问的一方直言相告,他不喜欢谈这一类话题,或者不予回答时,询问的一方才悻悻作罢,但心里还在埋怨被问的一方不通人情,甚至觉得对方莫名其妙,"真是一个怪人",并埋

[①] 即使相识多年的同事、同学,如果并无多少交往,仍谈不上熟识。

下怨恨,影响双方此后正常的沟通。作为高级知识分子,他们居然丝毫想不到在这个问题上反省自己是不是有不妥言行,可想而知,普通群众在这方面的沟通问题有多严重了。这也是我国的一个普遍社会现象。

也许自古以来中国文化就不重视个人隐私,人们甚至往往没有这个概念。可是(副)教授、博士们是充分受西方文化熏陶过的群体,其中一些人还去西方国家留学、访学过,他们中的不少人,居然在这方面仍完好地保持像根本未接触过西方文化前的那种"本色",还不理解、谴责他人保护个人隐私的观念,这实在令人诧异。

对一般的喜欢聊隐私的人,最好的办法就是别跟他们聊相关话题,就不会把他们引到隐私话题中来,他们也不好意思、也不会突兀地、自说自话地引到隐私话题中来。但对那些打听别人隐私到无礼程度的人(如前面几段和本段后面说的一些人),没有什么有效的方法应付他们,要么回避他们,尽量不跟他们交往,要么拒绝回答隐私问题,甚至明确告诉他们,不要问自己的隐私。还有一类人,他们挺注重保护自己的隐私和思想深处的东西,绝不轻易提起,城府很深,却热衷于打听别人的隐私,甚至传播别人的个人信息。

(2) 信息来源的可靠程度低
(3) 双方的相似程度低

如果沟通的双方心有灵犀,那么沟通比较容易,也比较有效。如果两个人的差距大,例如两个人的价值观、人生观的差距大,有可能出现无论一方如何解释、劝说,另一方总是听不进去的情况。还有,教育背景、生活背景的差距可能会导致一方不容易理解另一方想表达的含义,尤其不容易理解另一方的话中深意和话外的含义。

马可波罗时代的欧洲人认为,马可波罗讲的中国雄伟绵延的长城、许多中国人都穿绫罗绸缎、能燃烧做饭的石头(煤)等完全是天方夜谭。当时的欧洲都是小城邦,城墙都不长;绫罗绸缎是从万里之外的中国进口来的,能穿它们的一般是大贵族。基于他们的生活体验,他们自然认为马可波罗在胡乱吹嘘。应观察、找到对方与自己在观念等方面的不同之处,尝试从对方容易理解、接受的角度与之沟通。

此外,在沟通中我们还应当注意国际交往中的社会文化因素与差异。比如,一些阿拉伯人很不喜欢熊猫;德国人忌用核桃,认为核桃是不祥之物;日本人忌荷花、梅花图案,也忌用绿色,认为不祥;南亚有一些国家忌用狗作商标;在法国,孔雀被视为祸鸟;日本人忌4和9,因为4和死音相近(日本人对4采用了中国古代读音),9和苦音相近;大多数阿拉伯人对设定期限反感;印度人不喜欢在家里及社交场合谈论工作;在中东,客人把食物或饮料带到东道主的家里,等于侮辱东道主;酒是伊斯兰教信徒的禁品。①

东方人喜欢采用委婉的表达方式,并认为,让对方自己领会和判断,这样更尊重对方。另

---

① 黄炜. 市场营销理论与实务(第二版)[M]. 北京:北京大学出版社,2024.

外,模糊暧昧的说法也为日后发生问题时逃避责任提供了机会。西方人,特别是美国人,习惯于坦率地表达自己的观点;他们认为委婉与真诚有很大的距离,与假装却有某些相似之处。体现在语言方面,以中、英文为例:中文含蓄,注重词汇,多省略;英文相对较直白,注重语法和准确性。

还有四个有趣的例子:与很多国家的人的行为不一样,保加利亚人点头表示反对,摇头表示赞同,北欧人摇头也表示肯定,印度人、尼泊尔人也以摇头表示肯定(一边摇头,一边微笑);重要人物到来,斐济人为了表示敬意会立即坐下(就像学生在教室里看到老师到来那样,乖乖坐下,听候安排)——恰好与很多国家的做法相反;在许多国家,竖大拇指表示称赞、顶呱呱的意思,而在日本则是骂人——"你这个老头子!"另外,摸鼻子在英国表示小心,在意大利则表示正在受骗。所以在外国人面前不要摸鼻子、耳朵。①

11.4.3 造成沟通障碍的结构因素

(1)地位差别——社会地位不同的人通常具有不同的价值观念和道德标准,从而造成沟通困难。

一个企业的管理体制如果是等级森严的,再加上报喜不报忧的普遍心理,那么,该企业的老板往往是最后一个知道糟糕真相的人。古代帝王或高官、贵族、家长也常常遇到这种情况。

而上司或位尊者常常不愿意向下传递较多信息,也是一个普遍的、客观存在的现象。一方面,位尊者应该改善这种情况;另一方面,位低者应适应这种情况,自己多揣摩,不要期望位尊者按照位低者的意愿,充分与自己沟通。当位尊者未提供足够信息时,位低者更不宜以抵触的情绪和无礼的态度与言行相对,这样做不但得不到想要的信息,只会使情况更糟。

知道上述情况与道理后,做下属的大概知道应该用礼貌、委婉的态度和方法,从上司那里获得更多信息了吧。而且应明白,在获取信息方面不要对上司逼得太紧,哪怕用礼貌的、委婉的方法也不行,因为这样做也会触犯上司的禁忌。

有时候上司交代一个任务却没有提供足够的信息,是因为他们自己对这个任务也不甚明了,也没有做好这方面工作的思路,自然就不可能对下属讲明、讲透,甚至还要故作玄虚,假装自己对此事很有把握。

有时候上司就是有意不想让下属知道过多信息——可能为了隐瞒一些事情,也可能出于以下目的。下属如果悟性强,能根据上司提供的有限信息,完成好任务,自然值得肯定;下属如果悟性不足、能力不强,把事情办砸了,那也是下属的责任,而从上司布置任务的简单语句,较难确定上司的过错与责任。也就是说,上司交代任务时悠着点是为了保护自己。

所以讲,这方面有不少微妙的道理,做下属的不要愣头愣脑、直来直去,要善于沟通、巧妙获得信息,还要适可而止。接下来讲几个正面的例子。

案例 11—3 惠普公司鼓励管理人员深入基层,直接接触广大员工。他们采用敞开式大

---

① 这也是餐桌礼仪。在公共场合,尤其当着别人的面,摸摸这儿、摸摸那儿,即使摸自己的身体也是不妥的。女性也不要在公共场合补妆,甚至不要在外当着熟人(同事、亲友)的面补妆,这是不雅、不妥的行为,尤其不能当着男性的面补妆。

办公室,很多员工在一间敞厅里办公。各部门间只有矮屏分隔,除了会议室、会客室,各级管理人员,包括最高主管,都没有单独的办公室(索尼公司也有类似做法)。在惠普,为了消除等级差异造成的沟通障碍,公司要求对内不称呼职衔,对董事长也直呼其名。这样有利于上下左右通气,营造无拘束和合作的氛围,避免公司政治。①(开放的大办公空间也有其弊端,例如嘈杂,员工缺乏隐私安全感,甚至阻碍员工的创造力。可调节隔断在一定程度上可兼顾方便沟通与保障私密性。)

国际商业机器公司的董事长与总裁也敞开办公室的门,欢迎员工来访。他们还遍设保密意见箱(这一点很值得我国管理者学习),鼓励员工直言上诉,缓解员工的不满情绪,防止官僚主义。谷歌公司每周一次的全体大会中,员工可以直接向最高领导发问,可以涉及公司的任何问题。本田公司创始人本田宗一郎鼓励员工发牢骚、提建议,如果建议被采纳,提出者将获得相应评分,这些评分累积到一定标准,提出者将获得"本田奖"或出国旅游。诺贝尔和平奖获得者特蕾莎修女在印度时,为了拉近与她服务的印度大众的距离,一直不穿鞋,因为印度穷人没有鞋穿,尤其四个等级之外的人(在那里被称为"贱民",印度的社会等级制度依旧森严)。

地位差别的障碍还体现在人微言轻现象上。马云在演讲中说:"'要么电子商务,要么无商可务'是我说的,不是盖茨说的,但那个时候②我这么说,谁信我呢?所以只好借盖茨之名说这句话。而且,我也知道盖茨将来会说这句话。"有人认为,《黄帝内经》、"文王演周易"等就是托名之作与托名之说,这些著作才容易流传后世。

(2)信息传递链过长,则传递链上信息的不同发送者的地位、表达能力以及不同接收者的理解能力,都可能导致信息传递的偏差。

(3)组织规模大,传达信息不容易到位,需要电子邮箱、手机短消息、微信等手段并用,因为有的员工可能不(经常)使用上述的某个通信手段。对非常重要的信息还需要开大会宣讲。

(4)空间约束

合理设计工作空间(例如车间内的工位布局),使员工能充分沟通、分享信息,从而提高其工作效率。不要过于担心员工会闲聊、谈山海经。在作者以前就职过的一家德国公司,在午餐时间,不管是白领还是蓝领员工,他们往往在谈工作,而不是谈家长里短。不要对员工总是抱着一种防备心理或不放心的心理。丹麦奥迪康公司为鼓励员工交流,设置了咖啡吧,甚至用螺旋扶梯取代电梯——更有利于员工相遇时交谈。

(5)文化、传统差异导致人与人乃至国与国之间的沟通障碍,例如,西方资本主义国家的许多人,至今仍然不愿接受或不能理解中国以及其他东方国家的正确、合理、有效的理念与倡议(例如我国倡导的国际交往中的五项基本原则,另一方面,也有利益考量的因素,他们因而不愿接受)。

11.4.4 造成沟通障碍的技术因素

(1)语言表达问题

---

① 楚杰.国外知名企业的管理绝招[J].企业天地,2003(8):59.
② 那时的他还不是有影响力的人物,更早的时候他讲电子商务,许多人以为他是骗子。

语言表达不清,词汇或概念等使用不当,造成理解方面的困难或产生歧义(表达的对立面是理解)。这是一个非常普遍的问题。

案例 11—4　交代任务

某公司总经理对秘书说:"查一查我们有多少人在上海工作,星期三的会议中董事长会问到这一情况,我希望准备得详细一点。"

该秘书打电话给上海分公司的秘书:"董事长需要一份你们公司所有工作人员的名单和档案,请准备一下,我们两天内需要。"上海分公司的秘书又告诉其经理:"董事长需要一份我们公司所有工作人员的名单和档案,可能还有其他材料,需要尽快送到。"

结果第二天早晨,四大箱航空邮件被送到总公司大楼。

案例分析

这一连串的沟通中,最关键的误导之处是案例第一段中总经理的交代"我希望准备得详细一点"。他也许说最后这句话时只是自言自语,自己想好好准备一下数据和材料,却被秘书当作重要的工作布置下去。

总经理也可能不是自言自语,而是希望秘书准备得详细一点,但到底怎样详细他又未明说。例如他可以交代:除了总人数,还要统计本公司在上海的高层管理人员数目及具体名单;中层管理人员数目及基层管理人员数目;还有一般员工的数目;等等。他不具体交代,下属们就无所适从,只好尽量多准备一些,唯恐少了什么资料要挨批。结果白白浪费员工精力和公司经费,降低了工作效率。

而总经理秘书的表现也很不专业,虽然总经理没有交代得很清楚,但秘书必须根据总经理的言行风格和相关场景,自己作出合理判断,清晰地要求上海分公司应该提供哪些材料。总经理需要在本周的周三会议中使用这些数据,有一定的紧迫性,秘书更要正确判断需要分公司及时提供哪些急需材料,自己又如何快速整理出简洁有效的材料。显然这位秘书没有深入思考这些事情,因而只是像很多其他秘书那样,起了一个传声筒的作用。所以有的秘书和助理被上司责骂,怨不得别人。在这个案例中,面对这四大箱航空邮件,这位秘书如何整理出总经理可能需要的材料?

上古有两则关于沟通的小笑话。鲁哀公问孔子,乐正夔只有一只脚,此事可信乎?孔子解释:重[zhòng]黎打算为舜再到草莽找一位像夔这样有超凡音乐才华的人,舜说,"若夔者一而足矣。"也就是说,像夔这样的乐圣能调和音乐使民众来服,一个就足够了。故曰"夔一足",不是说夔只有一只脚。宋国传闻"穿井得一人"甚广,国君遣人至穿井家询问。答复是:穿井得一人之使,不用一人专门外出打水,非得一人于井中也(《吕氏春秋·察传[chuán]》)。

(2)强调不足

除了表达时的疏忽或者表达者认识不足,因而没有强调一些关键事项,还可能因为有的人比较自我克制,想尽量不影响别人,因而没有强调某些事项,但有时候这种美德也会产生负面作用。例如这些人为了避免因打电话打扰供应商或客户,也为了避免给他们造成过大压力,因而发电子邮件催货或催款。但这种善意的做法因催促强度不足较容易给对方造成不着急的印象,对方以为发邮件者对货物或货款的需求并不是非常强烈,因而拖延处理相关事务。

这样的结果很可能给发邮件催促者造成较大损失，并且双方有可能产生一系列误会，例如发邮件者以为对方不重视其公司的业务和利益，最终破坏已有的良好合作关系。诺基亚公司在供货危机发生时，对供应商飞利浦公司施加巨大压力，而这种做法是正确、有效的。下面是生活中的两个案例。

案例11-5　一位高中生对父母说：我的眼睛最近不舒服，看东西不清楚。父母可能说：你少看点手机就好了。孩子无语。一个学期后，孩子又说：我的眼睛还是不舒服，一只眼睛几乎看不见东西了！父母带他去医院，一查查出大问题——两只眼睛都严重感染细菌，有失明的可能性！

案例11-6　有一位初中生在学校腿扭伤了，家里人说：没事，扭伤不是大事，过一阵就好了。孩子初中毕业了，高中毕业了，大学也毕业了，进入一家公司上班，参加公司的一次集体旅游后，发现一条腿出现明显问题，走路不利索。去医院第一次检查没查出毛病，第二次检查才发现膝盖处四根韧带都断了！

专题分析　**有效催促、强调还是自我克制？**

在工作、生活里的沟通中，不能过于自我克制、担心打搅对方，更不能理想化地以为对方一定会主动、起码按常规在较短的时间内做好他们应该做的事。许多事实表明，这是一厢情愿，会严重耽搁事情的进程，造成较大甚至重大损失。

尽管这很可能主要是对方的错，但受损方有未反省一下：如果自己当时不是想当然地认为对方会及时做好他们该做的事，如果自己能隔较短的时间就询问一下进程，如果发现对方拖延时就加大催促力度、提高询问进程的频率，或者想各种办法解决对方拖延的问题，包括借助他们的上司施加压力，损失是不是就不会发生，起码就不会这么大了？

有时人们不知道被耽误事情的紧迫性和严重性，有时虽知道却无很强的行动力，尽管很着急却拿不出有效的解决办法。所以说受害者自己也有很大的责任。一般而言，别指望别人把你的大事当作重要的事看待。

很多事都是耽搁不起时间的，一个环节耽搁了，许多环节都会耽搁，甚至导致错过关键时机，搞砸了事情。①所以在很多情景里，不能脸皮薄，不能过于顾及打搅对方，该沟通时就要沟通，该提醒催促时就要及时提醒催促，方能顺利、高效地做好事情。事情被耽搁时，利益受损的人过于顾及情面；损失发生后，双方可能撕破脸。这不是双重损失吗？还不如之前不要那么顾情面。

说到这第二重损失，不如忍下第一重损失，要肯吃亏、吃得起亏，避免第二重损失。第一重损失已发生，只能接受现实，豁达、大度一些，不要事后跟对方算账。青山常在、绿水长流，以后很可能还要跟对方合作，"县官不如现管"，关系弄僵了，可能会有更多损失、一系列的损失。

---

① 1978年恢复高考，当一个人想参加时，身边有的人劝他算了，有的人劝他说现在高考年龄放宽了，你再等两年，等孩子大一些再参加。有主见的人不为所动，仍参加并考上了。到第二年，高考开始限制报考年龄了，而且门槛也变高了，许多人因此失去了高考机会，失去了一个改变命运的好机会。从1979年开始，年龄线变严了，因为国家毕竟需要年富力强的人才。虽然对大龄青年有点不公平，但也无可厚非，毕竟那时的高教资源非常有限。谁叫你1978年没抓住机会？

几千年的文化熏陶使得很多中国人骨子里就有温良恭俭让,这本是好事,但有时候过于克制、不善于保护自己的利益,确实会坏事。不仅个人这样,中华民族及其各个时代的朝廷或政府在绝大多数时间对外部的侵扰甚至侵略都保持十分克制的态度,抱着大事化小、小事化了的愿望(采用外交沟通),只有到忍无可忍、退无可退之境方奋起反击(采用武力沟通)。需要资深历史学家、政治家对此下一结论,就大时间跨度而言、整体而言,这种态度、风格和做法,对中华民族是利大还是弊大。

(3)非语言暗示不足

案例 11-7　语调暗示不足导致机毁人亡

1990 年 1 月,阿维安卡航空公司的 52 航班坠机事件充分说明了沟通中语调的重要性。由于 52 航班的机组人员与机场调度人员沟通时总是使用平淡的语调[①],尽管他们说燃油不多了,但调度人员听惯了各机组人员类似的说辞,并不认为 52 航班的情况真的很紧急,需要被优先安排降落(注:也可能是调度人员事后推卸责任的说辞)。

地面调度人员一再耽搁,未及时安排降落,导致 52 航班耗尽燃油,两次降落未成功,最后机毁人亡。黑匣子表明,即使面临机毁人亡的巨大危险,机组人员始终未呼救。[②]

在一些情形中,重要的不是你说了什么,而是你怎么说。

习惯弱语境文化的人期望尽可能用语言表达一切,强调发送和接收明确、直接的信息,要求语言表达非常清楚。美国、德国的文化就属于弱语境文化,不过前面的案例 11-7 似乎与这一文化特点不很符合。习惯强语境文化的人非常注意含糊的、非语言的信息,注意字里行间的含义,注重沟通情景。中国、日本等国具有强语境文化。习惯不同语境文化的人应注意彼此在这方面的差异。

(4)使用无效或不恰当的媒介造成沟通障碍

一家医院的护理部主任在周末把关于该院严峻形势的信寄到护士家里,引起护士们的一致反感。把这样的信寄到员工家里,影响员工过周末的心情,而且把这种不好的情绪传染给员工的家人,实在不应该。应该在单位讨论,商量如何渡过难关。

案例 11-8　首席执行官的批评邮件

尼尔是一家公司的首席执行官,平常喜欢用电子邮件与人联系。有一次由于对员工的工作操守不满并迫切地想表达这种不满,他写了一封言辞激烈的邮件给几百名管理人员。邮件说:"对目前的公司文化,在本首席执行官兑现员工的其他利益之前,我们必须彻底解决这些该死的问题……大多数员工每周的工作时间不到 40 小时,早上八点钟,停车场上还是稀稀疏疏的,下午五点时也是这样。作为管理者,你要么不知道你的员工在干什么,要么就是不关心他们。你必须解决这些问题,否则我就炒了你……你们这些管理者的所作所为让我感到恶心。"这封邮件发出几小时后就被放到互联网上。之后仅仅三天,该公司的股票价格就下跌了

[①] 他们可能担心用焦急的语调说燃油不多了,此后需提供一大堆书面报告,甚至因为携带航油不足,受管理部门严厉处罚。

[②] 商务人员的沟通[M]. 北京:北京工业大学出版社,2003.

20%。[1]

案例分析

该公司股价重挫的账自然应算到这位首席执行官头上,因为他的邮件暴露了该公司的管理混乱。本来,他批评下属,无可厚非,但这样的批评内容应该放到内部会议中或与下属的面谈中。但是由于该首席执行官迫不及待地想向他的众多下属表达他的强烈不满,也由于他在沟通方式方面的习惯以及图方便,他选错了沟通媒介。

对待即将写给几百人的邮件,岂能不慎之又慎?这类邮件中哪怕只有一点点毛病,都会被自己人和外人揪住小辫子不放。这封邮件很可能是被某位管理人员放到网上的,他/她为什么这么做?可能因为收信者被这封措辞严厉、霸道的邮件激怒了。再如联想集团在2008年国际金融危机期间解释裁员的邮件也遇到过类似情况。关于上述邮件的其他问题也不少,包括发措辞严厉的批评邮件给那么多非直接下属,是不是想显摆一下官威呀?批评下属的下属完全可以让下属做嘛。对待白纸黑字,应当小心翼翼。

案例11—9 盛气凌人的高管

一位高管在下班时间来到公司,却因不带钥匙进不了门非常气愤。回到家后,他写了封邮件给他的秘书,把秘书臭骂一顿。谁知这位秘书是一个自尊心很强的人,她随即把上司的邮件公布到互联网上。她认为自己没有义务在下班时间还在公司待着,何况上司并未预先通知她。第二天这位秘书即辞职走了,因为她知道自己在这家公司已待不下去了。不久后这位高管也被调离原岗位。

案例简析

上述高管与秘书的行为都损害了公司形象,而这又源于该高管盛气凌人的做派,以及还是选错了沟通媒介。

(5)理解(能力)不足或误解造成沟通障碍

案例11—10 飞行员的误解导致撞机惨祸

1977年,以色列特拉维夫机场,荷兰皇家航空一架飞机的飞行员接到的调度指令是:"滑行至跑道末端,调转机头,然后等待起飞准许命令。"但该飞行员未把指令中的"等待"作为必须执行的部分。一方面,这说明该飞行员的某些基本职业素质非常不足;另一方面,调度员的强调也不足。与此同时,泛美航空公司(该公司因经营不善和战略错误于1991年12月破产,被德尔塔航空接管)一架飞机的飞行员被指示到第三交叉口暂避。但他把第三交叉口理解成第三畅通交叉口,未把第一个堵塞的交叉口也算在内,又未与调度员核实。就在泛美航空的飞机停在主跑道上时,荷兰航空的飞机以约299公里的时速与之相撞。飞机爆炸了,576人遇难。[2]

上述案例还表明,机场跑道的科学设计非常重要——可以更大程度地避免地面撞机事故。

(6)信息过量导致沟通障碍

在信息时代、网络化时代,信息过量的情况尤其严重。人们接收到超过自身能接受、处理

---

[1] 方向东. 每天读点管理学和领导学[M]. 北京:中国华侨出版社,2018.
[2] 张莉. 管理沟通[M]. 北京:高等教育出版社,2007.

限度的大量信息,难以有效将它们整合及内化为自己需要的知识,或者因来不及处理而放弃、丢弃,以致对他们的工作、生活及人际关系等产生负面影响。

有一些带有个人行为特点的低效沟通方式与信息过量也有一些关系。例如,当今很多人用微信群、QQ群沟通,有的人图方便,在群里发语音信息,他们有没有想过,群里的留言很多(如果是活跃群),谁高兴点开他们的语音留言听?除非这些群是语言学习群。人们顶多喜欢浏览群里的文字留言,还有不少人嫌各种群里的留言太多,根本不看它们,甚至定期或不定期清空群里的留言、屏蔽群(不接收留言),乃至退群。

再举一个例子,"学习通"小程序(泛雅)等软件是当前比较流行的线上教学软件,师生们也可以在其中的课堂群里交流。假设一位学生想与某老师沟通请假事宜,他在文字留言中也插入了几张截图——这本是好意,想用这些图证实自己的话。不过可能这位老师很忙,每天收到类似的信息太多,又有点粗心,没有点开几张截图查看,仅浏览了文字信息。

问题来了,这样的沟通就可能产生误会,因为这位学生以为老师肯定会点开截图看,所以对截图包含的信息未用文字描述,而这些文字描述反而是很重要的。老师可能以为这位学生说的是专业课的事,对其因故上课迟到的通融请求不予批准;如果知道这位学生说的是选修课的情况则往往准予通过。然而这位学生的文字留言里恰恰未提及课程名称这个关键信息,而此关键信息仅在截图里。

还有一个类似的例子是,应聘者在面试陈述时只补充其他一些事项,因为他们以为招聘方已阅读过自己的简历。而常见情况是,那些职位较高的"面试官"事先并未阅读应聘者简历,只听应聘者的补充介绍,并不认为该应聘者符合本组织的要求。实际上,应聘者的亮点都在简历里写着。

沟通的一个重要目的是使对方明白自己想表达的意思,所以必须设身处地地为对方考虑,思考对方接收信息的习惯和可能方式,而不能图自己的方便或想当然。

11.4.5 如何克服沟通障碍

(1)首先要明了沟通的重要性。作者的仔细观察表明,无论工作、学习还是生活中,与我们相关的、合作的对方有很大的概率会延误、耽搁与我们相关的事务。如果一定要说一个数值的话,作者估计在80%以上。对方可能是我们的同级、同辈,也可能是我们的上级、长辈。因此有效及时和定期地与他们沟通,确保进度,确保事情的顺利完成,就显得无比重要。

(2)要学会听,包括两个基本要求。首先是专注,与说话的人适当接触目光(基于文化传统,控制接触时间的长短),适时赞许地点头,避免分心动作[①]。其次是对沟通的完整性和准确性负

[①] 不但分散听者的注意力,使其不能很好地获取说者表达的信息;也可能分散说者的注意力,影响叙说者的情绪和表达效果。课堂里学生"搞副业"而不是听课,会影响老师的发挥,影响讲课效果。

责,相关的倾听技巧有提问①、复述核实②,避免在中间打断说话者。

可能还要从浅层的听拓展开来、深入进去,要懂得、善于倾听别人的想法,营销人员、客服人员还应当强调要有设身处地倾听顾客讲话的意识和素养,或者说要会换位思考。戴尔·卡耐基用若干案例表明,销售人员或客服人员仅仅努力倾听(不反驳、不争辩,如果再加上表示同情和理解则效果更佳)就有可能化解客户天大的怨气,转入正常交易。

①谋而不决——不要让上司做"判断题"

上司要注意倾听下属的意见,下属更要认真倾听上司的意见。有的下属工作很努力,在上司布置任务后,就认真制定行动方案,然后满怀热情、非常自信地向上司宣讲其方案。在这一过程中,这些下属忽略了一件重要的事——没有给上司表达意见的机会,并且也可能没有考虑上司的某些需求。换言之,在这一过程中,这些下属欠缺与上司的沟通。不过也有像乔布斯这样的只要"一个版本"的上司,不需要下属提供两三个备选方案。

这些下属以为自己的方案无懈可击,自己的勤奋也是有目共睹,于是认为自己的方案必然被上司批准。而此时其上司的感觉是:这位下属已经有了所有的答案,自己该做的就是倾听和表示同意。然而很多上司都不愿成为一个被动的角色,尤其那些控制欲强的上司。结果是上司不批准此方案——令下属非常意外。当一个人不注意倾听别人的想法时,很可能别人也就不会再听他/她说什么了。

②沟通中需保持风度

不管是两人之间的沟通还是多人之间的沟通,参与者一般都不要过于强调自己言论的重要性。看到别人也想发言时,或者别人在我们发言的空档想插话时,我们不妨停一停,给别人讲话的机会。但不少人没有这种意识,不肯给别人这样的机会,一定要把自己想讲的话都讲完才作罢。

还有人在别人已经开始讲话后,为了让其他人听到自己的声音,就加大嗓门,盖过别的讲话者的声音——让其他人不知道该听谁的发言,或者两个人的发言都听不清。还有人几乎从头到尾都在滔滔不绝地讲(例如在聚会中),别人根本没有表达观点的机会。

沟通中需保持风度,自己的观点和言论不像我们想象的那么重要,起码别人就不一定认为很重要。

(3)选择或创造有利于沟通的环境或氛围

独立、私密的谈话空间有利于沟通双方敞开心扉;嘈杂的环境则分散沟通双方的注意力。有些管理者在不合适的场合与其部门的员工谈不合适的话题,尤其是伤害员工自尊心的话题,将会引起员工的强烈不满。有一次作者去另一个办公室,时任主任也在那里,不知道什么原因他忽然当众批评我。我那时还是新员工,于是谦虚地询问他,我具体在哪些方面做得不

---

① 《论语》记载:"子入太庙,每事问。或曰(有人说):'孰谓鄹人之子(指孔子)知礼乎?入太庙,每事问。'子闻之,曰:'是礼也。'"此例虽非倾听中的提问,却告诉人们,孔子如此博学,尚且如此谨慎,为后人树立了好榜样。

② 不可机械、教条地使用复述方法,否则会显得啰唆,尤其在多人沟通的场合(例如会议)中,过多使用复述方法会引起其他听众的反感。在演讲的互动环节,听众向演讲者提问时,最好直截了当、言简意赅地问问题,不要把演讲者讲过的内容再复述一遍——实在令人不胜其烦。用QQ等即时通信软件跟别人说话前,最好不要问"在吗?"对方一般都不喜欢先看到这句话——会令人心烦,还要先回答在与不在。有事直接说,对方看到且乐意回复,自然会回复。

好。他支支吾吾起来，说不出具体原因。难道批评下属是一件可以由着性子想做就做的事吗？一个不懂得尊重员工、自以为是的管理者根本谈不上是领导者。这样的管理者本人对其部门的员工实际上是没有影响力的，产生影响力的只是这个管理者占据的管理岗位的职权。

喜欢公开批评下属的管理者以为这样能达到羞辱犯错员工的目的，以诫勉他们下次不敢再犯。是的，他们是达到了羞辱别人的目的，但同时他们也把自己推向了被批评员工以及其他员工的对立面。这些管理者应该好好读读《毛泽东选集》，看看毛主席是怎样对待同志的。几乎没有哪个员工喜欢公开批评人的管理者，对这样的管理者，员工们对其充满戒备心理甚至仇恨。所以得不偿失的是这些管理者，并且还破坏了组织的氛围和文化。

案例11-11　表白感情的场合选择

作者在一家德资公司工作时，一天午饭后与一位德国实习生（一位女孩）以及另外两位男同事，一起到员工休息室围着一张小圆桌喝咖啡。那两位男同事好像正聊着，这位实习生忽然轻声问我："Huang Wei, will you marry me?"我有点诧异，心想：在这样的场合问我这样的话，一定是在跟我逗乐吧。于是我没有答复，只是看着她微笑。如果她是真心问这句话，那她就选错沟通环境了——或许其中也有不同国家的文化差异。

跟别人沟通前甚至还要观察一下对方的心情。例如，职场经验丰富的人向上司汇报工作前，会询问上司的秘书："领导今天心情如何？"（电视剧《一仆二主》里就有类似情节）然后决定当天是否汇报以及汇报的内容与方式，还有时间长短等。没有经验的人有时兴冲冲地跑去向上司汇报成绩却碰了一鼻子灰，因为这天上司正窝着别的火呢。在职场察言观色并不一定是贬义词，有时候是工作技巧、沟通技巧。

历史故事

朱元璋晚年时期，一次殿试结果产生很大争议，五十多位及第士子都是南方人，北方士子和官员纷纷抗议，认为有舞弊。朱元璋安排十多位在文坛有声望的官员以及当科状元复查阅卷情况。其实朱元璋本来没把此事当作一件很大的事看待，只是希望"审查小组"调整一下录取结果，给北方士子一个交代。毕竟都是南方人金榜题名显然有失公允，更何况朱元璋一直想笼络北方的人心并迁都长安。然而这个调查小组实在没眼力见儿，或者说过于实诚，对南方士子过于自信，愣是说之前的阅卷没有问题，还说被抽查到的北方士子的策论实在不堪录用并且有忤逆之言。这样的结果惹得朱元璋大怒，残暴的他又杀了调查小组的一批人，包括那位新科状元。接着是进一步的矫枉过正，把当科的及第名额全都用于录取北方士子。

(4) 缩短沟通的信息传递链

缩短沟通的信息传递链是扁平组织的功效。

(5) 开创沟通的多种通道

开创沟通的多种通道有开会、电子邮件、手机短消息、微信、QQ消息、网站通告、布告栏以及发纸质通知等，还有非正式沟通渠道。例如，3M公司有一个技术论坛，它经常举办活动，员工可在其中交流和协作。这个论坛是员工自主运营的，它有效促进了不同实验室和事业部科研人员的沟通和交流，促进了学习型组织的建设。华为的线上"心声社区"被誉为"华为人的罗马广场"，提供了管理人员自我批评、广大员工坦诚交流的平台。

有的管理者在开会时提醒或通知了一件事,然而该次会议并非全员到会,这位管理者却认为此事已通知过了,这就是不负责的表现,应该用其他方式再通知,弥补未到会者的缺漏。做事要到位,把自己该做的事做好。

在工作中,打了几次电话仍找不到客户或供应商时可以先发邮件给对方,或者发手机短消息等,希望对方有空时能看到。事后,例如第二天,还是得再打电话跟对方落实一下相关事务,如果事情比较重要的话,以防对方一直未看邮件或短消息。反之,对一件重要的事,尽管已跟对方用电话沟通过,但也许还需要再发一封邮件或者发一条微信之类的信息给对方。可以为发此类信息找一个理由,例如补充告知信息,而实际的目的是提醒对方。因为对方有可能忘记电话沟通的事情,特别在繁忙之际,而邮件、微信等信息会长久显示于对方的电脑或手机等设备上。

11.5　金鱼缸法则

金鱼缸很透明,从很多角度看,缸里的情况都一清二楚。如果在公司管理中运用金鱼缸法则,也就是使用开诚布公管理法,那么各项工作都处于全体员工的监督中。可以有效防止管理者滥用职权,使公司运作更加公平;还可以使员工增强责任感,提高工作效率。为了进一步克服代理人制度(注:股东与经理分权形成的制度)、"内部人控制"的一些弊端,董事会更应该对金鱼缸法则持支持态度。甚至在公司的经营状况不佳时,也可以向员工公布财务报表,减少员工的猜疑,让他们了解公司的真实状况和奋斗目标,上下一心,共同奋斗。金鱼缸法则是一种有效的沟通方法,增进了信任,提高了管理效率。在谷歌公司,员工每季度都有明确的工作目标,工程师的项目每周做到什么程度,对所有员工都是透明的。

从沟通方面的金鱼缸法则,可以延展到更多方面的透明法则,例如,产权交易必须进场交易,在制度和规则的制约下进行,操作是规范、透明的,有据可查的,避免场外交易的营私舞弊。再如,硕士生入学考试考生不但能看到自己的成绩,还能看到自己在招录专业考生中的名次。这样,考生就能依据国家分数线判断自己在笔试后能否入围。

以前没有上述类似的规则和制度,技术支持方面也较薄弱,因而留下了许多灰色地带,营私舞弊现象屡禁不绝。当今各领域克服了这些弊端,用软件测试术语比喻就是从黑箱测试变成了白箱测试。组织者、管理者、参与者等各方都在阳光下操作,就不敢、不想违规操作甚至违纪犯法了。

本节开头讲,在企业管理方面遵循金鱼缸法则,企业管理一般指业务方面的管理;在企业治理方面也应遵循此法则,企业治理则主要指产权及其派生权力(例如经营权、收益分配权、财产处置权)的分配与制衡。

在国内外,不仅上市公司必须定期公开经营情况,主要是半年报、年报、重大事项(例如重大人事任免、重大业务变动),未上市的国有企业也必须公开经营情况,接受公众监督(上市企业则主要接受投资者,例如股民,监督)。不过我国国有企业公开经营情况的工作还有很大的改进空间。国务院发展研究中心企业研究所的统计显示，2015年8月中管企业的年报披露率(指披露年报的央企数占央企总数的比率)低于10%。

11.6 冲突管理

冲突指由于某种差异引起的抵触、争执或争斗的对立状态。①

11.6.1 引起冲突的差异

(1)沟通差异

(2)个体差异

人和人之间因为利益诉求不同、生活习惯不同、观点不同和信仰不同等产生冲突。

(3)结构差异

例如11.4.3小节提到的地位差别，还有社会制度的差别引起资本主义国家与社会主义国家的冲突。美国总是说朝鲜国内专制并抵制和制裁朝鲜，却对东南亚某国国内的专制视而不见。这里面就有社会制度差异的原因，朝鲜是社会主义国家，后者是资本主义国家，使美国区别对待这两个国家。

中国企业收购西方资本主义国家的企业常常受到无端的阻挠，中国的市场经济地位被美国、日本和欧盟的若干国家以耍赖的方式不予承认(它们违背了世贸组织的规定)，这些在一定程度上也与社会制度和意识形态的差异造成的冲突有关。西方一些资本主义国家以意识形态事项为幌子遏制中国发展，根子上还是国与国间的利益冲突，我们不要被意识形态冲突这些表象过多牵着鼻子走。

还有一种终极冲突是文明冲突，明明可以共同发展、合作共赢，双方却处于对立甚至敌对状态，不愿接受对方。例如东西方文明冲突，如果西方世界不能正确对待这种冲突、不能多一分宽容心，这种冲突将长期处于严峻形势中。作者这样讲并非拉偏架，因为实际情况是，东方人能够并且已经热情拥抱西方文明，显示了包容的胸怀，而西方人在这方面做得还很不够。

在社会现实中，一些原本美好的婚姻因为门不当、户不对招致双方家庭的强烈反对，也得不到社会的认同，这也是结构差异导致的冲突。

11.6.2 正确认识冲突

只要有人的地方，就会有冲突；即使在健康的组织里也可能存在冲突。冲突是世界保持生机的原动力。在职场中激烈的竞争常常会导致很多复杂尖锐的冲突；想在激烈的内部竞争中领先，不仅要有过人的实力，还必须能处理好竞争导致的各种冲突或矛盾。一个人有宽广

---

① 由于冲突产生的原因可能与沟通有关，并且冲突处理方法也可能涉及沟通技巧，所以作者把冲突管理放在本章中。

的胸怀,不怎么计较别人过去对自己的不恭敬或伤害,更不会看不惯这个人、看不惯那个人,而是以平常心加忍耐对待他人,就能减少对立者,也许对立者甚至"敌人"就变成了自己的朋友,他/她就可能获得更多的机会。苏轼就是这样一个豁达的人,所以他的"朋友圈"爆棚。

《论语·子路》里有这样一句话:君子和而不同,小人同而不和。人与人的观点不必完全相同,也不需要盲目从众,应该追求的是和谐相处、互通有无、取长补短、共同进步。现代领导理论认为,如何对待冲突是领导者必须掌握的技能之一。解决冲突是领导者的本职工作之一,管理人员大约要把五分之一的时间花在冲突处理方面。在国际交往中,中国站在战略高度,重视国与国间整体的和平共处、合作共赢,接受不同制度、不同观点差异乃至冲突的客观存在,并认为,不应因后者而使前者受影响。

下面谈谈冲突对组织的影响。

冲突是不可避免的,是正常的;要看到冲突的积极作用;组织里的冲突很少,可能表明这个组织缺乏生气,死水一潭;①组织里的冲突过多,会造成组织混乱、涣散、分裂。德国文化里有吵架传统,话不投机点火着。但一般来说,德国人吵架时对事不对人。德国公司里,部门经理之间吵架甚至上下级吵架都是正常的,他们吵完后又会坐在一起喝咖啡,谈笑风生。

在组织里,员工发牢骚不见得是坏事,管理者不要一概视之为削弱士气。发牢骚也意味着一种冲突——员工与组织或管理者、管理制度间的冲突。管理者应一分为二地对待员工的牢骚,如果组织、管理者、管理制度等确实有问题,则牢骚也是促进组织进步的因素。

民营公司对公开的异议和冲突相对更包容甚至鼓励,国有公司往往不鼓励在公开场合显示冲突,甚至把公开的冲突视为严重事件。因为后者的公司文化更看重安定团结,干部尤其高层干部在公开场合有冲突表现一般被视为很不合适的。国有公司以及行政事业机构鼓励在小范围内表达异议,也可以有冲突,不过要在小范围内处理好,形成一致意见,不要在普通员工、中基层干部面前表现冲突。国有公司这样的考虑和安排虽然有一定的道理和好的作用,但也可适当借鉴民营公司的做法,管理以促进组织文化的多元化发展。

近些年来,一些国家老是合起伙来整中国,我们不必生气,更不能失去定力。因为矛盾和冲突是推动事物发展的重要动因,别的国家整中国、遏制中国发展,我们才会更奋发图强,才有更好的发展,否则很容易躺在过去的功劳簿上,发展就缓慢了。中国的原子弹、氢弹、北斗和空间站等就是这样发展起来的,以前整个中国也是在大范围的国际封锁中快速发展起来的。这也是有效利用冲突的范例,用以激发巨大的内生动力和创造力。较新的案例则是华为P60手机在美西方国家的集体封锁中横空出世,这在中国芯片领域和通信领域都是意义非凡的。

11.6.3　处理冲突的 6 种策略或方法

除了本小节第(6)部分"强制"策略,本小节论述的策略或方法总体上都是为了缓和矛盾

---

① 有的公司为了避免这种情况,特设一位"吹毛求疵"者;王石就喜欢并重用一位爱唱反调的高管冯佳,尽管他三进三出公司,但王石仍欣赏其逆向思维能力。北魏名臣崔浩则是一位唱反调的典范,而且他关于国家大事的战略观点往往是正确的。孔子说:君子和而不同;君子和而不流。盲目追求一致是不可取的。

与冲突,调节关系。不管做小事还是大事,常常需要调节利益冲突、观点冲突,不懂得忍让、给予、舍得,常常失去更多。历史中,太多的帝王将相就是因为不重视调解民族矛盾,忽视缓和上层社会与中下层社会的冲突,最终丧失了一切。虽然帝王将相、大族豪绅们看上去很强大,好像没有必要与弱势一方调和矛盾,但俗话说,兔子急了还咬人呢。所以居高位者、强势者一定须避免把弱势者逼急了的情况发生。古代的统治者基本上都是因为自己享受荣华富贵、奢靡浪费,却逼得人民大众、被侵略或被统治民族处于水深火热之中,岂能不被推翻呢?哪怕他们强大得如同秦朝朝廷、西罗马帝国。古今中外大多数居高位者如果都懂得这一道理,人类社会的变革就会温和很多,减少大量的流血、伤亡。

南北朝时期,中国北方的前秦天王苻坚虽然最终是一位惨败者,但在帝王队伍里,他的仁厚是非常突出的,尤其在对待被征服者首领方面,可算是注意调和民族矛盾、调和征服者与被征服者矛盾的典范。只是他走到另一个极端,几乎没有防备异族的反叛心理,这成为他失败的一个重要原因。不过与他同一时期的帝王大多是因为不懂调和国内外的各种矛盾而失去江山。

当今时代,人们同样应重视调和矛盾与冲突,无论在小到一个公司还是在大到国际社会,过分强梁、嚣张,把别人或别国逼到无路可退,前者的好日子也就到头了。过去,中东恐怖分子集中、不断针对美国采取行动就是一个例证,反映了中东国家的不少人对美国霸权主义国际策略与行动的态度。

再往前回溯,中国新民主主义革命为什么如此波澜壮阔、轰轰烈烈并且获得彻底的成功?古今中外,它都是极为罕见的例子,而且正是这个彻底的成功为中华民族当今的伟大复兴打下了坚实的基础。就是因为中国人民受西方列强压迫、剥削太深了,受其买办也就是大大小小的军阀与资本家压榨、欺凌太残酷了。哪里有压迫,哪里就有反抗;压迫越深重,反抗越强烈。再加上中华民族强大的生命力、不屈的精神、追求自由与正义的民族性、不怕牺牲的勇气与奉献精神,还有马列主义毛泽东思想的英明指引,从而谱就了人类历史中最辉煌的民族救亡图存的乐章!

接下来论述处理冲突的 6 种策略或方法:回避、迁就、妥协、合作、谈判和强制。

(1)回避

不要与无礼之人争辩。遇到不爽的事,应尽量回避,而不是要求别人如何做——每个人都有自己行事的自由,尽管一些人的言行可能不妥当,可能不符合道德规范,但是我们也并没有什么权力限制他们。权当人生中不会碰到这些人,人生境遇中未发生这一幕。其实有很多因素都可以避免这一幕,也就是说这一幕的发生有很强的偶然性。所以应看开点,淡然处之。论述本部分内容,可能难以避免地涉及一些消极避世的思想,读者应批判地学习、借鉴。

①关于回避策略的一些原则、思想和方法

高调做事(也可以低调做事),低调做人。躲避,眼不见为净,冷处理;退一步海阔天空,忍一时风平浪静;针锋相对,可能两败俱伤。

有的人在公共汽车里、在地铁里,为了抢一个座位,或者因为被踩了一下、被撞了一下等小事吵起来,甚至大打出手,其实真不值得。不但没争得什么,反而两败俱伤。如果在这些场合能冷处理,就什么事都没有了,依然可以开开心心地上班或回家去,而不是弄得自己一天都很气愤、沮丧或者后悔。在公交车上谁也不认识谁,根本无所谓丢面子或挣面子,所以完全没有必要为了一些小事吵架甚至打架,完全可以采取息事宁人的态度,社会也会因此更和谐。实在碰到蛮不讲理的,也不要直接与之吵架甚至打架,如果对方侮辱了自己,可以选择报警。苏格拉底说:"你觉得如果一头驴踢了我,我该恨它吗?"

案例 11—12 据"@北京公交警方"的微博消息,针对网络传播视频"北京一女子在公交车上指责谩骂他人",警方查明,2021 年 5 月 27 日 8 时许,闻某珍(女,63 岁)在乘坐 856 路公交车期间,多次使用歧视性语言谩骂他人,造成不良社会影响。闻某珍对其违法行为供认不讳并表示悔改。闻某珍被警方依法行政拘留。(网易新闻,2021-6-8,https://www.163.com/news/article/GC0H3GH20001899O.html#fr=email)

孔子说他自己"七十而从心所欲,不逾矩"。普通人往往做不到从心所欲不逾矩,而且孔子也是在七十岁后才做到的,但我们可以这样劝告自己:我还有很多大事要做,千万别为了小事与别人发生冲突!小不忍则乱大谋,宁可委屈一下自己的感受,宁可改变一下自己的行事风格,宁可吃一些小亏,甚至宁可丢一些面子,也不要跟别人针锋相对。为的就是避免不必要的冲突,从而保障自己的各种大事顺利进行。

岳飞在这一点上做得特别好。他为了实现心目中的伟大目标——收复中原以及迎回二圣(不过此目标冲击了宋高宗的核心利益,导致岳飞风波亭遇害),表现出极高的情商。他不但与武将相处得较融洽,与文官也相处得甚好——确实难能可贵,宋朝文武官不相容的现象普遍,文官向来瞧不起武将。他原谅了以前杀死自己弟弟岳翻的杨再兴,将他收编,鼓励他为国效命;原谅了进兵迟缓的刘光世,还把自己苦战的战果分给刘光世……对这些极大的矛盾,岳飞都能一笑泯恩仇,我们面对生活中的小矛盾、小冲突,有何不能放下呢?

在社会中,自己很小的利益被侵犯时,其实根本不值得跟别人较真。我们可以换一个角度考虑问题,如果不是为了某件事,也许自己根本不会到这个地方来,也不会碰到这件不开心的事,因此根本没必要为这个偶然发生的小冲突跟别人计较,完全可以采取回避的态度,避让一下侵犯自己利益的人。高风格的人是这样做的,有一位网友在"霸座男""霸座女"[①]网上新闻的后面留言:我上高中时乘火车回家,碰到别人坐了我的座位,如果对方睡着了或趴着,我都不跟他们讲。

碰到一些冲突不妨回避一下,就当这天没去那个地方,就当自己没听见、没看见,这也是一种涵养,一种沉得住气、受得了委屈的功夫。不必要的争斗、不必要的损失就这样被避免了。如果有不喜欢的人,甚至见面就可能起冲突、吵架的人,那么就尽量避免见他们。

而一个一贯强势、吃不得一点亏的人往往不知回避为何物,2018 年 8 月发生在苏州市昆

[①] 2018 年 8、9 月的新闻。

山的正当防卫杀人事件的起因可能就属于这一情况。

案例 11-13 关于昆山市正当防卫杀人事件的监控视频显示：当时宝马车违规闯入非机动车道超车，根本未与骑自行车的于海明碰撞，然而宝马车车主刘海龙却下车对于海明拳打脚踢，继而回到车内，拿来砍刀敲打于海明。虽然刘海龙当时喝过酒，但他的不当行为是不是说明他平时就这么霸道呢？

在社会中应多采用回避策略应对冲突，在工作单位里更应这样。低头不见抬头见，跟同事闹矛盾后多别扭、多难受呀！

不是鼓励大家不讲原则、不坚持自己的观点、不敢竞争，只做和事佬，而是提醒大家不要因为自己的情绪和行事风格跟同事针尖对麦芒。五代时，后唐皇帝李从珂的两位宰相互不买账，甚至常常当着李从珂的面争吵，结果均被降职。前国主李嗣源的宰相任圜和枢密使安重诲也有类似情况，结果任圜先倒霉，被外放，后被安重诲害死，安重诲最后也没好下场。

企业之间发生激烈竞争时，双方员工也不应该动起手来。但是在社会中，这种情况还挺多，双方打得头破血流，甚至更严重！① 何苦呢！

②采用回避策略展开争论

《罗伯特议事规则》由美国人罗伯特于1876年首次编撰，随后不断被完善，后来被美国国会采用。其中有一条规则"面向主持，免得生气"，每次开讨论会或辩论会都指定一个主持人，主持人不能有偏向，只负责维持会议规则。各方发言时，必须面向主持人陈述自己的观点和依据，不能直接辩论，这样就能减少情绪冲突的机会，使讨论或辩论在理性的状态中进行。我们常看到原、被告双方的律师无论争辩得多么激烈，都始终面向法官发言，希望获得法官和陪审员的赞同，尽管辩论针锋相对，但是不会发生指着鼻子骂人的情况，对事不对人，可谓火而不乱。

在蔡元培担任北大校长后的第一次校务会中，复古派的辜鸿铭给新文化运动旗手陈独秀一个下马威，说他不够当文科学长的资历。陈独秀也不买账，要和辜鸿铭当场辩论。蔡元培立即止住他俩。如果让他们辩论起来，一则伤同事间的和气，二则将影响会议议程。

我们可以在生活和工作中广泛使用上述策略，只要有可能，不要与产生矛盾的另一方直接交涉，而是与有调解权、裁判权的第三方（居委会、派出所等）交涉，以避免激化矛盾。一些人可能对此不以为然，认为应该有话直说，为什么要扯上第三方？不过基于生活与工作经验，作者还是推荐与有决定权的第三方交涉的策略，因为矛盾真的很容易激化。

③在日常生活、工作中采用适当回避的策略处理矛盾

对人民内部矛盾，回避不失为一种有效策略，"惹不起，躲得起"，少一些冲突与麻烦，仍能平心静气地做事情，心平气和地过日子。而适当回避指不直接接触，但总体思路还是想处理矛盾，而非逃避或忍耐。在居民区、上下班的路上、工作单位、小菜场、商场、饭店，以及其他许多地方，我们都有可能碰到矛盾或者利益冲突。是不是自己直接解决呢？这种方法看上去很

---

① 例如在2012年8月，王老吉和加多宝的终端推广人员先后在南昌和苏州发生暴力冲突事件。这两家公司的积怨也够深的，同年，王老吉的控股方广药集团打赢了与加多宝间的官司。

直接,但不一定有效。原因是,大家的个性都很强,一方找另一方协商解决,另一方常常不买账。他们认为自己有行动和选择的自由,自己没有做错,所以说不一定有效。

面对面直接跟对方协商,结果往往是由协商转为争执,由争执转为争吵,结下怨恨,以后就更难处理之前的矛盾了。与其用这种方法,还不如请第三方居中调停。物业公司、居委会、街道办事处、公交公司、派出所或110热线、工作单位里的主管部门、12345市民热线、消费者协会及工商管理部门等,都是可以依靠的、比较公正的第三方。

第三方出面调停,产生矛盾的双方一般都比较"买账",因为第三方表达的一般都不是一面之词。这样就比较容易沟通,比较容易解决矛盾,毕竟产生矛盾的双方都还要在这里生活、工作,双方一般都不愿意激化矛盾。从而在被激化成冲突前,许多矛盾就这样被平和地解决了。

这一适当回避策略也并非总是最佳策略,例如邻居影响自己了,直接去找他们协商——如果不是什么大事,很可能马上就能达成相互谅解,从而解决好矛盾,大家今后还是客客气气的,不伤和气。不过如果是比较大的事,例如涉及对方的长久习惯,这类矛盾就没那么容易解决了。只要想一下,受影响的一方为何忍受了许久,思之再三,还是拿不定主意——到底要不要直接找影响别人的那一方协商呢?这就说明,这类矛盾不是那么容易通过面对面的直接协商就能解决的,可能还是要请第三方调停。

(2)迁就

迁就指把别人的需要置于自己的需要之上,从而达到维持和谐关系的目的。管理者可以采取迁就态度和措施,应对一些不太重要、无关大局的冲突;或者在缺乏其他策略、办法和能力时,也可以采取迁就策略。前面的回避策略在有的情形中与迁就策略非常接近,都有忍耐的意思,容忍方面很极端的一个例子是艾森豪威尔等高级将领和华盛顿的高官对巴顿将军的容忍。巴顿是一位脾气暴躁的将军,还几次用很不光彩的手段为自己的集团军筹集军需,在外交方面也严重违背政府的意愿,但他的军事才能极强,为了战争全局,他的上司以及华盛顿高官们一次次容忍了他。其实郑庄公对弟弟段的各种无礼非法行为一次次容忍,也很了不起了,要不是段最终正式叛乱,庄公也不会彻底灭了他。

在工作中迁就还可能是一种圆滑的待人接物的方式,见案例11-14。

案例11-14 有的经理希望你只管好自己的事

一位年轻人到某公司做设计师,她觉得身边的工程师们磨洋工,忍不住帮他们干一些活,实际上也是提醒他们。这引起这些工程师们的不快,甚至到经理那里告状。在经理面前,年轻设计师解释上述情况,本以为会得到经理的理解和支持,没想到经理却告诉她,只要把她自己的工作做好就可以了,对工程师们的行为下结论属于管理方面的工作,是经理的职责。[①]

案例简析

一些社会现实可能就是这样的,与一些人想象的并不一样。面对这样的现实,如果你不是当权者,可能不得不采用迁就的态度。

---

① 李海峰,张莹,杨维霞,武永生. 管理学——原理与实务(第3版)[M]. 北京:人民邮电出版社,2018.

除了在社会和组织中,人们常常采取迁就的做法,例如,上司为顾全大局迁就下属的不良做法,组织成员迁就同事的无礼举动,在家里迁就更是经常被采用的相处策略。家庭基本上不是讲谁对谁错的地方,而是讲感情、亲情的地方,所以更需要迁就的做法。

案例 11－15　《一帘幽梦》里的嘴仗真会坏事

台湾电视连续剧《一帘幽梦》很好地反映了现实生活中人与人的冲突。夫妻之间、恋人之间,本来可以有话好好说的,大事化小,小事化了,即将发生的矛盾与冲突在回避、迁就、妥协中消弭。然而该剧反复出现这样的剧情:冲突双方都想占领道德高地(这里有辩证思维。以为自己占领了道德高地的人可能已跌入道德谷底了,[①]因为他们在自以为的高地上轻视、谴责对方,甚至幻想自己的"义正辞严"将使对方无言以对;不懂得设身处地换位思考,没有深入思考对方言行的缘由,没有考虑对方思想的合理性),一个个成了辩论高手,非要说服对方听自己的一套意见,不肯输在嘴上——剧中人应该以为不能输在理上,也就是非要分出谁对谁错、是非曲直,家里又不是法院。结果本来是一件小事,甚至是为了对方好而争辩,但嘴仗根本停不下来,越吵越激烈,最后,对方最不想听到的、揭人老底揭人伤疤的、难听的话也都一股脑儿冒了出来,弄到不可收拾的地步。

经验教训

其实,即使为大事争辩也不必如此。为什么一定要争个高低呢?——哪怕是面对亲人与恋人。面子真的这么重要吗?——无论在哪种场合。看来,教育孩子时不要过于灌输面子是多么重要的观点(当然也不能像某些国家的政府那样,在国际交往中只要利益不顾面子),反而更需要告诉孩子,大度、洒脱、受得了委屈是更可贵的品质,也是游刃有余处世的法门。子曰:人不知而不愠,不亦君子乎。

唯美诗人李商隐被同时代的官僚阶层乃至其他一些人误解、鄙视、敌视、排挤、打击了半辈子,他也并没有太多地辩解——辩解自己不是骑墙派,辩解自己不是对某个政治阵营的叛变,自己并不想卷入牛李之争的漩涡,没有出卖谁,也没有伤害谁,只不过想尽快求个前途与官职,谋生养家,实现自己小小的政治抱负而已。估计他辩解了也没有用,会被淹没在抨击、谩骂的口水中。不幸中的一点点安慰是,困顿半生的他得到后人的理解与同情。

治大国若烹小鲜。[②] 宏观管理与微观管理领域的一些道理是相通的,前几段论述的生活、工作中的道理也适用于治国与国际关系管理。我国这几届政府面对国际争端时,例如一

[①] 有一段历史可作例证。明神宗朱翊钧想立皇三子为太子,一众大臣竭力反对,不惧罢官。君臣扳了二十多年手腕,神宗最后认输,立长子朱常洛为太子。然而这二十多年,朝廷为此耗费了多少精力在折腾! 立幼不立长,历史中又不是没发生过。既然神宗不喜欢长子,如此执着地想立皇三子,大臣们为何不能看开点呢? 直至太子登基,这三十多年,整个国家(包括太子的小家)又耽搁了多少事情! 朱常洛登基近一个月后就非正常死亡,留下了早年被严重耽搁了文化教育的木匠高手、皇三子朱由校当皇帝。这位半文盲少年昏君学他爷爷不上朝(神宗对"争国本"的大臣们采取非暴力不合作策略),并宠信了魏忠贤。把大明带入了最黑暗的时代并自毁长城,让后金有虚可乘。当年那些义正词严与皇帝叫板争国本的大臣们若知道这样的结局,还以为自己站在道德的高地上吗?

[②] 也可理解成:治大国就像烹小鲜,不要翻来覆去搅动它。例如煎鱼时翻来翻去,容易破坏形状,就不美观了。喻示不要使国家政策变来变去,不要干扰、折腾百姓。还有其他的理解,例如像烹小鲜一样,油盐酱醋要到位,不要不足,也不要过头。有时也可脱离《道德经》原文的语境,理解成:治大国很轻松,就像烹小鲜一样,只要掌握规律,就能驾轻就熟。秦末的陈平少时则说:将来若得以治天下,也能像他现在分肉一样恰当、公平。

些国家摆出咄咄逼人的架势时,总能不慌不忙、不紧不慢地对待。这就是大国风范,这就是文化自信,就像大哥哥看待调皮捣蛋的小弟弟那样,面对对方的挑衅,不必摆出恶狠狠的样子,立刻准备打架。可以采用软中带硬、绵里藏针的策略,既不屈服、放弃自己的核心利益,也不激化矛盾、使争斗一触即发,还是一门心思搞好国内建设,这才是我们的重点。民族复兴仍需更长的发展期,我们应争取更长的发展窗口期。

对方一看讨不着好,也就就坡下驴,在没有太损面子的情形中偃旗息鼓,该谈判谈判,该回到原来的体系中回到原来的体系中。

(3)妥协

妥协是冲突的各方协商并寻找能使各方都有一定满意程度的解决方法,是各方都作一些让步的办法。缩小冲突双方的分歧,转而强调双方的相似点和共同利益。妥协并不一定意味着放弃原则,可以以退为进;妥协实质上是一种交易,通过适当的交换确保实现目标。为了达到主要目标,可以在次要目标方面适当让步。

恰当的、有积极意义的妥协也是一种美德。例如 2018 年和 2019 年,我国在中美贸易谈判中,以及以往在与其他国家进行的贸易谈判或边界冲突谈判中,也曾使用过妥协策略,为的是求同存异、管控矛盾,找到可行的、双方都能接受的解决方案。在为我国在国际关系中赢得地位与尊重方面,妥协策略体现了积极意义。

使用妥协策略时,就怕对方像美国政府在中美贸易谈判中那样得寸进尺、极限施压。对这种情况一定要慎重对待,承受得住压力。使用妥协策略时,还要着重防止满足短期利益在前、牺牲长期利益在后的妥协方案的消极影响。晚清政府签订了那么多丧权辱国的协议即属此情形(即牺牲长期利益),而新中国打了一场珍宝岛保卫战则是为了避免出现上述情况,尽管当时打这场仗的压力很大,事后的压力也很大。[①]

上述三种策略看上去有些消极,但在实践中却有其功效。唐朝名将郭子仪的言行就是一个有力的证据。当时有很多朝臣妒忌郭子仪的功绩和权位,中国文化传统中又有枪打出头鸟的习惯,尽管郭子仪并未表现出个人英雄主义,但这些人当中还是有不少人想方设法打击、陷害他。其中陷害得最厉害、权力也很大的是鱼朝恩,简直到无所不用其极的程度,包括挖郭子仪的祖坟。

虽然郭子仪身边的部将、他的儿子都忍不住要反抗,但他始终以平和的心态对待这一切,并告诉身边人,不能受小人的激将法影响而冲动行事,中了他们的奸计。被卸掉兵权,他就安心在家养老;被鱼朝恩挖了祖坟,他在唐代宗面前一句也不提。倒是皇帝觉得对不住他,向他表示安慰。他却说:我在外带兵,有时也管不住士兵,他们毁了别人的坟墓,这是我的过错。现在有人挖了我的祖坟,这不是人为的,是上天惩罚我。这种大度,把鱼朝恩也打动了。郭子仪也得以富贵、平安地度过余生。

郭子仪的策略实际上就是孔子说的"以直报怨"。特别和小人相处时,尽量不要以怨报怨,因为小人更会耍阴谋诡计、手段更狠。跟小人斗,常常是两败俱伤。撇开历史中的钩心斗

---

① 由于兵败珍宝岛战役,苏联于珍宝岛战役后大量陈兵边境,并把许多核弹的瞄准方向调向中国。

角、生死存亡,在当下的现实生活和工作中,也不要跟小人斤斤计较,从而更能赢得发展的空间和机会。回到郭子仪的故事,他立了巨大的战功后,鱼朝恩请他赴宴,身边部将和他的儿子都力劝他不要去,或带上三千铁甲赴宴。他却说,鱼朝恩难道敢在天子脚下杀人?!只带了一童、一老兵前往。这种直率、坦诚也打动了鱼朝恩。

(4)合作

集合多方的观点和意见,得出多数人接受的冲突解决方案。

(5)谈判

谈判是双方或多方为实现某个目标,基于有关条件达成协议的过程。两种基本的谈判模式如下所述。

①零和谈判

零和谈判指在一次谈判中,有赢家就必然有输家的谈判,就像赌钱一样。抱零和思想谈判,容易陷入僵局。2019年中美贸易谈判中,美方抱零和思想,不但对中国极限施压,而且副总统与总统多次出言不逊;中方则始终强调双赢,强调照顾双方的利益诉求,持冷静、理性的态度,希望通过谈判、协商解决利益冲突,而不是打贸易战。打贸易战是两败俱伤的事。

到2024年上半年时,可以看到,美国在其发起的贸易战、科技战和金融战中都处于下风,可以说,都输给了中国。这本来是可以避免的,因为在2019年,中国本着和气生财、合作共赢的思想,已对美国作出重大让步。可是商人出身的特朗普,在中美谈判的最后环节,祭出了他的"拿手好戏"——极限施压,还要中国进一步进行重大让利。这彻底激怒了中国,中国可不是好欺负的。于是就有了这几年的中美经济对抗,并波及政治、外交、文化甚至军事领域。对抗结果就是刚刚提到的情况。

一般而言,绝对的零和谈判思想是没有的,即使很霸道的谈判者也不认为自己持零和思想,他们也会认为,既然举行谈判,自己也会给对方一定的好处。例如,战争谈判中,强势一方获得很多利益,但他们认为自己也给予对方不小的好处——停止攻击,保全对方的生命,保全对方统治者的地位,等等。所以谈判一方说另一方持零和谈判思想,往往是基于自己的视角这样认为的。

②双赢谈判

抱双赢思想的谈判者把谈判当作合作的过程,不局限于权衡每个事项或利益,不单纯地讨价还价,而是尝试和对手像伙伴一样,共同找到满足双方需要的整体解决方案。使冲突更少、费用更合理、风险更小,使谈判成为一个创造性地解决问题的过程。

在国际商务谈判中要注意入乡随俗,避免因不了解对方的宗教、政治、礼仪、风俗和习惯而做错事,说错话,破坏了谈判效果。要做到"入竟(通境)而问禁,入国而问俗,入门而问讳"。①

---

① 出自《礼记·曲礼上》。入门问讳:在古代拜访别人之前,先问清他父祖的名,以便与其谈话时避讳;也泛指问清楚有什么忌讳。

美国人在商务场合可能不拘礼节、忽视等级,其他国家的商务人士对此需要有心理准备。阿拉伯国家谈判者的基本风格是,基于自己的感情和感受谈判,阿拉伯商人喜欢成为长期合作者,因而易于让步。印度人习惯彼此打断对方的谈话,印度电影也佐证了此点,如果听者只倾听不发问求证,印度人会以为对方未集中注意力。马来西亚或日本人谈判时,一段时间的沉默是适宜的,表示他们在认真思考,但他国人士,例如美国人,可能以为他们的沉默表示对谈判事项不满意,因而可能错误地、过早地让步。

俄罗斯商人是强硬的谈判者,他们会不断地争论和拖延,使西方国家的谈判者感到沮丧,并使谈判陷入僵局。俄罗斯商人不认同西方国家商人信仰的时间就是金钱的观念,俄罗斯商人是很沉得住气、坚决甚至固执的谈判者,几乎很少让步,也不愿对对方的让步给予回报[①]——不轻易妥协。正因如此,20世纪末、21世纪初,我国与俄罗斯的天然气、石油交易谈判异常艰难,谈了20多年才签下合同。因为中国谈判者也不是肯轻易放弃原则的,用一句俗话说,双方都在死磕。中方谈判代表回忆当年的谈判历程时,仍唏嘘不已。

(6)强制

以压制或牺牲他人的观点、利益为代价,强制采纳某一方或几方的观点或者保证某一方或几方的利益。

小典故 1949年以前,艺人的地位比较低,即使像严雪亭这样的评弹大家也被各种强权人物欺压。大的方面且不说,小到在"外码头",各家书场的老板和经理强逼严雪亭去表演,老板、经理们自己先冲突起来。最后,他们商定,严雪亭每天各到几家书场说书,他们倒是协调好了,却完全不问严雪亭的意见。这就是强制保证某几方的利益,被强制者是艺人。

管理者应当根据特定的情景选择解决冲突的不同方法。各种方法都有其优缺点,各有各的适用面。在有的场合中,上述方法可能都会被用到,例如在董事会决策中。不过不一定同时被用到,而是在这一类组织中,在某种场合中,上述方法均可能被用到。

单项选择题

上海地铁公司规定,不允许在地铁车厢内乞讨。小杨遵守地铁的规定,在地铁中遇见乞讨人员时,总是闭眼静坐不理他们;可是有两次,小杨还是忍不住给了。小杨前后的处理方法是( )。[②]

A. 回避和妥协　　　　　　B. 迁就和合作

C. 回避和迁就　　　　　　D. 回避和强制

[①] 胡介埈,王征,唐玮. 商务沟通原理与技巧(第三版)[M]. 大连:东北财经大学出版社,2017,p. 256.
[②] 答案:C。注意,采取妥协策略往往损害了自己的利益,并且常常有谈判的过程。

第 12 章 激 励

管理是组织的核心事项之一,而激励与约束又是管理的核心事项。激励指根据人们的思维和行为规律,提高人们的积极性和创造性,通过影响(例如加强、激发)人们的动机或满足人们的需求,加强、引导和维持人们的某种行为的活动或者过程。哈佛大学的威廉·詹姆士研究认为,受过正确和充分激励的人,其工作能力可发挥 80%～90%,甚至更高。他还得出一个公式:工作成绩＝能力×动机激励。通用电气集团前首席执行官韦尔奇说:领导必须热爱自己的员工,拥抱自己的员工,激励自己的员工。

激励过程:需要→动机→行为→绩效

首先,只有比较清楚地理解组织成员的人格属性,管理者才知道被管理者在想什么、需要什么。

其次,员工在组织中表现出的行为是其心理属性及其变化的外在表现;激励指通过作用于员工人性的深层因素,以便影响其行为的内在驱动力(也就是动机),从而激发其工作积极性。这里的影响包括加强和改变。

再次,成功的激励手段通过创造良好的组织氛围,使组织成员复杂多变的人性不断得到完善、发展和升华,使成员的行为受到一种强大精神力量的支配,并且使成员在实现组织目标的过程中实现自己的需要。

12.1 激励理论及应用

激励理论的种类较多,见图 12-1,本节仅论述其中的 3 种,2.3.1 小节已论述过需要层次理论和激励-保健双因素理论。

12.1.1 期望理论

心理学家和行为科学家维克托·弗鲁姆认为,员工的工作积极性是其工作价值与期望值的乘积。

$$M = V \cdot E$$

M(Motive)表示工作积极性、动机。V(Value)表示价值,指员工对某项工作及其结果能给其带来满足程度的评价;有时候不一定指给员工个人带来的价值,而是对他人的价值、社会价值,这些价值也会为某些员工带来满足感。E(Expectation)表示期望值,是员工对工作目标实现概率的估计或者对奖励兑现可能性的估计。也就是工作既要有挑战性,难度又不能太大。图12—1是形式多样的激励理论。

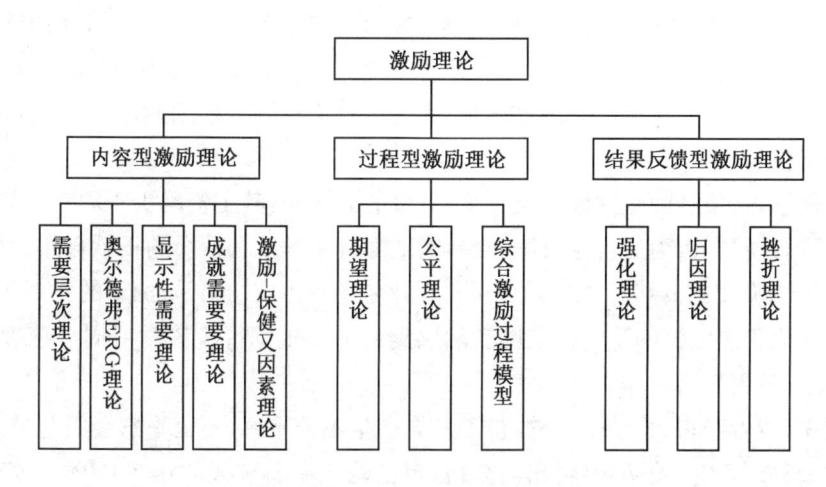

```
                        激励理论
        ┌──────────────┼──────────────┐
    内容型激励理论    过程型激励理论   结果反馈型激励理论
    ┌──┬──┬──┬──┐  ┌──┬──┬──┐    ┌──┬──┬──┐
    需  奥  显  成  激  期  公  综    强  归  挫
    要  尔  示  就  励  望  平  合    化  因  折
    层  德  性  需  ─  理  理  激    理  理  理
    次  弗  需  要  保  论  论  励    论  论  论
    理  ERG 要  理  健              过
    论  理  理  论  双              程
        论  论      因              模
                    素              型
                    理
                    论
```

图12—1 形式多样的激励理论

秦国的商鞅(又叫公孙鞅、卫鞅)立木,为什么一开始大家都不去搬这根木头呢?因为商鞅允诺的酬金非常高,大家觉得仅仅把这根木头搬到另一个城门,这么简单的事,不可能获得那么高的奖赏,所以懒得尝试,只把商鞅的允诺当作笑谈。最后终于有人尝试了,商鞅也兑现了奖赏,商鞅要的就是向国人展示他和秦王、朝廷的信用,要的就是这件事引起的轰动和宣传效果,好为他此后的立法、实施法律打下良好基础。

思考题

某商场的林总经理为了激发下属各部门的销售积极性,发通告说:"如果哪个部门下个月的销售额比去年同期的提高50%,就重奖该部门!"各部门的人员看到布告后可能会想到三个问题:一、林总的许诺算数吗?二、林总的重奖是什么?三、对下个月的销售额提高50%,我们能做到吗?

根据期望理论,这三个问题大致是关于哪些方面的问题?[①]

12.1.2 公平理论

公平理论由美国心理学家约翰·亚当斯于1960年提出,也称社会比较理论,主要讨论报酬的公平性对人们的工作积极性的影响,是设计薪酬制度的重要依据。

员工会思考(定性思考,非定量计算,不一定要写出分子除以分母的表达式,因为并无可计算的准确数值)自己的收入与付出的比率,并与他人比较,被比较的对象可能是其同学、同

---

① 答案:关于期望值/期望概率的问题,关于价值/目标效价的问题,关于期望值/期望概率的问题。

事、老板,或行业平均水平(相关的对象)。所得(或收入)指一个人在工作中得到的,包括工资、福利、满意度、安全感、工作意义和奖励等,这往往指一种整体感觉、定性评估。付出指这个人对组织做出的贡献,包括努力、工作时间、才能、经验和额外投入等,也指整体感觉。人们也可能会与自己过去的情况比较(纵向比较)。

　　人们通常希望自己的付出与获得相称,大公无私者自然不计较个人的收获。员工如果认为自己的收入与付出的比率与他人的相同,就会感到公平,公平感使员工对他们的获得感到满意并保持工作积极性和努力程度。上海音乐学院的某位老师无意中看到大牌教授周小燕的工资比自己的高不了多少,不禁想:周教授都这么努力工作,我们还能计较工资的多少吗?也应该努力工作。

　　对上述例子,这位老师是这样比较分子、分母的。分子:其工资略少于周教授的;分母:其付出远小于周教授的,因为后者是大牌教授,对上海音乐学院和社会的贡献自然大得多,而且周教授对待工作确实也极其努力,不分公私、不计名利。比较结果是,两者的比率相等或者这位老师的比率大于周教授的。这位老师自然感到公平甚至觉得应该学习周小燕教授的努力精神,自己也应该更努力工作。

　　如果比率(或者获得)小于他人的,员工就会产生不公平感,不公平感会引起员工的不满,员工会产生一种纠正它、使两者(付出与获得;自己的比率与别人的比率)的关系恢复平衡的企图。实现这种企图的措施:采取消极怠工的态度,降低努力程度,减少自己的产出;与老板或上司谈判;集体罢工;辞职;有的人可能会通过不法手段攫取额外利益。

　　如果自己的收入付出比率大于他人的,那么该员工可能会更加珍惜自己的工作,可能会加倍努力,使付出与收入相称,或者说与他人的收入付出比率持平;该员工也可能会自欺欺人,调整、夸大自己的付出,假想自己的收入与付出持平,而不愿更加努力奉献或主动减少自己的收入。解放初,上海评弹工作团的一些资深艺术家就曾主动要求降低自己的工资,不要比同事高太多。我国声乐和歌剧教育奠基人之一周小燕教授总是真诚地认为,自己做的工作很平凡,而国家给予自己的荣誉和奖励太多。于是,她用更大的努力弥补自认为的"收支不平衡"。

　　胡耀邦同志担任团中央书记时被选为中央委员,他连续几天心情凝重,因为觉得自己做得还不够好,随后,他向毛主席和党中央请辞中央委员的任命,不过未获批准。

　　公平理论的不足之处是,员工对公平的判断是主观的。人们常常有过高评价自己的付出、过低评价自己的报酬的倾向,而对他人的估计则刚好相反——这些定性评估结果都来自比较者的个人感受。所以人们容易不知足,并轻视、忌妒他人。这种情况增加了管理难度。

　　尽管做好这方面的管理工作很难,但管理学者仍需须努力研究,管理实践者仍需继续探索:在哪些方面管理到位,例如,分配资源到位(减少纷争),分配利益到位(减少不公),宣传企业文化和奉献精神到位(减少错误思想,减少斤斤计较,减少认识误区);在哪些制度方面设计、实施到位(便于衡量、评估和比较绩效)。从而使员工正确认识自己在组织中、在其职位上的付出与获得。

不过高层管理者,尤其国有企业的高管,应该有觉悟接受一个可能的现实,也就是职务越高,上述比例越低。有的职业经理为了带领企业走出困境,从自身做起,降低薪酬,这表明了他们不一味盯着个人利益,而是看重责任,看重集体,看重实现自身价值和成就。20世纪80年代,柳传志是如何团结联想公司前身(中科院计算所新技术发展公司)的创业人员的?——他自己多干、能力强、拿得少,让创业伙伴们住的房子比他的大,坐的车更好。该给下属的都给了,柳传志剩下什么?领导力。不过当下网上对他的非议却比较多。

从另一个角度看,柳传志、牛根生、马云、陶华碧和任正非等,还有古代的刘邦等,他们的"分享能力"或者说"分钱能力"都很强,这是他们成功的秘诀。河南省许昌市的胖东来商贸集团有限公司,它的利润分配在商业零售企业中是稀有的,它把大部分利润都分给了员工。胖东来还有一个传统,就是每年把春节期间的所有经营利润都分给员工。

管理寓言 公平地分粥

有七个人住在一起,每天分食一桶粥。要命的是,每天的粥都是不够的。一开始,他们抓阄决定谁分粥,每天轮一次。于是他们只有在自己分粥的那一天能吃饱。后来他们选出一个道德高尚的人分粥。强权就会产生腐败,大家挖空心思讨好他、贿赂他,搞得整个小团体乌烟瘴气。之后大家组成三人分粥委员会与四人评选委员会,互相攻击扯皮下来,粥到嘴里时全是凉的。最后他们想出一个方法:轮流分粥,但分粥的人要等其他人都挑完后,拿剩下的最后一碗。为了不使自己吃到最少的,每个人都尽量分得平均,就算不平均,也只能认了。采用最后这个办法后,这七个人过得快快乐乐,和和气气。

寓言评析

最后一个办法显示了良好制度的力量和公平的效果。热衷于把精力过多地放在思想教育和作指示上,而在制度设计方面却不太用心,关注过少,这也是为什么一些工作总是流于形式的原因。

案例12—1 奖金分配风波

某煤矿分配上级矿务局发放的生产安全奖金(该煤矿以前没有获得过此种奖金)时严重不公,高层管理者分到的奖金比普通员工的多得多,导致基层员工和中低层干部普遍不满。此次奖金分配风波破坏了原来的团结氛围,打击了大部分员工追求安全生产的积极性;甚至有矿工故意造成安全事故,宁可自己受一点伤,也不让上层的头头脑脑们拿安全生产奖金的大头。该煤矿的精神风貌自此产生了不好的逆转。

12.1.3 强化理论

美国心理学家斯金纳提出:人的行为是其受到刺激的函数。刺激对此人有利,其行为重复出现;刺激不利,行为减弱,直至消失。管理者应当采取适当的强化方式,使人们的行为符合组织目标的要求。负强化——惩罚不符合组织目标的行为,使这种行为减弱,直至消失。负强化应以连续负强化为主。

(1)负强化的应用适应性

印度的工作机会相对较少,员工主要关心工作是否稳定,因此主管或领班可以有效控制员工,解雇及其他纪律措施的负强化刺激效果明显。这些负强化刺激效果在美国就比较弱。

在中国的"80后""90后"群体中,负强化的刺激效果也不如在比他们年长的群体中的强。因为"80后""90后"群体中的很多人自幼生活在富裕、宠爱的环境中,不差钱,也没有太多的后顾之忧,个性强,甚至常常以自我为中心,他们的主管如果不恰当地、过多地使用负强化,可能会激起这些年轻员工的强烈对抗情绪,他们甚至会炒主管和公司的鱿鱼。

(2)正强化

奖励符合组织目标的行为,使这些行为进一步加强。

①连续、固定的正强化:每一次都给予强化,或每隔一固定时间给予一定量的强化。久而久之,激励因素变成保健因素,不起激励作用;人们对强化的数量会有越来越高的期望;假如不给还成罪过了。不能把激励变福利。

②间断的、时间和数量都不固定的正强化

实践证明,后一种正强化更有效。

应当尽量多用正强化,少用负强化。不过有一句俗语也值得借鉴:小功不奖则大功不立,小过不戒则大过必生。

思考题

大洋钢铁构件公司请来专业咨询公司,设计了一个新的绩效考核体系,对公司所有5 000多名干部员工采用统一的考核标准和统一的、增强了激励力度的激励标准。力图使考核、激励更公平,力度更大,以更好地调动干部、员工的工作积极性,促进公司业绩进步。但在施行该考核体系一年后,高层管理人员却发现干部员工都在抱怨新的考核、激励标准不公平,它严重挫伤了工作积极性,公司业绩明显退步。

为什么干部员工对统一的考核、激励标准,却抱怨不公平,对提高了的激励力度,表示不满意,问题出在哪里?试用管理学三个以上的有关理论、观点为大洋钢铁构件制品公司的领导释疑解难、出谋划策。回答前要说明你引用的理论、观点。

思考题

不少公司实行工资保密制度,具体做法是公司与员工签订一份保密协议,协议规定不许打探、议论其他员工的薪酬,也不许透露自己的薪酬,否则视作违纪,情节严重者可被解除劳动合同。根据激励理论,该制度有何优劣?①

拓展内容 保护员工的隐私

由于公司制定了工资保密制度,因此人力资源部门或行政部门的员工知道对员工的工资保密,他们却可能忽略对员工的隐私保密。例如,人力资源部门或行政部门的员工需要全体员工或者某个部门的员工补充一些个人信息,他们就把已包含员工重要信息或隐私信息的表

---

① 工资保密制度的优点:通过工资保密制度,使员工不能相互比较工资,从而避免不公平感造成工作积极性下降,避免员工因自己的低工资状况被公开而焦虑;通过保密制度,公司可较个性化地、灵活地使用各种强化手段,修正员工行为;工资保密制度可减少工资不同造成的妒忌等现象,有利于员工团结。

工资保密制度的不足:使员工不了解公司的奖惩政策、奖惩执行情况与企业文化,激励不足。

格群发给各部门或某部门的全体员工,要求后者补充信息。这些已有信息往往包括了员工的家庭地址、年龄、婚姻状况等隐私信息。人力资源部门或行政部门的这种做法是很不尊重别人隐私的行为。这也与我国社会的大环境有关,不少中国人对自己的个人隐私不太在意,保护意识不太强[1],所以一些公司的人力资源部门或行政部门的员工才敢这么做。

12.2 九种激励方法及应用

与激励密切相关的知识是管理心理学,要用好激励方法,就需要准确把握被管理对象的心理。

12.2.1 工作激励

(1)通过委派恰当的工作激发员工的工作热情

例如,员工感兴趣的工作,能发挥员工的特长和能力的工作,与员工的能力、资历和贡献相称的工作。

一位负责销售教育类书籍和软件的女士说:她对5万美元的佣金并不看重,她在销售图书时压根儿没考虑报酬,而是真心投身于帮助孩子们提高阅读能力这样一个高尚的事业。再如,很多老师的工资并不算高,但他们常常忘记收入的事情,而是一心一意投入教育这个崇高的事业,投身于研究、做学问这样一些有挑战性和能提供成就感的工作。

案例 12—2 在一家玩具公司的生产线上,工人们面无表情、机械地工作,生产效率低,次品多。管理部门尝试了一些方法始终不能解决这些问题。公司负责人来到车间慰问员工,问大家在做什么工作。有的说在生产玩具,有的说在为公司赚钱同时也是为了自己养家糊口。负责人说,你们说的没错,但你们也是在为无数的孩子创造欢乐呀,你们意识到了吗?这些玩具到了孩子们手中,他们多开心呀!它们会成为孩子们的好朋友,陪伴他们成长,抚慰孩子们的心灵。而这些都源自你们勤劳、灵巧的手! 一席话点醒梦中人,从此车间里多了欢声笑语,以往的生产问题也消失了。[2]

与上面案例形成对比的是,2010年,富士康在郑州的工厂发生了13起工人从工厂楼顶跳楼的惨剧。流水线上的工作枯燥机械,就是贴标签或贴膜,恰如电影《摩登时代》里的工人整天只干拧螺丝的工作那样。在不能使工作丰富化的背景下,一些管理者的管理方式简单粗暴,这些都是惨剧发生的原因。在这样的情景中,要加强人文关怀,帮助工人调适情绪。

(2)工作调动有利于激发员工的积极性,也有利于企业持续发展

在米其林公司,如果某员工希望调动工作,该公司的职业生涯经理也支持,则该员工的主管不能强行把该员工留在自己的部门,公司会尊重该员工的选择。在阿里巴巴,员工转岗也

---

[1] 例如,在公交车上大声打电话;在微博和朋友圈里晒自己或家庭的动态;为了拿到赠品或门票,在调查表中填写个人隐私信息。
[2] 谢小玲. 可复制的营销力[M]. 北京:北京大学出版社,2021.

无须征得其部门主管同意,只要接收部门同意,原部门主管必须无条件放行。IBM提供丰富的资源和机会让员工可扮演不同角色,不必换公司就能实现自我变革、实现更多的人生价值。

案例12—3 在京东,配送员是该公司的内部正式员工,只要在该公司干过一两年的优秀"老员工",就有可能成为配送站的站长。这样的机会不算少,因为京东自身也在快速发展。配送站站长如果工作满三年,能力又优秀,京东将允许他们回老家建立配送站,承包公司的业务,与公司转为合作关系。

案例12—4 反面案例

作者曾就职的一家德国在华公司,在该公司应用 ERP(企业资源计划)系统初期,内部销售管理部有一位员工表现较突出。熟练使用 ERP 软件是一项"通用的高端手艺",因此,该员工希望调到信息管理部从事 ERP 应用工作,信息管理部的经理也乐意接纳。但内部销售管理部的经理却不肯放行,最终该员工也未能如愿。可以想象,他有多么失望。

一些员工因为不能在当前公司找到心仪的岗位,可能把搜寻目光转向公司外部。与其让人才离开本公司,不如让他们在内部流动。

有的公司担心员工内部流动的副作用,而为了保持激进的公司文化,华为甚至打造超级流动组织,定期拆解和重组自身。第一次1 000多名员工,而且是最有影响力的营销和销售部门的全体员工,须全体辞职,然后由公司根据员工的情况和业绩评价重新聘用。第二次则有7 000多名员工须重新申请岗位。这种做法促进了人才、知识和资源的充分流动。每一轮大流动后,华为变得更强大。这种激进的做法有利于打破固化的利益格局和保守、惯性思维,克服大公司变革无力症。

类似的例子还有,1995年7月,为了克服经营困境,史玉柱宣布巨人集团进入二次创业的整顿阶段,全体干部竞争上岗。

这种做法也有不足,即低估了职业边界与部门边界的重要性,更有可能在实施中遇到经营混乱、沟通不畅等风险,实达电脑公司就曾遭遇这样的挫折和巨大损失。

(3)对一些临时工作的安排,如果考虑得当,也能起激励作用

案例12—5 荷兰壳牌石油公司的中国区负责人林浩光有一天突发奇想,想做一个关于壳牌中国发展史的画册。在许多公司,这类事务都由公共事务部或公关部负责,他们花一笔钱,可能还是不小的一笔钱,请策划公司或广告公司具体执行。但林浩光却找来四位刚入职的年轻人,他们有的是在办公室打杂的,有的是临时工,让他们收集和整理资料。结果,做出来的画册非常好。林浩光认为,每个人都有很大潜力,关键要给他们机会,信任他们,把他们的潜力激发出来[①]。

12.2.2 带薪休假和享有一定的自由

(1)带薪休假指劳动者连续就职一定期限后,就可以享受一定时间的带薪假期

---

① 王莉,苏盟,林建. 国际市场营销[M]. 北京:清华大学出版社,2017.

案例 12—6　GE公司有一位部门主管工作很得力,所在部门连续几年盈利。韦尔奇则认为该主管可以干得更好。这位主管不是很理解,韦尔奇建议他休一个月的假,放下一切,等再回到公司时,变得就像刚接下这个职位,而不是已经在这个职位上做了四年。休假之后,这位主管果然调整了心态,像换了个人似的,对该部门的工作有了新的思路和对策——此做法有模拟外聘的效果。[①]

人们不能总埋头干活,这样容易形成思维定式,要适时给自己一个空档期,可能有意想不到的收获。再说,必要的休假有利于员工的健康和恢复精力,对其所在组织也是很有益的。

还有一个例子是,20世纪60年代,于敏领导的团队在氢弹基础理论研究方面出现瓶颈期,一直无进展,上级也施加了压力,团队成员们则夜以继日地计算、思考,他们没有娱乐,晚上睡眠不足,甚至常常忘记吃早饭,与社会乃至家庭都脱钩了。有一天,于敏忽然要求所有成员放假三天,不许工作,不许回办公室。当时这样做是冒犯政治错误的风险的,然而效果非常好,大家休息好后,不少小组都拿出了新计算思路,甚至可以把计算时间缩短到原来的四分之一,有人说,这些方法就是好好睡了一觉后想出来的,他们以前搞疲劳战却迟迟难以打通关节,参见电视剧《功勋》之"无名英雄于敏"第3集。所以,管理者在员工休假方面不要吝啬,例如,在每年的疗养时间和资助方面,不要看不得员工休假和"闲着",要看到长远的好处。

在其他方面也可遵循上述道理。例如,写一篇学术论文不必耗费太长的日子,感觉比较满意了就可以大胆投稿,长期盯着它抽丝剥茧,不见得能修改得多好。即使被编辑部退稿也没关系,过了一段日子再修改这篇论文,像换过脑子一样,可能有新的灵感涌现,论文的水平也可能会上一个台阶。做其他研究、其他工作大抵也如此。再推广为更一般的道理就是,会休息才会工作。熬夜、硬撑着做完工作,往往不是好选择,此时身心疲惫,即使做完工作,也是机械地做完,可能缺乏灵感与创新。不如早点休息,第二天以充沛的精力、"新鲜"的大脑更好地完成工作。

(2)在工作中享有一定的自由。

这方面的自由有三种主要表现形式。

①灵活的坐班时间

因为送孩子上学,上学时间一般比上班时间早,顺便早上班的员工可以早下班;为了在上午处理家务,上班晚的员工则晚下班;可以在家工作。例如优步的司机可以随时上下班,因此基本上都不愿意再给老板们做私人司机。即使后者的薪水有时高于前者的,但为老板服务需要像佣人那样随时待命,不符合现代人的个性。

案例 12—7　有一家公司每到冬季就会出现比较高的缺勤率。该公司分别聘请了两家咨询公司,采用了一些耗费大量经费和精力的措施,却没有什么效果。后来,聘请的第三家公司对那些老是迟到的员工进行调研,原来他们都去做兼职滑雪教练,赚外快去了。这些员工可能不会对公司管理者说出实情,但可能会告诉咨询人员,因为咨询人员并不认识他们,再加上如果调研是不记名进行的话。找到真正的原因后,有效的对策就容易产生了——采用灵活

[①]　刘海兵. 管理学——创新的观点[M]. 北京:科学出版社,2018.

的坐班时间,既满足这些员工的兼职需求,又能让他们按自己拟定的上班时间准时上班。

如果员工的上班时间更自主,他们就不会同时到达公司,然后花半个小时到一个小时聚在一起喝咖啡、看报纸了。也就是灵活的坐班时间制度可以避免这种时间浪费,使员工更快地进入工作状态。我国高校教师的灵活坐班制也能证明这一点。灵活坐班制也有不足,例如员工不能同时到达公司,导致一些工作的协调较困难。

灵活工作时间的变形是压缩工作时间、压缩工作周,此方法可减少支付工资,在困难时期(例如经济危机时期)可减少裁员,也可减少组织的能源消耗。德国的一些信息技术公司已使移动办公和在家办公成为现实,未来移动办公和在家办公在全球还会更普及。

②员工在选择工作内容方面享有一定程度的自由

明尼苏达矿业制造(3M)公司允许每位技术人员可用15%的工作时间从事个人感兴趣的研究。3M的一些创新就是这样产生的,或者说,该公司的上述独特管理策略就是受其员工的一些"私活"的成功驱动而形成的。国际商业机器和杜邦等公司也都允许员工利用5%~15%的工作时间实现他们的兴趣和想法。谷歌的这一比例达到20%。

案例12-8 在阿里巴巴,一位刚入职的员工"不务正业",耗时8个月痴迷于与其自身业务关联不大的技术难题。其部门主管也欣然接受这一状况,尽管这对他们双方而言都是在冒险。最终,该员工的技术方案被纳入全球性的技术标准里。[①]

案例12-9 惠普公司的做法又独树一帜,他们制定了完全开放实验器材的政策,允许技术人员自由使用实验设备,并且鼓励技术人员把电器零件和机械零件带回家供个人使用。惠普的管理人员认为:采用这种政策,不管技术人员设计出来的东西是不是本公司要求的,不管这些零件是否用在与工作相关的地方,反正摆弄这些玩意儿,技术人员总能学到东西。这本身就兑现了公司对创新活动承担的义务,也体现了公司高度信任和尊重员工的公司文化——惠普之道,尊重个人的诚实和正直,这是惠普创始人之一威廉·休利特总结的惠普精神。惠普较早就实行了弹性工作制,没有作息表,也不考勤,员工可以从早晨6点、7点或8点钟开始工作,只要完成8小时工作即可。[②]

这些公司的实践是有效的,尤其促进了创新。短期、个案可能显示不出这种自治的创新行动的效果和优势,长期而言、整体而言,它们形成了百花齐放的局面,为公司提供了多样化的选择。而且这样的创新实践具有规模小、成本低、快速灵活的特点,更能适应环境变化和市场变化。[③] 不只是在可用时间和资金、资源方面给予支持,高层管理者还应关注员工自由选择的工作内容,给予鼓励和赞赏,并用慧眼及时捕获有前景的创新,把它们提升到公司的开发层面。

③员工在工作过程中享有一定程度的决策自由或者权力。在海底捞火锅店,服务员都有免单权。不论什么原因,服务员只要认为必要,都可以免费给客人送一些菜,甚至免掉一餐的

[①] 乔忠. 管理学(第4版)[M]. 北京:机械工业出版社,2018.
[②] 孙喜林,赵艳辉. 管理心理学——理论、应用与案例[M]. 北京:人民邮电出版社,2018.
[③] 黄群慧等. 世界一流企业管理——理论与实践[M]. 北京:经济管理出版社,2019.

费用。这是充分信任基层员工,相信一线员工更知道服务现场的实际需要。像海底捞这样的饮食企业,顾客的需求多种多样,标准化的制度和流程无法充分适应,然而优质服务又是饭店的关键竞争力之一,因此应当给予服务员临机处事的权力,支持他们为顾客提供更灵活、贴心的服务。与获得回头客、增加营业额、树立好口碑相比,因服务员的个性化服务、优质服务而产生的额外成本是可以被忽略的。

结语

公司雇佣员工,雇佣的是他们的服务,希望获得的是他们的效率、绩效和创新,而不是限制他们的自由,相反,应该给他们更多自由。本着这样的思想,谷歌在办公场所给员工提供各种福利(吸引员工更多地待在办公室),让他们尽情享用,这已名扬天下,成为全球白领们艳羡的对象。因为谷歌的管理者相信,每一位来谷歌工作的员工都是聪明人(谷歌的招聘流程严格而谨慎,以保障招聘到优秀的人才),聪明人自己会安排好时间与工作。谷歌员工在公司里,饿了可以去吃免费、精美的食物,困了可以小睡一会儿,玩兴大发时,可以打打桌球等,不舒服时可以去享受免费的按摩(舒缓工作压力)……还有激发灵感的、奇幻的聊天场所,等等,见插图。在谷歌管理团队看来,这些既是公司为员工提供的服务,也是为员工创建一种宽松、自由的时间管理氛围。

(多数公司没有谷歌那样的财力为员工提供很漂亮、豪华的工作场所,但管理者应认识到,尽可能为员工提供舒适、漂亮的工作场所是一件重要的事,这也是一种工作激励。除了场所的硬装修,还可以为每位员工提供一笔合适额度的经费,让员工自由进行软装潢——如果组织文化和工作性质允许的话。)

英特尔、苹果、谷歌、脸谱和雅虎等高科技公司的总部所在地硅谷的一些员工以加班、敬业为豪,不过熟悉美国和中国科技界的李开复说,美国高科技公司的员工享有类似谷歌公司这样的待遇才会这样加班,但比起没有这些待遇的中国同行们,说这些美国员工懒散也不为过[①]。

中国还有其他行业的优秀员工们忘我的工作精神,西方国家是不能比的。例如在全球通信行业,有几家外国知名公司能像华为那样风雨无阻地出现在客户需要的地方——不论工作日还是节假日,不论路途多么遥远和崎岖,也不论酷暑和成群蚊虫的叮咬。华为人这样的工作精神在中国并不是什么稀罕事。

12.2.3 金钱激励

案例 12—10 迈克尔斯是一位电话推销员,每天的工作就是打电话,兜售一些人家根本不需要的东西,而被拒绝是痛苦的。他每次上班前胃都会不舒服。只有金钱能够刺激他继续干下去。有一年他赚了 12 万美元,如果他从事别的职业(也许是他喜欢的职业),恐怕根本赚不了这么多[②]。

[①] 李开复. AI·未来[M]. 杭州:浙江人民出版社,2018.
[②] 理查德·L.达夫特. 管理学(第9版)[M]. 范海滨,译. 北京:清华大学出版社,2012.

销售主管要求销售人员每月、每周、每天填写并提交各种拜访记录、市场行情、竞争对手信息和销售统计等报表,而销售人员要么拖延提交甚至常常以各种理由漏交或不交,要么信手填写、交差了事。销售人员的想法是:我们的职责是增加销售,我们的收益也基于销售,这些报表跟我们有什么关系?你销售主管拿到了这些报表可以分析,但那是你的工作,我们能得到什么好处?这不是我们的职责,反而会耗费我们的宝贵时间,影响我们的销售工作。

天高皇帝远,销售主管对这些销售人员还真没办法。不过生产主管在这方面也顺心不到哪里去。生产主管也会要求工人们每天填写各种报表,以便控制生产进程和质量。虽然工人们都在主管的眼皮底下,他们想漏交或不交报表是不现实的,但他们也会采取类似销售人员前面的"对策"——胡乱填写报表。这样的报表显然没有价值。工人们的想法跟销售人员前面的想法类似:我们只要好好干活,保质保量完成任务,拿工资养家糊口,报表和数据分析跟我们有什么关系?

单纯靠(反复)开会、强调、做思想工作较难化解上述矛盾,需要把填写报表的工作与员工的岗位职责、工资、奖金结合起来,员工才会重视此项工作,并真正把它看作自己的职责。主管平时还要注意检查下属提交的报表的真实有效性,防止下属敷衍了事,不能到出现问题和生产事故或经营事故后,才发现下属提交的报表是不可靠的。

也要注意不能把金钱激励不顾场景地滥用。例如西方年轻父母用金钱激励的方法鼓励孩子做家务的做法就不一定合理,长期这么做也会有副作用(正面的就略去不谈了),即孩子会计较劳动报酬,如果让他们帮忙做点其他事情而没有报酬,他们就不情愿做甚至拒绝做。这不就把家庭变成市场了吗?家庭不是讲等价交换的地方,而是讲情感互动的地方。孩子做的那点家务能用来换父母给予他们的巨大付出吗?从另一个方面讲,如果孩子提出凡做家务或帮父母的忙都得给报酬,父母也可以反问他们:我们做家务,谁给我们报酬呢?

案例12—11 海底捞热情服务的源头

海底捞火锅店的装修一般,地理位置也一般,但是它有一点非常不一般——就是它的服务员非常热情,非常亲切,让顾客觉得宾至如归。小米公司的老板雷军有一次去海底捞体验他们的热情服务时,就问其中一位服务员:你为什么那么乐呵呢?这位服务员回答说,人家说我四十几岁的下岗女工找不到工作,可海底捞给我四千多的工资,我睡觉做梦都会笑醒。海底捞对员工很好(实施人性化、亲情化管理,把员工视作"内部顾客",重视员工满意度),员工在海底捞感觉很好时,对顾客的态度与别家的就不同——这就是价值传递的链条。

华为公司的执行力有文化基础和精神基础,也有物质基础。华为公司把利益让出来,让员工拿到高薪。例如在2015年,华为用于员工工资和奖金的金额达148.5亿美元,占当年收入的23.6%,而该行业的平均水平仅为12%。员工拿到高于市场的薪酬后,就更珍惜自己的工作岗位,而这种珍惜使员工更依赖组织,这就为加大管理力度和加强执行力提供了条件。

牛根生不管在伊利工作时还是创办蒙牛后,他和他的许多高管也采取了类似的策略——财散人聚。他们毫不吝啬地把自己的年终奖和红利分给下属,甚至把奖给自己的房子也送给下属,请下属吃吃饭都是小意思了。所以他们的下属也铁了心跟定他们创业。

再看看中国建材集团原董事长宋志平的感人做法。有两次,北京市表彰有贡献的企业家,先后以优惠价奖励北新厂长宋志平两套大户型住房。他把一套奖励常务副总经理,另一套奖励两名在技术创新方面有功的干部。宋志平当厂长的第二年,中新集团奖励27万元人民币给他,他把这笔钱交给工厂财务部门用作职工奖金。中关村园区奖励给他10万元,他把这笔钱给工厂幼儿园买书和玩具。有人觉得他这样做有些冒傻气,他却无怨无悔。他认为,工作是大家一起做的,大家有积极性,他方能心安。干部心里应装着大家,应让大家满意。不能有利益就上,把"金都贴在自己脸上";也不能有责任就推,关键时刻丢卒保车。那样得不到大家的拥护。① 从个人素养角度分析此案例,就是不过于注重物质享受,不被金钱所累,方能达到高境界,成就大业。

古往今来,做大事、成大业者往往是慷慨的,至少在他们成就大业前是这样。试想一下,贪恋钱财、不肯与身边的人分享成果的人怎能成就大业。刘邦夺取咸阳后,被樊哙等劝说,放弃了对豪华宫殿的贪恋,为此后的成功走对了一步棋②。项羽有妇人之仁,却不肯慷慨赏赐有功将领,成为失败的原因之一。

大多数人(激励者与被激励者)都重视金钱激励,但金钱激励并非总是人们追求的第一目标。春秋末期晋国的六大家族(六卿)之一赵家,为了吸引更多农民耕种他们家的地,大幅让利于农民,因而赵家没有其他一些家族富有,能提供给他们家养的众多士的待遇也没有其他家族的好。赵家当家人,晋国当时的元帅之一赵简子是这样弥补这一不足的。他自己坐瘦马、驽马拉的旧车,穿旧的羊皮袄,把家里的好车、好衣给家里优秀的士。手下人劝他换换行头,免得被人耻笑,他说:我也知道这一点,但贤能的人穿华服仍能谦恭,小人穿华服就会骄傲,我不知道自己是否贤人,所以不敢穿用好东西,还是给家里贤良的士吧。他养的士为此很感动,愿意继续留在赵家,为赵家效劳。赵简子不只是用钱留人,更是用心留人。

刚刚提到的华为提供具有国际竞争力的薪酬吸引并留住人才,然而在其发展早期可没有这样的待遇,甚至几个月发不出工资的情况都有。现在很多高端人才都想挤进华为,然而那时,也就是20世纪90年代有多少人才会这么想呢?那么,华为在其艰难时期是怎样留住人才的?靠的是事业和未来的前景留人。阿里巴巴的情况也非常相似。

12.2.4 认可与奖励

海尔集团喊出"人人是人才"的口号,对员工的工作成果予以认可和奖励,包括物质和精神两方面的。海尔员工的贡献能获得特殊的认可,即以员工的名字命名某些事物(知识管理中的署名机制)。例如,工人李启明发明的焊枪被命名为"启明焊枪",杨晓玲发明的扳手被命名为"晓玲扳手",还有某某操作法、某某工位等。这些名字基本上都是普通工人的名字,员工在荣誉感方面获得极大满足,这一措施大大激发了普通员工创新的激情。一位外国员工建议,海尔冰柜底层的食物取放不便,可以把底部空间改成抽屉,就能克服原来的不足。海尔集团就用该员工的名字命名新设计、制造的冰柜,投放市场后销路很好。

类似海尔这样的做法对组织运营很有价值。例如,公司运营出了问题,或者绩效停滞不

---

① 宋志平. 经营心得[M]. 北京:中信出版社集团,2018.
② 幸好这么做了,否则项羽更起杀心了,刘邦也就没有从鸿门宴全身而退的可能了。

前,管理者可能会请咨询专家来帮忙。不少专家确实提供了有效建议,有这样的结果,除了专家们富有经验,也是因为他们用心、深入研究相关问题了。那么,如果企业能激发员工的积极性,员工就很有可能自己找到解决问题的对策——深入实际工作,积极开动脑筋,长期思考,就有可能达到这样的效果。

星巴克用员工所穿围裙的颜色区分咖啡师的等级,绿色是普通咖啡师的标志,而黑色代表"咖啡大师"。棕色的围裙很神秘,因为穿这种围裙的员工非常少,他们是星巴克的"咖啡公使",是大师中的佼佼者,不过这个称号并不是终身的,必须通过每两年一次的考核才能得到(摘自星巴克网站)。围裙的颜色与薪资不挂钩,这更多地代表精神方面的奖励。

再举一个例子,有的公司可能有不少来自农村的工人,管理者不要以为这一类型的工人只关注工资高低,其实他们来到城市,面对陌生的环境和各种困难、挑战,更需要被周围的人认可和接纳。如果在他们产生好的绩效时,不仅多发一些奖金,也能给他们一些荣誉称号,例如"季度之星""模范小组长"之类,他们会更感动、更受鼓舞。甚至有时候没有给予物质奖励,仅仅一个精神奖励,也会令他们很开心。

奖励的基础是正确评价职工的工作成果,因此需要通过民主的方法建立科学的考核指标体系,使职工知道努力的方向。在海底捞,没有管理才能的员工,通过任劳任怨地苦干也能获得认可,普通员工如果成为功勋员工,其工资只比店长的工资差一点。这就是海底捞"双手改变命运"的策略——激发员工的激情。

案例12—12 华为公司向员工广发金牌

除了物质奖励,华为公司也很重视非物质奖励,重视荣誉制度,例如向优秀员工发金牌,金牌获得者还可获得与公司高层合影的机会。2013年,华为第一次评金牌得主,金牌发了200多块。金牌是请有一千多年铸币史的巴黎铸币厂铸造的。2014年扩大到两三千块,2015年又继续扩大。有人担心,金牌发多了,"含金量"会不会被稀释?

任正非总裁对此讲了一番道理作解释。他说,他在20世纪70年代当兵的时候,那时部队评选"学习毛主席著作积极分子",那是极少数优秀士兵方能获得的,大概不超过5%。但是还有一项荣誉——"五好战士",这个荣誉覆盖了超过50%的士兵,这样就使得优秀士兵是多数而不是少数。这就形成一种势或压力,后进的士兵就坐不住了,因为多数人都是"五好战士",为什么你不是啊?所以后进的就更努力;先进的士兵又会被后进的推动着,也更努力,以保持荣誉。这就是蓬生麻中,不扶自直。蓬草本来是匍匐地面长的,但它长在麻中,不由得它不得直着长——要生存,要见阳光就得直着长。[①]

案例12—13 在自己的辖区工作出色并有力协助其他辖区的警署指挥官们,会获得大家的认同和赞赏。遏制犯罪战略评估会使各警署指挥官们有机会聚在一起比较和切磋经验。在布雷顿到任之前,他们很少能像一个团队一样聚在一起。时间一长,这种管理方式就向下渗透到基层,警署指挥官们也效法布雷顿,召开自己的战略评估会。(援引《蓝海战略》)

---

① 黄卫伟. 华为如何让18万优秀人才"累、爱并快乐地奋斗"[OL]. 2017—3—3.
森林里的树一般都长得很直,也差不多高,道理类似。一方面,树调节自身的生长姿态,争取宝贵的阳光;另一方面,长歪的、分叉太多的、长得矮的,可能会失去继续竞争的资格而死亡,成为虫菌的营养床,最终成为周边树木的营养来源。

认可与奖励的对立面是批评、谴责、惩罚,不过这个对立面也能起激励作用。

12.2.5 为员工提供发展和晋升的机会

为员工提供发展和晋升的机会,可以激励组织成员维持长期的良好行为。发展的机会比晋升的机会多,管理者几乎可以为每一位员工提供发展的机会,但不一定能为每一位员工提供晋升机会。在企业里,科技人员或专业人员越来越多,他们不一定都能胜任管理岗位,也没有这么多管理岗位,那么,企业就必须建立健全管理人员和科技人员或专业人员发展的双通道。

(1)为员工提供发展机会

应当为不同能力、不同特长的人提供不同的发展机会。不要总想着"他做不了什么",而应多问问"他能做什么"。

管理寓言　驴和野兔在狮王队伍里也有了合适职务

狮王要与邻国开战,通告百兽,让它们根据自己的特长,担任不同的军职。大象请求驮运军需品,熊愿做先锋,狐狸当参谋,猴子充当间谍……就剩下驴和野兔,它们想不出自己能干什么,别的动物也不知道驴和野兔能干什么。有动物建议狮王把驴和野兔送走,免得它们动摇军心。狮王不同意,说:"我要用它们,而且它们在战斗中能发挥重要作用。"又说:"驴子可担任司号兵,它传达的号令一定会使我军行动一致、奋勇杀敌,使敌人闻风丧胆;野兔奔跑迅捷,可担任联络员。"狮王麾下的每个动物在战斗中都发挥了最大作用,最终狮王的部队取得了胜利。[①]

寓言启迪　一般而言,没有无能的士兵,只有无能的将军。东晋朝的祖逖几乎白手起家建立的北伐军,在长江以北异常彪悍,连北方悍将石勒都要跟他套近乎,免得两面受敌。祖逖被司马睿召回后这支劲旅的主帅换成了戴渊,不久在勤王之战中就被王敦的军队打败。

管理者应充分了解下属的特点,知人善任。《孙子兵法·势篇》讲:故善战者,求之于势(要能发现有利的势),不责于人(不苛求士卒和下属很优秀,不苛求他们超常发挥、创造奇迹),故能择人而任势(指适应、利用形势,不过,如果有优秀的下属,他们能帮助上司一起创造有利的势,那自然更好)。管理者、领导者做到这一点,一方面使绝大多数员工获得较大发展,另一方面使组织实现高绩效。一个较常见的人力资源调整是,一位员工可能做不好营销工作,但他/她是否就不行呢?没有能力呢?不一定,安排其做售后服务,他/她也许能做得挺出色。售后服务其实属于广义的营销工作。

再作一个类比,在战场上,一方士兵的整体素质可能不如对方的,但如果统领他们的将军能巧妙、高效地安排他们的任务,排兵布阵,仍有可能打败对方。例如无数次的奴隶、农民起义中,那些被激励和有效组织的、拿着极其简陋"武器"的农民攻城略地,打败受过训练、武器精良、给养充足的官军。拿破仑也说:骑术不精的一定数量的法国骑兵,由于形成了密集队形

[①] 冯蛟,张淑萍,王仲梅. 市场营销理论与实务[M]. 北京:清华大学出版社,2017.

和严格纪律,他们显示出的整体力量,就能战胜骑术较精、剑法高超、善于单打独斗,但缺乏严格纪律、人数较多的马穆克骑兵。

案例12－14　铁军是训练、培养出来的

名垂九百年、勇冠古中国的岳家军,其兵源常常是一些乌合之众,包括土匪、叛军,经过岳飞的调教、管理(赏罚分明,恩威并施,不分亲疏,公平待人,以德服人),就成了一支军纪严明(对百姓秋毫无犯,深受百姓爱戴)又勇猛无比的军队。与游牧民族相比,骑射本是农耕汉族的弱项,但岳家军几次以较少人数的骑兵大败金国的强大骑兵。这里面就有岳飞严格训练、战术有效、号令如山的因素。完颜宗弼(即金兀术[zhú])和他的金兵绝望地感叹:撼山易,撼岳家军难!

细化、具体到安排每一位组织成员时,无论是战场上、工厂里、公司里还是科研机构里,都应有效运用上述道理。不管在哪种组织,总有"能力比其他人差"(不一定真的差)的成员,甚至真有木讷、不合群、古怪的人,但管理者一定要冷酷地把他们"扫地出门"吗(往往做不到)?

即使对这种人,组织内一般也有适合他们的岗位,只要把他们放到合适的岗位上并予以恰当的激励,他们就能发挥很好的作用,甚至是超常的巨大作用——令所有人大跌眼镜。孟尝君的鸡鸣狗盗之徒就是很好的例子,《淮南子·道应训》记载的楚将子发的神偷门客也是很好的例子——神偷奇技使三战皆胜的强大的齐军不战而退,再不退,夜晚主将的脑袋都不保了。

唐太宗在这方面的观点或做法是:(对)智者取其谋,愚者取其力,勇者取其威,怯者取其慎。曾国藩说:"千金之剑,以之析薪,则不如斧……当其时,当其事,则凡材亦奏神奇之效……"外显的人才,大家都会用,像孟尝君、唐太宗、曾国藩这样更显难能可贵——看到属下的优点并让他们发挥作用。

案例12－15　马云的成长

马云并不忌讳讲他青年时期的窘境。三次参加高考,才成为杭州师范学院的专科生;和别人一起去肯德基面试,别人都被录用了,唯独他未被录用。他青少年时期的表现,可谓不堪回首(参见百度百科的马云介绍,林肯在中青年时代也有类似的失败遭遇)。可是他最终却干出了伟大事业,令全世界肃然起敬。2019年10月,马云获福布斯终身成就奖,并成为全球互联网领域获此奖的第一人。

马云用他擅长的技能(最初的英语能力、国际贸易知识),从高校英语教师到小有名气的翻译,到小翻译社老板,他也做过杭州电子工业学院的处级干部,到"中国黄页"网站创始人、网络公司老板,带领他的团队开发了国内若干大网站,再到正式辞去公职创建阿里巴巴公司(援引百度百科)。

对这一系列成就,他的家人和朋友,甚至他自己当初完全不会想到。

最后,用一句俗语作类比:弯木适做犁,直木宜做梁。在一般人的眼里,一根弯木就是废材,但是它却可以做犁,因为它的弯度正好确保它在牛拉时不会使犁刀深插泥土,导致难以前行,又能保持犁刀插入泥土一定的深度,达到犁地的效果。作一下受力分析,就理解这个道理了。直木就达不到这种效果,犁不能顺畅前行。其实,弯木还可以用于家具打制以及生活、劳作的其他方面。

(2)为员工提供晋升机会

职位晋升也是一种相当重要的激励手段,尤其对知识员工或薪酬达到一定水平的员工来说更是如此,晋升机会减少往往导致员工士气低落。华为公司实行的轮值首席执行官制度是职位晋升制度较新的做法——让一个小团队领导公司,培养轮值首席执行官,使团队的每一个成员都有使命感和成就感。轮值首席执行官更倾向于平衡公司全局利益,而非照顾其长期、直接管辖的部门,否则难以获得其他部门的支持,也失去首席执行官的风度。这样,公司内的诸多"山头"被削平了,有效平衡了内部各方的利益,弱化了矛盾,使公司得以均衡发展。联想集团也有轮值制度。高管职位是有限的,轮值是突破此局限的变通方法。

(3)然而晋升的机会毕竟是有限的,因此管理者更需要考虑在更广泛的领域,为员工提供更多的发展机会,把工作场所打造成每位员工都能学习、奉献和成长的地方。例如,微软公司的工作并不轻松,但大部分员工都不想离开,因为在微软,只要你想学,任何技术都可以,只要你想做,什么产品你都可以接触。微软与员工分享各种信息,帮助员工获得很大程度的发展。明尼苏达矿业制造(3M)公司在这方面做得也很好。

各级管理者要考虑每位员工的才能、兴趣和需求,通过有针对性的激励,提高员工的敬业程度,实现组织的目标。

在西贝餐饮集团,一位管理人员只有不断成就下属,他在西贝方能得到重视、重用。他帮助的人越多,在西贝的地位就越高。西贝坚持用此标准考核干部,西贝成就人的文化就形成了。

12.2.6 员工持股激励

员工持股是员工所有权的一种实现形式,是通过让员工持有本公司股票或期权而使其获得激励的一种长期绩效奖励计划[①],是欧美等地区市场经济国家普遍流行的一种薪酬制度安排。

案例12—16 晋商的"身股"

晋商给予优秀伙计一定的身股,伙计不用出资即可参与经营管理(也是利用伙计的智慧和经验)和分红。一个小伙计入号先当三年学徒,满师后可获月薪。起码三个账期(约十年)后,如果一直勤勤恳恳,没有重大过失且有功于商号,经掌柜向东家推荐,经各财东认可,伙计方可开始顶股。身股从一二厘起始,每次增加的身股被记入"万金帐",予以确认。参见电视剧《驼道》中的描述。

若能顶到七八厘,就可能被提拔成三掌柜或二掌柜。身股以一俸相对于银股(财东的股份)的一股,大掌柜一般顶一俸,二掌柜以下的资深从业者凭借入号年数和表现顶九厘以下的身股。以大德通票号为例,1889年时有银股20股,身股9.7股(23名从业者持有);到1908

---

① 长期薪酬对员工还有约束作用,而短期薪酬则有较强的短期激励作用。

年,银股仍是20股,身股上升到23.95股(持股者达57人)。

获得身股后不是一劳永逸的,发生重大过失,可被酌情扣除身股,直至开除出号。只要兢兢业业,持股者去世后,家属仍可领三个账期的红利,称故身股。

员工持股的作用包括:扩大企业的资金来源(例如华为的做法和经验);增加员工收入;为员工提供安全保障,留住人才,使其更好地发挥创造力;调整企业内部收益权,奠定企业民主管理的基础,完善企业约束和激励机制;增强员工的工作积极性和企业的凝聚力,完善公司治理;对企业业绩有促进作用;股票价格浮动,把员工与原有投资者及公司的利益捆绑,对员工有约束作用。

华为公司的大范围员工持股制度把所有员工(包括尚无持股资格的新员工)都聚集到一个平台上。任正非认为,正是员工持股制度催生了华为公司的利益分享、以奋斗者为中心的文化。这也体现了财散人聚的传统思想。任正非还多次指出,华为能从一家小公司成长为跨国大公司,员工持股制度发挥了巨大作用,它也是帮助华为渡过创业、网络经济泡沫、非典和国际金融危机四个时期的难关的秘诀。

员工持股的一种形式是股票期权,能较大程度克服传统薪酬形式的不足。例如,克服经营方面的短视行为、铺张浪费,因为期权激励使持股员工更关注企业的长期利益和未来发展。高级经理持股还能增强高级经理(团队)与董事会的目标的一致性,降低两者的沟通、协调成本,降低"内部人控制"风险。联想集团的持股激励还有另一种作用,即分配给老员工适当数量的股权,作为一种奖励和尊重,促使这些不太适应当前工作的老员工愿意从重要岗位上退居二线,并且日后还会积极主动支持走上这些重要岗位的年轻人。

2005年12月,中国证监会颁布《上市公司股权激励管理办法(试行)》,使我国的股权激励尤其实施股票期权计划的税收和会计工作有章可循。2008年,国务院国资委发布《关于规范国有企业职工持股投资的意见》,提出了一系列规范、要求,包括:"防止通过不当行为向职工持股、投资的企业转移国有企业利益""国有企业主业企业的职工不得持有辅业企业股权"(防止利益输送等负面作用)"职工持股不得处于控股地位",以及不得直接或间接持有本企业出资的各级子企业、参股企业及本集团公司出资的其他企业的股权;等等。

不能采取人人持股、免费赠股等方式,并应禁止公司内自由转让,否则易产生贫富两极分化。这些规定均有其合理性,在当前国有公司的新一轮员工持股改革中仍须被遵守。不过是否实施人人持股,也就是全体或者接近全体员工持股,要看企业的具体情况。

案例12—17 微软为了考验员工的忠诚度,一般给员工支付较低的工资,但是给予年度奖和配股。员工在微软工作18个月后,即可以8.5折的优惠价格,认购其认股权中25%的股票,以后每6个月可认购认股权中12.5%的股票。微软每两年还配发新认股权。这种薪酬制度对员工有长久的吸引力,在微软工作5年以上的员工很少离开。[1] 星巴克的员工持股制度也广泛面向员工,包括符合工作时间要求的兼职员工。

员工持股激励亦非没有缺点,谷歌、华为等公司都出现了员工持股的负面作用——员工

---

[1] 刘冠楠. 上市公司股票期权激励模式探究——以微软公司为例[J]. 商场现代化,2011(4).

在大富之后失去了斗志和奉献精神。华为公司的员工持股并不等同于股票上市,华为一直未上市,有人问任正非是何原因。任正非回答:如果上市,员工一下子发了大财,可能套现走人。华为不上市也是为了避免受制于投资者,从而有损华为的经营理念和风格。

案例 12—18 谷歌公司在这方面的困境比较显著。谷歌员工持有该公司股票的财富剧增,由于这个重要原因,谷歌早期的 500 名员工中,大约三分之一已离职。这些拥有了巨额股票财富离职的谷歌员工,有的在环游世界,有的在家享福,有的在教授艺术、在法学院学习、著书,或投身政坛。对谷歌而言,却是人才流失的巨大损失。[1]

案例简析

企业依赖知识型员工,知识型员工是企业获得竞争优势的重要源泉,而上例表明,谷歌因为员工持股的负面作用,正失去许多这样的员工。

首旅集团下辖康辉旅行社的做法是:管理人员只有在相应的岗位上方能购买相应数量的股份。例如,总经理被降职为副总经理,须转让出 15 万股;副总经理升为总经理,可补购 15 万股。采用类似的做法,员工离职或不在管理岗位上,须转让全部股份。这一做法在一定程度上能摆脱类似谷歌、华为的上述困境。

华为公司总裁任正非很注重这一点,他强调:"艰苦奋斗是华为文化的魂,是华为文化的主旋律"。华为公司的平均工资在国际信息通信技术行业也是一流水平,正因如此,任正非才更加严肃地告诫华为公司的全体员工,尤其那些已经是千万身家的高管们,决不能贪图享受、不思进取。华为还用制度抑制那些追求享受、不再敬业的员工,例如,要求他们带着股票离职,把职位让给愿意艰苦奋斗的员工。艰苦奋斗永不过时,是企业永葆进取精神的法宝。

2019 年 10 月,华为心声社区发布消息:任正非说他很感谢特朗普,因为华为的绝大多数员工开始富裕了,有一种富裕病就是惰息、享受安逸,深圳多好,为什么要到非洲有疟疾的地方去……特朗普一吓唬华为(让高通与谷歌等公司对华为断供——核心芯片与软件),华为员工都努力工作了,特朗普治好了华为的富裕病。

西方国家一施压,中国会更努力、团结,发扬南泥湾精神、"两弹一星"精神,逆势取胜,打开新局面。毛主席在党的七届二中全会中告诫全党:"因为胜利,党内的骄傲情绪,以功臣自居的情绪,停顿起来不求进步的情绪,贪图享乐不愿再过艰苦生活的情绪,可能生长。""务必使同志们继续地保持谦虚、谨慎、不骄、不躁的作风,务必使同志们继续地保持艰苦奋斗的作风。"

12.2.7 批评激励

通过批评激励员工,要使批评激励有效,需注意以下几点。

①发挥火炉效应,使犯错者像不敢再用手碰滚烫的火炉那样,不敢再犯同样的错误。

②必须有事先警告或者事先提醒,而不是只有事后批评,否则被批评者可能不服气,并且

---

[1] 蒋智敏. 追求效果第一的管理[M]. 北京:中华工商联合出版社,2011. 方振邦,黄玉玲. 管理学[M]. 北京:人民邮电出版社,2017.

也说明批评者或管理者未尽责。《古文观止》的第一篇"郑伯克段于鄢"[1]的故事就说明了这个道理。

案例 12—19　郑庄公的"钓鱼执法"

郑庄公承袭其父爵位后,其弟共叔段(姬段)仗着母亲的宠爱,一次次违背制度,行为不当,例如,要求庄公把郑国的京城封给他,把很多军队派给他管。然后,姬段招兵买马,侵占庄公的土地。但庄公不明令禁止,不训诫段,一味忍让、姑息。最后,当段叛乱时[2],庄公才发兵平叛,并杀了姬段(也有说杀段非庄公本意,乃大将所为)。当时郑国就有人批评庄公耍阴谋,想一招制敌(于死地);后人大多也如此评论。

③必须及时处理,避免当时不批评,过后再说,这样容易让员工认为管理者批评自己是为了发泄一己私愤。及时批评也能提醒员工避免犯同样的错误、尽早改进,是管理者负责任、爱护员工的做法。

④人人平等,做不到人人平等将导致管理者权威受损,导致管理制度形同虚设。

⑤对事不对人,批评别人时应当就事论事,不否定人,要认识到几乎每个人都有长处。一位同学未做好某几件事,其导师就下结论:这个同学脑子不活络。然而一两年后,这位同学的研究成果在团队里反而是拔尖的。其实,其他同学早就反映,这位同学很厉害的,请他帮忙用 Matlab 软件计算和展示模型结果,他两三天就做出来了。某管理者当众给予某位员工较低的评价,也可以说就是批评,只因后者给前者留下了负面印象,可是忽然这位员工获得了一个具有较高价值的科研项目或成果——出乎所有人的意料。所以不要轻视任何人。

在营销领域,科特勒呼吁为品牌的批评者正名——尤其在社群营销中,批评可使品牌话题更丰富有趣。试想,消费者如果看到满屏评论都是称赞,说不定会怀疑商家使用了什么手段。批评还会激发更多拥护者的反弹。一些品牌经营者甚至适当自黑——批评可使组织保持活力。一些有个性的品牌甚至拥有比例相近的批评者和拥护者。

12.2.8　使员工直面问题或过错

本小节以两个案例阐述使员工直面问题或过错的激励方法(也称危机激励)和效果。

案例 12—20　布雷顿局长的直面激励法

20 世纪 90 年代初,纽约市的谋杀案发生率居高不下,骗子、黑手党和持枪抢劫的新闻充斥各报刊的头条。然而纽约市警察局 36 000 名警员的士气跌落,装备破旧,腐败严重。比尔·布雷顿于 1994 年出任纽约市警察局局长,不到两年时间就成功扭转了上述糟糕情况。下面是其中的一个案例。

布雷顿深知要打破现状,必须使警员们面对糟糕的现实和业绩——这会令人震撼,会促使人们行动起来。例如,20 世纪 90 年代初的纽约地铁充满恐怖,以致它被取了个"电气下水

---

[1] 另参见《东周列国志》第四回"秦文公郊天应梦　郑庄公掘地见母"。

[2] 甚至是被庄公通过施放烟幕弹(假意要去镐京辅佐天子)引诱叛乱,而庄公早就布置好了;庄公甚至在当初把军队和大将派给姬段时(庄公用的是"将欲取之,必先予之"的策略,冒顿[mò dú]单于对东胡大人用的也是此策略),就安排好内应了。郑庄公算是"钓鱼执法"的鼻祖之一了吧。

道"的绰号。由于人们抵制地铁,导致其收入急速下降。但交通警察部门却否认上述情况,因为只有3%的主要案件发生在地铁上(评:以此比例为挡箭牌是一种自欺欺人的行为,相对纽约市的面积,地铁的面积才多大?相对纽约市的总人口,地铁乘客数才多少?一个公共场合的主要案件居然占3%,已经很不正常、很高了)。因此不管公众如何大声疾呼,警察局都充耳不闻——就是掩耳盗铃。

布雷顿出任局长后,几个星期内就改变了警员们的思想状态。不争论数字,也非做思想政治工作,而是要求中高层管理人员早晚都去乘一下"电气下水道"(走动管理)。于是,(平时开或乘公务车的)他们看到了纽约人每天都在面对的现实,即地铁系统处于无政府状态的边缘。成群的年轻人在车厢里游荡,逃票者从入口跳过去,到处都是涂鸦和强行乞讨的乞丐,酒鬼们横七竖八地占着座位。警察们不能再回避丑陋的现实了。(援引《蓝海战略》)

补充案例　另一个故事说的是纽约市市长朱利安,针对中央地铁站高发案率,要求站台24小时播放莫扎特音乐。奇迹出现了:不绝于耳的莫扎特音乐摧毁了混乱的犯罪氛围,小偷不由自主地觉得偷窃是不对的,黑帮老大也觉得无趣,在莫扎特音乐的氛围里斗殴,无论怎么叫喊冲杀也快活不起来。闲杂人员越来越少,犯罪率自然就下降了。[①] 读者们还记得初中时学的课文《警察与赞美诗》吗?它与前述案例有相通之处——都揭示了人有向善倾向,即使坏人有时也有做善事的想法和冲动。

案例12—21　在纽约市警察局,布雷顿局长两周召开一次遏制犯罪战略评估会,评估所有76位警署指挥官在执行新战略方面的表现。这些指挥官,还有其他重要领导,例如大区警长、副局长,都必须参加评估会,布雷顿自己也尽量出席。评估会中,各位指挥官必须解释其部门业绩上升或下降的原因,其警员是如何解决问题的,等等。评估结果和责任一目了然地摆在每个人眼前。结果是,一种强烈的绩效文化几周内就形成了,因为没有一位指挥官愿在同事面前丢脸,他们都想露一手。(援引《蓝海战略》)

案例12—22　日本电机公司的情报科长提供了错误的市场信息,导致公司出现重大损失(评:高层经理仅采用情报科长的信息,未进一步核实,就基于此作决策,也是有责任的)。怎样处理此事呢?总经理考虑到:情报科长可能是好马失蹄,撤他的职会毁掉一个人才;何况当时尚无接替人选,将其撤职会影响公司经营。于是,总经理把情报科长叫来,只告诉他,要他对此次失误负责。该情报科长为了弥补自己的过错,一直兢兢业业工作,多次提供有价值的信息,为公司作出了贡献。

与案例12—22中的做法相似,在春秋时期,楚庄王就做出了榜样。他并未因一位酒后失德的将军在黑暗中扯住自己爱妃的衣袖,就打算处罚这位将军,反而让参加宴会的将军们在黑暗中都拔去簪缨,才让仆从重新点亮灯火,为这位失德的将军掩盖过去。后来,这位将军为楚庄王出生入死,立下许多战功。当庄王赏赐他时,这位将军承认当年无德之人就是他,谢绝赏赐并辞掉职位而去。

这位将军最后的行为恰恰表明他是一位品德高尚之人——多年前庄王已帮他掩盖了失

[①] 叶茂中. 营销的12个方法论[M]. 北京:机械工业出版社,2021.

德行为,但他肯定这么多年来一直深深懊悔,除了立功报答庄王,他一定要勇敢地向庄王坦承当年的失德,否则良心过不去,内心不得安宁。他谢绝赏赐并辞官而去则表明他对自身高要求,不认为立下的许多战功就能弥补当年的失德行为,不愿意用后来的表现自我宽慰,对当年的错误始终耿耿于怀,不能原谅自己,因而不愿接受赏赐,不认可现在的自己,自然也就不愿高居官位。有的严于律己、品德高尚的古人执着得可爱,甚至有一股"傻劲",作者第一次读到这位将军最后的行为时觉得他挺傻的,没必要自己揭短,也没必要辞官而去,庄王对此也很惋惜呀,并把此事告诉那位爱妃。现在再读本书中前面这段文字,也就是这位将军的最后行为,作者不仅理解他这么做,更折服于他的高尚道德。

12.2.9 战略前景激励

战略前景/愿景是由组织领导者为组织设定的、用简明的文字描述的组织未来。有效愿景的重要标准:是未来的长远目标;简单清晰;激动人心;是对未来真心诚意的承诺。描绘战略前景是一项创造性活动。战略前景强调价值,强调组织最终想要的结果,所以它是成果导向的,并不强调实现的具体手段。有效的领导者通过描绘组织前景/远景,为组织成员指明前进方向并鼓舞士气。诸葛亮的"隆中对"就指明了刘备部众的奋斗方向,甚至提供了具体的战略步骤。一个有效的领导者往往能以自身对战略前景的热情,感染周围的人。

管理学家斯托纳-泽曼尔(J. Stoner-Zemel,1990)提出:

$$前景 = 宗旨 + 价值 + 信仰 + 形象$$

(1) 组织宗旨(purpose)/使命(mission)阐明了组织存在的理由,即一个组织在社会中的价值贡献的基本定位,本质上是一种带有价值观的组织责任描述,内容方面是达到目标的形式,回答"我们是谁""为何追寻"这些问题,是组织根本的、崇高的责任。在宋江的领导下,梁山上打出"替天行道"的大旗,梁山好汉们便更有底气了,投奔入伙的人也有了更多、更充足的理由。可以理解成替上天行道,一部分梁山好汉也可理解成替天子行道。

总体而言,宋江对于梁山的贡献是很大的,以前虽是小吏,却有战略眼光,没有他的战略规划和领导,梁山山寨难以如此兴旺发达,尽管不少手段很卑鄙。许多后人用梁山好汉们的悲惨结局批评宋江,其实这是马后炮的评价。尽管梁山好汉有本事,但小说有很多夸张情节,一个山寨加大水泊无论如何斗不过国家。历史事实也是如此,梁山好汉们是被海州知州张叔夜打败的,不是被招安的。

借着梁山势最盛时,宋江要为兄弟们及其家眷谋一个好前程,这样的想法绝无不妥。不是也有不少兄弟支持宋江并为此奔忙嘛,否则宋江也实施不了其战略。例如,燕青潜入东京欲打通关节跟朝廷谈判,粗人李逵不是也去了嘛。李逵粗,但一点也不傻,他也不是三岁小儿只图跟着燕青去京城玩耍,如不支持宋江的大计,这么个直率的粗人愿意去东京吗?真正与朝廷势不两立的只有林冲这样的少数人,其实林冲应该恨的是高俅而非朝廷。

人算不如天算,再高明的战略家也有预料不到的大小事,因为他们不是神仙。宋江及其支持者预料不到两件大事,尤其后一件事。一、朝廷那么快、那么赤裸裸地让他们去当炮灰打方腊,上了贼船你就推卸不了,因为是体制内的人,再说,大多数古人从小就有(深入骨髓的)忠君思想和报效朝廷的思想,这也是古中国社会比较稳定的重要原因之一。宋江他们想简单了,以为只要不跟朝廷作对,朝廷就乐得放过他们,就能过安稳日子,甚至当个一官半职。这些老百姓哪有老奸巨猾的官僚和皇帝的算计深,怎么斗得过他们?二、北宋很快就被金国灭了。

骂宋江的人,换了你,你能预测到大宋很快就要灭国吗?

企业使命是企业最基本的、使自身区别于其他企业的经营目的,反映了企业管理人员对本企业的性质和活动特征的认识,是企业制定和实施战略的依据。企业使命决定了一个企业做什么,不做什么。它是一个企业的人员思考、决策和行动的共同的根本依据(见图12-2)。

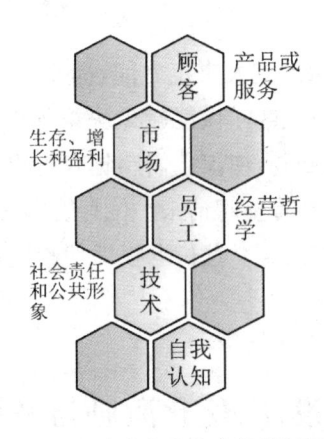

图12-2 陈述企业使命的关键要素

企业使命的内容

①经营主线:描述企业的业务活动,包括确认客户、市场、技术,阐明企业需要服务的对象、竞争场所,以及企业能提供的产品或服务。

②经营目的:企业在未来一段时期需要达到的经营结果,反映企业的生存、发展和获利需求,也反映有关利益方对企业的期望和要求,表明企业的战略方向。

③管理哲学:反映企业的基本价值观、企业内共同认可的行为准则和企业内共享的信仰。

④自我评价:企业客观分析自身经营的优劣势,经过自我评价,可以确定自身在市场竞争中的地位。

企业使命还可涉及更多的内容。企业使命内容表述的特征应当是:短小精悍,规定业务范围,不具体描述任务,简单描述企业文化。企业领导应当有使命感,并努力使所有员工都认同这个使命感,然后方能扛住所有压力,坚定实现企业目标。企业战略管理课程会更深入地阐述企业使命的内容。

(2)战略价值揭示了对组织有意义或重要的事物。

有人说,乔布斯是一位劝说、安抚、哄骗,甚至威胁他人的心理大师。他让其员工相信他们自己可以像上帝那样,完成一些看上去不可能完成的任务以改变世界,使他们拥有了创造革命性产品的热情[3]。一般而言,无论在哪个领域,那些成功的领导者、管理者、经营者和营销者等,往往都是深谙人性、洞察他人心理的高手,这是他们成功的基础之一。

(3)信仰是人们对自己及世界的可能性的一种认识。

(4) 形象——领导者在前景中把人们向往的最终成果,用生动的语言描述出来,这样的前景(例如《隆中对》描绘的)容易打动组织成员,激发他们的热情,而用生硬、贫乏的语言描写的前景则难以达到这种效果。华为海外事业部的员工说,每次华为有新的变革时,任正非都会用极具感染力的语言,说清楚为什么要这样做。①

激励策略

第一,稳定关键的少数人,但是必须含蓄地进行,不要让非关键的人感觉到这一策略和做法。第二,不断改善环境。第三,增进成就激励。

在《三国演义》里,曹操每每做出重大决定之前,都要广泛征询谋士们的意见,再从长计议②。这样做能减少决策失误;还有一个好处就是给予谋士们以鼓励,使谋士们感觉获得重视。让人们的才华得到施展,是给予他们的最大尊重。一位老板花重金聘请来一位有能力的职业经理,但对该经理言不听计不从,每每不跟该经理打招呼就作决定。这位老板即使给这位经理很好的待遇,该经理还会留下来吗?答案往往是否定的。

12.3 设计、优化激励与考核制度

有效激励是建立在科学考核基础上的,如果考核制度不科学,激励就会事倍功半。

12.3.1 英国商船运输囚犯到澳大利亚的故事及启迪

18、19世纪,英国政府把囚犯(例如债务人监狱里的囚犯,《大卫·科波菲尔》表明,也有穷困的英国自由人无奈地愿意去澳大利亚挣钱)运往澳大利亚搞殖民地开发,并让私人承包运送犯人的业务,政府根据上船的犯人数向船主支付运费。三年后,英国政府发现:运往澳大利亚的犯人在船上的死亡率达12%。英国政府花费了大笔资金,却未能较好达到移民的目的。原来,那些运送犯人的船大多是由一些很破旧的货船改装的,船上设备简陋,没有什么药品,更没有医生;船主为了谋利,尽可能多装人,导致船上的状况十分恶劣。船主按人数拿到钱,对这些犯人能不能远涉重洋活着到达澳大利亚就不管不问了。有些船主为降低费用,甚至故意断水断粮。

怎么解决这一问题呢?英国政府想了很多办法。对每一艘船都派一名公务人员监督,再派一名医生负责犯人的医疗卫生,同时对犯人在船上的生活标准进行了硬性规定。但是,死亡率不仅没有降下来,有的船上的监督人员和医生竟然也不明不白地死了。原来,一些船主为了贪图暴利,贿赂监督人员,如果他们不同流合污就被扔到大海里喂鱼了。政府支出了监

---

① 黄炜. 领导者激励员工的八种方法[J]. 人才资源开发,2021(11):73-75.

② 诸葛亮具备多方面的卓越才能,把大小事情都有条不紊安排下去,让下属各司其职。诸葛亮的决策不够透明,下属获得锻炼的机会少;当然,也有利于保密("山人自有妙计"),提高决策效率。

督费用,却照样大量死人。政府又采取新办法,把船主召集起来教育,教育他们要珍惜生命,要理解去澳大利亚开发是为了英国的长远大计,不要把金钱看得比生命还重要。但是情况依然没有好转,死亡率一直居高不下。

一位议员认为是那些船主钻了制度的空子,而制度的缺陷是按上船人数支付运费。他提出从改变支付制度开始:按到澳大利亚的上岸人数支付运费,当然不包括死人。于是问题迎刃而解。船主们主动请医生跟船,在船上准备药品,改善犯人的生活,尽可能地让每一个上船的犯人都能健康到达澳大利亚。一个犯人意味着一份收入,这些囚犯是船主的财源,当然不能虐待了,正如牧羊人不会虐待自己的羊一样。这时,船主就不会一味多装囚犯,因为要给每个人多一点生存空间,要保证他们在经过长时间的海上生活后仍能活下来,还要让他们吃饱吃好……这些决定与措施是复杂的,但现在这是船主的事而不是政府的事了。自实行上岸计数结算运费的办法后,船上的死亡率降到了1%以下。有些运载几百人的船经过几个月的航行,竟无一人死亡。

上述历史故事提到了英国政府激励私人船主配合政府的移民政策,降低船上囚犯死亡率的三种解决方法。前两种方法是政府干预和道德说教。政府使用道德说教方法时,希望船主良心发现,寄希望于船主改恶从善。但船主也是冒着生命危险做海运生意,船主之间还有激烈竞争,他们自然容易唯利是图,竭力降低运输成本。以上两种方法的效果都很微弱。第三种方法是改变制度,设计新的制度,遵循的设计原则是:一些制度不是用来管人的,而是激励人的。利用人的利己心,引导他们做有利于社会的事(类似大禹治水的疏导法)。坏制度会让好人作恶,好制度能让坏人从良。彼得·德鲁克说,"管理的本质是激发善意",善意来自上下同欲。

扩展到更广泛的领域,这三种方法都有各自不同的作用,但也有各自的局限性。道德说教缺乏约束力;行政干预的代价大,干预过多会损害个人或组织的自由和效率;与其他两种方法相比,制度规范是最有效的,不过在落实方面较虚,难度也更大,还需要其他辅助手段,包括前两种手段。这正是经济学家重视制度的原因。许多社会问题也基本上是缺乏制度规范或制度不完善的结果。

一项制度可以改变一个国家、一块大陆、一个时代的命运轨迹。"一战"前人口并不多、资源也不丰富的英国之所以能成为超级强国,主要原因正是其许多适合、促进其发展的制度,包括早一些时间的光荣革命,还有专利保护制度,乃至罪恶的殖民经营特许制度[①]。我国改革开放40多年来取得了令全球瞩目的巨大成就,说到根子上,是各项制度发展、完善的结果,是中国特色社会主义制度力量的体现。

刚刚的故事还说明,当时英国政府的工作效率是很低的。首先是三年后才发现高死亡率

---

① 卢纯. 重企强国[M]. 北京:清华大学出版社,2020. 葡萄牙、西班牙也有类似制度,雏形是资助航海探险家找海路以恢复与亚洲的贸易。

的问题；其次，解决严重的问题无章法，未做到深入挖掘真正的原因，只想到在表层实施并无实效的控制措施。许许多多犯人在这一漫长的失控过程中失去了生命。另外，此故事也反映了过去严重的不平等情况，不但统治者草菅人命，连所谓的上流社会、富人也把下层人民看作贱民。美国人拍摄的六集电视连续剧《悲惨世界》就反映了法国囚船和土伦苦役犯监狱人间地狱的情况。这些苦役犯不一定都是罪大恶极之人，主人公冉·阿让偷一块面包就被判19年苦役，代表统治阶级"正义"的警长沙威却认为这很合理。

  一个类似的制度设计例子是曾国藩对湘军的规定：任何一级将官战死，其统领的军队便就地被解散（可以编入其他军队，而原来军队的番号将被撤销）。因此，只有保住自己的长官，下级将官和士卒才有继续升官发财的机会——被改编到别的军队，基本上就是后娘养的了。保护自己的长官本来是一种道德要求（长官死了，其辖下军队很容易被打垮），在湘军中，这同时也成了最符合（长官统领的）下级将官和士卒利益的行为，利益与道德要求很好地结合起来了。实际上，曾国藩的湘军与曾国藩的前辈明朝卢象升的天雄军有一个共同的特点：军队由许多关系紧密的人组成，例如同乡关系。所以，他们的军队比较团结，作战勇猛。

  此例说明：无为而治，须基于制度有为（例如文景之治时的情况），而设计有效的制度，又须基于深刻把握人的自利本性。这也符合王阳明心学的"天理即人欲"[①]的思想，而不是朱熹的"存天理，灭人欲"——在很大程度上或者对大多数人而言，这违背人性，很难做到。

12.3.2　美国空军与降落伞厂的故事及启迪

  这个故事发生在第二次世界大战中期，当时降落伞的安全性不高。降落伞厂通过努力使合格率逐步提升到99.9%，而军方要求降落伞的合格率必须达到100%。对此，降落伞厂负责人不以为然，他们认为，能达到这个程度已接近完美，没有必要再改进。降落伞厂一再强调，任何产品都不可能达到100%合格。然而99.9%的合格率就意味着每一千个伞兵中，会有一人因产品质量问题在跳伞中丧命，这显然会影响士气。后来军方改变了检查产品质量的方法——从降落伞厂前一周交的降落伞中随机挑出一个，让工厂负责人穿上从飞机上跳下。如果工厂负责人不愿意这么做，他们就不能继续与军方做生意。采用此方法后，奇迹出现了，合格率立刻变成了100%。

  100%合格率出现的主要原因

  之前军方的要求没有最大程度地涉及降落伞厂，尤其工厂负责人的切身利益，以致工厂负责人对千分之一的不合格率没有切身感受，甚至认为这是正常的，对伞兵们由于降落伞故障，平均每一千人死一个的情况表现漠然。后来一改质检制度，让工厂负责人先当"伞兵"，先体验一下这"千分之一"的恐惧，合格率奇迹就产生了。这一定是各位工厂负责人夜不能寐、废寝忘食的结果。

  人是管理的所有因素中唯一具有主观能动性的因素。要想最大程度(太多的人、太多的

  [①]　这在一定范围内是正确的，例如人与人部分的关系、部分社会制度，在这范围之外则不一定正确。例如，自然规律是客观存在的，不随人的意志转移；一些社会制度及人际关系也遵循客观规律（道），并不完全遵从人欲，例如，社会形态与制度从低级向高级发展的规律，人际关系遵循动物互动的基本规律、系统原理等。

媒体,包括官媒,在类似的语境写成最大限度,是不是矛盾、可笑?)开发人力资源,在设计制度时应充分考虑:如何调动并加强人的主动性和创造性,如何把制度目标与执行者的切身利益最大程度地联系在一起? 这是管理者在创新制度时必须面对的课题,也是管理者在工作中自始至终都必须面对的课题。

仍借用王阳明的心学理论分析,上述故事中的解决办法符合知行合一的思想。作者用明朝嘉靖年间徐阶的故事与上述故事形成比较,读者就能较好地理解知行合一的思想。徐阶年轻时因反对首辅张璁的错误做法,被流放到福建省延平县担任推官(相当于县公安局局长),徐阶想治好当地诸多恶霸偷挖国家银矿之风,但其他官员及衙役都不配合他的意图。在一筹莫展之际,他却未放弃,想到老师聂豹给他讲的最后一课:知行合一。经过思索,他找到解决问题的关键:利益,即人们的利益。于是,徐阶找到当地的里长们(也是恶霸们偷挖银矿的利益分享者),告诉他们,只要配合自己制止偷挖银矿的行为,他们会得到更大的好处。于是,里长们很积极地发动乡民们把偷挖银矿的恶霸们都抓起来,就这样,延平多年的顽疾终于被治好了。徐阶也因为政绩出众获得提拔。

在这里,知行合一的思想告诉我们:须使行动、解决方案与思想、理论、愿望等保持一致(还有因地制宜的含义),使它们相向而行或并行不悖,避免它们相互渐行渐远、南辕北辙,才能解决问题,达到目的。

另外,上述案例中的这一激励制度也较好地处理了军方与降落伞厂商之间的矛盾。之前所有的降落伞厂商都不愿意继续努力,从而使合格率达到100%,军方总不能一气之下中断与所有的厂商做生意,因为军方毕竟需要购买降落伞。采用这一激励制度就如同在两军作战中,强势一方把包围圈给弱势方留一个缺口,弱势方才能逃走;而强势方既可乘胜追击,将之消灭,也可穷寇莫追。否则弱势方可能作困兽斗,强势方的利益就不能最大化了。这就是《孙子兵法》里的"围师必阙"策略。[①] 军方要求厂商负责人当"伞兵"的做法,正是给双方都留了退路,也能有效激励那些有进取心、愿意与军方继续合作的厂商们发奋努力,使合格率达到100%。

类似的,不是客户自己操碎了心,而是充分发挥供应商的主观能动性的例子还有微软的餐厅管理,上一小节中的制度解决方法也有这样的功效。工作餐供应商不能让员工们满意,公司又不宜频繁更换供应商,因为这也增加成本、产生混乱。微软行政部这样解决问题。采用两家供应商,一家供应午餐,一家供应晚餐,自然午餐时段客流量大,更赚钱。每三个月评比两家供应商一次,如果更多的员工喜欢晚餐,就对换午餐、晚餐供应商的服务时段。如果午餐供应商连续6个月都胜出(要质疑晚餐供应商是否不求上进),则淘汰、更换晚餐供应商。这一管理效果很好,微软员工很满意[②]。上述考核制度也可被看作末位淘汰制。

---

① 在有的情景中应记住毛主席的诗句"宜将剩勇追穷寇,不可沽名学霸王",或者采取鲁迅说的痛打落水狗策略;在有的情境中又适宜采用穷寇莫追的策略,不能赶尽杀绝。如何判断、采取哪个策略则需要智慧。明朝正德年间,文官集团第一次与权奸刘瑾的集团斗争,由于未掌握好火候,未充分估计昏君朱厚照对刘瑾集团的眷恋,非要把刘瑾集团赶尽杀绝。结果后者绝地反击,转败为胜,继续为祸天下数载后才被文官集团的第二次斗争彻底打败,刘瑾被判凌迟。如果当初按首辅李东阳的意见,不对刘瑾集团赶尽杀绝,而是把他们赶到南京,就不会有后面几年的大乱。

② 刘润. 商业洞察力[M]. 北京:中信出版集团股份有限公司,2020.

参考文献

[1]周三多. 管理学——原理与方法(第6版)[M]. 上海:复旦大学出版社,2014.

[2]芮明杰. 管理学(第三版)[M]. 北京:高等教育出版社,2009.

[3]单凤儒,金彦龙. 管理学——互联网思维与价值链视角[M]. 北京:高等教育出版社,2015.

[4]李垣,焦俊,井润田. 管理学(第二版)[M]. 北京:高等教育出版社,2015.

[5]汪克夷,齐丽云,刘荣. 管理学(第二版)[M]. 北京:清华大学出版社,2016.

[6]海因茨·韦里克,马克·V. 坎尼斯,哈罗德·孔茨. 管理学——全球化与创业视角(第12版)[M]. 北京:经济科学出版社,2008.

[7]赵丽芬,刘小元. 管理理论与实务[M]. 北京:清华大学出版社,2017.

[8]徐碧琳,陈颉. 管理学原理[M]. 北京:机械工业出版社,2017.

[9]曾旗,高金章. 管理学(第二版)[M]. 北京:高等教育出版社,2018.

[10]郭占元,曹雪梅,吴玉萍. 管理学理论与应用(第三版)[M]. 北京:清华大学出版社,2017.

[11]范贵喜,刘赛赛. 管理学理论与实务[M]. 北京:机械工业出版社,2017.

[12]赵玉平. 管理之道[M]. 北京:中国工人出版社,2017.

[13]宋志平. 经营心得[M]. 北京:中信出版集团,2018.

[14]王明春. 管理即企业设计[M]. 北京:经济管理出版社,2021.

[15]黄炜. 关于一般管理的一些新颖观点[J]. 发展,2020(8).

[16]黄炜. 跨界之思[J]. 成才与就业,2021(6).

[17]黄炜. 敢于尝试[J]. 成才与就业,2021(7/8).

[18]黄炜. 领导者激励员工的八种方法[J]. 人才资源开发,2021(11).

[19]黄炜. 海尔的微商创业平台与战略经营体发展创新[J]. 现代企业,2022(6).

后　记
——教学与科研感悟

尊重原理和规则

有些学生或读者在上管理学课或阅读管理学教材时,可能会觉得其中的一些道理很简单,学习时便漫不经心。一些道理虽然简单,但我们真的能领会并正确运用它们吗?都能在恰当的时间知道运用它们吗?

作者在11.4.5小节中写了这样一段话:"有些管理者在不合适的场合与其部门的员工谈不合适的话题,尤其是伤害员工自尊心的话题,将会引起员工的强烈不满。一个不懂得尊重员工、自以为是的管理者根本谈不上是领导者。这样的管理者对其部门的员工实际上是没有影响力的,产生影响力的只是这个管理者占据的管理岗位的职权。"前述道理就挺简单,但在现实生活中不知道遵循这一道理,甚至完全违背这一道理的人太多了。不仅企业里有这种情况,在大学也有此情况。

作者讲课时常常提醒学生,从现在起就树立正确的观念,深刻领会管理课程里的道理,并努力举一反三,未来成为管理者或领导者后,做到学以致用。不管是管理者还是普通员工,管理学的诸多道理都值得他们深思力行。

知道一些道理跟把这些道理深植内心,把这些道理融入自己的思维体系、思想体系(即内化)之间,还有很大的距离。所以我们需要学习、思考和讨论,真正掌握这些道理,并在生活、学习与工作中自觉用它们指导自己的思想与言行(即外显)。

稻盛和夫负责重建日本航空株式会社之初最重视的就是统一全体员工的思想,用学习会的方式从干部到全体员工,在他们的思想中深植一些看上去很简单、大家似乎都知道的道理,直到这些道理体现在他们的工作言行中,业绩也就随之飙升了。

不能因为一些道理看上去很普通就怠慢它们,有价值、有意义的道理并不一定是夺目的、奇异的、深奥的或者华丽的。大家都很崇敬邓小平同志,在《历史转折中的邓小平》一剧中,小平说得最多的词语就是"实事求是、解放思想"。对这两个词,大多数人都耳熟能详,但不管是1976年后的百废待兴之际,还是当前的改革开放攻坚时期,我们都能自觉做到吗?小平认为,实事求是就是毛泽东思想的精髓。小平做到了,而且还鼓励许多党员、干部也做到,所以他使中国人民富起来了。

另一方面,家长和老师如果只是把一些道理和规律(包括生活、学习、工作、做人、安全等方面的)平平淡淡地告诉孩子们,可能如同在水面上打了几个水漂,孩子们即使记住了这些道理,将来也想不到或者也不愿意遵循。应该想办法激起孩子们的共鸣,让他们自觉地、心甘情愿地接受和遵循那些有意义的道理和规律。

从另一个角度讲,沟通、论述时如果一味理性化,可能不能引起对方的共鸣,而适当采用带有感性色彩的阐述,往往能收到更好的效果。即使写教材,论述时也不必总是一本正经,而要注意真正触动读者。教育者应该想办法把前人血泪凝结成的经验教训有效传递给受教者,减少后者碰壁后才想起学过的道理这种情况,从而提高整个社会的效率。

因此作者努力把本书中的各项管理原理用贴近生活、工作的语言和简明扼要的案例说清、说透,使这些原理与规则不再像过去那样往往以冗长、呆板、枯燥的面貌出现,而是更活泼、更有趣味、更有感染力地出现在读者面前。本书中比较突出的例子是 7.6.1 小节与 11.4.5 小节第(3)部分中作者自身的例子,还有 11.6.3 小节,等等。希望作者的努力使读者更认同,并在生活、工作中自觉遵循这些管理原理与规则。

定量研究、使用模型才是学术化?

本书提到管理的艺术性以及人本原理,作者由此想到管理中的人文思想、人文素养和人文精神。在管理中,例如公司管理中,人们对人文精神的需求是不言而喻的。不过,作者却从一个方面看到了相关的问题。

现在各家管理学院、经管学院或商学院是具有工科背景、工程背景甚至理科背景的教师的天下。原因也很清楚,现在的管理学博士学位几乎都与定量研究密切相关,经济学等博士就更不用提了,许多经管学院的博导们,希望攻读博士学位的候选者最好是数学专业的硕士呢。现在连社会学研究也得跟定量研究挂上钩方能算上档次。

经管学院教师乃至研究管理、从事管理工作的人不应该主要以工科、工程、数学为背景。那些数学尖子或其他理工科尖子一定能深刻理解管理领域的理论与知识,并做出贡献吗?

作者读博时做的也是定量研究,学士、硕士学位还是计算机科学与工程学位,但作者并不唯定量研究是从。作者看到一些定量研究的论文时,常常首先想:他们的数据全面吗?数据量足够吗?采用的模型或自建的模型有足够的说服力吗?还是只是在讲一个自圆其说的"故事"而已?那一大堆复杂的、令人眼花缭乱的数学公式、数据与分析结果后面是不是藏着"牵强"二字?

人们常常称彼得·F. 德鲁克为大师中的大师,而他的研究和著述却与当前的管理研究和著述有着迥异的风格,前者更多体现了人文思想、人文素养和人文精神,并且与后例中的科斯一样,较多地以散文(Essay)形式表达思想。

现代经济学者已经习惯了用高深的数学模型和复杂的计量经济分析方法,而科斯则相反,1937 年,他发表了一篇没有任何公式和数量分析的散文式的论文《企业的性质》,提出了关于企业性质的深刻的开拓性观点。科斯后来因此获得诺贝尔经济学奖。在这篇论文中,科斯使用的方法比较简单,并且也是经济学领域传统和基本的方法:第一,深入的专题调研;第二,成本定性分析;第三,比较分析。

管理研究不能为学术而"学术化",管理研究的服务对象首先是学术界之外的各行各业,因此，研究的内容、成果及成果形式须适合服务对象，主要不是让学术圈子里的学者们看着舒服，觉得规范。

怎样使一本教材与众不同

每门课的教材在市场中可谓不计其数，怎样使一本教材与众不同，有其特别的价值？差异化应着重体现在这些方面。

(1)阐述主题的选择(即讲哪几章)。

(2)章节安排，体现出的逻辑关系。

(3)阐述深度，阐述某个主题、理论、原则、规律和方法等的整体性和全面性。

(4)写作的规范性，包括严格标引，参考文献信息完整、规范，一些新观点、重要观点有多个文献的证实，也包括合乎学术规范的论证，有时像写论文那样写教材，将来可提炼、发表。本书作者很多次把正撰写中的教材后续版本中成体系的内容摘出来，修改后投稿并且成功发表。在学术期刊发表也能增强教材内容的可靠性。

(5)案例的趣味性、鲜活性(时代性)和合适性。

(6)教材内容与读者的契合度(例如在生活、工作和学习方面)，进而产生的共鸣程度，读者受教益的程度。

(7)语言的活泼和优美，甚至有古朴和典雅的风格。

(8)去掉没有内涵、不能带给读者实际信息的词、句、套话。

(9)整本书是一个有机整体，前后关联、呼应、有逻辑性，如行云流水，自然流畅——有时像写演讲稿(建议欣赏一下张维为的演讲)那样写教材。

(10)教材的前后内容相互印证，有助于读者阅读和理解。

(11)没有明显错误和低级错误，例如错别字、常识性错误、逻辑错误、错误观点(一些作者轻信并使用互联网中的资料，如百度文库，未多方考证并仔细修订，最容易出现这些错误)。

如果用精炼的话代替前面的内容，一本好的教材应该这样体现它的差异化：如何讲深、讲透、讲活；不求内容方面包罗万象、面面俱到，但对选择研究、讲解的章节须讲全面。实现上述差异化的目的是帮助读者与学生更好地掌握管理学理论，尤其将来能更有效地运用这些理论、观点与方法，包括更有效地借鉴前人的实践经验。

如果再用一句话概括上述内容，就是用心撰写教材。关键是用心的程度，就像服务营销这个概念，很多经营者都知道，但有多少企业能像海底捞餐饮公司或者泰国的东方饭店等这样的优秀企业，真正用心于服务呢？作者已经并将继续在上述方面努力前行。

本书前言的"本书其他特色"部分的第一段曾提到，作者反复如绣花般地修订与完善本书，以增强可读性。另外，通过这样的绣花功夫，作者也希望达到这样一个效果：使本书的语言达到非常规范的水平。

作者从自身做起，尽最大可能使自己的书在语言方面是正确可信、可参照的，还要体现一些其他优点，例如凝练(甚至在一些情景中惜字如金)、富于变化(例如句式富于变化、词汇丰富、叙述的角度富于变化，以及其他使表达更有表现力和感染力的语言形式选择)、优美。虚词要精简,方能突出关键词。

  一本好书,尤其教材,达到的境界之一是:泛读者不用费力在各页找有价值的话,就能轻松地在很多地方都能看到有价值的内容;精读者则能从片言只语中获得启发。要达到这样的效果,一要写出有价值的内容,二要精炼,尽可能去掉废话。

黄　炜

2025 年春

于上海工程技术大学管理学院